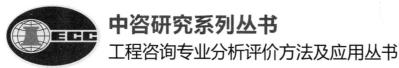

中咨研究系列丛书

工程咨询专业分析评价方法及应用丛书

工程项目市场分析理论
方法及应用

主　编　李开孟

副主编　杜贞利　董小黎

中国电力出版社

CHINA ELECTRIC POWER PRESS

内 容 提 要

本书系统地阐述了工程项目市场分析的理论方法及其在工程咨询实践中的具体应用，全书共分四个部分。第一篇是市场分析的理论基础，阐述了市场的具体类型及其主要特征，市场供求理论，成本及价格形成理论和市场竞争的相关理论；第二篇阐述了市场调查的理论方法及其应用，包括市场调查的类型、原则及其应用步骤，以及调查数据的整理分析及报告编写；第三篇阐述了市场预测的理论方法及其应用，包括市场预测的内容、方法及实施步骤，以及工程项目市场预测所采用的定性及定量分析主要方法；第四篇则阐述了市场调查和预测的各种方法在工业、交通运输、能源及服务业等产业部门中的具体应用。另外，本书还介绍了工程项目市场分析常用的主要软件，以及 Excel 在市场预测中的应用。

本书可作为各类工程咨询机构、发展改革部门、项目业主单位、投融资机构相关领域专业人员开展专业学习、业务进修及继续教育用书，也可作为大专院校相关专业研究生和本科生教材使用。

图书在版编目（CIP）数据

工程项目市场分析理论方法及应用/李开孟主编. —北京：中国电力出版社，2015.8（2020.9 重印）
（工程咨询专业分析评价方法及应用丛书）
ISBN 978-7-5123-7245-0

Ⅰ. ①工… Ⅱ. ①李… Ⅲ. ①工程项目管理－市场分析－研究 Ⅳ. ①F284

中国版本图书馆 CIP 数据核字（2015）第 034773 号

中国电力出版社出版、发行
（北京市东城区北京站西街 19 号 100005 http://www.cepp.sgcc.com.cn）
三河市航远印刷有限公司印刷
各地新华书店经售

*

2015 年 8 月第一版 2020 年 9 月北京第二次印刷
787 毫米×1092 毫米 16 开本 19.5 印张 475 千字
印数 3001—4000 册 定价 **60.00** 元

中咨研究系列丛书

主　　编　肖凤桐

执行主编　窦　皓

编　　委　肖凤桐　裴　真　杨东民　苟护生
　　　　　窦　皓　鞠英莲　王玉山　黄　峰
　　　　　张永柏　王忠诚　武博祎

执行编委　李开孟　李　华　刘　洁　武　威

丛 书 总 序

　　现代咨询企业怎样才能不断提高核心竞争力？我们认为，关键在于不断提高研究水平。咨询就是参谋，如果没有对事物的深入研究、深层剖析和深刻见解，就当不好参谋，做不好咨询。

　　我国的工程咨询业起步较晚。以1982年中国国际工程咨询公司（简称中咨公司）的成立为标志，我国的工程咨询业从无到有，已经发展成具有较大影响的行业，见证了改革开放的历史进程，通过自我学习、国际合作、兼容并蓄、博采众长，为国家的社会经济发展做出了贡献，同时也促进了自身的成长与壮大。

　　但应该清醒地看到，我国工程咨询业与发达国家相比还有不小差距。西方工程咨询业已经有一百多年的发展历史，其咨询理念、方法、工具和手段，以及咨询机构的管理等各方面已经成熟，特别是在研究方面有着深厚基础。而我国的工程咨询业尚处于成长期，尤其在基础研究方面显得薄弱，因而总体上国际竞争力还不强。当前，我国正处于社会经济发生深刻变革的关键时期，不断出现各种新情况、新问题，很多都是中国特定的发展阶段和转轨时期所特有的，在国外没有现成的经验可供借鉴，需要我们进行艰辛的理论探索。全面贯彻和落实科学发展观，实现中华民族伟大复兴的中国梦，对工程咨询提出了新的要求，指明了发展方向，也提供了巨大发展空间。这更需要我们研究经济建设特别是投资建设领域的各种难点和热点问题，创新咨询理论和方法，以指导和推动咨询工作，提高咨询业整体素质，造就一批既熟悉国际规则、又了解国情的专家型人才队伍。

　　中咨公司重视知识资产的创造、积累，每年都投入相当的资金和人力开展研究工作，向广大客户提供具有一定的学术价值和应用价值的各类咨询研究报告。《中咨研究系列丛书》的出版，就是为了充分发挥这些宝贵的智力财富应有的效益，同时向社会展示我们的研究实力，为提高我国工程咨询业的核心竞争力做出贡献。

　　立言，诚如司马迁所讲"成一家之言"，"藏诸名山，传之其人"。一个人如此，一个企业也是如此。努力在社会上树立良好形象，争取为社会做出更大贡献，同时，还应当让社会倾听其声音，了解其理念，分享其思想精华。中咨公司会向着这个方向不断努力，不断将自己的研究成果献诸社会。我们更希望把《中咨研究系列丛书》这项名山事业坚持下去，让中咨的贡献持久恒长。

《中咨研究系列丛书》编委会

前　　言

　　中国国际工程咨询公司一直非常重视工程咨询理论方法及行业标准规范的研究制定工作。公司成立 30 多年来，接受国家发展改革委等有关部门的委托，以及公司自开课题开展了众多专题研究，取得了非常丰富的研究成果，部分成果以国家有关部委文件的方式在全国印发实施，部分成果以学术专著、论文、研究报告等方式在社会上予以推广应用，大部分成果则是以中咨公司内部咨询业务作业指导书、业务管理制度及业务操作规范等形式，用于规范和指导公司各部门及所属企业承担的各类咨询评估业务。中咨公司开展的各类咨询理论方法研究工作，为促进我国工程咨询行业健康发展发挥了重要作用。

　　进入新世纪新阶段，尤其是党中央、国务院提出贯彻落实科学发展观并对全面深化改革进行了一系列战略部署，对我国工程咨询理念及理论方法体系的创新提出了更高要求。从2006 年开始，中咨公司先后组织公司各部门及所属企业的 100 多位咨询专家，开展了包括 10大领域咨询业务指南、39 个行业咨询评估报告编写大纲、24 个环节咨询业务操作规范及 10个专业分析评价方法体系在内的 83 个课题研究工作，所取得的研究成果已经广泛应用于中咨公司各项咨询业务之中，对于推动中咨公司承担各类业务的咨询理念、理论体系及方法创新发挥了十分重要的作用，同时也有力地巩固了中咨公司在我国工程咨询行业的领先者地位，对推动我国工程咨询行业的创新发展发挥了无可替代的引领和示范作用。

　　工程咨询专业分析评价方法的创新，在工程咨询理念及理论方法体系创新中具有十分重要的地位。工程咨询是一项专业性要求很强的工作，咨询业务受到多种不确定性因素的影响，需要对特定领域的咨询对象进行全面系统地分析论证，往往难度很大。这就需要综合运用现代工程学、经济学、管理学等多学科理论知识，借助先进的科技手段、调查预测方法、信息处理技术，在掌握大量信息资料的基础上对未来可能发生的情况进行分析论证，因此对工程咨询从业人员的基本素质、知识积累，尤其是对其所采用的分析评价方法提出了很高的要求。

　　研究工程咨询专业分析评价关键技术方法，要在继承的基础上，通过方法创新，建立一套与国际接轨，并符合我国国情的工程咨询分析评价方法体系，力求在项目评价及管理的关键路径和方法层面进行创新。所提出的关键技术方法路径，应能满足工程咨询业务操作的实际需要，体现工程咨询理念创新的鲜明特征，与国际工程咨询所采用的分析评价方法接轨，并能对各领域不同环节开展工程咨询工作所采用的分析评价方法起到规范的作用。

　　本次纳入《工程咨询专业分析评价方法及应用丛书》范围内的各部专著，都是中咨公司过去多年开展工程咨询实践的经验总结，以及相关研究成果的积累和结晶。公司各部门及所属企业的众多专家，包括在职的和已经离退休的各位资深专家，都以不同的方式为这套丛书的编写和出版做出了重要贡献。

在丛书编写和出版过程中，我们邀请了清华大学经管学院蔚林巍教授、北京大学工业工程与管理系张宏亮教授、同济大学管理学院黄瑜祥教授、天津大学管理学院孙慧教授、中国农业大学人文学院靳乐山教授、哈尔滨工程大学管理学院郭韬教授、中央财经大学管理科学与工程学院张小利教授、河海大学中国移民研究中心陈绍军教授、国家环境保护部环境规划院大气环境规划部宁淼博士、中国科学院大学工程教育学院詹伟博士等众多国内知名专家参与相关专著的编写和修改工作，并邀请美国斯坦福大学可持续发展与全球竞争力研究中心主任、美国国家工程院 James O. Leckie 院士、执行主任王捷教授等国内外知名专家学者对丛书的修改完善提出意见和建议。

本次结集出版的《工程咨询专业分析评价方法及应用丛书》，是《中咨研究系列丛书》中的一个系列，是针对工程咨询专业分析评价方法的研究成果。中咨公司出版《中咨研究系列丛书》的目的，一是与我国工程咨询业同行交流中咨公司在工程咨询理论方法研究方面取得的成果，搭建学术交流的平台；二是推动工程咨询理论方法的创新研究，探索构建我国咨询业知识体系的基础架构；三是针对我国咨询业发展的新趋势及新经验，出版公司重大课题研究成果，推动中咨公司实现成为我国"工程咨询行业领先者"的战略目标。

纳入《工程咨询专业分析评价方法及应用丛书》中的《工程项目市场分析理论方法及应用》，是中咨公司开展工程项目市场分析理论方法研究的一项重要成果。市场分析是工程项目评估论证的重要基础，是摸清市场现状，对工程项目未来市场供求状况、竞争态势、价格走势进行科学研判，为确定项目投资方向、工程方案、投资规模并进行项目财务、经济、社会及风险等专项分析评价的重要依据。中咨公司在工程咨询实践中非常重视市场分析工作，并一直坚持进行市场分析理论方法的研究及实践经验的总结工作，本书就是中咨公司在相关专题研究的基础上所取得的工程项目市场分析理论方法研究成果。全书共包括四个部分内容。第一篇是市场分析的理论基础，阐述了市场的具体类型及其主要特征，市场供求理论，成本及价格形成理论和市场竞争的相关理论；第二篇阐述了市场调查的理论方法及其应用，包括市场调查的类型、原则及其应用步骤，以及调查数据的整理分析及报告编写；第三篇阐述了市场预测的理论方法及其应用，包括市场预测的内容、方法及实施步骤，以及工程项目市场预测所采用的定性及定量分析主要方法；第四篇则阐述了市场调查和预测的各种方法在工业、交通运输、能源及服务业等产业部门中的具体应用。另外，本书还介绍了工程项目市场分析常用的主要软件，以及 Excel 在市场预测中的应用。本书可作为各类工程咨询机构、发展改革部门、项目业主单位、投融资机构相关领域专业人员开展专业学习、业务进修及继续教育用书，也可作为大专院校相关专业研究生和本科生教材使用。本书编写得到了哈尔滨工程大学管理学院郭韬教授的大力支持，朱建新、尹航、付丹等老师也为本书出版做出了重要贡献。

本套丛书的编写出版工作，由研究中心具体负责。研究中心是中咨公司专门从事工程咨询基础性、专业性理论方法及行业标准制定相关研究工作的内设机构。其中，开展工程咨询理论方法研究，编写出版《中咨研究系列丛书》，是中咨公司研究中心的一项核心任务。

我们希望，工程咨询专业分析评价方法及应用系列丛书的出版，能够对推动我国工程咨询专业分析评价方法创新，推动我国工程咨询业的健康发展发挥积极的引领和带动作用。

编　者

二〇一四年十一月六日

目　录

第三篇　市　场　预　测

第四篇　市场分析与预测实际应用

第一篇

市场分析理论基础

工程项目的市场分析，要有相关的基础理论予以支撑。本篇重点介绍市场的类型及其主要特征，市场供求理论的相关分析思路和逻辑框架，价格形成的机理及相关定价策略，以及市场竞争力分析等相关理论。

第一章

市场类型及其特征

市场类型是指市场结构（market structure）的类型，主要研究市场中买卖双方的影响力状况。竞争的激励程度是划分市场类型的重要标准，主要影响因素有：厂商数量、厂商所提供产品的差别程度、产品价格受单个厂商的控制程度、厂商进入或退出市场的难易程度。对于一个工程项目而言，了解市场的类型及其主要特征是进行市场分析的第一步。

第一节 完全竞争市场

一、完全竞争的条件

在市场分析中，根据以上因素将市场划分为四种类型：完全竞争市场（perfect competition market）、垄断竞争市场（monopolistic competition market）、寡头垄断市场（oligopoly competition market）和完全垄断市场（pure monopoly market）（见表1-1）。完全竞争市场和完全垄断市场在现实世界中都是极其罕见的。

表 1-1　　　　　　　　　　　　市 场 类 型 及 其 特 点

市场特征 ＼ 市场类型	完全竞争市场	垄断竞争市场	寡头垄断市场	完全垄断市场
厂商数量	很多	很多	少数	一个
产品差异化程度	同质	有差别	同质/有差别	—
单个厂商对价格控制的程度	没有	有一些	相当程度	很大程度，但经常受到管制
厂商进入或退出市场的难易程度	容易	比较容易	有障碍	无法进入

完全竞争是指竞争不受任何阻碍和干扰的市场结构。一个完全竞争的市场结构必须符合下列条件：

（1）市场上有大量的生产者和消费者。每个生产者和消费者的销售量和购买量都只占市场的很小份额，其买卖行为都无法影响市场的价格。因此，他们都是既定价格的接受者，而不是决定者。

（2）市场上的产品是完全同质的。在消费者心目中，任何一个厂商的产品都是相同的，产品的这种完全无差异性导致厂商无法通过产品差异化控制市场价格。

（3）资源具有完全的流动性。所有投入要素（包括厂商本身）可以自由进出市场，生产要素会从生产效率低的行业转移到生产效率高的行业，从而使资源得到充分利用。

（4）信息是高度完备的。消费者和生产者掌握了产品和价格的完全信息，可以据此确定最佳的购买量和销售量，同样也可根据一个确定的价格销售或购买产品。

显然，完全竞争市场的条件十分严格，实际中不可能存在理想的完全竞争市场。在实际研究中，通常只是把部分农产品市场的市场类型看做比较接近完全竞争市场。由于完全竞争市场假设是研究其他各类市场的基础，因此有必要首先对这一理想模型加以研究。

二、完全竞争市场厂商的需求和收益曲线

对完全竞争市场上的某个行业来说，消费者的需求量所对应的需求曲线即为该行业所面临的市场需求曲线。整个行业的市场需求曲线一般是一条向右下方倾斜的曲线。但对单个厂商而言，市场价格是由整个行业的供求关系所决定的，企业只是价格的接受者。因此，单个厂商在市场中面临的是一条具有完全弹性的水平的需求曲线。

厂商的收益可分为总收益、平均收益和边际收益。在既定的价格水平 P 下，企业的总收益 $TR(Q) = PQ$，其中 Q 是企业的销售总量。由此可见，企业的平均收益和边际收益都等于产品的市场价格，即

$$AR(Q) = \frac{TR(Q)}{Q} = P \tag{1-1}$$

$$MR(Q) = \frac{\mathrm{d}TR(Q)}{\mathrm{d}Q} = P \tag{1-2}$$

综上所述，在完全竞争条件下，厂商的需求曲线、平均收益曲线、边际收益曲线是完全重叠的。总收益曲线上每一销售量的边际收益对应的曲线斜率恒等于既定价格 P。因此，总收益 TR 曲线是一条由原点出发的呈上升趋势的直线。

三、完全竞争市场的短期均衡

短期生产中，在既定的生产规模和市场价格水平约束下，厂商只能依靠调整产量来实现最大利润或最小亏损。短期均衡条件为 $MR = SMC$。在短期均衡时，厂商的盈亏状况直接取决于市场价格水平，可以实现盈利最大、利润为零和亏损最小等情况。如图 1-1 所示，短期边际成本曲线 SMC、短期平均成本曲线 SAC 和短期平均变动成本曲线 AVC 共同代表厂商既定的短期生产规模，厂商的需求曲线 d_1、d_2、d_3、d_4 和 d_5 分别代表在五个不同市场价格水平下的厂商收益状况。因此，厂商的短期均衡可以分为以下五种情况：

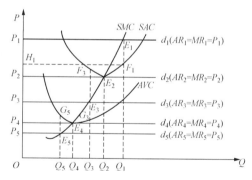

图 1-1　完全竞争市场的短期均衡

（1）平均收益大于平均总成本，即 $AR > SAC$，厂商盈利。

（2）平均收益等于平均总成本，即 $AR = SAC$，此时 SMC 曲线与 SAC 曲线的交点即为 SAC 曲线的最低点，也是 P_2 与 SAC 曲线的切点，此时厂商的利润等于零，因此点 E_2 也被称为收支相抵点（盈亏平衡点）。

（3）平均收益小于平均总成本，但仍大于平均可变成本，即 $AVC < AR < SAC$，厂商亏损，但仍继续生产。因为，只有这样，厂商才能用在全部收益弥补了全部可变成本后还有剩余，以弥补在短期内总是存在的原不变成本的一部分。

（4）平均收益等于平均可变成本，即 $AR = AVC$，此时 SMC 曲线与 AVC 曲线的交点即为 AVC 曲线的最低点，也是 P_4 与 AVC 曲线的切点，此时厂商处于生产与不生产的临界点，因此点 E_4 被称为停止营业点（关闭点）。无论是生产还是不生产对厂商来说结果是一样的。

（5）平均收益小于平均可变成本，即 $AR < AVC$，此时厂商若保持生产，则全部收益不足以弥补全部可变成本，更无法弥补固定成本。但若厂商停产，则可变成本降为零，显然停产比生产所造成的亏损低。

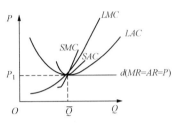

图 1-2　完全竞争市场的长期均衡

四、完全竞争市场的长期均衡

完全竞争市场条件下，厂商在长期生产中，能够通过调整自身的生产规模和选择进入或退出某个行业，来实现最大利润或最小亏损。如图 1-2 所示。

完全竞争市场条件下厂商的长期均衡点出现在 LAC 曲线的最低点。此时 MR、LMC、SMC、SAC 曲线都相交于 LAC 曲线的最低点。因此，完全竞争条件下厂商的长期均衡条件为 $MR = LMC = SMC = LAC = SAC$。此时，单个厂商的利润为零。

第二节　完全垄断市场

一、完全垄断市场的条件及其形成的原因

完全垄断是指由一个厂商控制整个行业产量和价格的市场结构。完全垄断市场的形成必须满足以下条件：

（1）整个行业由一个厂商控制所有的产品供应。

（2）在整个行业中厂商没有竞争者，其提供的产品也没有任何替代品，产品的交叉弹性系数为 0。

（3）行业准入门槛极高，新的厂商几乎无法进入。

完全垄断市场之所以存在，其原因主要有：一是"自然"垄断，即自由竞争的结果，某个厂商效率高，成本低，发展快，达到规模经济，市场占有率极高，直至完全垄断。二是原料控制，即一个拥有或控制全部原料的厂商，拒绝出售给其他企业，便形成完全垄断。三是专利权，根据专利法，发明者有使用自己发明的方法进行生产的专利，其他企业不能无偿使用此成果，发明者在专利期间可处于完全垄断的地位。四是政府的特许，一些关系国计民生的公用事业如铁路运输、电力、煤气、电信等，政府给企业授予市场特许权，由其独家经营，同时也在某些方面（如价格）加以管制。

在现实生活中，完全垄断市场也是凤毛麟角，即便存在通常也是限定在一定范围或时期内，但对这种类型的市场结构的研究具有重要理论意义。

二、完全垄断厂商的需求和收益曲线

在完全垄断市场上所有产品均由一个厂商供应，因此垄断厂商和市场的需求曲线同为一条向右下方倾斜的曲线。

由于完全垄断厂商可以通过调节供应量来控制产品价格，产品的单价即为厂商的平均收益。所以完全垄断厂商的 AR 曲线与需求曲线相同。

完全垄断厂商的 MR 曲线位于 AR 曲线的左下方，表示当销量变化时边际收益总是低于

平均收益，当 $Q=0$ 时 $MR=AR$ 且 MR 曲线平分由纵轴到 AR 曲线之间的任何一条水平线。

厂商的总收益 TR 曲线呈开口向下的抛物线形，每个点的斜率表示对应销量水平下的 MR 值。如图 1-3 所示。

三、完全垄断的短期均衡

垄断厂商的短期均衡分析与完全竞争厂商的短期均衡分析相同。垄断厂商短期均衡条件为 $MR=SMC$。垄断厂商在短期均衡点上可以获得最大利润或者亏损最小。

如图 1-4 所示。在短期内，如果市场上其他条件不变，完全垄断厂商则面临一个既定的市场需求，厂商可以在一定范围内调整变动投入，以求利润最大化。一旦生产要素的投入规模确定，厂商便根据 $MR=SMC$ 的原理确定产量与价格。即根据 MR、SMC 两曲线的交点 E 确定均衡产量 $\overline{Q}$，以此产量可确定其价格 $\overline{P}$。当 $Q<\overline{Q}$，有 $MR>MC$，这说明增加产量利润会增加；而当 $Q>\overline{Q}$，则有 $MR<MC$，此时再增加产量反而会减少利润。因此，只有 $\overline{Q}$ 为利润最大时的产量。

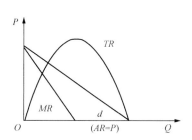

图 1-3　完全垄断厂商的需求曲线和收益曲线

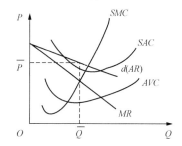

图 1-4　完全垄断市场短期均衡曲线

四、完全垄断的长期均衡

完全垄断厂商长期均衡条件为 $MR=LMC=SMC$。垄断厂商在长期可以通过调整生产规模获得最大利润。在长期中，由于没有新的竞争者加入，垄断厂商可以维持垄断利润，并通过对生产规模的调整，限制产量提高价格，从而获得更大的垄断利润。反之，如果完全垄断厂商处于亏损状态，为了保证在行业中的长期发展，必须通过调整产量来提高利润或获得额外收入，例如政府的补贴。因此完全垄断厂商必须通过获得超额利润来维持长期均衡。

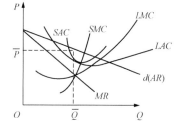

图 1-5　完全垄断市场的长期均衡

如图 1-5 所示。在完全垄断厂商的 $MR=LMC$ 长期均衡产量上，代表最优生产规模的 SAC 曲线和 LAC 曲线相切，SMC 曲线、LMC 曲线和 MR 曲线相交于点 E。厂商实现了长期均衡，均衡产量为 $\overline{Q}$，均衡价格为 $\overline{P}$。

第三节　垄断竞争市场

一、垄断竞争的条件

垄断竞争是指有多家厂商共同销售近似但不完全相同的同类产品的市场结构，是完全垄断和完全竞争两个极端市场结构的综合，但相对偏重于竞争。垄断竞争市场的形成必须满足以下条件：

（1）市场上厂商数目非常大，相对于整个生产集团来说，单个厂商的规模都很小，其行为既不会对市场产生影响也不会引起竞争者的注意。

（2）与完全竞争市场不同，垄断竞争市场上的每种产品都存在差别但具有相互替代性。

（3）单个厂商进出某一生产集团是很容易的。

垄断竞争的市场结构在实际生活中是普遍存在的，尤其在日用消费品市场、零售业和服务行业中普遍存在。产品差别是形成垄断的决定性原因，产品的差别使每一个厂商所提供的产品都是与众不同的，因而各厂商对其产品拥有一定程度的垄断权，可以一定程度决定产品的价格，产品差别越大，垄断因素就越大；产品的替代性是形成竞争的决定性因素，每种产品都会受到许多类似产品的竞争，竞争的存在限制了厂商的垄断权。因此，产品的差别与替代性是形成垄断竞争市场的前提条件。

二、垄断竞争厂商的需求曲线

垄断竞争厂商的需求曲线按其余厂商对单个厂商改变价格的反应分为 d 需求曲线和 D 需求曲线。

1. d 需求曲线

当单个垄断竞争厂商改变价格，而其他厂商不做反应时，垄断竞争厂商的需求曲线为一条向右下方倾斜的平缓曲线。

2. D 需求曲线

当单个垄断竞争厂商改变价格，引起其他厂商的价格产生相同变化时，垄断竞争厂商的需求曲线为一条向右下方倾斜的陡峭曲线。

3. d 需求曲线和 D 需求曲线的关系

（1）当所有垄断竞争厂商同等降低价格时，d 曲线沿着 D 曲线向下平移；当所有垄断竞争厂商同等提高价格时，d 曲线沿着 D 曲线向上平移。

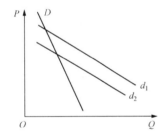

图1-6　垄断竞争厂商的需求曲线

（2）两条曲线的交点表示垄断竞争市场的供需平衡点。

（3）D 曲线需求弹性小于 d 曲线需求弹性。因为，当行业中所有厂商同时降价时，一个厂商所增加的销售量肯定会小于其独自降价所增加的销售量。如图1-6所示。

三、垄断竞争的短期均衡

在垄断竞争市场的短期生产中，当厂商满足 $MR=SMC$ 时，达到短期均衡。虽然厂商受现有生产规模的约束，但可以通过调整产量和价格来实现供需平衡，并实现均衡条件。此时厂商实现最大盈利、利润为零或最小亏损。

如图1-7所示，d 需求曲线和 D 需求曲线相交点 H 上的产量和价格正好是 $MR=SMC$ 时的均衡点 E 所要求的均衡产量 $\overline{Q}$ 和均衡价格 $\overline{P}$。此时，厂商实现了短期均衡，并获得了超额利润，阴影部分的面积即超额利润总量。

四、垄断竞争的长期均衡

在长期中，垄断竞争厂商会调整其生产规模，

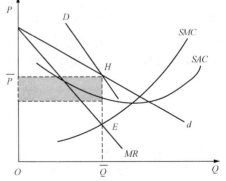

图1-7　垄断竞争市场的短期均衡

行业中也会有厂商进出，因此，若垄断竞争中厂商在短期内有超额利润，必然会吸引新厂商进入；若厂商无法消除亏损，就会自动退出该行业。所以，垄断竞争厂商的长期均衡点没有超额利润。

垄断竞争市场长期均衡的条件是

$$MR = LMC = SMC \tag{1-3}$$

$$AR = LAC = SAC \tag{1-4}$$

$$d = D \tag{1-5}$$

如图 1-8 所示，MR 曲线、LMC 曲线和 SMC 曲线相交于均衡点 E，即有 $MR = LMC = SMC$，$\overline{Q}$ 代表厂商的长期最优生产产量；AR、需求曲线 d 与 LAC 曲线相切于 LAC 曲线与 SAC 曲线的切点 J，即有 $AR = LAC = SAC$，表示厂商的超额利润为零；d 需求曲线和 D 需求曲线也相交于 J 点，达到供需平衡点。

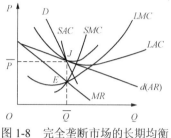

图 1-8　完全垄断市场的长期均衡

第四节　寡头垄断市场

一、寡头垄断的条件

寡头垄断是指由少数几个能对市场产生重大影响的寡头为主要组成成分的市场结构。在寡头垄断市场上，寡头的规模和产销量占整个行业的规模和产销量的比重（集中率）越高，垄断程度越高。

寡头垄断市场的形成必须满足以下条件：

（1）整个行业中厂商数量极少，每一个厂商在市场中都占有较大的市场份额，当其调整产量和价格时，就会影响市场的均衡销售量和价格。

（2）厂商所生产的产品可以是无差别的，也可以是有差别的。前者如钢铁、铝制品等行业，被称为纯粹寡头垄断；后者如汽车、家电等行业，被称为差别寡头垄断。

（3）寡头垄断市场的进入壁垒较大。壁垒主要在于现有厂商比新厂商在规模经济、技术装备、政府特许、投入要素控制等方面占有某一个或几个独特的优势。

二、寡头垄断模型

在寡头垄断市场上，单个寡头在产品价格和产量方面的变化都会对整个行业产生重大影响，因而任何厂商都会特别关注其他厂商的竞争策略，并做出相应的反应。任何厂商的决策都是建立在预测竞争者可能的反应基础之上的，但反应方式多种多样，由此预测竞争者的反应无疑十分困难。学术界提出一些寡头反应模型，描述寡头垄断市场中的寡头行为。在此介绍以下几个模型。

1. 古诺模型

古诺模型（Cournot model）是法国经济学家 A.古诺于 1838 年以矿泉水厂商为例创立的，是最早的寡头垄断模型。

模型满足以下假设条件：

（1）市场仅由两个寡头组成，且寡头提供的产品完全相同。

（2）厂商的生产成本为零，收入全部转化为利润。

（3）两个厂商制定的价格相同，面临同一条线性需求曲线。

（4）两个厂商都假定对方保持产量不变。

因此，每个厂商认为，从市场需求曲线中减去对手的现有产量就是其需求曲线，再像完全垄断厂商那样根据 $MR = MC$ 确定均衡产量。这样的结果是，市场将达到一种新的均衡：价格高于完全竞争市场，但却低于完全垄断市场；产量高于完全垄断市场，但却低于完全竞争市场，双方都获得垄断利润。

2. 斯威奇模型

在实际研究中发现，寡头垄断市场上的价格一旦确定，就具有一定的相对稳定性，美国经济学家斯威奇（1939 年）提出了弯折的需求曲线模型，用于解释这一现象。

模型满足以下假设条件：

（1）一家寡头提高价格时，其他寡头为了增加销售量而保持价格稳定不变。

（2）一家寡头降低价格时，其他寡头为了保持销量也会降低价格。

由于几个寡头的相互竞争，单独一家寡头改变价格时竞争对手总是采取跟跌不跟涨的定价策略，这对改变价格的寡头往往是弊多利少。因此，在寡头垄断市场上，产品价格具有刚性，即使成本在一定范围内发生变化，寡头的价格和产量也是相对稳定的。

3. 卡特尔模型

卡特尔模型（Cartel model）认为在寡头垄断市场上，寡头之间往往会意识到相互之间的依赖性，为了实现双赢会在不达成正式协议的情况下就产品的市场价格、产量分配和市场份额产生自然的默契，共同控制市场以获得最大利润。最为典型的是石油生产和输出国组织。

寡头垄断市场中，寡头为了保证自身利润的稳定，往往通过正式的和非正式的协议，或者在实际经营中产生的自然默契和妥协组成卡特尔。由于相互之间的依赖性，只有组成卡特尔，才能采取共同行动，限制产量、提高价格，每个成员从中都可以分享获得的利益，所以卡特尔组织的形成是基于寡头对利润的共同追求。

在卡特尔组织中，寡头之间基于对自身利益追求，以共同控制市场和分享利润为目的达成的协议或默契并不具有法律的强制约束力，个别寡头有时会出于自身利益而打破原有的协议或默契。各成员生产的产品存在差异，拥有的资源各不相同，生产成本千差万别，市场预期大相径庭，出于种种原因，各成员会采用突破产量限额，或者暗地里以增加回扣方式降低价格，或者提高产品品质等方式，扩大其市场份额。由此必将导致卡特尔瓦解。对利润的追求促使卡特尔组织形成，同样的追求又导致卡特尔土崩瓦解。经济学家认为，卡特尔成立并长期保持稳定的条件是：第一，组织内厂商数量较少，组织形成的成本较低；第二，除价格竞争外其余竞争手段效果不明显；第三，消费者群体的规模有限。

以上所有模型都是基于对厂商行为的某种简化的假设，而现实中没有寡头垄断厂商会像假设那样幼稚和机械。因此，尽管各模型都从一个侧面揭示了寡头垄断市场的部分特征，但是都不是对寡头垄断市场的一般性概括。后来，博弈论的发展为研究寡头垄断市场提供更好的研究工具。

第二章

市 场 供 求 理 论

市场供求的调查和预测分析，是工程项目市场分析的核心内容。经济学中对市场供求行为的理论阐述，为工程项目的市场分析奠定了坚实的理论框架。开展工程项目的市场分析工作，应善于利用市场供求理论的相关分析思路和逻辑框架，以便客观把握各类市场主体的行为特征，从而使市场分析结论具有扎实的理论基础。

第一节　消费者的偏好和效用

人们消费产品和服务是为了满足自己的需要，这种在消费商品时所感受到的满足程度就是效用（utility）。效用函数是描述消费的数量与得到的满足程度之间的关系。关于效用的度量问题，不同学者持不同态度。认为效用可以用具体数字表示度量结果的学者提出了基数效用论，在此基础上形成了分析消费者行为边际效用分析法；认为效用作为一种心理活动无法用具体数字表示的学者提出了序数效用论，在此基础上形成了分析消费者行为的无差异曲线分析法。

一、基数效用

在 19 世纪末和 20 世纪初，学术界普遍使用基数效用（cardinal utility）的概念。基数效用论认为，效用是可以精确计量并加总求和的，其大小可以用 1，2…来表示。具体的效用度量值可以进行相互比较，效用之间的比较以效用单位为计量单位。例如某人在电影院看电影和去健身房健身的效用分别是 3 和 6，则效用之和为 9 个效用单位，后者是前者的 2 倍。

基数效用论主要研究消费者获得的总效用（total utility）和边际效用（marginal utility），在公式表达时分别简称 TU 和 MU。

总效用指消费者消费一定数量某种商品后获得的总体满足程度，即消费每单位商品效用度量值的总和。总效用函数可以用下式表示

$$TU = f(Q) \tag{2-1}$$

边际效用指消费者在一定时间内消费某种商品时，每增加一单位该商品的消费量所产生的满足程度增量。边际效用函数可以用下式表示

$$MU = \frac{\Delta TU}{\Delta Q} \tag{2-2}$$

当消费者消费商品增量为无限小时，即 $\Delta Q \to 0$ 时，则有

$$MU = \lim_{\Delta Q \to 0} \frac{\Delta TU}{\Delta Q} = \frac{\mathrm{d}TU}{\mathrm{d}Q} = f'(Q) \tag{2-3}$$

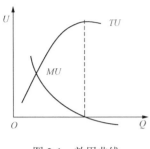

图 2-1　效用曲线

式（2-3）表明边际效用是总效用曲线相应点的斜率，即边际效用为总效用函数的导数。关于总效用和边际效用之间的相互关系，可以用图 2-1 表示。

图 2-1 中，横轴 Q 代表商品数量，纵轴 U 代表效用。TU 代表总效用曲线，MU 代表边际效用曲线。随着消费量的增加，TU 曲线呈开口向下的抛物线形。由公式（2-3）可知，当边际效用为正时，TU 曲线呈上升趋势且上升速度越来越慢；当边际效用为零时，总效用达到最大值；当边际效用递减为负数时，TU 曲线呈下降趋势且下降速度越来越快。由此可得出结论在一定时间范围内，如果保持其他商品的消费量不变，则消费者每增加一单位的特定商品的消费量，获得的效用增量总是递减的。这就是边际效用递减规律（law of diminishing marginal）。用数学语言来描述，总效用函数是一凹向横轴的函数。当 $MU=0$ 时，总效用函数取极大值，而后函数值开始下降，亦即 MU 是单调减函数。

现实中，随着连续消费相同的商品或服务，从人的生理和心理的角度讲，消费者从中得到的满足程度是递减的；从另一个角度来说，每种商品都具有不同的作用和用途，消费者总是把商品的消费数量和次序按照用途的重要程度来进行分配，因此随着消费数量的增加，商品对消费者来说重要性降低，导致消费之后产生的效用增量降低。

二、序数效用

随着效用问题的进一步研究，到了 20 世纪 30 年代，越来越多的学者采用了序数效用论。他们认为效用是消费者的主观心理满意程度，无法用具体数字来表示度量结果，只能按等级或顺序进行排序。序数效用论的消费者偏好概念逐渐取代了基数效用论用"效用单位"对效用进行具体度量的观点。

消费者偏好（preferences）是指消费者对可能消费的商品组合按照自己的意愿进行的排序。不同的消费者在其消费过程中会对不同的商品组合做出不同的效用水平评价，这体现了消费者对不同商品组合的偏好程度。效用值的主观评价越高，消费者的偏好程度越高。

1. 序数效用论对消费者偏好的三个基本假定

一是完全性，消费者总是可以把自己对不同商品组合的偏好评价准确地表达出来；二是非饱和性，即消费者总是偏好于含有这种商品数量较多的那个商品组合；三是可传递性，即在对于两种商品组合的消费中，消费者的偏好是一致的，可以传递的。

2. 序数效用函数

序数效用同样也有边际效用递减规律，但边际效用并不表示真实的数量关系。序数效用函数仅仅表达了消费者对不同消费品组合偏好的次序关系，与函数的值是多少完全没有关系。与每一个消费者的偏好相对应的效用函数不止一个，对一个效用函数进行单调正向变化以后仍是其效用函数。

3. 无差异曲线

无差异曲线（indifference curves）表示消费者对两种偏好相同的商品的不同的数量组合所连成的曲线。或者是在偏好既定的条件下消费者能获得相同效用的两种商品的不同组合所连成的曲线。无差异曲线与效用对应的函数关系式为

$$U = f(X_1, X_2) \tag{2-4}$$

式中：X_1 和 X_2 分别表示两种不同商品的数量；常数 U 仅代表效用水平的高低，不代表具体效用的数值大小。

如图 2-2 所示，在同一条无差异曲线 U 上，A、B、C、D 四个点代表的两种商品的数量组合不同，但消费者消费后获得的效用水平是相等的。

无差异曲线具有三个基本特征：

（1）一个平面坐标系中可以有无数条无差异曲线，且每条曲线都是连续的。不同的无差异曲线代表的效用水平不同，离原点越远，代表的效用水平越高。

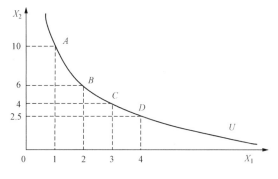

图 2-2 无差异曲线

（2）在同一平面坐标系中，任意两条无差异曲线永不相交，因为效用是假定可以传递的，相交点同时位于代表不同效用水平的两条无差异曲线上是显然不成立的。

（3）无差异曲线是一条右下方倾斜并趋于平缓的凸向原点的曲线。即随着某一商品消费量的增加，它对另一种商品的替代性降低，这是因为商品的边际替代率递减。

4. 边际替代率

商品的边际替代率（marginal rate of substitution，MRS）是指在既定效用水平条件下，消费者多消费的一单位某种商品数量与为了保持效用水平不变而必须减少的另一种商品的消费数量之比。体现在无差异曲线的几何意义上就是曲线上该点切线斜率的绝对值。

以 MRS 代表两种商品之间的边际替代率，ΔX_1 表示商品 1 消费量的增量，ΔX_2 表示因商品 1 消费量的增加而导致商品 2 消费量降低的增量，则用商品 1 代替商品 2 时产生的边际替代率为

$$MRS_{12} = -\frac{\Delta X_2}{\Delta X_1} \tag{2-5}$$

从无差异曲线的性质可得出，为了维持效用水平不变，增加一种商品的消费量必然导致另一种商品消费量的降低，所以两种商品增量的比值为负数，为了研究比较的方便起见，通常在公式中加一个负号以保证边际替代率为正值。

假定当 $\Delta X_1 \to 0$ 时，则

$$MRS_{12} = \lim_{\Delta x \to 0} -\frac{\Delta X_2}{\Delta X_1} = -\frac{\mathrm{d}X_2}{\mathrm{d}X_1} \tag{2-6}$$

就经济学意义而言，任意两种商品的边际替代率等于这两种商品的边际效用之比

$$MRS_{12} = \frac{MU_{X_1}}{MU_{X_2}} = \frac{\partial U / \partial X_1}{\partial U / \partial X_2} \tag{2-7}$$

对于通常的无差异曲线而言，边际替代率是递减的，即

$$MRS'_{X_1 X_2} = \frac{\mathrm{d}}{\mathrm{d}X_1}\left(-\frac{\mathrm{d}X_2}{\mathrm{d}X_1}\right) = -\frac{\mathrm{d}^2 X_2}{\mathrm{d}X_1^2} < 0 \tag{2-8}$$

这就是商品的边际替代率递减规律（law of diminishing marginal rate of substitution），当一种商品消费数量持续增加时，为了保持效用水平的不变，消费者需要降低的另一种商品的消费数量是递减的。因为根据边际效用递减规律，随着一种商品消费数量的增加，它的边际效用越低，用于弥补损失的效用而需要降低的另一种商品的消费数量就越少。

三、预算约束

预算线又称预算约束线（budget constraints）、消费者可能性线和价格线，表示消费者在收入和商品价格既定的约束条件下，将所有收入用于购买两种商品时所能购买的两种商品的不同数量组合。消费者所有的购买组合都受到收入的约束。

预算线的位置和形状取决于消费者的收入和两种商品的价格，三个因素中任何一个因素发生变化都会引起预算线的变化，按照收入和商品价格变化的方向可以分为以下四种情况：仅消费者收入变化，两种商品的价格均不变；收入不变，两种商品的价格同比例同方向发生变化；收入不变，一种商品的价格不变而另一种商品的价格变化；消费者的收入与两种商品的价格都同比例同方向变化。

图 2-3（a）表示当两种商品价格不变时，预算线随着收入的增加（减少）而向上（向下）平移。图 2-3（b）表示当收入不变而商品 1 价格变化时，预算线保持纵轴的截距不变，横轴上的截距随着商品 1 价格的提高（降低）而减小（增加）。图 2-3（c）表示当收入不变而商品 2 价格变化时，预算线保持横轴的截距不变，纵轴上的截距随着商品 1 价格的提高（降低）而减小（增加）。

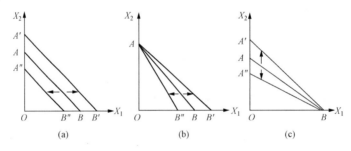

图 2-3　预算线的变动

四、消费者均衡

假定消费者的行为是追求效用最大化，消费者在预算约束下的效用最大化的选择，就是消费者均衡。可以借助于常用的数学工具（例如拉格朗日乘数法），把消费者追求效用最大化的问题转化为在预算约束下使效用函数取得极大值的数学问题。经推演得出结论：如果消费者把既定的货币收入用于购买 X 和 Y 两种商品，那么消费者从这两种商品的消费中获得效用最大化的必要条件是两种商品的边际效用之比等于它们的价格之比，即

$$\frac{MU_{X_1}}{MU_{X_2}} = \frac{P_{X_1}}{P_{X_2}} \tag{2-9}$$

证明过程如下：已知效用函数为

$$U = f(X_1, X_2) \tag{2-10}$$

约束条件为

$$P_{X1}X_1 + P_{X2}X_2 = M \tag{2-11}$$

构造的拉格朗日函数为

$$L(X_1, X_2, \lambda) = U(X_1, X_2) + \lambda(M - P_{X1}X_1 - P_{X2}X_2) \tag{2-12}$$

就式（2-11）对三个变量 X_1、X_2、λ 分别求偏导数并令偏导数值等于零，得到

$$\frac{\partial L}{\partial X1} = \frac{\partial U}{\partial X1} - \lambda P_{X1} = 0 \tag{2-13}$$

$$\frac{\partial L}{\partial X2} = \frac{\partial U}{\partial X2} - \lambda P_{X2} = 0 \tag{2-14}$$

$$\frac{\partial L}{\partial \lambda} = M - P_{X1}X_1 - P_{X2}X_2 = 0 \tag{2-15}$$

整理式（2-12）与式（2-13）并将两式整理结果相比得到式（2-16）

$$\frac{P_{X1}}{P_{X2}} = \frac{\partial U / \partial X1}{\partial U / \partial X2} = \frac{MU_{X1}}{MU_{X2}} \tag{2-16}$$

在证明过程中，所构造的拉格朗日乘数 λ 被解释为货币的边际效用。因为作为一般等价物的货币在实质上也是商品，所以边际效用递减规律同样适合货币效用的分析。但在分析消费者行为时，由于在一般情况下，用于购买单位商品的支出占消费者总货币收入的比重很低，所以当消费者对某种商品的购买量发生微小变化时，用于支付的货币的边际效用增量极其微小的，可以忽略不计。因此可设定货币的边际效用是个常数。

$$\lambda = \frac{\mathrm{d}U}{\mathrm{d}M} \tag{2-17}$$

上述结论表明当使用于任何一种消费品的最后一元钱给自己带来相同的效用，且等于货币的边际效用时，消费者实现最优选择。

在序数效用论中，消费者均衡点由无差异曲线和预算线共同决定。一个平面坐标系中有无数条根据消费者偏好确定的无差异曲线，但在消费者收入和商品价格既定的条件下，消费者关于两种商品的预算线是唯一确定的。当其中一条无差异曲线与预算线相切时，切点即为消费者均衡点。在消费者均衡点上两条曲线的斜率相等，即商品的边际替代率等于两种商品的价格之比。

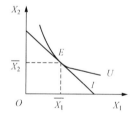

如图 2-4 所示，消费者均衡点即为既定的预算线 I 与平面坐标系中的一条无差异曲线 U 的切点 E。当达到均衡点 $E(\overline{X_1}, \overline{X_2})$ 时，就实现了消费者对两种商品的最优购买组合。

图 2-4 消费者均衡

第二节 生产要素与生产函数

一、生产要素

生产要素（factors of production）是指生产中所必需的经济资源。经济学中研究认为生产要素一般有以下四种：

第一，劳动。包括人类在生产活动中提供的全部体力和智力。

第二，土地。不仅包括土地本身，还包括地下和地上的一切可获取的，有助于人类生产

活动的自然资源，如湖泊、矿藏、森林、海洋等。土地作为生产要素的特点之一是数量固定，人类一般不能使它增加或减少；土地的特点之二是人类必须主动的利用它，才能创造出财富。

第三，资本。是指除土地以外的生产资料，有实物和货币两种具体形态。分别包括厂房和其他建筑物、动力燃料、机器设备、原材料等和现金、银行存款等。

第四，企业家才能。是指企业家在组织建立、经营管理和推动企业长期发展方面的才能。在现代经济社会中，普通劳动力、土地和资本三种要素结合起来进行生产，都是在企业中进行的，因而需要有能够承担风险并担负起开创与组织企业的特殊任务的人物——企业家。随着经济社会的发展，企业家在企业中的地位越来越重要，因而把他们从普通劳动力中分离出来，作为一种独立的生产要素。

二、生产函数

1. 生产函数的含义

在生产过程中生产要素的投入量和产品的产出量之间存在一定的关系。生产函数（production function）就是用于表示在技术水平既定的条件下，一定时期内的生产过程中所投入的各种生产要素的数量与所能实现的最大产量之间的关系。

假定 X_i（$i=1，2，3\cdots$）表示某产品生产过程中所投入的各种生产要素的数量，Q 表示在既定的技术水平条件下所能实现的最大产量，则生产函数为

$$Q = f(X_1, X_2, \cdots, X_n) \tag{2-18}$$

如果按上述四种生产要素，并用 L 代表劳动，K 代表资本，N 代表土地，E 代表企业家才能，则生产函数如下

$$Q = f(L, K, N, E) \tag{2-19}$$

为了简化分析，往往假定生产过程中只投入劳动和资本两个生产要素。则简化后的生产函数为

$$Q = f(L, K) \tag{2-20}$$

2. 常见的生产函数

（1）线性生产函数（linear production function）。如果只考虑劳动和资本两个生产要素，线性生产函数可以用下式表示

$$Q = a_0 + aL + bK \tag{2-21}$$

式中：a_0、a、b 为待定系数。

（2）柯布—道格拉斯生产函数（Cobb-Douglas production function）。该生产函数为指数函数，它以其简单的形式描述了经济学所关心的一些性质，是一个很有用的函数。即

$$Q = AL^\alpha K^\beta \tag{2-22}$$

式中：A、α、β 为待定系数，$0 < \alpha, \beta < 1$。

函数中参数 α 和 β 的经济含义是：α 为劳动在总产量中的贡献，β 为资本在总产量中的贡献，当 $\alpha + \beta = 1$ 时，表示整个生产过程中只投入了劳动和资本两个生产要素，体现了这两个生产要素在生产过程中的相对重要性。

（3）齐次生产函数（homogeneous production function）。如果一个生产函数的每一种投入要素都增加 λ 倍，引起产量增加 λn 倍。则称此生产函数为齐次生产函数。

$$Q = f(L, K, \cdots) = f(\lambda L, \lambda K, \cdots) = \lambda n f(L, K, \cdots) \tag{2-23}$$

式中：n 为常数；λ 为任意正实数。如果 $n=1$，则称函数为一次齐次生产函数，也称线性齐次生产函数。

三、成本

1. 显成本和隐成本

显成本（explicit cost）又称为会计成本，是指在生产过程中厂商用于购买或租用所需要的生产要素的实际支出，包括支付给工人的工资，借入资本的利息，租用土地的地租，购买原材料、燃料、动力以及运输等方面的支出。

隐成本（implicit cost）是指属于厂商本身且被用于该企业生产过程的那些生产要素的总价格。隐成本主要体现在两个部分：一是厂商投入使用自有生产要素获得的报酬。如动用自己的资本、土地等用于生产经营活动，有时厂商还亲自管理企业。二是固定设备折旧费。厂房、设备等的折旧费，虽然不是现期的货币支出，只是从每年的收入中提取一部分来补偿生产经营中厂房和设备的损耗，但确实是成本组成部分，所以列入隐成本。

显成本和隐成本之和，可称为经济成本（economic cost）。

2. 机会成本和会计成本

机会成本（opportunity cost），又称替换成本，是从资源稀缺性这一前提出发，为促进经济资源的合理配置而提出的。指在资源一定的条件约束下，为了实现特定的产品生产而放弃使用该资源用于其他生产用途时所能获得的最大收益。即机会成本是一种资源或生产要素在使用上可供替换的价值。影响厂商决策的成本是机会成本。在经济分析中，企业的生产成本应从机会成本的角度来理解。

会计成本（account cost），是作为成本项目计入会计账户的费用。它通常是根据各种生产要素的市场价格和生产经营中所付的费用，连同厂房设备的折旧费等一起记录在账面上。但是，企业所有者投入企业的资本要素的报酬是不计入会计成本的，其报酬是企业的收入减去会计成本之后的剩余，称为会计利润。

四、收益和利润

1. 收益

总收益（total revenue，TR）是指厂商销售一定产品所得的全部收入。如下式

$$TR = PQ \tag{2-24}$$

平均收益（average revenue，AR）是指厂商每销售一单位产品所获得的平均收入。如下式

$$AR = \frac{TR}{Q} \tag{2-25}$$

边际收益（marginal revenue，MR）是指每增加一单位产品所增加的销售收入。在收益函数不连续、不可导的情况下

$$MR = \frac{\Delta TR}{\Delta Q} \tag{2-26}$$

在收益函数连续、可以求导的情况下

$$MR = \lim_{\Delta Q \to 0} \frac{\Delta TR(Q)}{\Delta Q} = \frac{\mathrm{d}TR}{\mathrm{d}Q} \tag{2-27}$$

2. 利润

利润一般是指经济利润（economic profit），亦指超额利润，是厂商总收益和总成本的差

额。正常利润的含义为支付给企业家资本和才能投资的报酬，它实质是一项隐成本，因此正常利润包括在总成本中，不计入厂商的经济利润。

用 Π 表示利润，R 为总收益，C 为总成本。由于收益与成本都是产出的函数，即 $R = R(q)$，$C = C(q)$ 所以利润也是产出的函数，即

$$\Pi = R(q) - C(q) = \Pi(q) \tag{2-28}$$

就式（2-27）对产出求一阶导数，并令该导数值等于 0，可以得到利润最大化的必要条件，即将生产推进到边际成本等于边际收益的产量点（见图 2-5）

$$\frac{\mathrm{d}\Pi}{\mathrm{d}q} = \frac{\mathrm{d}R}{\mathrm{d}q} - \frac{\mathrm{d}C}{\mathrm{d}q} = 0$$

$$MR = MC \tag{2-29}$$

其中 $MR = \dfrac{\mathrm{d}R}{\mathrm{d}q}$ 为边际收益，$MC = \dfrac{\mathrm{d}C}{\mathrm{d}q}$ 为边际成本。

图 2-5 显示了厂商利润最大化的条件。当产量达到 q_0 时，总成本曲线切线的斜率等于总收益曲线切线的斜率，厂商获得最大化利润。该点 q_0 满足利润最大化的必要条件，但并不能保障厂商获得最大化利润。图 2-5 中的 q_1 点也满足利润最大化的必要条件，但显然 $q_0 > q_1$。故可给出利润最大化的充分条件为

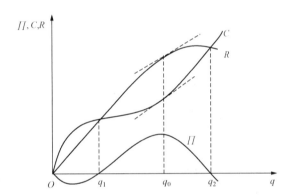

图 2-5　厂商利润最大化的必要条件

$$\frac{\mathrm{d}^2\Pi}{\mathrm{d}q^2} < 0$$

$$\frac{\mathrm{d}^2R}{\mathrm{d}q^2} < \frac{\mathrm{d}^2C}{\mathrm{d}q^2} \tag{2-30}$$

显然，图 2-5 中的 q_0 产量点不仅满足利润最大化的必要条件，而且满足利润最大化的充分条件，因此该产出水平可使厂商获得利润最大化。q_1 产量点只满足利润最大化必要条件，不满足利润最大化的充分条件。

第三节　供需均衡与价格决定

供给和需求决定价格，无论是商品或是劳务、生产要素、资金，它们的价格都是由供需关系决定的。

一、需求与价格

1. 需求和需求函数

一种商品的需求指在特定的某一时期内，消费者有意愿购买并且能够在对应价格水平下有能力实现购买的商品数量。因此要使消费者对某种商品产生需求必须同时具备两个条件：第一，必须具有购买意愿；第二，必须具备支付能力。需求必须是既有购买意愿又有支付能力的有效需求。

影响需求函数的主要因素有：商品本身的价格（price），用 P 表示；相关商品的价格（prices

of related），用 P_r 表示；家庭收入（money income），用 M 表示；消费者对于未来价格的预期，用 P_ε 表示；个人偏好（favor），用 F 表示；时间因素（time）用 t 表示。如果把影响需求量的因素作为自变量，把需求量作为因变量，则需求函数可用下式表示

$$Q^d = f(P,P_r,M,P_\varepsilon,F,t,\cdots) \tag{2-31}$$

式（2-31）是一个多元函数，研究起来会十分复杂。通常只讨论比较简单的一元函数。由于商品价格是需求量最基本的决定因素，因而通常只讨论描述商品需求量与其自身价格之间关系的一元函数，而假定影响消费者需求的其他条件不变。则需求函数简化为

$$Q^d = f(P) = a - bP \tag{2-32}$$

$$Q^d = f(P) = ap^{-\alpha} \tag{2-33}$$

式中：a、b 为常数。式（2-32）是线性需求函数，其中 b 前面的符号表明需求量和价格成反向变化。式（2-33）是一个非线性需求函数，其中 a 是参数。

2. 需求曲线

商品的需求曲线（demand curve）是指在平面坐标系上，不同的价格水平和相应的需求量之间组成的点的连线。在通常情况下，不论是线性的需求曲线还是非线性的需求曲线，都是向右下方倾斜的，如图 2-6 所示：横轴 OQ 表示商品需求数量的大小，纵轴 OP 表示商品市场价格的高低水平，曲线 D 表示最终绘制的需求曲线。

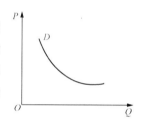

图 2-6　需求曲线

需求曲线向右下方倾斜表明需求量与价格成反方向变化。这一特征被称为需求法则（law of demand），即：假定其他条件不变，商品的需求量和预期价格呈反方向变化，即需求量随着预期价格的下降而上升，随着预期价格的上升而下降。需求法则从数学意义上来说就是需求量对于价格的一阶导数小于零，即

$$\frac{\mathrm{d}Q}{\mathrm{d}P} < 0 \tag{2-34}$$

需要指出的是，需求量的变化与需求的变化是不同的，如图 2-7 所示。当需求量变化时，表现为 b 点沿着供给曲线 D 向 a 点和 c 点移动。在同一条需求曲线上，对应不同的价格有不同需求量，也就是需求量的变化。而每一条曲线代表一种需求，不同的需求曲线代表不同的需求，这就是需求的变化。当需求变化时，需求曲线 D_0 向上或是向下平移到 D_1 和 D_2。

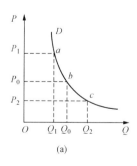

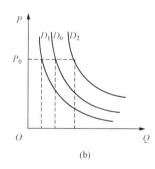

图 2-7　需求和需求量的变化

（a）需求量的变化；（b）需求的变化

3. 个别需求和市场需求

市场需求表示在某一特定市场和某一特定时期内，所有购买者在各种可能的价格下将购买的某种商品的数量。市场需求是个人需求曲线的加总。用 Q_{dT} 表示商品的市场需求，Q_{di} 表示第 i 个消费者对于 x 商品的需求。假定市场有 n 个消费者，则

$$Q_{\mathrm{dT}} = \sum_{i=1}^{n} Q_{\mathrm{di}} \tag{2-35}$$

市场需求除了受个人需求的因素影响外，还受消费者人数的影响。由于整个市场对于价格的变化更加敏感，所以个人需求曲线较为陡峭，市场需求曲线较为平坦。个人需求曲线的斜率绝对值大于市场需求曲线斜率的绝对值。

二、供给与价格

1. 供给和供给函数

一种商品的供给是指在特定的某一时期内，厂商能够用于出售并且在对应的价格水平下愿意出售的该商品数量。

显然，厂商对于商品的供给必须同时具备两个条件：第一，必须具有出售愿望；第二，必须有商品可售（包括存货）。供给必须是既有出售愿望又有可售商品的有效供给。

某一商品的供给函数（quantity supplied function）Q^s 是指该商品的供给数量和影响并决定该商品供给数量的各种因素之间的相互作用关系。某一商品供给数量大小的最终确定受到多种因素的影响，主要因素有：预期或既定的商品市场价格（price），用 P 表示；生产该商品所投入的生产要素的成本（cost），用 C 表示；相关商品的价格（prices of related），用 P_r 表示；技术条件（technology），用 ρ 表示；厂商对于未来价格的预期，用 P_e 表示；自然条件（nature），用 N 表示；时间因素（time），用 t 表示。如果把影响供给量的因素作为自变量，把供给量作为因变量，则供给函数可用下式表示

$$Q^s = f(P, P_r, C, \rho, P_e, N, t\cdots) \tag{2-36}$$

式（2-36）是一个多元函数。多元函数问题的处理通常比较复杂，为了研究的方便起见，往往把研究重点放在其中一个影响因素上，同时假设其他影响因素在研究过程中保持不变。由于商品的价格是最基本的决定因素，因而重点讨论描述商品供给量与其自身价格之间关系的一元函数，而假定影响厂商的其他条件不变。则供给函数表示为

$$Q^s = f(P) = C + dP \tag{2-37}$$

$$Q^s = f(p) = \lambda P^{-\beta} \tag{2-38}$$

式（2-37）是线性供给函数，C、d 为参数，其中 d 前面的符号表明供给量和价格成同方向变化。式（2-38）是一个非线性供给函数，其中 λ、β 是参数。

2. 供给曲线

商品的供给曲线（supply curve）是指在平面坐标系上，不同的价格水平和相应的供给量之间组成的点的连线。在通常情况下，不论是线性的供给曲线还是非线性的供给曲线，都是向左上方倾斜的，如图 2-8 所示，横轴 OQ 表示商品供给的数量大小，纵轴 OP 表示商品预期或既定的市场价格水平高低，曲线 S 表示最终绘制的供给曲线。

图 2-8　供给曲线

供给曲线向左上方倾斜表明供给量与价格成正方向变化。这一特征被称为供给法则（law of supply），即假定其他条件不变，商品的供给量和预期价格呈正方向变化，价格上升，供给量上升；价格下降，供给量下降。供给法则表明供给量对于价格的一阶导数大于零，即

$$\frac{\mathrm{d}Q}{\mathrm{d}P} > 0 \qquad (2\text{-}39)$$

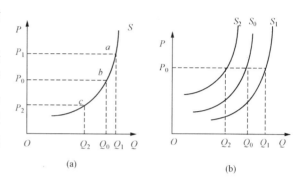

同样需要指出，供给量的变化与供给的变化是不同的。在同一条供给曲线上，对应不同的价格有不同供给量，这就是供给量的变化，在图 2-9 表现为从 b 点沿着供给曲线 S 向 a 点和 c 点移动。而每一条曲线代表一种供给，不同的供给曲线代表不同的供给，供给的变化表现为供给曲线 S_0 向 S_1 和 S_2 平移。

图 2-9 供给量的变化和供给的变化

（a）供给量的变化；（b）供给的变化

3. 个别供给和市场供给

在一定时间内，某一厂商对某种商品的供给称为个别供给，所有厂商对某种商品的供给称为市场供给。市场供给曲线是个别供给曲线的加总。用 Q_{sT} 表示商品的市场供给，Q_{si} 表示第 i 个消费者对于 x 商品的供给。假定市场有 n 个消费者，则

$$Q_{sT} = \sum_{i=1}^{n} Q_{si} \qquad (2\text{-}40)$$

影响个人供给的因素都会影响市场供给。此外，市场供给还受厂商数目多少的影响。例如，当某些商品的价格上升后，市场供给量的增加可能是每个厂商对于该商品的供给量都增加了，也可能是由于生产该商品的厂商数目增加了。这说明市场供给曲线对价格变化的敏感程度更强，也即个别供给曲线较为陡峭，市场供给曲线较为平坦。个别供给曲线的斜率大于市场供给曲线的斜率。

三、均衡价格

1. 均衡价格的决定

均衡价格（equilibrium price）是指某一商品达到供需平衡，即需求量和供给量相等并且对应一个相同的价格水平时的价格。从几何意义上说，均衡价格点和对应的需求（供给）量即为在同一平面直角坐标系上需求曲线和供给曲线的交点，表示供需关系达到一个均衡点，对应的需求（供给）量和价格称为均衡数量和均衡价格。市场实现供需平衡的状态被称为市场出清的状态。

如图 2-10 所示，市场需求曲线 D 和市场供给曲线 S 的交点 E（$\overline{Q}$，$\overline{P}$）即为均衡点，$\overline{Q}$ 和 $\overline{P}$ 分别称为均衡数量和均衡价格。

商品均衡价格与均衡产量的形成是市场供求力量自发作用的结果。在这个价格水平下，消费者愿意购买商品的数量正好等于厂商愿意出售商品的数量。在失衡（即任何脱离这一点的状态）时，厂商和消费者之间供需关系的相互作用最终必然会使价格和供需数量回到均衡状态。

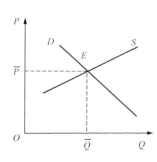

图 2-10 均衡价格

2．均衡价格的变动

（1）需求的变动对均衡价格的影响。见图 2-11，当供给曲线 S 既定时，如果市场需求增加，需求曲线从 D_1 向右平移至 D_2 处，均衡点从 E_1 变成 E_2，相应的均衡数量和均衡价格分别从 Q_1、P_1 增加至 Q_2、P_2。相反的，如果市场需求减少，需求曲线从 D_1 向左平移至 D_3 处，均衡点从 E_1 变成 E_3，相应的均衡数量和均衡价格分别从 Q_1、P_1 减小至 Q_3、P_3。综上所述，在供给曲线 S 既定和其他因素保持不变的情况下，市场需求数量的变动会使均衡数量和均衡价格发生同向变动。

（2）供给的变动对均衡价格的影响。见图 2-12，当需求曲线 D 既定时，如果市场供给增加，供给曲线从 S_1 向右平移至 S_2 处，均衡点从 E_1 变成 E_2，相应的均衡数量和均衡价格分别从 Q_1、P_1 减小至 Q_2、P_2。相反的，如果市场供给减少，供给曲线从 S_1 向左平移至 S_3 处，均衡点从 E_1 变成 E_3，相应的均衡数量和均衡价格分别从 Q_1、P_1 增加至 Q_3、P_3。综上所述，在需求曲线 D 既定和其他因素保持不变的情况下，市场供给数量的变动会使均衡数量和均衡价格发生反向变动。

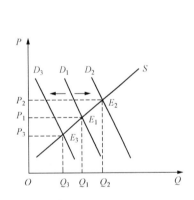

图 2-11　需求变动对均衡价格的影响

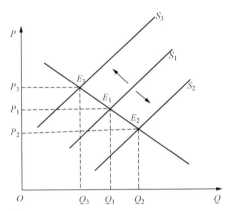

图 2-12　供给变动对均衡价格的影响

四、支持价格和限制价格

（一）支持价格

支持价格（support price），也称最低价格，是指政府对某些商品规定价格的下限，防止价格过低，以示对该商品生产的支持和对某些行业发展的扶持。一般来说，支持价格应该高于市场均衡价格。

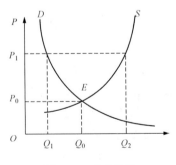

图 2-13　支持价格

图 2-13 表示政府对某种产品实行最低限价的示意图。在没有政府干预之前，由供需关系决定的均衡数量和均衡价格分别为 Q_0 和 P_0。政府实施的最低限价 P_1 高于均衡价格 P_0，在 P_1 的价格水平下，对应的市场供给数量和市场需求数量分别为 Q_2 和 Q_1，如图 2-13 所示 $Q_2 > Q_1$。市场上出现供大于求的情况，导致产品过剩。政府为保持支持价格或最低价格，必须收购商品供大于求的差额或组织出口，以制止价格下降趋势。

（二）限制价格

限制价格（ceiling price），也称为最高价格，是指政府对某些商品规定最高上限，抑制某些产品价格过高，控制通货膨胀。限制价格低于市场均衡价格。

图 2-14 表示政府对某种产品实行最高限价的情形。最初的均衡价格和均衡数量是 P_0 和 Q_0。政府实行最高限价所规定的市场价格为 P_1。可见，最高限价 P_1 低于均衡价格 P_0，在 P_1 的价格水平下，对应的市场供给数量和市场需求数量分别为 Q_1 和 Q_2，如图 2-14 所示。$Q_1 < Q_2$，市场上出现供不应求的情况。

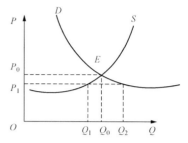

图 2-14　限制价格

政府为实现最高限价或限制价格，必须通过进口或寻找替代品等办法，增加供给以弥补其供求缺口差额，以控制价格上涨的趋势。政府实行限制价格有时还会带来一些负面影响。实施最高限价后出现的供不应求可能会导致消费者抢购，部分厂商在没有销售压力的情况下可能会轻视产品质量，增加市场上劣质产品的数量，这些情况都会导致变相的涨价，当供需关系进一步失衡甚至会导致黑市交易的形成。此时政府只能对产品实行配给制并加以强制控制以保证市场的稳定。

总之，支持价格和限制价格体现了政府对供求规律的利用，不是对某种商品进行征税或是补贴，而是直接干预供求规律。

第四节　需求弹性与供给弹性

在市场分析中，普遍用"弹性"这个概念来研究因变量对自变量反映的敏感程度。在需求或供给分析中，弹性是用来衡量需求量或供给量对需求或供给变动因素变动的敏感程度，这是定性、定量分析的结合。

一、需求价格弹性

1. 定义和计算公式

需求的价格弹性（price elasticity of demand），亦称价格弹性，是需求量变动比率与对应价格变动比率的比值，体现了某一商品的市场需求量对价格变动做出反应的剧烈程度。根据需求法则，商品需求量增量与商品的价格增量是成反方向变动的。为了讨论的方便，现对需求价格弹性取绝对值，使得需求价格弹性始终取正值。

如用 P 代表价格，Q^d 代表需求量，ΔP、ΔQ^d 代表价格和需求量的增量，E^d 为需求价格弹性。则需求价格弹性的计算公式如下

$$E^d = -\frac{\Delta Q^d / Q}{\Delta P / P} = -\frac{\Delta Q^d}{\Delta P} \frac{P}{Q^d} \qquad (2\text{-}41)$$

2. 价格弹性的类型

不同性质和用途的商品具有不同的需求价格弹性，根据需求弹性的大小可以分为以下五类（见图 2-15）：

（1）需求完全无弹性，即 $E^d = 0$。不管价格如何变化，需求都不会变化，需求量是一个常数。从图上可以看出此时的需求曲线是一条垂直于横轴的直线，其斜率无穷大。

（2）需求缺乏弹性，即 $E^d < 1$。需求量的变动率要小于价格的变动率，也即需求量变化

对价格变化反映缓和。这说明价格相对变动1%时，需求量的相对变动不到1%。表现在图上是一条相对陡的曲线。这类商品通常为生活必需品。

（3）需求具有单位弹性，即 $E^d=1$，表明需求量变化的幅度与价格变化的幅度是相同的。当商品的价格上升1%时，需求量正好下降1%。这时需求曲线是一条双曲线，需求量乘以价格等于常数。

（4）需求富有弹性 $E^d>1$，这类商品在价格变化时，引起需求量的变动比较大。当价格相对变动1%时，需求量的相对变动要超过1%。需求曲线相对比较平缓。这类商品一般指高档消费品，称为奢侈品。

（5）需求具有无穷大弹性 $E^d=\infty$。商品需求量的变动对于价格变动的反应非常敏感，价格极为微小的变动，会导致需求量极大的变动。这时的需求曲线是一条水平线。

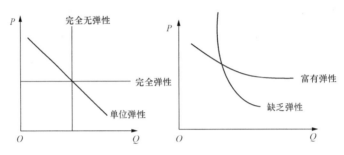

图2-15　五类需求价格弹性

3. 需求价格弹性的影响因素

某一商品的需求价格弹性受多种因素影响，主要有以下四个影响因素：

（1）商品对消费者的必需程度。一般来说，属于生存所必需的商品，需求价格弹性比较小，由于是人们生活所必需的，人们不会因价格变动而使需求量有较大的变动。如果是享受性的生活必需品，人们可以需要它，也可以不需要它，在价格变动时需求量的变动就会比较大，需求价格弹性也就比较大。

（2）商品的可替代程度。可替代程度是指可替代商品的数量大小和替代程度的高低。某一商品的可替代程度越高，它的价格弹性就大。当商品价格上升时，消费者就很可能转向消费其他替代品而放弃这种商品的消费；反之亦然，商品的价格下降，消费者就会放弃替代品，转而消费该商品。

（3）用途广泛性。一般来说，一种商品用途越多，则需求弹性越大，因为当该商品价格高时，消费者可少买，用在最重要的用途上；当商品价格下降时，消费者会越多放弃替代品，转向消费该商品，该商品的需求价格弹性就大。

（4）购买商品支出占消费者总支出的比重。某一商品的消费支出占总支出的比重会对它的需求价格弹性产生正向的影响。所占比重低的商品其需求价格弹性也相对较小；反之，需求价格弹性也就相对较大。

二、需求收入弹性

1. 定义和计算公式

需求收入弹性（income elasticity of demand）是需求量变动比率与收入变动比率的比值，体现了某一商品的市场需求量对收入变动做出反应的剧烈程度。用 M 表示收入，ΔQ^d 和 ΔM

分别代表消费者对商品需求量的变化和消费者收入的变化，用 E_M 表示需求的收入弹性。需求的收入弹性公式为

$$E_M = \frac{\Delta Q^d \Big/ Q}{\Delta M \Big/ M} = -\frac{\Delta Q^d}{\Delta M} \frac{M}{Q^d} \tag{2-42}$$

2. 需求收入弹性的类型

需求的收入弹性与需求的价格弹性取值范围是不同的。对于某种商品而言，收入的增加可能引起其需求量的增加，也可能引起其需求量的减少。因此，需求的收入弹性值可能为正，也可能为负。根据收入变动对商品需求量产生的不同影响，可以把商品分为正常品和劣等品两类。正常品的需求量随收入的增加而增加；劣等品的需求量随收入的增加而减少。正常品又可以进一步划分为刚性正常品与弹性正常品。刚性正常品为必需品，弹性正常品为奢侈品。具体分类如下：

（1）$E_M > 1$，即收入富有弹性。需求量的变动率快于收入的变动率，需求量对收入变动反映强烈。即当收入增加少量时，消费者对该商品的需求量迅速增加，需求增加的百分比要大于收入增加的百分比。高档消费品（也称奢侈品）是典型的收入富有弹性的商品。

（2）$E_M = 1$，即收入单一弹性。表示某一商品的需求量与消费者的收入始终保持同方向同幅度的变动，这意味着这类商品的消费支出占消费这种收入的百分比中保持不变。

（3）$0 < E_M < 1$，即收入缺乏弹性。表明当收入发生变动时，需求量的变动率小于收入的变动率，需求量对收入变化所做出的反应程度低，即当收入发生变动时，该商品的需求量会发生同方向的变动，但变动的百分比要小于收入变动的百分比，这类商品一般指生活必需品。

（4）$E_M = 0$，即收入无弹性。表明需求量是一个随收入的变化而变化的常量，在平面直角坐标系上表现为一条和纵轴平行、斜率为无穷大的收入需求曲线。这意味着消费者对这类商品的需求是基本固定的。

（5）$E_M < 0$，即收入负弹性。表明当收入发生变动时，消费者对某一商品的需求程度发生反向的变动。在平面直角坐标系上表现为一条各点切线斜率均为负的收入需求曲线，当某一商品具有收入负弹性时即为劣等品。

三、需求交叉弹性

1. 定义和计算公式

需求的交叉弹性（cross price elasticity of demand），是当某一商品的相关商品发生价格变动时，它的需求量变动率与相关商品价格变动率的比值，反映了在一定时期内该商品的需求量对其相关商品价格变动的反应程度。

需求的交叉弹性用来测度在一定时期内，某一商品的市场需求量对于另一种商品价格发生变动时所作出变动的程度。假设 A 商品的需求量为 Q_A，B 商品的价格为 P_B，A 商品需求量和 B 商品价格的增量分别为 ΔQ_A 和 ΔP_B，用 E_{AB} 代表当 B 商品价格发生变动时 A 商品的需求交叉价格弹性，则公式如下

$$E_{AB} = \frac{\Delta Q_A \Big/ Q_A}{\Delta P_B \Big/ P_B} = \frac{\Delta Q_A}{\Delta P_B} \frac{P_B}{Q_A} \tag{2-43}$$

2．需求交叉价格弹性类型

需求的交叉弹性可能取正值，也可能取负值，这要视商品是替代品还是互补品而定。若两种商品是替代品，则两种商品之间可以互相替代以满足消费者的某一种欲望。若两种商品是补充品，表示消费者必须同时购买和使用这两种商品才能满足需求。既不是替代品，也不是互补品的两种商品称为无关品，即两种商品之间不存在相关关系。

（1）当两种商品互为替代关系时，一种商品的价格上升引起替代商品需求量的上升，即两种商品的价格和需求量同向变动，相应的需求交叉价格弹性系数 E_{AB} 为正值。

（2）当两种商品互为补充关系时，一种商品的价格上升引起互补商品需求量的下降，即两种商品的价格和需求量反向变动，相应的需求交叉价格弹性系数 E_{AB} 为负值。

（3）当两种商品为无关商品时，一种商品的价格变动对另一种商品需求量的变动不产生影响，即两种商品的使用上相互独立，相应的交叉弹性系数 E_{AB} 为零。

四、需求弹性的综合效应

需求量的综合效应是指当两个或两个以上影响需求的因素同时变化时，对需求量的影响。例如，假设某厂商计划在下一时期提高产品价格并预期下个时期消费者的收入也会增加。根据需求价格弹性的公式，价格上涨对需求量的影响将等于

$$\frac{\Delta Q^d}{Q^d} = -E_d\left(\Delta P \middle/ P\right) \tag{2-44}$$

根据需求收入弹性的公式，消费者收入增加对需求量的影响等于

$$\frac{\Delta Q^d}{Q^d} = E_Y\left(\Delta Y \middle/ Y\right) \tag{2-45}$$

每一个这样的百分比变化乘以当期的需求量 Q_1，就可以得到由价格和收入增加而造成的需求量的相应变化。假设价格效应和收入效应是独立的而且是可加的，那么下一期的需求量 Q_2 将等于当期的需求量 Q_1 加上由价格和收入增加造成的需求量变化

$$Q_2 = Q_1 + Q_1 \times \left[-\frac{\Delta P}{P} \times E_d\right] + Q_1\left[\frac{\Delta Y}{Y} \times E_Y\right]$$

或

$$Q_2 = Q_1\left[1 - \left(\frac{\Delta P}{P} \times E_d\right) + \left(\frac{\Delta Y}{Y} \times E_Y\right)\right] \tag{2-46}$$

这里说明的是为预测需求而对收入弹性和价格弹性加以综合运用的情况，可以推广到本节前面介绍的任何一种弹性概念。

五、供给价格弹性

1．定义和计算公式

供给价格弹性（price elasticity of supply）是当某一商品的市场价格发生变动时，该商品需求量的变动率与价格变动率的比值，反映了在一定时期内该商品的供给量对其自身市场价格变动的反应程度。假设某一商品的市场价格为 P，相应的供给量为 Q^s，当价格发生变动时价格和供给量的增量分别为 ΔP 和 ΔQ^s，则供给价格弹性 E_s 的计算公式如下

$$E_s = \frac{\Delta Q^s \middle/ Q^s}{\Delta P / P} = \frac{\Delta Q^s}{\Delta P}\frac{P}{Q^s} \tag{2-47}$$

2. 供给价格弹性类型

同需求价格弹性一样，供给价格弹性也可以分为五类（见图2-16）：

（1）$E_S > 1$，表明商品的供给富有弹性，当价格发生变动时供给量做出的反应强烈，表现在平面直角坐标系上为一条斜率大于0且小于1的供给曲线。典型的有劳动密集型商品或易保管商品。

（2）$E_S = 1$。表明商品的供给单一弹性，当价格发生变动时供给量发生同幅度的变动，表现在平面直角坐标系上为一条斜率等于1的供给曲线。

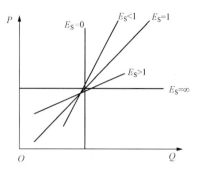

图 2-16 供给价格弹性的五种类型

（3）$E_S < 1$。表明商品的供给缺乏弹性，当价格发生变动时供给量做出的反应缓慢，表现在平面直角坐标系上为一条斜率大于1的供给曲线。典型的有资金或技术密集型商品和不易保管商品。

（4）$E_S = 0$。表明商品的供给完全无弹性，供给量是一个不随着价格而变化的常量，表现在平面直角坐标系上为一条和纵轴平行的供给曲线。

（5）$E_S = \infty$。表明商品的供给无穷大弹性，供给量在一个价格水平下无穷大，表现在平面直角坐标系上为一条和横轴平行的供给曲线。

3. 影响供给弹性的因素

（1）产品生产周期。某种产品生产周期越长，该产品供给价格弹性越小；产品生产周期越短，其供给价格弹性越大。

（2）生产技术状况。是指产品是需要用劳动密集型方法，还是采取资本或技术密集型方法生产。如果是前者，则产品的供给价格弹性较大；如果是后者，则产品的供给价格弹性比较小。

（3）产品生产所需要的规模等。一般而言，产品生产所需要的规模大，产品的供给价格弹性就小；产品生产所需要的规模越小，其供给价格弹性就越大。

（4）生产要素的供给弹性。生产要素的供给和投入决定商品的产量。所以商品的供给弹性与其生产要素的供给弹性成正比关系，商品的生产要素供给弹性越大，其供给弹性越大。

（5）商品保管难易程度。商品产量的制定和最终供给市场的数量很大程度上取决于商品保管的难易程度，保管越容易的商品供给弹性越大。

（6）生产成本。如果商品的产量增加时，成本的增加相对较少，则当市场价格提高时，厂商会相对较大幅度的增加供给量，表明商品的供给弹性较大。反之，厂商增加供给量的幅度较小，商品的供给弹性也较小。

（7）生产的难易程度。一般来说生产难度低，生产周期短的商品，增加产量和供给相对容易，商品的供给弹性就越大。

（8）时间因素。在短期内，当商品的市场价格发生变化时，厂商需要根据对短期内价格继续变化的趋势分析和自身短期调整产量的能力来决定是否增加供应数量，并且这样的决策具有一定的难度。因此供给可能缺乏弹性；然而在长时间内，企业有较多的时间去调整生产以满足市场需求，供给的价格弹性就可能会较大。

第三章

成本及价格形成理论

工程项目投入物和产出物价格的调查和预测，是工程项目市场分析的重要内容。价格直接影响着企业产品的销售量及利润，涉及生产者、经营者、消费者等各方面的利益。企业推出一项新产品，需要采取新的分销渠道，进入新的销售地区，或客观环境发生变化时，都需要制定产品价格，开展经营活动，促进销售收入和利润增加。

第一节　生　产　成　本　理　论

企业的生产成本是指企业对生产要素的购买支付。企业在进行价格决策的过程中必须要考虑到商品的成本问题。

一、成本函数估计

成本利润分析需要对成本函数进行估计，包括短期成本函数分析和长期成本函数分析。

在短期成本函数估计中，大多数经验性成本研究通常使用多项式函数来表示总的可变成本与产量之间的关系。即

$$TVC = a_0 + a_1Q + a_2Q^2 \tag{3-1}$$

或三次成本函数

$$TVC = b_0 + b_1Q + b_2Q^2 + b_3Q^3 \tag{3-2}$$

根据三次函数得出的边际成本函数为

$$MC = \frac{\mathrm{d}(TVC)}{\mathrm{d}Q} = b_1 + 2b_2Q + 3b_3Q^2 \tag{3-3}$$

平均可变成本函数为

$$AVC = \frac{TVC - b_0}{Q} = b_1 + b_2Q + b_3Q^2 \tag{3-4}$$

式（3-1）和式（3-2）中的参数是线性的，因此可直接用最小二乘法来估计。尽管二次和三次函数的形状取决于这些估计出的参数，但是根据这些函数估计出的成本曲线通常如图3-1 所示。

在实际中，一般需要分别采用几种方程去拟合成本数据，然后用统计方法检验估计结果，从中选择最合适的模型。值得注意的是，所有用统计方法产生的成本—产量方程都存在一个明显的局限性，即方程中所包含的关系可能只在某个有限的产量区间内是有效的。

在长期成本函数估计中，所采用的基本方法仍是回归分析法。现实中很难找到企业的规模发生变化但其技术和其他相关变量保持不变的例子。因此，一般可采用横截面数据代替

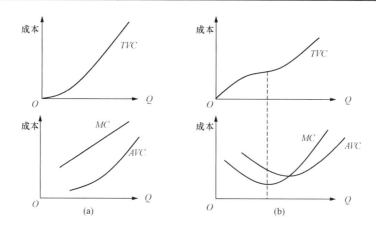

图 3-1　多项式表示的成本曲线

（a）二次总成本函数；（b）三次总成本函数

时间序列数据进行长期成本的回归分析。横截面数据是指在某一个时点上，对同一行业中的大量不同规模的企业采集数据。因为在同一时点上，可以认为行业的技术水平大致保持不变。然而，用横截面数据回归分析法估计长期成本函数，也存在一些问题：一是由于各个企业分布的地域很可能是不同的，而不同地域的要素价格又很可能存在着差异。因此，必须在回归模型中加入有关投入要素价格的独立变量，否则就有可能导致分析结果失真。二是不同的企业也许使用了不同的会计处理方法，因而他们的成本资料是不可比较的；三是一般假定各个样本企业是在其最优生产规模，即短期平均成本曲线和长期平均成本曲线的切点上进行生产的。然而在实际中，很难判断企业是否在该切点上生产。

二、短期成本函数

短期成本是指厂商在短期内进行生产经营的开支。在短期内，生产过程中有一种或多种生产要素是固定的或无法改变的，所以短期成本分为短期不变成本（固定成本）和短期可变成本。

总固定成本（total fixed cost，TFC）是固定要素构成的成本。例如，建筑物和机器设备的折旧费等。它与产量无关，是平行于产量轴的直线。总变动成本（total variable cost，TVC）是可变要素构成的成本，它随着产量的增加而增加。例如，对原材料、燃料动力和工人工资的支付等。总成本（total cost，TC）是全部生产要素构成的成本，它是总固定成本和总可变成本之和。即

$$TC = TFC + TVC \tag{3-5}$$

从一定产量水平上的总成本（包括 TFC、TVC 和 TC）出发，可以推导得到相应的平均成本（包括 AFC、AVC 和 AC）和边际成本（即 MC）。其计算公式为

$$AC = \frac{TC}{Q} = AFC + AVC \tag{3-6}$$

$$MC = \frac{\Delta TC}{\Delta Q} = \lim_{\Delta Q \to 0} \frac{\Delta TC}{\Delta Q} \frac{\mathrm{d}TC}{\mathrm{d}Q} \tag{3-7}$$

各种短期成本之间的相互关系如表 3-1 所示。图 3-2 是根据表 3-1 绘制的短期成本曲线图。图中的横坐标表示产量 Q，纵坐标表示成本 C。

表 3-1　　　　　　　　　　　　各种短期成本之间的相互关系

产量Q	总成本			平均成本			边际成本
	总不变成本 TFC	总可变成本 TVC	总成本 TC	平均不变成本 AFC	平均可变成本 AVC	平均总成本 AC	边际成本 MC
(1)	(2)	(3)	(4)=(2)+(3)	(5)=(2)/(1)	(6)=(3)/(1)	(7)=(4)/(1)	(8)=$STC_t - STC_{t-1}$
0	1500	0	1500				
1	1500	600	2100	1500	600	2100	600
2	1500	800	2300	750	400	1150	200
3	1500	900	2400	500	300	800	100
4	1500	1050	2550	375	262.5	637.5	150
5	1500	1400	2900	300	280	580	350
6	1500	2100	3600	250	350	600	700

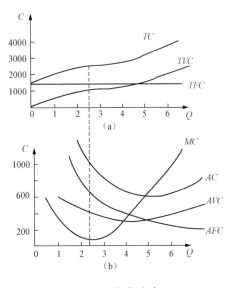

图 3-2　短期成本

由图 3-2 可知：

（1）总不变成本 TFC 曲线是条与横轴平行的横线。表明总不变成本在短期内是一个不随产量变化而变化的固定常量。

（2）总可变成本 TVC 曲线是一条以原点为出发点，向右上方倾斜上升的曲线。当产量低于某一特定产量水平（图中所示 2.5 单位）时，这条曲线先以递减的速率增加；在达到这个产量水平（2.5 单位）之后，这条曲线以递增的速率增加。

（3）总成本 TC 是总不变成本和总可变成本的加和，因此总成本 TC 曲线是 TVC 曲线向上平移 C_1 个单位形成的，其中 C_1 表示 TFC 曲线标示的成本水平。因此在任意一个相同的产量点上，TC 曲线和 TVC 曲线上对应成本的差额始终等于 C_1 且对应各点的切线斜率等。

（4）平均不变成本 AFC 曲线是一条位于平面直角坐标系第一象限内的双曲线，因为在短期内总不变成本是个固定常量，所以当产量增加时，平均不变成本降低。

（5）平均总成本 AC 曲线、平均可变成本 AVC 曲线和边际成本 MC 曲线都呈开口向上的抛物线形，它们的共同特征是曲线随着产量的不断增加而先下降后上升。MC 曲线的最低点在 AVC 曲线最低点的左下方，MC 曲线在上升过程中依次穿过 AVC 曲线的最低点和 AC 曲线的最低点。

MC 曲线的 U 形特征是由短期生产中的边际报酬递减规律所决定的，即在短期生产过程中，如果其他条件保持不变，则连续增加某一可变要素的投入量会引起边际产量发生一个先递增至某个最大值后递减的变化过程。这意味着在短期生产过程中，生产函数和成本函数具有一定的对应关系。如图 3-3 所示，在短期内，企业一定在边际成本 MC 不仅递增，而且还大于或等于平均可变成本 AVC 的区间进行生产。

三、长期成本函数

在长期中，企业可以调整全部生产要素，甚至进入或退出一个行业。由于所有成本都是

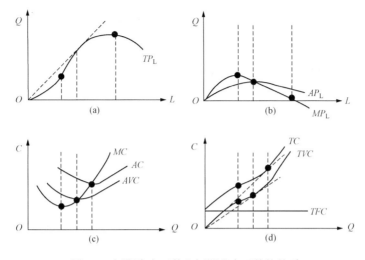

图 3-3　短期生产函数和短期成本函数的关系

可变的，因此长期成本没有不变成本和可变成本之分。企业的长期成本可分为长期总成本、长期平均成本和长期边际成本。

长期总成本（long-run total cost，LTC）是在长期生产过程中的不同产量水平上，厂商通过调整生产规模所能实现的最低总成本。长期总成本函数如下

$$LTC = f(Q) \tag{3-8}$$

长期总成本函数的图形如图 3-4 所示。

LAC 曲线呈 U 形（见图 3-5），这是由规模经济和规模不经济所引起的。在企业生产扩

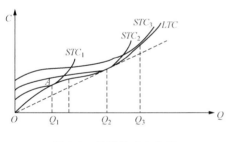

图 3-4　长期总成本曲线

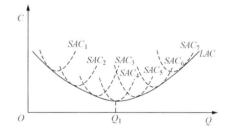

图 3-5　长期平均成本曲线

张的初始阶段，由于商品的大量生产分摊固定成本和大规模采购运输原材料的经济性等原因，企业的长期平均成本随着生产规模的扩大而降低，形成规模经济效应。但当规模扩大到一定程度后，随着企业内部管理成本和生产要素采购成本的增加，企业的长期平均成本逐渐增加，形成规模不经济效应。在通常情况下，企业随着生产规模的逐渐扩大会先后经历规模经济和规模不经济两个阶段，表现在长期平均成本曲线的几何意义上即为 LAC 曲线呈开口向上的 U 形。但是，经验性研究结果表明，在大多数行业中，企业在得到规模经济的全部好处后，在产量达到很高的水平时，才会产生规模不经济，也就是说，LAC 曲线在很大的产量范围内都是平坦的（见图 3-6）。

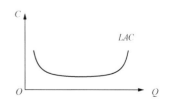

图 3-6　L 形的长期平均成本曲线

长期边际成本（long-run marginal cost，LMC）是指长期中增加一个单位产品所增加的成本。其计算公式如下

$$LMS(Q) = \frac{\Delta LTC(Q)}{\Delta Q} \qquad (3-9)$$

$$LMS(Q) = \lim_{\Delta Q \to 0} \frac{\Delta LTC(Q)}{\Delta Q} = \frac{\mathrm{d}LTC(Q)}{\mathrm{d}Q} \qquad (3-10)$$

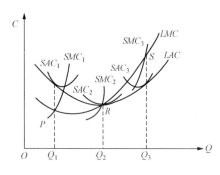

从几何意义上说，在同一产量点上 LMC 值即为产量对应 LTC 曲线的点的斜率，所以 LMC 曲线即为 LTC 曲线不同产量点及其对应切线的斜率所组成的点的连线。（见图 3-7）。图中的每一条 SAC 曲线都有一条相应的 SMC 曲线，且 SMC 曲线通过 SAC 曲线的最低点。在 Q_1 产量上，有 $LMC=SMC_1=PQ_1$。同理，在生产规模可以无限细分的条件下，可以得到无数个类似于 P、R 的点，将这些点连接起来便得到一条光滑的长期边际成本曲线。

LMC 曲线也呈 U 形，它与 LAC 曲线相交于 LAC 曲线的最低点。其原因是，当 LAC 曲线呈下降趋势时，LMC 曲线一定位于 LAC 曲线的下方，LMC 将 LAC 向下拉，

图 3-7 长期边际成本曲线

相反，当 LAC 曲线呈上升趋势时，LMC 曲线一定位于 LAC 曲线的上方，LMC 将 LAC 向上拉 LAC 曲线在规模经济和规模不经济的作用下呈 U 形，决定了 LMC 曲线也必然呈 U 形，并且，两条曲线相交于 LAC 曲线的最低点。

短期成本曲线与长期成本曲线的关系可归纳为：在 LTC 曲线对应的某个产量水平点上，总是存在一个和代表这一时期内最优生产规模的 STC 曲线的切点；在 LAC 曲线对应的某个产量水平点上，总是存在一个和代表这一时期内最优生产规模的 SAC 曲线的切点；同时在 LMC 曲线对应的产量水平点上，总是存在一个和代表这一时期内最优生产规模的 SMC 曲线的交点。这两个切点和一个交点都位于同一个产量水平上。

四、最优经营规模

在长期中，随着企业生产规模的扩大，长期平均成本会持续下降，直到 LAC 曲线的最低点，这时，企业实现了最优经营规模。如果继续扩大生产，长期平均成本会转为持续上升。因此，企业总是寻求在某一个最低的长期平均成本点所对应的最适度的规模进行生产。

1. 规模经济和规模不经济

规模经济（economies of scale）是指由于生产规模扩大而导致长期平均成本下降的情况。规模经济与规模报酬不是同一个概念，规模报酬研究投入要素数量的增加与产出量的增加之间的关系，而规模经济研究产量增加与成本增加之间的关系。不过，规模报酬递增是产生规模经济的原因之一。

规模经济的可能来源有两个：一是劳动分工与专业化，企业规模扩大后，使得劳动分工更细，专业化程度更高，这将大大地提高劳动生产率，降低企业的长期平均成本；二是技术因素，企业规模扩大后可以使生产要素得到充分的利用，专用目的的设备在生产时更为有效，这些专用设备就可以替代效率不太高的通用设备。

规模不经济（diseconomies of scale）是指企业由于规模扩大使得管理无效而导致长期平

均成本上升的情况。规模不经济的可能来源有三个：一是管理成本问题，规模过大会造成管理人员信息不通、企业内部公文繁琐、决策失误等，这些都会造成企业长期平均成本上升；二是运输成本问题，如果企业的客户在地域上是分散的，那么从一家规模较大的企业分销产品的运输成本将大于从一系列战略分布的小企业分销产品的运输成本；三是劳动力成本问题，随着企业规模的扩大，对劳动力的需求必然增加，企业可能不得不支付更高的工资率，或是实行高成本的雇佣和重新安置工人计划，以吸引必要的人才。

对于不同的行业来说，规模不经济会出现在不同的产量水平上。有的行业规模经济的范围很小，一旦企业的生产规模稍稍扩大，便会出现规模不经济，如图 3-8（a）所示。一些日常用品修理业，例如钟表修理业、自行车修理业等都属于这类行业。有的行业在很大的范围内存在规模经济，如图 3-8（b）所示。一些自然垄断行业，例如铁路、自来水行业等都属于这种情况。此外，也有一些行业在相当大的范围内既不存在规模经济，也不存在规模不经济，这些行业的长期平均成本曲线在很大的一段区间内是水平的，如图 3-8（c）所示。

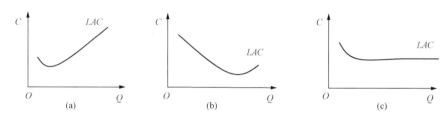

图 3-8　规模经济与规模不经济

2. 利润最大化的产量

利润是总收入与总成本之差，其计算公式为

$$\Pi = TR(Q) - TC(Q) \tag{3-11}$$

就式（3-11）的利润函数对产出求一阶导数，并令该导数值等于 0，可以得到利润最大化的必要条件。由

$$\frac{d\Pi}{dQ} = \frac{d(TR)}{dQ} - \frac{d(TC)}{dQ} = 0 \tag{3-12}$$

得到

$$MR = MC \tag{3-13}$$

式（3-13）表明，企业达到利润最大化的必要条件是，在其他因素保持不变的情况下，企业既定的产量能满足最后一单位产品的边际收益等于其所带来的边际成本。如果企业处于 $MR > MC$ 的阶段，说明每增加一单位产量所得到的收益增量大于所付出的成本增量，权衡得失，企业会继续增加产量，以增加利润，直到 $MR = MC$；如果企业处于 $MR < MC$ 的阶段，说明每增加一单位产量所得到的收益增量小于所付出的成本增量。这样，企业会不断的减少产量，以增加利润，直到 $MR = MC$。因此，只有在 $MR = MC$ 时，企业才实现了最大利润的均衡条件。

第二节　企业价格的形成

定价方法是企业为实现其定价目标所采取的具体方法。定价是一项很复杂的工作，必须全面考虑各方面的因素。传统的定价方法往往只注重成本因素，事实上，还应充分考虑市场需求以及市场竞争因素。

一、成本导向定价法

成本导向定价法是一种以成本为依据的定价方法。其主要理论依据是：在定价时，首先考虑收回企业在经营中所投入的全部费用，然后再考虑获取一定的利润。其特点是简便、易用。

1. 成本加成定价法

成本加成定价法是最基本的定价方法之一。即产品的售价等于单位产品的成本加上企业所预期的利润。由于在习惯上，人们常把单位产品的利润占其成本的比例称为"加成"，因此这样的定价方法称为成本加成定价法。在实际运用中，根据进行加成的成本种类不同，成本加成定价法可分为两种计算方法：

第一，总成本加成定价法。计算公式为

$$产品的单价=产品单位成本×（1+加成率） \tag{3-14}$$

计算公式中的加成率即预期利润占产品单位成本的百分比。时间不同、地点不同、环境不同以及行业不同，加成率也应该不同。

成本加成定价法有利有弊。其优点为：一是计算方便，简单易行；二是当行业中各个企业在成本和加成都相近的条件下，所有企业根据该方法所制定的价格也大致相近，这样就能避免按需定价所引发的企业间价格竞争，保证市场价格的相对稳定；三是企业"以本求利"，消费者会认为公平合理。其缺点是：忽视了需求弹性及其变化状况，反映了生产导向的企业观念。

第二，变动成本加成定价法。也称为边际成本定价法。即排除固定成本因素，只根据变动成本（实际为边际成本）确定产品的单价。这一方法并不是让产品的单价绝对等于其变动成本，而是将变动成本作为价格的最低限。因为产品的单价至少应大于其变动成本，否则企业生产和销售的产品越多就越亏损；如果定价高于变动成本，则可利用所得到的边际利润来补偿部分固定成本。在市场竞争特别激烈、企业订货不足时，为了减少企业损失，保住市场，企业对于其部分产品可以运用这一方法定价。

2. 目标利润定价法

目标利润定价法的基本思路为产品的定价等于企业制定的目标利润与总成本的加和除以总产量，计算公式为

$$产品的单价=总成本×（1+收益率）/销售量 \tag{3-15}$$

目标收益定价法适合在市场上占有率很高的大企业或具有垄断性的企业采用，尤其适用于大型的公用事业企业，因为这类企业的产品需求弹性通常很小，加之政府为了保证其具有稳定的收益，只对其目标收益率进行适当的限制。

目标收益定价法的优点是可以保证既定目标收益的实现，同时也简单易行。但这种方法的缺点也十分明显：一是忽略了市场需求和竞争情况，也反映了生产导向的企业观念；二是先确定产品的销售量，再确定价格违背了理论逻辑，因为任何产品的市场需求量（即决定企业销售量）都是其价格的函数，也就是说，价格决定和影响销售量，而不是相反。

3. 收支平衡定价法

收支平衡定价法是企业以单位产品的全部成本作为产品的单价。在这种价格水平下，企

业盈亏相抵。其计算公式为

$$产品的单价=单位产品变动成本+单位产品固定成本$$
$$=\ 固定成本/总产量+单位产品变动成本 \qquad (3-16)$$

不同的总产量具有不同的收支平衡价格。例如：固定成本为 200 元，变动成本为 1 元/件，总产量为 20 件时，收支平衡价格等于 11 元；总产量为 40 件时，收支平衡价格等于 6 元；总产量为 50 件时，收支平衡价格为 5 元。因此，一个企业要采用收支平衡定价法进行价格决策，应首先确定其总产量是多少，然后再根据其成本计算收支平衡价格。

其实，采用收支平衡定价法的目的并不在于让单位产品的单价完全等于单位产品的全部成本，而是要通过计算收支平衡价格及其总产量，明确企业在一定的价格水平下，总产量达到多少以上才能获利；或者在一定的总产量条件下，产品的单价定得多高才能获利。

二、需求导向定价法

需求导向定价法是一种以市场和消费者为主导的定价方法，主要定价依据为某一商品在一段较长的时期内的市场需求程度和消费者主观感受。因此也称为市场（顾客）导向定价法。根据产品性质不同有以下两种操作方法：

1. 习惯定价法

消费者在长期购买和使用某些产品或服务中，已经普遍习惯并接受了它们的价格和品质，如果企业研发推广的新产品在基本功能和用途方面没有较大的改变，消费者往往倾向于按之前的价格水平进行购买。因此常规的需求价格理论对销售这些产品和服务的企业并不完全适用，即使是降低价格也会因消费者在心理上对产品质量产生怀疑而影响销售。习惯定价法一般适用于市场上推广销售对现有产品进行较低程度再创新的产品，或者在新市场销售已有产品的相似产品。

2. 感知价值定价法

感知价值定价法是一种比较符合现代产品定位观念的定价方法，它通过经营组合中的非价格因素在顾客心目中的地位而建立起产品的感知价值。即当企业计划在市场上推出一个新产品时，可以首先利用服务、分销渠道和促销举措等来影响消费者，根据消费者对其接受程度，制定一个能够被目标市场接纳的产品价格。然后，企业要估计在此价格下所能销售的产品数量，并据此估算投资额及单位成本。最后，综合所有的情况和数据，测算这种产品的盈利水平，若盈利适宜则继续开发这一新产品。否则，就要放弃生产。

感知价值定价法一般在企业推出新产品或进入新的市场时采用。同时也适用于企业之间的比较定价。例如，假定有相邻的两家饭店 A 和 B，A 饭店在门面装潢、内部环境、服务态度等方面都优于 B 饭店，这样 A 饭店完全可以利用消费者对其较高的接受程度，将饭菜价格定得比 B 饭店高一些。

运用感知价值定价法的关键是必须能够计算出市场对企业产品价值的感知程度。因此，在定价前必须进行市场调查。

3. 需求导向定价法

需求导向定价法是指企业首先要了解各个市场环境及其各种价格影响因素，并据此确定该市场上适宜的价格水平。具体做法是，确定适合市场的零售价格，在此基础上扣除各种中间费用，最后倒推出企业产品的出厂价。

若是在国内销售，应用这一方法确定价格较为简单。其计算公式为

出厂价=市场零售价格×(1−批零差率)×(1−进销差率)　　　　（3-17）

正确应用需求导向定价法的关键在于企业要准确判断市场适宜零售价格。否则，企业的出厂价就会定得过高或过低，结果将会使企业丧失市场，或者失去应得的收益。

三、竞争导向定价法

在竞争激烈的市场上，企业出于应付竞争对手并争取更多消费者的目的，往往采取竞争导向定价法。这种定价方法是以竞争者的价格为依据的，即使企业的生产成本与市场需求发生变化，只要竞争者不改变价格，企业的价格也保持不变；反之，虽然生产成本与市场需求不变，但竞争对手的价格发生了变化，企业就要相应地调整价格。具体操作方法有以下两种。

1. 随行就市定价法

随行就市定价法是一种以行业内普遍采用并为消费者所接受的价格水平为标准来制定企业自身产品价格的定价方法。该方法一般适用于以下情况：①成本难以核算，随行就市意味着集中本行业各个企业的智慧，可以确保获得收益；②企业打算与竞争对手和平共处，以减少风险；③如果另行定价，很难了解消费者和竞争对手由此产生的反应，增加了风险。

在竞争激烈而且产品需求弹性较小或供需基本平衡的市场上，随行就市定价法是一种比较稳妥的定价方法；对于寡头垄断市场，这一定价方法更为适用，因为在这种市场上，消费者对市场行情非常熟悉，寡头之间也彼此了解，某一寡头独自采取提价或降价的举措都不会从中受益。

2. 投标定价法

这种方法是企业投标于工程项目时所使用的一种特殊的定价方法。企业的定价是以对竞争对手的定价所进行的预测为基础的，与其他定价方法的主要区别在于成本或市场需求只是定价过程中的参考因素而不是主要依据。具体操作方法是：政府或企业的采购机构在媒体上公布招标信息或发送函件，说明拟招标项目在质量、规格等方面的具体要求，邀请供应商在规定期限内按照既定要求进行投标，政府或企业的采购机构在规定的日期内开标，选择报价最低、最有利的供应商成交，签订采购合同。

一般来讲，投标人是否能够中标，很大程度上取决于其投标价格的高低。当其他条件与竞争对手基本相同时，投标价格定得越低中标的概率也就越大。当然，企业投标价格的报出也并非完全不考虑成本，单纯追求中标而无视产品成本的作法只能使经营状况恶化。因此，企业参与投标时，既要考虑中标的可能性，又要考虑收益的大小。

第三节　企业定价策略

按照企业的基本定价方法所确定的产品价格是一种基本价格，但在实践中，企业还需考虑或利用灵活多变的定价策略，调整和修正初定的基本价格。

一、新产品价格策略

1. 撇脂定价策略

因与从牛奶中撇取油脂相似而得名，这是一种高价策略，在新产品上市初期制定高价格水平，帮助企业在还没有竞争者参与和类似替代产品出现的较短时期内获得最大利润。

撇脂定价策略不仅能帮助企业在产品销售初期最大程度的收回投资，获取利润，还可以在竞争者推出类似替代产品并参与竞争时通过降价手段保持销量，原因有：第一，提前降价，提高竞争者进入市场的难度；第二，将价格由高到低降更迎合消费者心理，进一步促进消费者的购买需求。但对于一个尚未在消费者心中形成较高品牌认可度的新产品来说，如果制定的初期价格过高，反而不利于打开市场，即使形成了旺销，随着众多竞争者的迅速进入，产品的市场价格会在竞争中急剧下降，严重时迫使经营者停产。

作为一种短期的高价策略，撇脂价格策略的成功实施需满足两个条件：第一，市场上存在购买力强，具有时尚性需求并对价格不敏感的消费群体，否则无法促进新产品的前期销售和快速获取最大利润；第二，为了避免竞争者过快的进入市场参与竞争，新产品应具有独特的创新性技术和专利保护，不易仿制并快速投入大规模生产的特点。直观特点就是先以一种技术卖点结合品牌市场影响力，确定一个较高的价格。日后竞争者增多，或者技术优势、款型优势逐渐丧失后，再逐步地降价。以图 3-9 所示，假设厂商对其某新产品实行撇脂定价策略，最初确定一个高价，如 P'。所有愿意支付此价格或高于此价格的消费者将购买此商品。此时的需求量和销售量只有 Q' 单位。

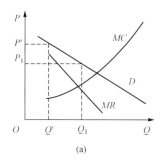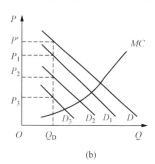

图 3-9　撇脂定价策略

当这一需求被满足后，企业便降低价格，以便抓住下一个细分市场顾客的需求。图 3-9（b）显示出新的需求曲线 D_1，它表示的需求水平低于最初的需求 D，也就是向左移，且移动的大小等于在价格 P' 处已经被购买的 Q' 单位产品。现在确定一个新的低价，如 P_1，在此价格上销售 Q_D 单位产品。以此类推，D_2、D_3 分别分别代表再次降价后新的需求水平。

2. 渗透价格策略

因类似于水渗透进土壤而得名，与撇脂定价策略不同，渗透价格策略的目的是通过制定较低的价格在销售初期迅速进入并打开市场，争取消费者，促进企业的长期发展。通过这种策略制定的价格也称渗透价格。

制定较低的渗透价格的好处在于能通过低价迅速吸引消费者，扩大销售量，从多销中获取利润并巩固市场，同时提高竞争对手的准入门槛，加快控制市场。其不足之处在于投资回收期过长，如果由于价格较低消费者可能会对产品质量产生怀疑等因素导致新产品无法快速打开市场，或有实力的对手进入市场并参与竞争，都会提高企业的经营风险并造成重大损失。

作为一种长期的低价策略，渗透价格策略更适用于技术简单，容易仿制并快速投入大规模生产的新产品。

3. 满意价格策略

撇脂价格和渗透价格都具有一定的极端性，满意价格策略是对上述两种价格的一种折中，制定一个位于渗透价格和撇脂价格之间的适中价格，既能帮助企业在销售初期较好的打开市场，也能保证企业获取一定的初期利润。因此满意价格又称"君子价格"或"温和价格"。

二、相关产品价格策略

随着现代企业的多元化发展，一个企业往往会生产和销售多种商品。在对产品定价时，企业必须考虑到一种产品价格或销量的变化可能影响到其他产品的需求。

当需求相互联系时，企业可用产品的边际收入方程来进行价格决策。假定企业只生产两种

产品 X 和 Y，并且 X 的销售量会影响 Y 的需求，反之亦然。那么，企业的总利润 Π 可表示为

$$\Pi = TR_X(Q_X, Q_Y) + TR_Y(Q_X, Q_Y) - TC_X(Q_X) - TC_Y(Q_Y) \tag{3-18}$$

利润最大化的一般原则是边际收益等于边际成本，对于产品 X 和 Y 都应如此。

$$MR_X = \frac{\mathrm{d}TR_X}{\mathrm{d}Q_X} + \frac{\mathrm{d}TR_X}{\mathrm{d}Q_X} = MC_X \tag{3-19}$$

$$MR_Y = \frac{\mathrm{d}TR_Y}{\mathrm{d}Q_Y} + \frac{\mathrm{d}TR_X}{\mathrm{d}Q_Y} = MC_Y \tag{3-20}$$

式（3-19）和式（3-20）表明，两种产品相互联系程度的项目是 $\frac{\mathrm{d}TR_Y}{\mathrm{d}Q_X}$ 和 $\frac{\mathrm{d}TR_X}{\mathrm{d}Q_Y}$，它的大小取决于 X 和 Y 之间相互联系的性质。如果 X 和 Y 是互补的，这个项目为正值，即增加一种产品的销售量会使另一种产品销售量也增加，这时企业倾向于选择较高的销量和较低的价格；如果 X 和 Y 互为替代品，这个项目为负值，即增加一种产品的销售量会使另一种产品的销售量减少，这时企业倾向于选择较低的销售量和较高的价格。因此，某一产品的价格制定可能会依据它和公司其他产品的关系。具体如下：

1. 替代产品价格策略

对于基本用途相同，互为替代关系的几种产品，企业出于某种经营目的，会对不同替代产品制定不同的价格水平。

对于互为替代关系的产品来说，一种产品的价格提高，会促进替代品销售量的提高，因此企业可以通过在替代品之间制定不同的价格来调整产品的销售结构。例如，对于生产和销售不同型号汽车的企业来说，可以通过提高计划淘汰产品的价格来促进新型号汽车销量的提高，实现对消费者需求的转移，或者在几种同类汽车型号之间选择牺牲某一型号以发展其他型号，提高企业的整体收益。在实际经营中，对于某些知名产品，企业还可以制定高价格来体现产品的档次和品质，通过迎合消费者的心理需求和品牌形象的塑造来增加其他替代品的销售量。

2. 互补产品价格策略

对于需要搭配使用才能满足消费者欲望的互补产品来说，互补产品的价格策略指运用一定技巧对某一产品的价格进行调整以调节其互补产品的市场需求量，有效地通过一个产品来带动其他产品的市场销售。

常见的球拍和球、打火机和燃油、剃须刀与刀架等都是具有互补关系的产品。可以发现在一系列互补产品的连带消费中，往往存在占主导关系的产品或服务项目，互补产品价格策略的基本思路是通过降低占主导关系的产品或服务项目的价格来促进其互补产品的销售。比如在打羽毛球时，球拍占主导关系，羽毛球只是"附件"。对于羽毛球馆的经营者来说，适当降低球拍的价格，随着购买球拍来打球的消费者数量增加，羽毛球的销售量也就自然提高了，羽毛球球馆的整体收益也会提高。

3. 一揽子价格策略

指制定一个价格将相关产品进行搭配销售的策略。主要有两种方法：

（1）配套定价策略。指将多种产品组合搭配后成套出售。这对于企业和消费者来说往往是个双赢的策略：对消费者来说，购买成套的产品组合比单件购买更实惠和方便；对企业来说，对整套产品定价，不同产品会有不同程度的盈利或赔损，但能保证整体上是盈利的，同时上述的消费者心理感受进一步促进销售。

（2）分级定价策略。这是针对市场上不同需求而采用的定价策略，即企业按照某一标准将产品分为几个不同的价格档次。分级定价策略往往和市场细分策略一起实施。比如汽车厂商将汽车按照消费者群体和需求的不同分为大众型、商务型、豪华型来各自定价。合理的分级和定价既满足不同消费群体的需要，也能使企业获得更可观的利润，并且简化企业的营销和订货等工作。进行分级定价的关键在于合理分级满足不同细分市场的需要，保持级差适中。

三、差价策略

企业在市场经营活动中，经常会发现自己所面对的顾客与市场环境是不同的，而自己向市场所提供的产品之间也存在很大差别。所以，企业只有经常性地调整其价格，才能做到有的放矢，适应不同的市场情势。这种定价方式即为差别定价，其核心是企业要用两种或多种价格来销售一项产品或服务，这些价格实际上所反映的并不是产品中的成本差异，而是经营要素的不同。

实施差别价格必须具备三个条件：一是企业对市场具有垄断力量；二是市场可以被分割为两个或两个以上的细分市场；三是不同市场的需求弹性不同。

差别定价可采取多种方式，但一般分为三类或三种程度的差别（见图 3-10 和图 3-11）。一度差别价格是指为每单位产量索取最高可能的价格，它是差别价格最极端的形式，也是企业最能盈利的一种定价方法。但是，一度差别价格并不常见，因为它要求企业必须十分了解市场需求曲线和各个消费者的购买愿望。二度差别价格是一度差别价格的不完全形式，它不是为每单位产品制定不同的价格，而是根据单个消费者购买的数量大小来定价。例如，当消费者购买第一个 10 单位产品时，单价为 10 元；当消费者在追加购买 10 单位产品时，单价便下降为 8 元。二度差别价格常用于自来水、供电和煤气公司等。最常见的是三度差别价格，是指把消费者分为具有不同需求曲线的两个或多个组，并将同一产品按不同的价格向不同组的消费者销售。划分三度差别价格的依据可以是不同的地理位置、不同的用途以及消费者的个人特征等。

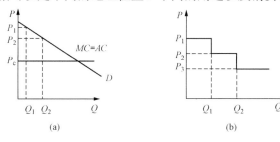

图 3-10 一度和二度差别价格

（a）一度差别价格；（b）二度差别价格

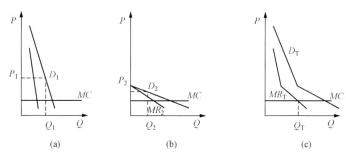

图 3-11 三度差别价格

（a）市场1；（b）市场2；（c）总市场

比较常用的三度差别价格策略包括：

1. 时间差价策略

时间差价策略是一种在同一产品销售期内的不同时间段分别制定不同价格的策略。采用这种策略必须满足该产品在不同时间段需求量相差很大的前提。例如在用电的高峰期和低峰期制定不同的电价水平，旺销的产品进入淡季后低价出售等。采用时间差价策略能提高企业在需求低峰期内的销售量，降低企业的库存成本和加速资金周转，有利于企业在整个销售周期内保持最佳的竞争地位。

2. 地理差价策略

地理差价策略是一种同一产品在不同区域的横向组合定价策略，指对同一产品按照销售区域的不同来分别制定价格。地理差价的产生原因主要有：一方面，不同区域的交通运输成本和中转费用不同；另一方面，不同区域市场上的消费者偏好和购买力不同，相应的同一产品在不同区域市场上的需求曲线和需求弹性也不同。例如海鲜在沿海和内地的价格不同。北方寒冷地区对羽绒服的需求量明显高于南方，不同品牌在北方市场的竞争更激烈，所以同一品牌的羽绒服在北方的价格普遍低于南方市场上的价格。

3. 质量差价策略

质量差价策略是一种按照同一产品质量档次不同来分别制定价格的策略，基本思路是优质优价。质量差价策略在实际市场经营中的实施较其他定价策略更复杂，必须满足的一个前提条件是产品的质量已被消费者普遍承认和接受，产品品牌受到消费者的普遍偏爱。为此需要采用其他经营手段来配合，例如对于还未得到消费者认可的产品来说，在保证高质量的同时应通过宣传和促销等多方面的努力来吸引消费者并树立良好的产品形象，而不是过早的和竞争对手展开价格竞争；对于名牌优质产品来说，实施差价策略以塑造产品高品质的形象，吸引有高品质名牌偏好的消费者。

4. 用途差价策略

用途差价策略是一种按照同一产品用途不同来分别制定价格的策略。增加产品新用途并实施用途差价策略是有效开拓市场的手段。例如木材用于建筑和工艺雕刻时价格不同；玻璃进行适当加工后成为玻璃装饰品、实验室特殊玻璃器皿、汽车挡风玻璃等具有不同用途的产品，其销售价格也相应不同。另外具有特殊纪念意义和收藏价值的产品，与具有相同使用价值的产品相比其需求量更大，价格也相应较高，例如带有球星签名的球鞋，市场需求量和价格都比同类球鞋要高很多。

四、心理定价策略

心理定价策略指运用心理学原理，通过分析不同类型消费者的心理来制定价格，以吸引更多消费者进行购买的价格策略。

1. 整数定价策略

现代市场上同类产品很多，消费者往往很难有效区分产品的质量和档次，更多的时候都是通过价格对比来进行判断。因此对于高档的名牌产品来说，针对消费者"一分钱一分货"的消费心理，制定合零凑数的整数价格更有利于产品销售，例如把名牌香水的价格定在1000元而不是999元，这反而会使消费者认为该品牌的香水质量好，档次高，提升产品的消费者认可度，有利于产品的销售。

2. 尾数定价策略

与上述的定价策略相反，尾数定价策略是对产品制定一个以零头数结尾的非整数价格。对比整数价格和非整数价格时，虽然两个价格只相差几块钱，但消费者通常认为整数价格是一个不准确的概括性价格，非整数价格才是企业通过精确计算制定的最低价格，使消费者觉得企业是合理定价的。当某些高价产品从整数价格变为非整数价格时，会因为减少一位数而使消费者觉得价格便宜了很多，有利于产品销售。

尾数定价策略对普通产品来说更适用，调查的统计规律显示当产品价格在 5 元以下时，末位数定为 9 时最畅销；当价格在 5 元以上时，末位数定为 9 或 5 时最畅销；当价格在 100 元以上时，末位数定为 99 或 98 时最畅销。

3. 声望定价策略

是一种对在消费者心目中已建立良好信誉和声望的产品制定高价格的定价策略。消费者在选择购买时一般会有"高价即优质"的心理，尤其是在选择一些有重要用途的产品时，相对于价格消费者往往更注重产品的质量，而且价格的高低通常被用于衡量产品质量的高低。因此，高价更适用于性能优良，特色鲜明的名牌产品。在一般情况下，质量不易鉴别的产品的定价最适宜采用声望定价法，例如，药品、化妆品及医疗等。

4. 招揽定价策略

这是一种低价策略，针对消费者的"求廉"心理，将产品价格定的低于同类产品的一般市场价格以吸引消费者。尤其对于有连带关系的产品来说，企业将部分产品的价格定的很低，以此吸引消费者的注意并扩大连带产品的销售，实现以点带面的销售目标。

五、转移定价策略

转移定价是指跨国公司一个部门会把产品卖给同一企业的其他部门时对转移产品确定的价格。例如，在福特汽车公司，发动机铸造部会把产品转移给汽车组装部，而汽车组装部又会把产品转移给福特及林肯营销部。转移定价的原则应该是售出产品的部门对购买产品部门的要价应能使整个企业的利润实现最大化。下面分两种情况来具体探讨转移价格的确定。

1. 无外部市场条件下转移价格的确定

假设企业内部有 A、B 两个部门，部门 A 向部门 B 提供产品。由于企业以外没有这种产品的市场，部门 B 就只能完全依靠部门 A 对该产品的供应。并且，如果部门 B 需要的产品数量小于部门 A 提供的产品数量，那么这种产品也只能剩余在企业内部。因此，由部门 A 所提供的产品数量必须等于部门 B 所需要的产品数量。

图 3-12 给出了企业作为一个整体的最优产量和价格。企业通过选择使边际成本等于边际收益的产量 Q 来实现利润最大化。图中，D_B 和 MR_B 分别是最终产品的需求曲线和边际收益曲线，MC 是最终产品的边际成本（$MC = MC_A + MC_B$）。使 $R_B = MC$，就可以得到最终产品的价格 P^*，最优产量 Q^*。由于假定一件中间产品生产一件最终产品，所以部门 A 生产中间产品的数量也应该是 Q^*。为了使部门 A 的利润最大化，中间产品的价格就必须定在 Q^* 垂直线与 MC_A 曲线的交点上，即定在 P_A。

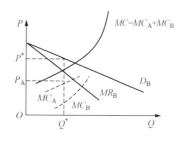

图 3-12　无外部市场条件下转移价格的确定

2. 有外部市场条件下转移价格的确定

在许多例子中，从一个部门转移到企业另一个部门的产品往往是同时销售给其他企业的。如果这在上面的例子中是存在的，那么部门 A 和部门 B 在产品数量水平上就不一定相等了。这里我们假定产品所处的外部市场是完全竞争的，这样能比较容易地找到此情形下企业确定转移价格的方法。这里存在两种可能的情况：

第一种情况：过多的内部供给。过多的内部供给是指对中间产品的供给大于企业内部的需求，要在外部竞争市场中出售多余的产品。在完全竞争市场中，部门 A 会面对一条水平的外部需求曲线，它位于现存的市场价格 P_t 水平上（见图 3-13）。图 3-13 可以看出，部门 B 以 P_B^* 的价格向外出售 Q_B^* 单位的最终产品使利润最大，而部门 A 要使利润最大，则应该生产 Q_A^* 单位的中间产品，向部门 B 出售 Q_B^* 单位，差额部分（$Q_A^* - Q_B^*$）在外部市场中销售。这时，竞争市场中的价格 P_t 成了企业内部销售中间产品的最优转移价格 P_t^*。由于部门 A 能以此价格向外部市场出售任意数量的产品，所以也就没有积极性以低于 P_t^* 的价格在企业内部销售。

第二种情况：过多的内部需求。过多的内部需求是指对中间产品的需求大于内部的供给，要在外部竞争市场中购买产品。从图 3-14 中可以看出，部门 A 应该把它生产的全部中间产品都出售给部门 B，而且部门 B 还应该在外部市场中购买其余的产量，即（$Q_B^* - Q_A^*$）。与前面讨论过的存在过多内部供给的情况一样，企业的最优转移价格 P_t^* 也等于完全竞争市场中的价格 P_t。由于部门 B 能以此价格从外部市场中购买任意数量的产品，所以也将不愿意以高于 P_t^* 的价格从企业内部购买。

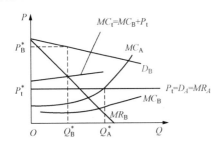

图 3-13　外部市场条件下转移价格
的确定——过多的内部供给

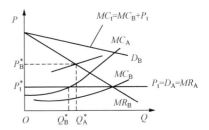

图 3-14　外部市场条件下转移价格
的确定——过多的内部需求

第四章

市场竞争力理论

从逻辑上，某个行业或者某个产品有市场，并不意味着某个企业生产的产品就一定能够销售出去，关键还是要看本企业销售的产品或所提供的服务是否具有市场竞争力。因此，市场竞争力理论是工程项目市场分析的重要理论基础之一。企业只有提高市场竞争力，尤其是要构建持久性的核心竞争力，才能在激烈的市场竞争中居于不败之地，并使其运作的各类工程建设项目获得成功。

第一节 企业竞争力概述

一、企业竞争力的内涵

企业竞争力是使企业处于良性的可持续发展状态的能力。随着人们对企业竞争力的理解不断深入，其含义逐渐由企业所占有的生产要素（如劳动力、资金和自然资源等）的相对优势转变为包括信息、知识、创新能力等潜在因素的相对优势，并以企业的持续发展作为衡量的核心。

由于企业竞争力具有动态发展的特性，人们在对其界定时必须给出具体的背景。一般会以下述四点原则来界定企业竞争力内涵：

（1）系统性原则。企业竞争力是一个综合概念，它由像市场指标这样显在的要素表现，但由像信息、知识、创新能力、企业文化等潜在的因素决定。因此，若要科学的评价企业竞争力，单一指标是无法衡量其强弱的，必须设计一个显在要素和潜在因素均包含在内的指标体系。

（2）目的性原则。提高企业竞争力要以从社会发展的角度，审视企业发展的前景及生存的意义，并最终实现企业可持续发展为最终目的，而并不仅仅是为了追逐短期利益或击败对手这种浅显的目标。

（3）动态性原则。由于企业内外因素在量、质及其组合上的变化所导致企业内外部环境的变化，必然会对企业竞争力产生影响，进而使其呈现动态特征。

（4）开放性原则。企业竞争力是在企业本身素质与外界环境的交互作用下形成的一种既不孤立也不封闭的能力，只有与外部环境不断的进行能量交换，才能保持自身的生命力。因此，企业竞争力的一个重要表现即是企业对外界环境的适应和驾驭能力。

二、企业竞争力的影响因素

（1）市场因素。企业所表现出的市场适应能力、市场发展能力以及最终的盈利能力，是企业竞争力在市场上最明显的表现，同时也是企业竞争力的最终衡量标准。因此，企业越能适应市场、越能预测市场前景并提前做出反应，其竞争力就越强。

（2）信息技术因素。信息技术是指在信息的收集、处理、传递、运用、创新过程中所涉及的技术。一方面，企业可以通过信息技术改变企业价值链中各个环节的成本构成和成本大小，根据用户需求提供个性化服务；另一方面，企业还可以通过信息技术的支持，实现企业内部要素和外部要素的重新组合，从而构成新的要素，创造新的生产能力。

（3）技术创新因素。是指企业采用创新的手段占据更多的市场、实现更多的价值，包括应用新知识开发新的产品或服务，采用新技术、工艺、生产方式或经营管理模式提高产品或服务的质量等。

（4）组织结构。即建立一种正式体制，通过明确员工的权力、责任和利益关系，促使员工为实现企业目标而努力工作。在知识经济的新环境中，组织结构通过对信息流动、权力分配等方面的制约而影响组织内各要素的协调，进而影响到企业的竞争力。

（5）人力资源。人力资源是联系知识资本和物质资本的中心和纽带，是知识资本中最有活力的一个因素。人力资源是一种能动性的资本，具有自我丰富、自我积累的内部效应，能够使其在生产中的技术系数发生变化，企业生产可能性边界会以越来越快的速度向外扩展，从而为企业带来持续的高回报。

（6）企业文化。企业文化包括价值观、企业理念、道德规范、行为准则、历史传统、企业制度等要素。企业文化直接影响企业的战略定位，可以充分发挥组织行为的功效，调动组织内部成员的积极性，以最大群体合力保证目标的实现；一个良好的企业文化环境不仅有利于企业创新，而且也能使创新出来的新思想迅速而有效地应用到实际。

（7）资本因素。资本通过其增值活动来影响企业竞争力，即资本通过直接运作及资产重组，以其内在的流动性、增值性、价值化和市场化特性来取得资源放大效应、市场放大效应和效益放大效应。

三、企业竞争力与核心竞争力

企业竞争力一般来说是指企业在功能领域上所具有的竞争能力。企业在知识、技术和资源等要素上只要具有一定的相对比较优势就可以形成自己的竞争力。它是一种相对的比较竞争优势，并不具有绝对性，容易被他人模仿并超越，相对来说稳定性也较差。而企业核心竞争力则深植于企业内部，不容易被竞争对手识别、模仿，从而使竞争对手在较长时期内难以超越。因此，企业的核心竞争力的生命周期长、稳定性高，并且能使企业拥有持续的竞争优势。

第二节　核心竞争力理论

一、核心竞争力及其特征

1. 核心竞争力的定义

"核心竞争力"的概念是 1990 年由普拉哈拉德（C.K.Prahalad）和哈默（G.Hamel）在《哈佛商业评论》上发表的《企业核心竞争力》（The Core Competence of The Corporation）一文中提出。发展至今，不同学者对企业核心竞争力的概念有着不同的表述，但其本质思想却是一致的。学者普遍认为企业核心竞争力集合了企业内组织的各种知识。从另一种角度来看，企业核心竞争力就是集企业技术和技能的一个有机综合体，是企业在其长期经营环境中逐渐形成的竞争合力。

企业核心竞争力各要素相互作用、相互联系，构成了核心竞争力体系。该体系将企业的学习能力、整合能力、协调能力和创新能力等有机地结合起来。另外，企业核心竞争力与企业资源基础存在着密切的关系，但企业所拥有的资源并非都适宜形成企业的核心竞争力。

2. 企业核心竞争力的特征

在实际操作中，一种能力要想成为核心能力，必须是"从客户角度出发，是有价值并不可替代的；从竞争者的角度出发，是独特并不可模仿的。"此外，它必须具有动态性，才能为企业创造一种持续竞争优势。其具体特征如下：

（1）价值性。企业核心竞争力给客户带来的价值是核心价值。如本田公司在发动机方面的技能称为核心竞争力，而其处理与经销商关系的能力就不是核心竞争力。在品牌如此之多的汽车时代里，客户之所以选择本田汽车就是因为本田在发动机和传动系统方面为用户所提供的省油、易发动、低噪声等好处，并不是因为本田经销人员的能力。

（2）辐射性或延展性。核心竞争力的另一个重要性质是辐射性或称延展性，它主要地体现在从核心技术到核心产品再到各种最终产品的企业能力上。企业的核心竞争力主导着这个延展或辐射过程，发挥着至关重要的作用。

（3）异质性或独特性。企业核心竞争力是现有和潜在竞争对手极少拥有的能力，是为企业所独有的能力。这种企业核心竞争力中既包含组织特性又包含文化特性，这两种特性不仅决定了不同企业的效率差异、收益差别与各自的发展潜力差异，还是企业核心竞争力不能被模仿和替代的主要原因。

（4）动态性。企业的核心竞争力并不是一成不变的，它总是与一定时期的产业动态、管理模式、企业资源等变量高度相关。企业只有对核心竞争力进行持续不断的创新、培育和发展，才能长期保持核心竞争力的领先优势。

3. 核心竞争力的作用

企业核心竞争力所具有的特定属性决定了其特殊功能，主要作用体现在以下方面：

（1）提高企业的市场竞争位势。所谓市场竞争位势，主要指企业的产品和服务在市场竞争中的地位和影响力，它反映出企业在产品性能结构、市场定位及可行的多元化战略等方面的状况，这些方面的优势地位或位势有助于企业取得比竞争对手更好的经营绩效。企业通过培养和建立企业品牌、形象、专利、研究和开发、特殊经营技能和管理等关键因素来提高企业的竞争位势，培育竞争位势的基础正是企业核心竞争力，企业的核心竞争力决定了这种位势的存在和强弱。因此，企业必须从培育核心竞争力角度出发，才能找到提高企业市场位势的途径。

（2）维持企业长期竞争优势。企业可以通过核心竞争力的特殊机制，即防止知识扩散的机制，采取不同的手段来保护其有价值的资源，如商业秘密、技术专利、品牌和保护性合同等以防止企业核心竞争力的削弱并维持企业竞争优势处于领先地位。

（3）使企业获得超额收益。利用核心竞争力，使企业获得超额收益的途径主要有两种：一是拥有核心竞争力的企业可以凭借其核心竞争力及其市场控制权，通过提高规模经济、降低企业成本、为研究与开发创造条件等方法来提高企业运作的效率，获得超额利润；二是企业的核心竞争力内在要求产品或服务价值的不断提升，使得企业能够争取到比竞争者更多的消费者，从而为企业赢得市场，获得超额利润。

（4）使企业更适应环境变化。企业核心竞争力是那些深植于企业之中的协调各种不同产品、集合不同技术的知识的集合，具有很强的灵活性，企业可以根据企业外部环境的变化来调整自己的各种战略决策和产品结构等。拥有核心竞争力的企业就具有强大的生命力，越是艰难的环境，越能体现核心竞争力的作用与价值。

二、核心竞争力的诊断

1. 核心竞争力的诊断步骤

企业核心竞争力具有动态性。在资金不足或市场变化情况下，企业在产业中的领先地位也有可能被弱化。因此，企业要经常进行检查，并根据检查出的结果制定出相应的对策，以维持核心竞争力的先进性。

企业核心竞争力的诊断工作一般分为六个步骤：

第一步，确定诊断目标。执行诊断的机构应先把企业需要解决的最关键和最迫切的问题作为诊断的重点。确定诊断目标的方法有两种：一种是归纳法，即了解现状，抓住问题产生的原因，确定诊断目标；另一种是演绎法，即根据企业的发展目标衡量企业现状，寻找两者之间的差距，确定诊断目标。

第二步，制定诊断计划。根据诊断目标拟定切实可行的调查方案和计划，具体包括调查任务、所需解决的问题、调查方法、调查人员的组成与安排、时间安排、调查经费预算、企业配合等。此外，调查工作要取得成效，还要围绕调查课题的要求，就调查研究的范围、深度、广度等有关问题拟定详细的调查提纲。

第三步，开展调查与收集资料。诊断人员根据诊断课题的内容、范围、深度等收集有关资料。同时，深入企业基层，采用多种调查方法开展调查，收集第一手资料，并对资料进行科学整理和分析。

第四步，资料分析。对收集回来的资料采用定性和定量分析方法展开研究和理论概括，推演出准确的判断结论。

第五步，撰写诊断报告。在认真调查的基础上，综合诊断小组的意见，形成诊断报告，并在诊断报告中，提出两个以上的备选解决方案。

第六步，方案论证。召开方案论证会，邀请有关专家、学者、企业负责人等参加，应用科学的方法对整个工作进行全方位的评议论证，并从诊断小组提出的备选方案中选择一个最佳方案。

2. 核心竞争力的诊断方法

（1）价值链分析法。价值链中的价值活动可以分为两大类：基本活动和辅助活动（支持活动）。基本活动包括内部后勤、生产经营、外部后勤、市场营销、服务；辅助活动包括公司基础设施、人力资源管理、技术开发、采购管理等。企业并不是在每个价值活动中都能创造价值，实际上只有某些价值活动才能真正创造价值，这些创造价值的经营活动，就是价值链上的"战略环节"。企业只有在其价值链上特定环节拥有竞争优势才能保持其长期竞争优势。

价值链分析法即要求对企业每项价值活动进行分析，以发现企业存在的优势和劣势。另外，分析各项活动的内部联系，这些联系以整体活动最优化和协同的方式给企业带来优势。具体步骤如下：首先，根据企业所涉及价值增值活动，将企业活动分解为基本活动和辅助活动，并对部分活动进行细分；其次，在活动被分解和识别后，对每一活动进行标准评价，找出从事该项活动所消耗的成本以及产生的价值，同时确定并分析是否相称；最后，根据前述分析的结果，对本企业的价值链进行一系列的重新配置和改善，比如删除不必要或价值不大的活动，合并同性质的活动，调整活动的先后顺序等，从而形成一条优于竞争对手的理想价值链。

（2）文献调查法。文献调查法是通过收集各种文献资料，调查与课题相关信息的方法。该方法有助于本企业了解并掌握其他企业在某一领域所拥有的核心竞争力的信息，有助于了解有关问题的历史和现状，便于掌握全貌，为确定研究课题及进一步的观察和访谈提供线索。

（3）专家调查法。又称特尔斐法，是国外比较流行的直观性预测方法。它的操作过程为通过邀请专家，采用背靠背的问卷调查方式，讨论相关课题和传递信息，经过多次反复的信息共享和问卷调查，得到需要的预测结论。这一方法可用于预测企业核心竞争力可能发生的演变。

（4）企业内部因素评价表法。企业内部因素评价表是一个分析工具，即通过概括和评价企业在管理、市场、经营、财务、生产、研究和开发等各方面的优势和弱点，了解各职能经营领域的相互关系，为制定企业核心竞争力提供依据。由以下 5 个步骤构成：

第一步，找出企业主要的处于优劣势的关键因素（10~20 个关键因素为宜）。

第二步，确定所有关键因素的权数。权数的选择范围介于 0.0（不重要）和 1.0（很重要）之间，表明每一个因素对企业在其行业中成功的重要性大小。所有权数相加的值应等于 1.0。

第三步，给每个因素打分（分值范围在 1~4 之间），优势的评分必须是 3 或 4，劣势的评分必须是 1 或 2，由此可以判定该因素代表优势还是代表劣势。

第四步，用每一个因素的权数乘以它的分数，得到每一个因素的加权平均数。

第五步，将所有因素的加权分数相加，得到整个企业的总加权分数。

无论企业内部的评价表中包括多少因素，企业总加权分数的范围都是从最低的 1.0 到最高的 4.0，平均分数是 2.5。如果一个企业的综合平均数大大低于 2.5，则表明这个企业的内部状况处于劣势。如果一个企业的综合平均数大大高于 2.5，则表明这个企业的内部状况处于强势，并具有一定的核心竞争力。一般的说，企业内部因素评价表中选择因素的多少，都不会影响到综合加权平均数的分布范围。

第二篇

市 场 调 查

　　市场调查是投资项目市场分析的基础性工作，调查内容涉及市场环境、供求状况、产品价格及营销渠道。本篇重点阐述市场调查的功能、类型、原则及步骤，介绍案头调查法、市场问询调查法、观察调查法和市场实验调查法等市场调查的具体方法，以及调查问卷和量表设计、数据分析及市场调查报告编写等内容。

第五章

市场调查概述

市场调查是运用科学的方法，有目的地、有系统地搜集、记录、整理有关市场信息和资料，分析市场情况，了解市场的现状及其发展趋势，为市场预测和投资决策提供客观、准确的市场信息资料，包括市场环境调查、市场基本状况调查、销售可能性调查、消费者及消费需求调查、产品价格调查、销售渠道调查，以及对影响市场状况的各种社会、经济和自然因素等开展调查，是投资项目市场分析的基础性工作。

第一节　市场调查的类型和功能

一、市场调查的起源和发展

（一）市场调查的定义

市场调查目前没有统一的说法，比较常见的定义有以下几种：①市场调查是指计划、收集和分析与经营决策相关的数据并把结果用于经营决策的过程；②市场调查是一种通过信息将消费者、顾客和公众与经营者连接起来的职能；③市场调查是运用科学的方法，系统地收集和分析有关经营问题和相关信息，以帮助企业经营管理人员解决经营管理决策中的问题。

美国营销协会（AMA）关于市场调查的定义："市场调查是把消费者、客户、大众和市场人员通过信息连接起来，而经营者借助这些信息可发现和确定经营机会和经营问题，开展、改善、评估和监控经营活动，并加深对市场经营过程的认识。"

专栏 5-1

美国营销协会（AMA）成立于 1937 年，由美国全国市场营销学、广告学教师协会、美国市场营销学会合并组成，是美国营销人员最多、影响力最大的专业协会之一，设有几十个分会，拥有 38000 名会员，主要从事市场营销研究和营销人才的培训工作，并出版市场营销专刊和市场调查专刊。该协会为市场营销的实践和教育制定了一系列的标准，对市场营销学的发展起到极其重要的促进作用。

（二）市场调查的发展阶段

1. 萌芽期（20 世纪之前）

根据文献记载，最早的大规模市场调查，起源于美国的一家报纸在 1824 年 8 月对美国总统当选进行的一次选票调查。

2. 成长期（20 世纪初～50 年代）

进入 20 世纪后，伴随着生产力的发展，生活消费品的不断丰富以及生产机械化程度的提高，消费者的消费需求也发生了明显的变化，为了对消费者的购买习惯以消费需求有进一步的了解，美国的柯蒂斯出版公司于 1911 年成立了美国第一家正式的调查机构，该机构负责人佩林（Charles Coolidge Pcorlin）被称为"市场调查先驱"。

专栏 5-2

　　问卷调查法于 20 世纪 30 年代得到广泛使用，市场调查也因汇集了市场调查和预测的理论和实践方面的知识在美国哈佛大学、西北大学商学院等大学校园中作为正式课程得到普及。随后，市场调查和预测也因广播媒体的发展由一门学科演变为一个明确的行业。二战后，市场调查和预测被全世界广泛地接受，它已成为一种应用科学，它所包含的实验设计、民意测量、人为因素调查和运筹学等也逐渐地被使用，那些在战争中所使用的随机抽样、心理测试等方法也进入了这个领域。

3. 成熟期（20 世纪 50 年代至今）

随着市场由卖方向买方的转变，企业面临的风险不断增加，在产品销售、新产品开发创新的压力逐渐增大。为了避免决策失误，企业就需要获得更及时、更准确的市场信息，做到这些则需通过市场调查发现市场需求，从而作出正确决策。20 世纪 50 年代，随着市场调查的深入，提出市场细分的概念，并根据消费者动机及消费者行为展开了研究和分析。这些分析和研究结合了先进的调查技术而衍生出一些边缘性学科，如消费者心理学等。而且随着互联网的普及和计算机技术的发展，市场调查从单纯的定性分析向定量分析转变。在此基础上，融合计算机科学和统计学等相关学科知识，研发了人工智能型的专家决策系统软件，为调查人员进行市场分析、储存和探索大量信息提供了科学、有力的保障。

（三）市场调查在我国的发展

20 世纪 80 年代后期，国际性市场公司进入中国，推动了中国市场调查行业的整体发展，在其培育了大量的中国市场的同时也将科学决策与经验决策的巨大差距呈现在中国企业的面前，令其认识深刻。与此同时，中国本土的调查公司借由外来的规范的研究管理体系和方法的培训迅速成长。

20 世纪 90 年代初，中国本土的调查公司才开始真正进入起步阶段。国内早期占优势地位的是一些进入市场调查行业比较早的公司，比如零点、新华信、央视国际和央视调查公司等，他们的业务流程比较完整，专业分工比较细致，数据积累比较多，人员与团队能力比较强，因此在市场中占据有利条件。随着信息时代的发展，市场调查行业也受到了大批新兴调查公司的冲击，涌现出新的活力。组建时间不长但增速较快的科思瑞智、阳光凯迪市场顾问、博纳时市场顾问机构等公司利用其具有专业和可操作的方法、解决方案的优势抢占了大量市场。

但中国企业市场调查工作仍处于探索阶段，未能有效地满足中国市场发展的需求。国际信息咨询服务中占据重要地位的公共信息领域，在我国却受到多方制约，开放程度与社会需求相对滞后，这也对市场调查业的发展形成负面效应。有关专家指出，目前相当多的中国知名企业没有专职市场调查部门和专项市场调查预算，甚至从没做过专业的市场调查工作。这些企业的领导和市场经营主管对市场调查重要性的认识不足、对自己主观经验和判断的盲目相信、对市场调查这项工作的茫然无知使得他们在没有达到预期目的时并不知道哪里出现了问题。更有甚者，当诸如目标市场、产品定位、价格策略等重大经营决策出现失误，甚至企业因此而垮掉的时候，企业领导最终也未必清楚自己究竟错在何处。

从企业角度考察，市场调查目前虽然已经引起部分企业的重视，但存在的问题依然明显，具体如下：

（1）机构设置不全，多数企业没有专门的市场调查机构。大部分发达国家的企业，都设立市场调查部门，并有专职市场调查人员，同时还有许多专门从事市场调查的公司。与发达国家相比，我国企业中较少设立专门的市场调查部门。据一项对华东地区 252 家大中型企业的调查结果显示，有过调查作业的只有 60 家，占 24%，其中专门设立了市场调查部门的有 23 家，占 9%，而重视这项工作并一直坚持日常调查作业的才 3 家，仅占 1.19%。

（2）市场调查经费投入不足。我国大多数企业不设立固定的市场调查经费，其费用一般都是从其他费用中抽取一部分经费，但国外大部分企业每年都有相对固定的市场调查预算和比例。

如美国企业市场调查费一般占其销售额的 1%～3.5%，若为项目投资，企业会用更大的比例（项目总投资 5%左右）进行前期市场调查。据统计，美国企业每年花在市场调查上的费用超过 100 亿美元且有不断增长的趋势，而我国企业每年花在市场调查上的费用仅为美国的 1.6%。

（3）市场调查专业人才缺乏。

作为一个发展较快的新兴产业，目前国内市场调查岗位上的工作人员大多缺乏市场经营和市场调查的系统教育及专门训练。因而，系统地开展市场调查的整体策划和组织实施能力相对不足，市场调查活动带有很大的随意性和短期性。

二、市场调查的类型

根据调查主体、客体、范围、时间、功能等不同的标准，市场调查可以分为不同的类型。最常见的是根据调查的目的和功能的差异，将其分为以下四种类型：探索性调查、描述性调查、因果性调查和预测性调查。

1. 探索性调查

探索性调查一般是在调查问题的内容与性质不太明确时进行的小规模的调查活动。在调查问题的实质不清晰的情况下，可以通过探索性调查将其分解成为一些小而精确清晰的子问题，并进一步做出具体的假设，识别出需要调查的信息。在调查的初期，由于对所研究的问题并不充分了解，故无法形成一个具体的假设。

例如，为查明某品牌一次性尿布市场占有率下降的原因：是由于企业内部广告支出的减少造成的还是企业外部经济衰退所导致，是销售代理效率低的原因，竞争对手产品价格变化，又或者是消费者改变了消费习惯等。企业无法确定其真正的原因，因为影响因素太多，而且也不可能一一查知，这时用探索性调查来寻求最可能的原因是很好的选择。例如可以收集并分析从用户以及代理商那里的资料信息。可假设试探性的解释是：某品牌一次性尿布是一种价格经济的尿布，最初制定较低价格策略是为了与低成本的品牌竞争时能够取得优势，抢占更多的市场份额，而随着生活水平的提高，有孩子的家庭愿意在婴儿用品上支付更多，因此更易选择高质量的产品，从而导致市场份额迅速下降。

探索性调查也可用来明晰概念。例如，管理人员正在考虑制定一项能够提高中间商满意度的服务政策。中间商满意是一个模糊的概念，探索性调查可以澄清这一概念，并能够发展一种适当的方法来测量中间商满意度。

总之，能够明确表达问题并提出假设，使调查人员更熟悉问题并能明晰概念的功能使得探索性调查有助于研究一些了解甚少的问题。

探索性调查中主要方法包括：二手资料调查、经验调查、小组座谈和选择性案例分析等方法。其中，二手资料调查是进行探索性调查最经济、最快捷的方法。

二手资料是指从现有资料中获取的资料，如公开发表的各种调查报告，政府官网公布的各种数据、专题，公司的内部记录，以及各种统计年鉴、报告、期刊等都属于二手资料。

经验调查是通过对熟悉和了解调查对象的人进行调查，使问题得以解决的方法。由于调查者一般不是随机而是根据问题的特点慎重选择被调查者，因此这种方法也被称为关键人物调查。

小组座谈是探索性调查的另一种效果显著的方法，其操作原理就是选择一些人坐在一起开放而深入地讨论调查人员需要解决的问题。

选择性案例分析就在广泛调查若干实例或情况的基础上，将调查结果和调查中所遇到的具体问题进行比较，在分析案例的过程中得到启示，从而有助于做出决策。

2. 描述性调查

描述性调查通常是对市场的总体特征和功能进行准确描述，以解决"对谁做"、"做什么"、"什么时候做"、和"在哪里做"等问题。与探索性调查不同，描述性调查以预先理解一些调查问题的性质为基础。尽管调查人员在一定程度上理解了问题，但仍需要一些结论性证据，这些证据来自于对决定行动方案必需的事实性问题做出的回答。

描述性调查可以满足像描述某类群体的特点，识别行业的市场份额和市场潜力等一系列的调查目标，决定不同消费者群体之间在倾向、态度、行为、意见等方面的差异也属于描述性调查。

商店经常使用描述性调查来描述顾客某些方面的特征，进而更加了解自己的顾客群体，如性别、收入、年龄以及教育水平等，尽管没有对"为什么"给出回答，描述性调查提供的结果经常用来作为解决经营问题的全部信息。

描述性调查需要依靠能够引导调查向一定的方向进行的一个或多个具体的假设，并且这个好的描述性调查需要对调查所针对的内容具有相当的预备知识。描述性调查在引导调查方向方面与探索性调查存在着很大的差异，虽然比呆板的探索性调查具有更好的灵活性，但却有必须明确回答调查中的"对谁做"、"做什么"、"什么时候做"、和"在哪里做"等问题。

例如：某快餐店新增设了一家分店，公司想知道这家分店的惠顾群体。那么在开展描述性调查之前需要考虑以下问题：

第一，惠顾者是谁？是否是购买店内商品的人？通过分析得出应将惠顾者定义为那些从店里购买东西的人，因为进店的人可能是那些只在开业时参加赠送活动而不购买任何东西的人，他们并未给公司带来利润。

第二，惠顾者的定义范围？首先是群体的定义，是以家庭为单位还是以个人为单位？其次是测量指标的选取，即需要测量这些人的哪些特征才能够帮助我们解决问题？测量这些人的时间应当是在购买以后还是在购买时？最后是调查的持续时间的限定，是在开业后的一周内完成亦或在分店业务趋于平稳后再进行？但不管怎样，只有在所有影响因素真正发挥作用的时候进行调查才会得到令人满意的结果。

第三，测量地点应该选择在哪里呢？要选择在店内、店外，还应该是惠顾者的家里？测量他们的原因是什么呢？获取这些资料的目的是用来制定促销计划还是用来决定新的分店的选址呢？若获取这些资料的目的是制定促销的计划，那么人们得知这家店的途径应该是调查的重点；若获取这些资料的目的是来决定新的分店的选址，则快餐店所在商圈的情况应该是调查的重点。

第四，测量的方法是什么？采取调查问卷的方法或是实地观察行为方法，还是其他方法？如果使用调查问卷，还要考虑采用什么方式进行问卷调查，调查对象的确定等问题。

这当中部分问题的答案可以很容易的从描述性假设中找到，但对于答案不明显的，可以通过小规模试验的方式确定答案。

3. 因果性调查

因果性调查是以确定变量之间的因果关系为目的，调查一个变量的变化能否决定另一个变量的变化的研究。

描述性调查可以揭示两个变量之间似乎有某种关系，如收入和销售额、宣传广告费用与销量等，但却不能提供证明某一变量的变化是由哪个变量或哪些变量引起的。

探究两个变量之间是否存在因果关系的准则主要包括：

（1）确定因果性事件次序。假设在快餐店，销售收入增长后在一个适当的时间上必定会有继起的因果性事件，这被称为因果性事件次序。例如：想要得到"广告费用的增加导致销售量增加"这一结论，那么首先必须保证广告费用的增加在销售量增加之前发生。

（2）确定变量之间是否存在关联关系。例如，考察"某快餐店里摆放了展示"与"店里薯条和调味汁销售数量增加"之间是否存在关联关系，可做如下假设：

如果出现的情况是：当摆放展示时，薯条和调味汁销售收入（销售额）应当增加；当摆放展示不见时，薯条和调味汁销售收入应当回落到展示它们之前的水平或略高的水平（由展示产生的新消费者可能成为薯条和调味汁的忠诚顾客而可能使得销售收入持久的增加），则说明两者间存在关联关系。反之，则不存在关联关系。

在假设中理想的状况是，随着店内展示出现时，所有快餐店的销售额都显著增加。在现实的实践中，店内展示的出现，对许多店的销售额只有很小的正方向影响，甚至在某些店里会出现销售额的下降，但这种极特殊的情况并不能说明假设是错误的。因为可能存在其他负面因素的影响，例如薯条和调味汁销售额下降也许是由于快餐店设在了一个食物中毒的小镇上。

（3）确认是否存在表面上合理的其他解释或原因性因素。在考虑因果关系时，还要注意到一种情况：若两个事件同时发生变化，但却并不能一定说明这两个事件之间存在着因果关系，很有可能是这两个事件都受到第三个变量的共同影响，而这两个事件本身并不具有因果关系。

例如：某段时间某商业街上所有商店的冰淇淋销售额迅速上升，而同时附近江中溺水人数也在迅速增加，但我们通常不会得出"吃冰淇淋导致了人溺水"这样的结论。事实上，这两个现象都受到"这段时间在江边游泳的人很多"这个因素的影响更为直接。江边游泳的人多也许不仅增加了冰淇淋的销售量，而且增加了发生溺水事件的可能性。

4. 预测性调查

预测性调查是指为了预测未来一定时期内某一环节因素的变动趋势及其对企业市场经营活动的影响而专门进行的市场调查。如市场上消费者对某种产品的需求量变化趋势调查，某产品供给量的变化趋势调查等，这类调查的结果就是对事物未来发展变化的一个预测。

一般而言，预测性调查以因果关系调查的结果为基础。通过因果关系调查，建立起事物

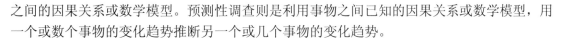

之间的因果关系或数学模型。预测性调查则是利用事物之间已知的因果关系或数学模型，用一个或数个事物的变化趋势推断另一个或几个事物的变化趋势。

三、市场调查的功能

"没有调查就没有发言权"。在如今这个快速发展的经济环境下，企业存在着无数竞争对手与其争夺产品或服务的市场地位，而最终选择权属于消费者，消费者又因为其收入、文化、家庭背景和教育程度等的不同有不同的消费偏好。于是，企业之间的竞争更加激烈。如果前期没有对整个市场进行深入细致的了解和调查研究，企业往往会选择错误的方向。这一过程中，决策者起着十分重要的作用，时时处处需要做出正确的决策。因此，市场调查可以说是企业前进的导航仪，帮助企业寻找前行的方向。

1. 市场调查的描述功能

市场调查的描述功能是指对调查事件事实的陈述及对相关资料的整理和收集。如行业的历史销售趋势，消费者对现有的某品牌产品及其广告的态度，新产品是引导了消费者的需求还是迎合了消费者的需求等。

2. 市场调查的诊断功能

市场调查的诊断功能是指对调查所得信息或结论的解释。如产品包装的变化是怎样影响产品销售量，产品"原有卖点"的改变会对产品销售产生怎样影响，对产品或服务如何进行调整会更好地服务于现有和潜在的顾客等。

3. 市场调查的预测功能

市场调查的预测功能是指通过对过去的市场信息进行分析来推测将来市场的发展变化趋势。如企业怎样识别并处理好市场出现的问题和机会，如何挖掘潜在机会，如何变机会为现实中的成果，又怎样预测机会。

专栏 5-3

方太厨具成立之初，就准备进军厨具行业，然而在当时的环境下，决策层却对做什么样的产品产生了意见分歧。当时的厨卫类产品处于导入期和发展期，但像油烟机、燃气灶等这类传统的产品已逐渐地处于发展的中后期，行业内竞争很是激烈，这类产品的大部分市场份额也已经被几个老牌企业所占据，像老板、帅康、玉立等。然而厨卫类行业处于产品更新的时期，发展机会很大。如新兴的微波炉行业就是刚刚进入中国市场，市场上还没有领导品牌，因此在这方面的发展机会很大。

决策层在进入微波炉行业还是油烟机行业之间犹豫。最后，还是通过全国性范围的市场调查和深入走访有代表性的和新兴的油烟机行业和微波炉行业，清楚地了解市场形势，决策层决定进入油烟机行业。

最后方太调查发现油烟机行业的众多产品都有一些共同的弱点，那就是滴油、漏油、噪声大、吸力小等，产品的外观也与当时的消费潮流相违背；而微波炉行业的企业都是蓄势待发，一定要搞出一点东西来，因此方太抓住了油烟机行业这个看似很微小的机会，取得了巨大的成功。事实证明，方太发明的油烟机具有独特的"罩电分离，拆洗更易"的特点，也克服了当时市场上油烟机的几大弱点，形成方太自有的卖点，迅速占据市场份额，很快升到行业第二位。

4. 市场调查的反馈功能

市场调查的反馈功能是指对顾客、市场反应的传递，沟通和处理。如顾客对待产品的态度，服务评价的标准；哪里满意，哪里不满意；有没有切入的机会，切入点和支撑点在哪里；机会成本有多大。

第二节　市场调查的原则、内容及步骤

一、市场调查的原则

坚持和遵循市场调查的原则和程序是做出高质量市场调查的重要基础。

1. 时效性原则

所谓时效性是在市场调查中及时收集和掌握任何在市场上有用的信息，及时地做出分析和信息反馈，以便于企业生产经营过程能够适时地制定调整策略。市场调查工作所能利用的时间是有限的，要充分利用这些时间去尽量多地收集有用的资料。如果拖延了调查时间，不但会支出额外的费用，而且会延误企业的生产和经营。

2. 准确性原则

市场调查的准确性是指市场调查工作必须符合实际，资料的收集和信息的筛选必须尊重客观事实，切忌以主观臆造来代替科学的分析，并避免以偏概全。

专栏 5-4

　　在 20 世纪 70 年代前半期，便利商店进入日本。当时有厂商选择以负责家计者或家庭主妇为调查对象进行市场调查，预测便利店在日本市场的前景。但是在调查家庭主妇的购买行为之后，发现：①超级市场林立；②自家用车普及；③周休 2 日逐渐风行，构成全家出动购物风气。于是主妇每周的购物频数减少，而每次消费额增加。

　　这项调查结果显然对于便利商店的经营非常不利，当时流通业界对此反应也相当冷淡。但在当时这种便利商店却在零售业中处于成长期。所以，调查一定是遗漏了某种重要因素。调查失败原因分析：第一，选择调查对象不当，以负责家计者或主妇为调查对象，便利商店的顾客应该是单身汉、学生、夜猫子以及那些不负责家庭购物的人；第二，调查并未发现"消费者购买行为呈现多元化变化"，这是不符合当时的市场特征的。

　　因此，以"个人"为调查对象展开市场调查，其调查结果将会更能真实的反映"便利商店"的市场机会。

3. 系统性原则

市场调查的系统性是在对企业进行市场调查时要全面地收集相关信息资料。即包括要了解企业自身的生产经营实际状况，又要了解企业外部竞争对手的相关信息；既要明白企业经营活动会受到内部哪些因素的影响，也要对影响企业经营活动的外部因素充分调查。

专栏 5-5

　　美国麦当劳公司从一家普通的快餐店发展成为国内外著名的国际快餐经营集团，麦当劳在经营过程中秉承的一个重要宗旨就是：用市场研究的成功确保市场经营的成功。

1992 年 4 月 23 日麦当劳在北京的分店开业，但美国麦当劳总部早在 1984 年年底就派出专家对中国的河北、山西等地的上百种马铃薯进行考察，逐一分析其成分，最后指定了专用的马铃薯。从这一点上就可以看出麦当劳对市场的重视程度是如此之高。麦当劳只有在做出可靠的市场调查后才会制定相应的决策，因此必然取得成功。

4. 经济性原则

市场调查的经济性是指尽量提高市场调查的经济效益。即尽可能地实现以较少的投入取得最好的市场调查效果。因此在确定调查内容、调查方式等方面时，企业要根据自身财力情况确定调查费用的支出，以制定相应的调查方案。

5. 科学性原则

市场调查的科学性是指调查过程及其结论必须具有逻辑性。包括科学地安排调查的过程，借助计算机科学地统计和分析数据信息，请专业人员对汇总的资料和信息做出科学、深入的分析等。

二、市场调查的内容

1. 市场环境调查

市场环境调查包括政治法律环境、经济环境、科技环境和社会环境的调查等。

政治法律环境调查主要是针对政府的方针、政策以及各种法令和条例的调查，另外也包括对外国影响本企业的因素进行调查，如有关法规与政局变化、政府人事变动、战争、罢工、暴乱等。

经济环境调查，主要是对某些经济指标进行调查，如经济增长、收入分配、储蓄与投资变化、私人消费构成、政府消费结构等。

科技环境调查，主要是对国内以及国际的科技环境进行调查，主要包括新技术、新工艺、新材料的发展状况、变化趋势、应用和推广等。

社会环境调查，主要是对社会文化、风气、时尚、宗教、习俗等的调查。

专栏 5-6

在 20 世纪 90 年代初期，我国一家生产跑步鞋的企业向阿拉伯出口一批跑步鞋。当时为了使跑步鞋能防滑，就把鞋底做成波浪型花纹。但是鞋出口到阿拉伯后，对方不但没有付款还要求退货，并向他们要求道歉。企业的商务人员一头雾水，后来通过调查才得知企业所生产的波浪型防滑花纹的形状相似于阿拉伯文字里面的真主两字，阿拉伯国家对真主的信仰很虔诚，所以才引起他们如此强烈的反映。

2. 市场需求调查

市场需求调查主要是对市场容量、顾客以及消费行为进行调查。

市场容量调查不仅对现有和潜在人口变化、收入水平、生活水平等外在因素进行调查，也要对本企业的市场占有率、购买力投向等内在因素进行调查。

顾客调查，主要对象是购买本企业产品或服务的个人或群体，调查的内容主要包括民族、年龄、性别、文化、职业、地区等。

购买行为调查，是针对不同阶层的顾客进行的调查。主要包括顾客的购买欲望、购买动机、购买习惯、购买时间、购买地点、购买数量、品牌偏好等情况，以及顾客对本企业产品和其他企业提供的同类产品的欢迎程度。

专栏 5-7

美国的洗衣机市场在许多人眼中早就处于饱和状态，然而青岛海尔集团却要打入其中，这被很多人认为是"鸡蛋碰石头"。在对自身实力进行评估后，海尔集团对美国的洗衣机市场进行了详细的调查研究和市场细分，了解到美国的洗衣机小容量型存在着有潜力的细分市场，于是海尔集团以自己优良的质量、大方的外观和准确的决策，在"最无人情的竞争地"美国占有一席之地。

3. 市场供给调查

调查的主要内容包括：①产品或服务在供给总量和供给变化趋势方面的具体情况，该企业产品或服务的市场占有率如何；②在产品或服务的质量、性能、价格、交货期、服务、包装方面，消费群体的评价和要求是怎样的；③在产品或服务的市场寿命、持续期间、替代品出现与否、关于企业产品服务的更新，消费者有何意见想法；④企业内部的生产资源、采用的技术水平、生产布局与结构；⑤相较于本地的市场状况，企业产品或服务的生产以及企业产品或服务的输入的发展趋势；⑥同行业和关联行业中其他企业的产品或服务在质量上、数量上、成本上、价格上、交货期方面、技术水平方面、潜在能力方面的具体情况，也就是协作伙伴与竞争对手的状况。

4. 市场行情调查

所谓行情是针对整个行业市场、地区市场、企业市场的销售状况和销售能力而言的。具体包括：商品供给是否充足，市场空间以及库存状况如何；市场竞争程度的大小以及竞争对手的实力如何、采取何种策略与手段；有关企业同类产品在生产、经营以及成本、价格、利润方面的比较；市场价格水平的现状和发展趋势，最适宜于顾客的性价比以及定价策略，新产品定价及价格变动幅度等。

专栏 5-8

20 世纪 90 年代，中国彩电市场经历了四次价格大战，促成长虹彩电在家电行业中独领风骚的局面。然而，至 1999 年初，长虹发现其彩电零售市场份额的领先地位开始动摇，厦华、康佳等品牌正直追而至。到底是消费者的需求发生了变化还是进口彩电占据了大量的市场份额？长虹经过市场调查发现：上述两者都不是原因，而是其他几家品牌的彩电的相对价格优势导致了长虹彩电销售出现一定程度的滑坡，可此时"长虹"整机库存超过 250 万台。查出症结以后，长虹依据自身的优势，实施了新一轮价格战略，由此点燃了中国彩电业第五次降价的"烽火"。结果，长虹公司不但重新巩固了自己市场霸主地位，而且为该公司创造了良好的经济和社会效益。

5. 市场销售调查

主要调查的是销售渠道、销售过程和销售趋势。如企业产品是由自设网点销售还是由代销网点销售，是完全自销还是部分代销；代销商经营能力强弱、社会声誉好坏以及目前和潜在的销量如何；委托代销所造成的运输成本以及工具、路线的选择，仓库储存能力等；人员直销和非人员直销各自优缺点；采用不同广告媒体的效果（如电视、广播、报纸、杂志、广告牌）；不同服务方式的优缺点以及哪种方式最受顾客欢迎等。

三、市场调查的步骤

市场调查是针对企业生产经营中所要解决的问题而进行的一项复杂的科研活动。因此，调查工作必需按照科学的程序进行，从准备到方案的制定，直至最后的实施和完成，每一阶段都有特定的工作内容，这样才能保证调查工作的效率和质量，确保其有序进行，减少盲目性。

市场调查过程大致分为如下几个阶段：调查前的准备阶段、制定调查计划阶段、收集资料阶段、整理和分析资料阶段以及追踪调查阶段。每一阶段工作完成的好坏，关系到下一个环节的工作质量。准确确定调查主题和恰当的选择调查方式能够保证调查资料应有的重要价值，及时、完备的收集资料能为准确分析创造良好的条件。

（一）调查前的准备阶段

调查前的准备阶段所做的工作对进入实质性的调查具有重要意义，一般有以下两个步骤：

1. 提出问题

通常条件下市场调查人员的调查主题主要是根据企业提出的调查要求以及提供的调查范围或意图来确定的。如企业出现销售不畅的问题，则应围绕问题确定调查范围，首先应针对如渠道选择不当、质量问题、设计问题等影响销售的因素进行调查。在进行初步的调查后，如果发现是由于渠道不畅导致了销售不畅，则下一步的调查重点应该放在如何选择渠道上面，也就是说调查要点要围绕关键问题展开，这样才能提出实质性的意见和建议。

提出问题是调查过程中最重要也是较困难的任务。如果调查者对决策的问题理解不清或对问题的结果没有充分的准备，就会出现难以指导调查继续进行的情况；另一方面面对调查的结果也会感到无所适从，不知该从何处寻找关键问题。例如，一个生产运动鞋的公司向一个市场调查机构提出调查课题，要求市场调查人员了解消费者对该公司的看法，而当调查人员会见该公司的销售人员，希望了解到调查目的时，然而得到的回答却是上级主管部门的要求，即销售人员只是机械的照搬了上级的意图；把调查建立在销售者只关心该公司的运动鞋上，而没有考虑到竞争者的产品。照此意图进行调查，虽然能够调查出消费者对该公司运动鞋的看法，但这种调查结果会与实际销售情况出现较大偏差，因为消费者在选择运动鞋时，面对的是众多厂家的商品。只有先明确了调查目标，才能得到正确和实用的调查结果。但由于市场调查人员对企业的业务进展情况和存在的问题并不清楚，所以要向公司的决策和管理部门了解他们的调查意图。

确定调查目标需明确以下几个问题：①调查的目的是什么；②调查的内容是什么；③调查结果有什么作用；④谁对调查结果更感兴趣。

2. 试验性调查

在没有确定调查目标之前，调查人员应该访问一些在问题领域内有丰富的相关经验的人员，并咨询他们的有建设性的想法和意见，这样可以大大地缩小调查的范围。如果调查所有的影响因素，不仅增加成本，还会失去问题的重点，甚至冲淡主要问题的反映程度，这样就得不到真实的结论。

（二）调查活动策划阶段

制定调查计划的基础在于进行试验性调查以及确定调查主题。依据调查目标进行调查策划更加具有针对性，调查活动才能得以顺利进行。

调查活动的策划既要考虑调查项目、调查方式，又要找出调查信息的来源、估算调查经费以及分析调查进度表等。在实际调查活动中，调查人员依据安排组织调查活动，管理或检查调查活动的开展情况。

1. 确定调查项目

调查项目依据调查的目标进行设置，目的是为了获得统计资料。影响调查目标的因素很多，但考虑到调查的工作量和统计量就必须先要对其进行取舍。包括：①选择相关度较高的项目；②调查人员假设的调查项目必须与调查主题关系密切、意义明确，而且要便于回答；③要依据调查经费、统计能力和调查方式等来确定调查项目。

2. 确定信息来源

调查项目确定以后，调查人员需要考虑如下问题：①需要哪些资料；②这些资料可以从哪获得；③如何获得这些资料；④调查的对象是哪些。

上述问题实际上就是根据调查目标确定信息来源时所应考虑的几个方面。信息来源有两大类：一类是文字资料；另一类是通过各种实地调查从调查对象那里获取的信息资料。

3. 估算调查费用

调查费用因调查目标的不同而有很大差异，消费者调查、产品调查、渠道调查或销售调查等的费用支出都不一样。此外，费用的支出也与调查方式、规模、时间、项目的多少有着直接的关系。但无论是什么样的调查，调查费用都应包括一些基本的内容，见表5-1。

正确的估算调查费用在很大程度上影响着调查效果。作为企业的市场调查部门或者说一个单独的市场调查机构，当然希望估算的调查费用是越高越好，但是企业支出的调查费用是有限的，不可能任由调查单位提出过高的费用开支。因此，在提出经费估算时，调查单位须提交一份详细的估价单，将费用开支一一列出，以供企业参考审阅。费用开支数目要真实，不能过高，也不能过低。调查能否顺利进行的一个重要保证就是合理的支出，调查单位应以有限的经费达到最好的调查效果为目标，这不仅是调查单位树立信誉的需要，也是调查单位水平高低的体现。

表 5-1 调 查 费 用 估 价 单

申请人： 调查题目：

调查地点： 调查时间：

项目	数量	单价	金额	备注
资料费				
文件费				
差旅费				
统计费				
交际费				
调查费				
劳务费				
杂费				
其他				
合计				

关于调查费用估算和开支应避免两种情况的发生，第一种情况就是拖延了调查时间，这样就会增加调查的费用以及其他的开支，应避免发生这种情况。第二种情况就是缩减了必要的调查费用，只有在一定的调查经费的支持下才能顺利开展调查活动，如果调查过程中缩减了必要的费用开支，就必然会导致调查的不彻底甚至中断，因此也就难以达到预期的目的。

4. 调查项目建议

调查人员确定了调查项目、方式、资料来源及经费估算等内容以后，向企业提出调查项目建议书，并简要说明其调查过程。调查项目建议书更详细更具体地说明了企业提出的调查任务，它是调查人员经过试验性调查及一系列的分析研究后拟订的，是站在调查者的角度来说明调查的目标及调查的过程。调查项目建议书内容一般都简明扼要，因为它的制定是为了用于企业的审阅以及参考，方便企业有关人员阅读和理解。见表5-2。

表5-2 调查项目建议书

调查项目：
调查单位：
调查人员：
调查负责人：
日期：　　年　　月　　日-　　年　　月　　日
1. 问题以及背景资料：
2. 调查内容：
3. 调查所要达到的目的：
4. 调查方式：
5. 调查对象：
6. 调查地点：
7. 经费估算：
负责人审批意见
财务审批意见
申请人：
申请日期　　年　　月　　日

（三）计划制定阶段

调查计划包括对调查内容的说明和调查时间进度表。调查计划因调查所要达到的目标不同，计划的内容、繁简程度也不相同，时间安排上也有差异。计划的实施过程并不是一成不变的，根据调查进度情况及某些问题的出现，可以对调查计划中的某些内容进行修改，以适应变化的形势，并及时调整计划中的不符合实际的内容。

1. 对调查内容的说明

即将各种调查的构想和操作明确化，包括调查目的、调查的方法和技术、资料的收集和整理、调查对象的选择、经费估算以及人员安排等，见表5-3。

调查计划制定以后，调查过程须按照计划规定进行，计划表也作为监督和指导调查过程进展情况的依据。

表 5-3 调 查 计 划 表

调研目的	为何要做此调研、需要了解些什么、调研结果有何用途
调研方法	问卷法（当面填写）、询问法、电话法、邮寄法、观察法
调研地区	被调查者居地区、居住范围
调研对象、样本	对象的选定（资格、姓名、条件）、样本数量、样本选取
调研时间、地点	所需时间、开始日期、完成日期、在外调研时间、调研会开始时间、会址
调研项目	访问项目、问卷项目（附问卷表）、分类项目
分析方法	统计的项目、分析、预测方法
提交调研报告	报告书的形式、份数、内容、中间报告、最终报告
调研进度表	策划、实施、统计、分析、提交报告书
调研费用	各项开支数目、总开支额
调研人员	策划人员、调研人员、负责人姓名、资历

2．调查进度表

调查进度表将市场调查的进度分为如下七个阶段：①调查目标的策划与确立；②查寻翻阅文字资料；③进行实地调查；④汇总、整理调查资料以及对资料进行统计、核对及分析；⑤完成市场调查报告初稿，征求意见；⑥修改市场调查报告并定稿；⑦完成调查报告，提交有关部门或企业，并在每一阶段都对其做了关于任务分配、时间限定以及人员的安排，以保证调查的顺利进行。这样不但可以准确指导和把握计划的完成进度，还可以避免出现重复劳动、拖延时间的问题，进而很好地控制调查成本，使其利用有限的经费获得满意的成果。

（四）计划实施阶段

调查计划的实施要根据调查进度表的规定分阶段进行，它是调查的实质性阶段。

1．查寻文字资料的阶段

即调查和收集现有的文字资料。最现成的文字资料是企业的各种报表，通过这些资料了解企业的生产、经营、销售及库存方面的情况。此外，还可以查寻已经公开发表的统计资料和其他定性的资料，如公司图书馆、公司卷宗、政府部门、公共图书馆等的外界资料。在查寻这两类资料的过程中，不但要考虑还有哪些资料欠缺，需要进行补充，而且还应去搜集竞争者的业务资料并进行对比，最后确定应该实地调查哪些资料。

在这一阶段，需要确定应实地调查哪些资料，并准备实地调查方案、设计抽样结构和抽样对象；在编列准备采访的名单时，要查询行业目录或根据企业所推荐的调查对象来确定采访对象；如果调查的对象是消费者，则应先确定是一般消费者还是某一特定的消费者群。总之，这一阶段的工作要为下一步的实地调查创造条件。

2．实地调查阶段

实地调查可以弥补文字资料的不足，直接获得调查对象对调查项目的反映。实地调查既可以采用询问的方式，由调查人员与调查对象亲自交谈来获取信息，也可以采用散发问卷的形式，由调查对象将信息填写在问卷上。为便于回答，不论是询问式还是问卷式的调查方法，都需要对问题的内容和提问方式进行设计。同时也要考虑采访和答卷所需要的时间，调查人员一天能够采访的数量等。在调查过程中，调查人员有必要将已走访的情况或已收回的问卷定期进行一次汇总和研究，以了解实地调查是否顺利进行，采访对象的配合程度等情况。

3. 资料的汇总、整理和分析阶段

对文字资料和实地采访所获得的资料的汇总，既可以是一次性的汇总，也可以在调查中逐次汇集和统计。为便于汇总和更清楚地反映问题，需要在汇总前对资料进行分类，编制每一类别的统计表。进行分类整理以后，要核查一下是否存在需要补充的内容或有无疏漏的地方，以便进一步补充和修改。在所有资料整理工作完成后，就要根据调查的主题对资料进行分析，并着手撰写调查报告。

4. 对调查报告的初稿征询意见

市场调查的分析报告初稿完成后，需要征求委托单位的意见。采用的方式既可以是面交委托单位审阅，然后听取意见，也可以采用召开讨论会的形式。总之，在初稿完成后，要向委托单位详细说明调查结果及对结果的分析。调查人员通过与委托单位互相交换意见，可检查调查结果与委托人的意图是否完全吻合，是否达到了委托人所要求的标准，还有哪些地方需要修改；委托单位在听取调查结果的同时，也可以了解用户或消费者对企业产品或促销活动的反映情况。当企业有关负责人忙于日常工作而无心阅读调查报告时，利用一定的空闲时间参加调查讨论会，是了解市场的一个极好的机会。

5. 修改、定稿、呈交报告

在听取委托单位意见并对调查报告做进一步的修改和补充后，就可以定稿，并呈交给委托单位。报告书既要有文字说明，也应有统计图表说明。呈交报告书既可以采用报告会的形式，也可以直接交给有关负责人。由于阅读报告的人多是繁忙的业务负责人，所以报告的写作应力求语言简练、明确、易于理解，内容讲求适用性，并配以图表进行说明。如果是技术性的报告，因其读者大多数是专业人员或专家，因此要力求推理严谨，并提供详细的技术资料及资料来源说明，注重报告的技术性，以增强说服力。

（五）追踪调查阶段

为了更好地履行调查工作的职责，在呈交调查报告后，还应进行追踪调查。追踪调查需要了解的情况是：

1. 追踪调查前一段工作的成效

调查单位的调查有时难以与企业的意图完全一致，有时由于调查中所出现的误差也会导致偏离企业所要求的标准，因此追踪调查需要通过了解调查报告中所提建议是否符合实际，所提数据是否准确、合理，调查报告分析结果对企业的适用性如何等情况，来考察调查工作的成效。

2. 调查结果的采纳情况

追踪调查还需要了解调查结果是否完全得到采纳或未被采纳或被搁置的原因。调查结果被采纳的情况下，在实践过程中仍有可能未按照调查报告所提的建议去做，这样就会影响实施的效果。此时，应对实践过程进行纠正，促进企业经营顺利进行。

第六章

案 头 调 查 法

市场调查以信息来源为依据，可以分为实地调查与案头调查两种不同的形式。本章主要介绍案头调查法，即通过对部分已收集的或已存在的信息等二手资料进行搜集、筛选，并据此判断得出调查结论的方法。

第一节　二手资料的来源

当一个市场在已有可靠的文字资料但资料有限的前提下，案头调查通常是比较有效的调查方法。但是当需要更好地了解市场情况时，一定的实地调查是必要条件。因此，案头调查通常是实地调查的铺垫。案头调查的主要任务有：为实地调查提供必需的背景资料，也可用于市场趋势分析和对总体参数的估算，为企业内部决策提供参考依据。因此，案头调查是市场调查的一种重要的方法，而开展案头调查最主要的任务是获取二手资料。

一、内部资料的来源

1. 经营资料

经营部门如果能在调查结束后对全部调查资料进行汇总编辑归档工作，将资料及时的分类整理，则在遇到类似的问题时无需展开新一轮的调查，提高了人力物力的工作效率。这些资料既包括在具体调查当中所取得的资料也包括从组织机构中收到的杂志和报刊。

2. 财务资料

一般企业都会保存自己的会计账目和销售记录，即企业的财务资料。会计账目记录是经济个体用来控制市场经营活动的有用信息。除了会计账目外，市场调查人员也可从企业的销售记录、销售人员报告、消费者的意见、顾客名单、代理商与经销商的信函以及信访等其他不同资料中找到所需的信息。

3. 其他报告资料

其他报告资料主要包括较早的市场调查报告、先前购买的调查报告和企业审计报告等信息资料。企业经营的业务范围广度与企业其他的调查问题关联程度具有正相关关系。因此，以前的调查项目对于类似的目标市场调查来说是重要的信息来源之一。本企业的信息数据库和经营信息系统也是一种重要的信息来源。

二、外部资料的来源

来自被调查单位以外的信息资料被称为外部资料。二手资料主要有以下几种外部信息源。

1. 国际组织

许多国际组织都会出版大量含有市场信息的刊物。比如：经济合作与发展组织（OECD）、联合国下属的粮食与农业组织（FAO）、联合国经济委员会（UN Economic Commissions）和联合国贸易和发展会议（UNCTAD）及国际货币基金组织（IMF）等。

2. 政府机构

政府机构既包括本国政府在其他国家的官方办事机构（如商务处），通过这些政府机构可以准确而系统地搜集到各个国家的市场信息。也包括外国政府的有关部门。许多国家的政府专门设立了"促进进口办公室"，用以帮助发展中国家对其进行进口活动，并负责提供下列信息：统计资料、进口要求和相关程序、销售机会、商业习俗、经营某一产品中介机构的名单等。

3. 专门调查机构

专门调查机构主要指各国的咨询公司和市场调查公司。这些机构一般具有丰富的调查经验，搜集的信息具有一定的价值，但收费很高。

4. 行业协会

大部分国家都存在着各种行业协会。且会定期整合信息或出版一些与本行业相关的市场信息刊物。行业协会经常发表和保存详尽的有关行业销售状况、经营特点、增长模式以及类似的信息资料。

5. 大众传播媒介

互联网、广播、电视、报纸、期刊、论文、书籍和专利文献等类似的传播媒介，同时具有技术信息和丰富的经济信息，对企业或公司预测市场、开发新产品、进行海外投资等活动具有重要的参考价值。

6. 商会

商会通常能为市场调查人员提供当地商业状况和贸易条例的信息、商会成员的资信以及贸易习惯等内容。

7. 官方和民间信息机构

许多国家政府经常为本国商务提供贸易信息服务以答复某些特定的资料查询。另外一些大公司延伸业务范围，把自身从事投资贸易等活动所得到的信息以各种方式提供给其他企业，如日本贸易振兴会的"海外市场调查会"、日本三井物产公司的"三井环球通信网"等。

另外，某些民间组织也具有提供一些相关信息的能力。而且对于调查者来说，这些信息具有很高的参考价值。如许多国家都有以维护消费者利益为宗旨的消费者组织，这些组织通过监督和评估各企业的产品以及相关市场情况，向社会公众报告评估结果。

8. 银行

银行作为重要的金融机构一般能提供下列信息与服务：第一，各国的经济趋势、政策导向及发展前景，重要产业及贸易发展等方面的信息；第二，某一公司的商业资信状况报告，各国有关信贷期限、支付方式、外汇汇率等方面的最新信息；第三，充当中间人介绍外商并帮助安排进行访问活动。

世界银行及其所属的国际金融公司（简称 IFC）和国际开发协会（简称 IDA）每年都会公布和预测许多重要的经济与金融信息。另外一些区域性的银行，如亚洲开发银行、欧洲开发银行等也能为调查人员提供大量的贸易与经济信息。

三、案头调查法的优缺点

1. 案头调查法的优点

案头调查法的优点主要表现于：①费用支出和时间较少；②二手资料调查可以不受时间

和空间的约束。与实地调查相比，可以收集更为广泛的资料；③案头调查法不受调查与被调查人员的干扰，比实地调查法更加客观。

2. 案头调查法的缺点

案头调查法的缺点主要表现于：①二手资料的分析工作往往需要使用难度较高的数量分析技术；②文献内容很难与调查人员实际的调查活动完全匹配，还需进一步处理；③随着时间和市场大环境的改变，二手资料会出现时效性问题。

第二节 案头调查的步骤

成功开展调查活动的重要标志是收集到的有用信息被充分利用以解决问题，以达到调查目的，这就涉及开展案头调查活动的程序和步骤。

一、评价现成资料

随着社会的发展，信息爆炸的时代已经到来，二手资料来源途径越来越多，越来越容易获得，但不一定都对调查有用。因此，调查人员须对获得的资料进行评价，选择与主旨相关的材料。在评价二手资料时，需要注意以下几个问题：

（1）时效性。企业决策不能以已经超过年限的数据资料作为主要依据。如果用过时的资料来推断当前市场状况，企业的调查会缺乏时效性与准确性，调查的结果将不能为决策层服务，甚至会导致决策者做出错误的决定。

（2）可获性。调查人员在选择使用二手资料时应考虑能否及时、方便、以较低的成本使用所需要的资料。但是在调查经费有限的前提下，应当优先考虑成本低廉的信息源，再考虑快速和方便的信息源。在一些统计手段相对落后国家（特别是发展中国家），调查人员可能很难获得需要的资料，但在一些统计系统完备的国家，企业却可以很容易地获得所需的资料。

（3）精确性。大多数情况下，调查人员需要通过深入的搜集分析才能获得精确的调查资料。但是在得不到切题的二手资料时，调查者可能只好使用代用资料，在使用这些资料之前，要做一些适当的修改或补充，以提高其精确性。市场调查人员还应当深入研究制作这类二手资料时所采用的方法，检验其是否科学。只在极少的情况下，市场调查人员可以直接使用别人公布的市场调查人员所要调查主题的二手资料。

（4）相关性。调查人员必须研究所收集到的资料能否切中问题要害，任何牵强附会都可能会影响调查结果的准确性。例如，已公布的银行报告强调的是某一个国家的经济状况，而市场调查人员所要了解的是一个指定的产业部门的情况。尽管一个国家的经济状况和这个指定的产业发展大方向是一致的，但后者有其特殊的发展模型和速度。如果简单地使用经济发展数字来取代指定产业部门的发展状况，那么企业据此所做的经营决策将对指定产业的发展毫无用处。

（5）可比性。由于各国的社会经济环境条件不同、数据搜集程序和统计方法不同，所以从不同国家得到的数据有时无法直接进行相互比较。有时，由于基期的差异，使得同一类资料在不同的国家不具有可比性，对于指标的理解也可能不尽相同。各国之间数据的不可比性破坏了数据的有用性，进而影响到企业决策。

二、信息资料的收集和筛选

1. 信息搜集的途径

调查项目确定以后，需要对前一阶段现成资料评价，筛选出与调查主旨有关的信息。在深入调查的过程中，调查人员需要从相关部门收集更加详细的资料，在市场概况的一类资料搜集提供相关信息、详细精确程度较高的二类资料和信息。例如，调查者在分析互联网投放广告的反应情况，应从一般资料着手，首先调查该区域互联网普及率，再向随机抽取的网民发送电子邮件，询问互联网广告的具体情况。

2. 资料筛选

资料收集完成后，调查者应根据调查课题的需要，删除与课题无关的资料和不完备的信息。这就要求调查人员具有一定的专业技能，对资料进行筛选。

三、撰写案头报告

作为调查成果和工作表达的载体，案头报告是对调查工作的总结。撰写报告时应注意：

（1）有说服力。报告的分析要有理有据，数据无误，图表准确。

（2）针对性强，简单明了。抓住课题特点，利用统计图表来反映问题，方便读者掌握分析。

（3）时效性强。报告的强时效性，对调查工作具有画龙点睛作用，是决策的重要依据。

（4）结论明确。结论体现调查报告的意义和价值，非常重要。

通过以上这些步骤，案头调查过程基本完成。调查活动可以有效提高管理者管理水平。但调查人员若不离开办公桌，不可能搜集到完备的信息，这时案头调查就具有局限性，有必要进行实地调查。

第七章

市场询问调查法

市场询问调查法是市场调查中获取第一手资料的基本方法，包括个人面谈、网络通信、小组讨论等各类调查方法，主要目的是要通过各种面对面访谈，小组讨论，以及借助于信息网络、邮政通信等技术手段，收集与投资项目市场分析相关的各种第一手资料，为工程项目投资决策提供依据。

第一节　个人面谈调查方法

一、定义与方法

个人面谈调查法（personal interview）也称个人深度访谈法，是市场调查人员与调查对象进行个别的、深度的、双向对话的询问调查法。深度访谈主要是用于获取对问题的理解和深层的探索性研究。"深度"可以从以下三方面来理解：一是访谈（数据搜集）者必须和被访者有相同层次的理解；二是必须超越普通常识的感受，目标是探索在深层次下所蕴含的意义；三是可以捕捉及表达对某些活动、事件和文化事物的多元观点。

在个人面谈调查中，访问者既像是采矿者（miner），也像旅人（traveler）。采矿者是指调查者对调查对象身怀的信息进行深入挖掘的任务；旅人的职责是指调查者在景点间漫游，和所邂逅的人交谈，与当地人相处，并在互动中提出问题，引导对方说出他们自己生活的故事。

二、个人面谈调查法的分类

（一）根据结构性强弱划分

1. 自由式

自由式访谈是一种在相对无限制的情况下进行倾谈式的调查。运用这种方法非常方便，条件约束较小，访谈对象的选择具有随机性，访谈的内容、次序和逻辑都由访员在访谈现场临时确定。在市场调查中，这种方法较少使用，一般在调查的初级阶段，设计人员为了了解项目的基本情况，使用自由式访谈比较合适。

2. 半控制式

与自由式访谈相比，半控制式访谈在结构性上具有一定的控制，即访员事先要做一定的准备工作，如确定访谈对象，充分分析和选择访谈内容、次序和逻辑等。访员可以以访谈提纲或者调查问卷为框架开展访谈活动，同时根据现场状况采取相应的应变措施。半控制式访谈具有更强的针对性和更好的信息收集效果，适用于正式调查阶段。

（二）根据访谈地点的选择划分

1. 上门访谈

上门访谈（door-to-door interview）是指市场调查人员主动登门拜访，对事先确定的调查对象进行访谈的调查方法。上门访谈提高了参与率，由此可以获得一个更具有代表性的样本。利用上门访谈的方法，不仅可以访问到那些电话不易联系到的人，而且增加了被访谈者完成访问的可能性。

（1）工作地点调查。访员在征得同意之后，可以到被调查者的工作单位开展访谈。例如，新款黄色飘柔的目标消费群是 25～34 岁的职业女性，针对身兼多重身份、面临多重挑战的现代女性，飘柔派出了"飘柔自信专家"进入女性工作场所，以座谈和聊天的方式，了解她们对飘柔的看法，并在个人的形象装扮、自信心的调整等方面给予面对面的指导。

（2）家庭调查。访员可以在适合的时间，到被调查者家里拜访，鼓励家庭成员一起参与，多方面地了解情况。通过询问和观察相结合的方法，访员可以获得更真实、更全面的信息。为获得调查对象更好的配合，调查者可以携带小礼物。家庭调查适用于问题数量比较多、内容要求详细的调查。

如果有人愿意接受访谈，但是在第一次访问时没有联系成功，访员可以在其他时间安排回访（callback）。这是减少不应答误差的重要方法。回访会增加调查的成本，但是有时很重要，因为那些第一次没有访问成功的人可能同其他的被调查者有着很大的差异。

2. 拦截式访问

拦截式访问是指在街头或者商场等人流量较大的地点，访员通过拦截路人开展访谈的调查方法。拦截式访问的成本较低，可以快速执行。具体如下：

（1）闹市有奖调查法。访员在商场或者街区内，通过分发礼品来鼓励人们参与访谈。例如，市场调查人员可以拦截行人，并询问："能耽误您两分钟时间回答一下我们的问题吗？只要您回答了我们的问题，就可以得到这个精装化妆包和一本宣传册作为礼物。"市场调查人员也可以搭建一个小型的展台，摆放出各种奖品，说明凡是参与调查的人都可以通过抽奖获得礼品，以此来吸引人们的注意力并鼓励他们参与到调查中来。

（2）展销现场调查法。访团可以在商场或街头拦截路人，将他们带到展销现场进行免费体验或领取礼品，同时开展访谈。例如，访员邀请一名年轻女性到化妆品牌专柜，让她试用各种不同的产品，同时询问她平时常用的化妆品品牌，最关注哪个身体部位的保养，以及使用产品后的感觉。这种方法尤其适用于能直观感受、亲身体验的产品和服务的调查活动。

拦截式访问也存在一些问题，例如，行人或者购物者一般比较匆忙，因此拦截式访问的拒绝率大约在 54%～56% 之间。并且有的访问对被调查者的特征有要求，并不是每一个被拦截下来的调查对象都符合条件，因此还需要经过简单的筛选。总的来看，拦截式访问目前的应用较为广泛。

（3）歇息场所调查。歇息场所调查是指在人群聚集较多的休闲场所，利用人们空闲、休息时间，开展访谈调查的方法。例如，在公园、露天咖啡厅、旅游景点等地向人们分发小杯冷饮，并且征询品尝者的意见。访员会坐下来与被访者交谈，向他们询问关于产品的问题，如"这种饮料是否合你的口味？"，"你觉得这种饮料给你最大感觉是什么？"，"这对你来说偏甜吗？"……休闲场所的人通常比较清闲，并且乐于交谈，访员更容易获得访谈机会。

3. 问卷留置法

（1）定义。问卷留置法（drop-off survey）是指调查人员在征得调查对象同意之后，将调查问卷留给调查对象并且对问卷进行解释，约定时间、地点，由调查人员对问卷进行回收的市场调查方法。访问留置调查是受访者自己填写问卷，二次访问时收回。有时受访者不在家，这时可委托受访者家人留言给受访者，通过受访者之外的人收回问卷。某些情况下访问员可能在整个调查过程中未曾与受访者直接接触。

问卷留置法在现实中有许多创造性的应用，例如，亲子留置法、购买现场留置法、会议留置法、媒体留置法、销售卡留置法、传真调查法等。对调查人员来说，当希望得到一定时间的正确记录、详细了解现状，而用面访法不能得到满意回答时，问卷留置法就成为最佳的选择。

（2）问卷留置法的优点。问卷留置法有如下优点：一是调查人员征得调查对象的同意后，被调查者会较为认真地完成问卷；二是调查人员可以就问卷的内容向调查对象当面进行解释，防止产生理解上的偏差；三是调查对象可以自由地选择完成问卷的时间，仔细考虑答案或与他人协商，问卷答案质量较高；四是调查人员在回收问卷时，可以对问卷进行初步的审核，以确保完成全部问题的回答以及不存在重大错误。

（3）问卷留置法的缺点。问卷留置法的缺点表现如下：一是调查地域范围有限，调查人员无法有效管理监督；二是调查人员需要与调查对象进行两次以上的接触，消耗的资源较多；三是若调查对象由于各种原因没能按时完成调查问卷，就会造成调查人员白跑一趟，降低效率；四是难以确认问卷的真实性，即问卷是否确实由被调查者本人回答，或者被调查者会被他人的意见左右。

（4）注意的事项。与调查对象的初步接触成功与否是问卷留置法成功的关键。很多时候，调查人员一表明意图就会遭到拒绝，因此适当的物质激励以及调查人员的临场表现，是引起被调查者兴趣和信任的重要因素。

三、特点与注意事项

（一）个人面谈法的优点

1. 真实性

个人面谈法消除了集体聚会的压力，调查对象可以畅所欲言而不用顾及群体成员的反应与眼光。一对一交流使人感到受重视，而友好的、朋友一般的谈话氛围能让人产生愉悦、轻松的感觉，这更有利于被调查者吐露真实想法，表现出真实的情感。这种面对面的双向沟通还能够降低调查者曲解调查对象本意的可能性。

2. 深入性

时间较长的个人面谈可以持续 3 个小时以上，这种长时间的交流，有利于帮助访员了解调查对象隐藏在表面陈述背后的心理活动和深层影响因素。访员可以通过追问来探索一个更加详细或清楚的解释。长时间的个人面谈深入性要优于短时间个人面谈，短时间面谈又优于邮寄问卷调查法和网络调查法等。

3. 完整性

在个人面谈调查法中，一个训练有素的访员可以通过和被调查者的相互影响，提高他们回答所有问题的可能性以及回答单个问题的完整性。而在电话调查中，如果被调查者感到厌烦会直接挂断电话；在问卷调查中，填写者往往漫不经心地选择答案或者只完成一部分问题。个人面谈法有效地避免了这些情况，并且即使被调查者不能回答某些问题，访员也可以通过询问了解背后的原因。

4. 反馈性

个人面谈法能够得到及时的信息反馈。在面谈过程中，访员可以通过交流或者引导获得被调查者的反馈信息。例如，在人们品尝了免费酸奶后，访员可以及时获得试吃者对酸奶口感、浓稠度的评价。并且，近距离的交流使得访员对被调查者非语言的反馈更加敏感，访员可以通过被访者的皱眉、微笑、挥手等面部表情或肢体语言获知他们的真实反应。

5. 直观性

访员可以展示产品、广告草图、视觉教具等让被调查者获得更直观的感受。实物的最大优势就是直观、生动、全面、形象，它能提供全方位、多角度的信息，供人们根据各自的需要去进行理解。

（二）个人面谈法的缺点

1. 成本高

个人面谈法费时、费力，成本较高，特别是所选择的样本较大时，成本将更高。此外，很多其他因素也会影响个人面谈调查法的成本。例如，公司与被调查者住所的距离、访谈时间和复杂程度、首次联系不上的被调查者数量等都会增加估计个人面谈调查法成本的难度。

2. 访员的影响

事实证明，访员的个人因素会影响被调查者的答案。例如，一项调查显示，在对85%为女性的被调查者的访谈中，男性访员获得比女性访员更多的、不同的信息。同其他年龄段的访员相比，年纪大的访员在访谈年纪大的被调查者时会取得更好的效果，而年轻访员访谈年轻的被调查者的效果却差强人意。

访员的身体和精神状况也极大地影响着访谈的效果。例如，已经连续工作了一上午的访员，在下午的时候可能由于身体的疲劳和不耐烦情绪的增加而不能集中精神，于是他可能在访谈时心不在焉，曲解被访者本意的可能性增大。甚至有的访员偷工减料，自己编造被访纪录来伪造报告。

3. 访员的主观性

由于个人面谈法所获得的资料涉及访员的主观判断，调查者在诠释被调查者的表现时可能加入了自身的看法，或者调查者语言行为不自觉地表现出诱导的倾向等原因，个人面谈会存在一定的误差。例如，访员自身十分认同此次被调查产品，他自觉或者不自觉地在表情、语气或者行为上做出一些表现，鼓励被调查者做出正面的、积极的评价，这就会造成访谈结果的不客观。

4. 敏感问题

如果个人面谈中涉及可能会损害个人名誉或者私密的答案，那么被调查者有可能不愿意提供这些不想为人所知的信息，有时他们会拒绝回答，更多时候他们会编造一个不真实的答案来敷衍访员。在提出敏感问题时，有经验的访员可能会采取一些措施来避免尴尬，引导出正确答案。例如，访员可以采用第三人称来发问，"为什么许多人给家人准备早餐时总是忽略营养均衡？"、"很多人喜欢到名品折扣店买刚过季的服装，你怎么看？"。

（三）注意事项

1. 访谈设计

获得高质量访谈结果的基础在于拟定一个合理的访谈大纲。调查人员应该事先了解调查对象的各项有关信息，以及根据预测调查过程中可能出现的意外状况，有针对性地拟定访谈大纲以及应急方案。这为每位访员提供了开展访谈的基础框架，提高了不同访员收集信息的有效性和可比性。

2. 注重访员培训

访员素质和水平的高低极大地影响着个人面谈访问结果的质量。由于访员的主观因素，或采用暗示与诱导性的提问方式，或想要受访人作出某种心中预先设定的回答而产生的期望效应，可能会使访谈的内容和结果存在一定的偏差，这将使访谈结果失去科学研究的价值。因此，加强对访员的培训至关重要。培训可以提高访员的职业道德水平和专业素养，减少作弊现象，提高客观性；可以使访员掌握访谈技术，熟知如何开展、引导和控制访谈过程，提高工作的效率和质量；掌握良好的人际沟通技巧，减少被拒绝的次数。

3. 访谈手册

访谈手册多由心理学家撰写，阐述了访员在实际调查工作中所需要具备的素质和需要掌握的技巧，其具体内容包括：①选择适宜的交流情境；②使受访人感到放松愉快（访员也应如此）；③消除受访人的社会压力感；④具有一定的知识储备；⑤具有细致的观察力、责任感和耐心；⑥不对受访人采取暗示或诱导性行为；⑦如实且准确地记录访谈资料；⑧思路开阔，对同一个问题会从多种角度提问。

第二节 网络通信调查法

一、网络调查法

网络调查（Internet survey）是指在网上发布问卷，要求被调查者通过点击图标或键入答案来回答问题，而后通过预先设定的程序将应答者的意见进行统计的市场调查方法。

（一）网络调查法的分类

基于不同的调查方法，网络调查法分为网络讨论法和网络问卷调查法。

1. 网络讨论法

网络讨论法是小组讨论法在互联网上的应用，主持人通过 BBS、MSN、newsgroup 或网络会议（Net meeting）等途径在相应的讨论组中发布调查项目，被调查者进行交流讨论，发表各自的见解。网络讨论法对信息收集和数据处理的要求很高，而且要求主持人对调查结果进行总结分析。

2. 网络问卷调查法

网络问卷调查法是指调查者发布网络问卷，被调查者填写问卷来完成调查。网络问卷调查法一般有两种：一种是站点法，即访问者自愿填写在固定站点上的问卷；另一种是将问卷通过电子邮件发送给被调查者。电子邮件调查的交互性较弱，数据处理一般比较麻烦。网络问卷调查法相对客观、直接，但调查和分析的深度较低。

（二）网络调查法的优点

1. 成本低、速度快

网络调查法节约了很多成本费用，如纸张、印刷费、邮寄费、电话费、数据登记费以及访谈员费用等，而且比较快捷。一方面，利用现代信息技术，调查机构可以在很短的时间内进行问卷的制作、发布、回收和整理信息资料；另一方面，被调查者可以随时随地填写问卷，完成问卷后点击"提交"便轻松方便地完成了任务。

2. 准确、实时

网络调查法收集到的数据和数据的输入要比人工参与的方法更准确。网络问卷经过适当的编程，可以拒收错误的数据输入。通过下拉菜单选择答案就可以避免调查对象错误的拼写和输入；在纸张问卷中，有的被调查者会在单项选择题中选择大于一个的答案，网络调查可以完全避开这个问题。网络调查可省去人工输入环节，可以避免人工输入纸张问卷过程中可能产生的错误。在被调查者提交问卷之后，答案就立即自动输入调查人员的计算机系统中，调查人员可以实时监控最新的调查结果。实时的数据收集允许调查人员进行实时的数据分析。

3. 调查群体参与广泛

网络调查接触群体数量较大，且群体具有多样化特点。随着全球网络用户数量的快速增长，因特网日益打破国与国、地区与地区的边界，调查人员可以轻易收集全球各地人们的意见。

4. 匿名性

通常来说，在邮寄访问、电话访问、面访三种访问形式当中，邮寄访问对调查对象的填答心理影响最小，电话访问次之，面访最大。在一些涉及个人隐私的敏感性问题时，因网络调查法隐匿性较高，所以可获得更为真实的调查结果。网络调查可有效降低被调查者的心理警惕程度，保证了填答内容的可靠性。此外，网民往往是对调查问题有一定的兴趣才会自愿被调查，因此，网络调查法可能比通过传统调查法得到更为真实和客观的信息。

5. 生动

电脑的图文及超文本编辑技术使得网络调查问卷效果更为生动逼真。音频、视频、Flash的插入能够让被调查对象获得直观的视听感受，提高他们合作的积极性，促使他们花费一定的时间来完成问卷。

（三）网络调查法的缺点

1. 网络调查样本偏差

网民结构的不均衡使得网络调查样本出现偏差。尽管通过因特网接触的群体十分庞大，但是上网的人群并不能代表所有的人群。老人、孩子等没有掌握上网技术的人群，或者没有接触过电脑网络的人群，都是网络调查法所不能触及的群体。例如，调查机构要调查60岁以上的老年人对保健品的看法，就不能使用网络调查法，因为绝大多数的老年人不知道如何上网，并且老花眼等问题给他们上网造成了很大的障碍。

此外，网民的自发性回应使得网络调查样本产生偏差，进而使调查结果产生系统偏差。所谓自发性回应，是指由人们自行决定要不要对问题回应。因为自发性回应样本吸引的一般是对调查的问题有特殊感受或浓厚兴趣的人，这种感受有时甚至是比较偏激的，而这一部分人可能是总体中的某一特定群体，并不具有一般性，使调查结果产生系统偏差。

2. 安全因素

网上欺诈、私人信息的泄露或被窃取等现象使网络的安全性受到人们的质疑，因此被调查者可能对网络调查存在一定的排斥情绪。安全孔层技术（SSL technology）可以很大程度上解决网络安全问题，这种128位的密码技术提高了网站的安全性，很多通过因特网收集敏感信息的咨询机构都使用了这种技术，应该向被调查者进行宣传，提高信任感。

3. 威胁真实性的因素

网络调查中，匿名性因素使被调查者回答行为难以规范，这在一定程度上会影响调查结果的真实性。在虚拟互联网的前提下，被调查者责任意识相对薄弱，自我控制力降低，可能会出现虚假回答、随意回答，甚至恶意乱答等情况。调查结果的质量无法保证。

此外，有些网络调查可能出现大量重复填写的问题，造成调查结果偏离真实情况。例如，网络调查某年十大最受欢迎唱片，就出现有些歌迷不断地重复投票的现象，造成结果与事实的背离。关于重复填写的问题，有些调查机构会向调查对象提供唯一的密码，或者利用网络技术限制一个 IP 地址只能进行一次投票，这就保证了每个调查对象只参与一次调查。

4. 软件问题

在网络调查中运用 RealOne Player、Windows Media Player 和 Flash Player 等视频、音频技术，能够提高网络调查的趣味性和直观性，但也因此产生一些问题。由于网速问题，有些调查对象可能发现插入视频、音频的网页无法打开或者打开缓慢，从而产生不耐烦的心理。有些被调查对象可能由于没有播放软件或者播放软件版本太低而无法打开视频、音频。这些都会打击应答者的积极性。

此外，一些屏蔽软件在屏蔽广告的同时也有可能阻止弹出式网络调查问卷窗口的显示，E-mail 系统也有可能将来源不确定的邮件直接归入垃圾邮件箱，使得被调查者无法接触到网络调查问卷。

（四）网络调查法需要注意的事项

1. 适用性

网络调查法适用于对大样本进行调查，通过向调查对象展示具体影像、色彩、效果等，而对其感兴趣的、有情趣的主题进行调查。如果调查要将样本控制在精确的范围内，网络调查法就不是一个很好的选择。目前，中国网络调查的使用范围主要有：企业的广告或品牌追踪调查及客户满意度监控网、电子商务个人消费市场研究调查、网络基础数据调查、政府网络调查、时效性较强问题的调查等。随着互联网的发展，网络普及率的提高，网络调查的影响越来越大，势必成为统计调查的新趋势。

2. 控制样本

网络调查的样本可归为三类：随意样本、过滤性样本、选择样本。随意样本是指采用不加限制地选取调查对象样本的行为，过滤性样本是指通过对期望样本特征的配额，限制一些不具有代表性的样本。这些特征通常是一些统计特征，如性别、年龄段、受教育水平等。选择性样本是指受到更多限制的目标群体，首先通过电话、E-mail 等方式对调查对象的基本特征加以了解，确认符合条件之后才允许被调查者通过密码账号等方式参与网络调查。选择性样本运用的基础是拥有一个数据库。

二、电话调查法

（一）电话调查法的定义

电话调查（telephone survey）是指调查人员通过电话对调查对象开展调查的方法。因上门访谈调查的被调查者难以触及且费用高昂，而拦截式访问又难以推断总体，电话调查应运而生，并成为流行的市场调查方法。其流程如图 7-1 所示。

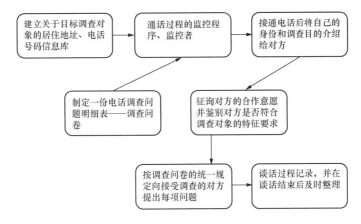

图 7-1　电话调查法实施流程

（二）电话调查法的优点

1. 成本相对较低、速度快

与个人面谈调查法相比，电话调查法成本较低。根据业内人士的估计，电话调查的成本大约为上门访谈法的 25%。交通、印刷费用的节省使得电话访谈更经济。使用电话进行调查能够在一个晚上访问上百位被调查者，并且及时得到反馈，这是电话调查法最大的优越性。

2. 选取的样本较为科学

如果调查人员实施了科学的抽样方法和回访程序，电话调查法所确定的样本可能更完善。常用的抽样方法为乱数表法、随机数字拨号法。例如，使用电脑产生的乱数表确定电话号码，或者在电话登记簿中选择每一列的第 10、20 个号码进行拨打。前者可以使那些未列在电话簿上或者因搬家等原因变更电话号码的人也包含在样本之内。后者接通的几率更高一些，并且打破了电话簿对电话的划分类别。

如果要进行产品使用情况的调查，调查人员可以从企业的用户基本数据库随机抽取样本，或者按照用户特征筛选访谈对象。例如，调查人员需要了解最新购入××品牌电脑的用户的使用情况，就可以从企业的用户资料库中筛选出近半年来购买××品牌电脑的用户的电话号码，选择一个起点，以"总用户数/样本容量"作为跨度，挑选出样本。

（三）电话调查法的缺点

1. 调查范围受到一定的限制

部分电话尚未完全普及的地区将无法展开大规模的电话调查。另外，电话筛选装置、来电显示装置的使用范围的不断扩大，使得电话应答率下降迅速，因为电话用户对陌生号码的拒接可能性更高。

2. 调查内容较少

有研究显示，电话调查的最佳时间长度应该控制在 10～15min，除非调查对象对访问主题表现出极大的兴趣。否则，调查时间越长，被调查者越不耐烦而随时中断访问。由于受到时间的限制，电话调查的内容不会太多，也不可能进行深入的访问。

3. 干扰因素

一般来讲，电话访谈的调查对象随时有可能被外界随机干扰因素影响而中断访谈。例如，一位白领男士在办公室接受电话访谈，随时可能被需要帮助或者询问的同事打断；一位家庭主妇在回答访谈人员问题时，可能由于家里的门铃响了，而马上挂断电话……而电话访谈人员不可能帮助被调查者克服这些干扰因素。因此，电话调查常常由于干扰因素的存在而不得不中断。

4. 缺乏可视性

电话访谈可能因语言沟通缺乏可视性出现理解上的偏差。调查对象在接受电话访谈时，接收到的是语言信息，而语言的表达能力是有限的，访谈人员难以用语言来形象地描述访谈主题涉及的事物的形状、气味、影像等。抽象的描述可能会使被调查者难以想象或者产生不同的理解。

（四）采用电话调查法需要注意的事项

1. 适用性

电话调查法的应用范围一般包括：关于特定问题的消费者调查、突发性问题或热点问题的快速调查及对特殊群体的调查。电话调查法通常适用于需要立即进行简单回答的调查活动。例如，对电视收视率的调查、对广告记忆率的调查等。如果调查对象地理位置比较偏远或者比较分散，而通信条件又允许，就可以采用电话调查法。

2. 事先准备

开展电话调查之前，调查人员需要做一些准备工作。例如，准备好电话号码表、纸和笔。为了赢得调查对象的配合，调查人员可以事先构思一下电话调查的开场白，做好心理准备。

3. 计算机辅助

随着计算机技术的发展，许多调查中心已经将电话访谈进行了"电脑化"处理，即计算机辅助电话访问（computer-assisted telephone interview，CATI）。每一个电话访员都坐在一台CRT 终端（与总控计算机相联的带屏幕和键盘的终端设备）前面，当接通被调查者的电话后，访员可以操作电脑调出访谈问题，根据被访者的回答点击或键入答案，计算机将自动切换至下一个问题。计算机辅助技术的数据收集过程是自然的、平稳的，大大提高了电话访谈的效率，不仅能够帮助访员控制整个访问过程，还能整理访问结果，并且可以随时进行统计分析。

4. 国情考虑

各种文化对电话访问行为有着自身不同的解释。例如，商业领域的调查人员了解到，在拉丁美洲的商业人士不会给电话访问中的陌生人提供任何信息。在日本，如果电话访问超过了20min，则会被认为没有礼貌。

三、邮政调查法

（一）邮政调查法的定义

邮政调查法（mail survey）也称为邮寄调查法，是指通过邮政投递的方法把事先设计好的调查问卷寄给调查对象，调查对象完成问卷后寄回给调查人员的市场调查方法。邮政调查主要有两种方式：单程邮寄调查和固定样本邮寄调查。前者是指调查人员通过适当方式获得样本的姓名和地址，并将问卷邮寄给他们，样本只使用一次；后者是指调查人员提前联系样本，并了解他们的基本材料，然后通过筛选和分类，将问卷邮寄给合适的样本对象，调查可能进行多次。邮政调查法曾经被认为是一种成本低廉的方法，但是随着人们对印刷劣质的问卷越来越不屑一顾，调查机构不得不花费高额成本印刷精美的信封和问卷，并且附上金钱等物质激励以获得被调查者的合作。

（二）邮政调查法的优点

1. 调查范围广

邮政调查法调查范围比较广泛，因为邮政问卷可以同时获得很多地区的样本，并且跨越不同的阶层，既包括偏远地区难以联系的应答者，也包括那些高层管理人员等难以拜访到的人群。

2. 给被调查者提供便利

被调查者在收到邮政问卷后，不需要马上应答或者特意安排一段时间填写问卷，而可以根据自己的日程表抽空回答，并且仔细考虑答案。在很多情况下，需要被调查者花费一点时间回忆或者核对信息，被调查者可以通过查找记录来检验有关信息，或者在家庭调查中，他们可以同其他家庭成员进行协商，这样提供的答案就更加真实、有效。

3. 保密性

在邮政调查问卷的附函或者问候语中，调查人员一般会表明被调查者提供的答案将被严格保密，这有助于鼓励被调查者提供私密的、敏感问题的真实答案。例如，"请问你觉得同性恋行为是一种犯罪吗？"，"你支持婚前性行为吗？"等。

4. 标准化的问题

为便于调查人员进行统计分析，邮政问卷的格式和内容都是标准化的。因此，问题和说明必须清晰而直接，避免被调查者误解。

（三）邮政调查法的缺点

1. 回收率低

邮政调查法的主要缺点是回收率低。有些被调查者对此类问卷弃置一边，也有些人认为这种"落后"的通信方式给人们带来麻烦，有时还因为调查对象受教育水平的问题，或者问卷设计的问题，造成回收的调查问卷不合格。

有调查表明，邮政调查问卷的应答率在5%～50%之间浮动，这取决于问卷的长度、内容、样本群体、激励方式或者一些其他的因素。但固定样本邮寄调查的问卷回收率要高一些，可以达到70%。

2. 时间相对较长

如果调查结果的时效性较强，或者调查对象很容易改变他们的态度，那么邮政调查法可能不是一种好的选择。因为一般需要2～3周的时间才能回收问卷，而且如果需要进行第二轮邮寄，那么时间就成倍地增加。往往从第一封邮件到调查结束，需要6～8周的时间。

3. 理解偏差

在访谈式调查法中，访员对访谈过程能够进行有效的控制，如果被调查者出现对于问题理解上的偏差，访员可以及时发现并纠正。而邮政问卷如果存在问题设计的不足，或者被调查者对问题的理解产生偏差，那么就可能出现不符合事实的答案或者无效的问卷。因此，问卷的设计要求结构严谨、表达清晰，要便于应答者正确理解问题，或者通过问卷前后问题的关联性可以自我纠正理解偏差。

（四）采用邮政调查法须注意的事项

1. 适用性

邮政调查法适用于对时效性要求不高、样本较齐全、调查内容较多、调查问题较敏感的项目，适用范围较广。促销式调查尤其适宜采用邮政调查法。例如某英语培训机构将课程目录制作成问卷的一部分，鼓励应答者选择他们所需要或者感兴趣的培训项目，就可以预测市场对每个培训项目的反应。另外，邮政调查法调查的主题应该比较简单，贴近于现实生活，能提高被调查者的兴趣并能对问题做出正确的理解。

2. 附函

附函（cover letter）是伴随问卷，向调查对象说明调查目的、表达感谢和承诺保密，并且指引调查对象完成调查的信件，一般印制在问卷的第一页，或者作为一个说明段出现。附函的口吻必须谦恭、得体，暗示回答对于社会的有用性，如"您的评价将为中国探险旅游活动的规范发展提供宝贵的参考，衷心期待并感谢您的参与和支持！"；也可向被调查者寻求帮助，如"您的观点对于我们非常重要"；再者，必须保证机密性，邀请被调查者使用已付邮资的回复信封，描述参与调查的奖励或者好处，并解释问卷不会很困难。礼貌、合理的附函有助于提高问卷的回收。

3. 激励

由于邮政调查法的问卷回收率一直不能令人满意，所以需要调查机构采取各种激励措施来鼓励调查对象完成应答。激励可以从三方面展开：首先，采用外观漂亮的信封并附上已付邮资的回复信封，在问卷邮寄出去后用明信片或者电话跟踪提醒；其次，物质激励，用金钱或者小礼物（如钢笔、钥匙链或者彩票等）吸引人们的注意力，并形成一种责任感；第三，精神激励，将给予被调查者的金钱激励捐献给慈善机构或者资助某项公益活动，通过唤起人们的社会责任感来提高回应率。

第三节　小组讨论法

小组讨论法也称焦点小组访谈法（focus group interview），是指邀请一群小规模、精心选择的样本，在主持人或调查人员的引导和鼓励下，通过群体成员之间的互动，使参与者深入探讨某个确定的主题、概念或者观念。

小组讨论法是一种比较流行的市场调查方法。它通过间接提问，引导小组成员进行自发讨论，带来的信息量是直接面谈法无法达到的。与个人面谈法相比，小组讨论法具有以下优点：第一，合力作用（synergism）。与个人受访累加相比，小组讨论的成果具有更广泛的资讯、洞察及想法。通常在小组中会有一些创造性的想法，通过小组讨论，可以将这样的想法拓展出更为完整的意义。第二，滚雪球（snowballing）。当某个人的评论引发了其他参与者的连锁反应时，通常会引起激烈的思维碰撞和热烈的讨论。第三，刺激（stimulation）。通常在简短的介绍后，随着小组成员对主题探讨的深入挖掘，受访者会有表达自己观点的欲望。第四，安全感（security）。在个人面谈中，受访者可能因担心调查人员的看法而不愿说出自己的观点。但在一个结构良好的小组中，成员通常敢于表达自己不同于他人的观点，因为小组讨论的焦点在于整个群体而非个人。第五，自发性（spontaneity）。在小组讨论中，个体成员不要求回答任何特定的问题，可自发的发表意见，因此可以获得个体在正确的立场上对某个问题的深入见解。

一、小组讨论调查法设计

不论哪种类型的研究，研究者都需要根据研究目的，进行周密思考并制订出整个研究工作的具体计划和安排，包括最初如何提出问题到最后如何统计分析收集到的数据，而其重点在于详细规划如何实施研究。

小组讨论法是一种定性研究方法，它是凭借调查人员的经验、敏感以及有关的技术来有效地洞察消费者的行为和动机。这是一个发现的过程，具有不可预测性，任何过多、过早或者过于僵化的设计都会束缚调查人员的创造力。所以，小组讨论法需要一种比较开放的、灵活的和留有余地的设计，要求调查人员跳出条条框框，进行创造性思考，设计出让客户感兴趣的、独特的方案。

1. 小组讨论调查法样本设计的原则

样本选择会直接影响到小组讨论的效果。样本越多成本越高，而且小组成员数量较少，会影响到小组讨论的效果。因此，样本的选择应该遵循以下原则：

（1）代表性。指市场细分后，在目标市场中选择行为和观念具有代表性的消费者群体作为样本。例如，对于洋酒 XO 外观设计的创意讨论，样本应该从 XO 的购买者、饮用者和收藏爱好者中选择，而且他应该熟悉自己经常购买的 XO 的外形并且对其外观、包装有一定了解。如果是对某个问题进行比较深入的讨论，应该找资深人士参与。

（2）差异性。指在筛选的过程中，尽量选择一些有不同特质的被调查者作为样本，以更好地活跃气氛，激发成员的思想碰撞。虽然小组讨论是在轻松友好的氛围内进行，但主持人或调查人员应能驾驭这种思维碰撞式的讨论，避免气氛僵化、尴尬。

（3）性格特质。有时一个符合条件的人员不一定是一个合适的被访者，还需要邀请一些热情友好、思维活跃、文化素质高、语言表达流畅的外向型人士，这有助于建立热烈的讨论氛围，也有助于讨论的推进。

（4）避免职业受访者。通常，职业受访者不能代表目标市场的消费群体，他们只是受报酬驱动而参加小组讨论，通常不会真实地发表看法，也不会有建设性的意见。另外，也不要找熟悉的人士参加，因为他们会更多地顾及主持人的意愿。

2. 小组讨论项目的设计原则

（1）与会人数。小组讨论的理想规模是 6～8 人，如果小组含有 10 个人，那么小组成员轮流表达意见就会花费更多的宝贵时间。一个小组访谈一般持续 90min，前 10min 用来介绍和解释整个程序，剩下 80min，主持人占用 25%，那么在 10 人小组中，每个人的发言时间只有 6min；而在 8 人小组中，每个人却可以使用 7.5 分钟。

（2）时间安排。小组讨论的时间一般宜控制在 100～120min，如果会议时间超过 150min，中间可以安排 5～8min 的休息时间，让受访者放松身心。一般消费者的小组讨论安排在晚上 7～9 点，双休日上午的 10～12 点、下午 1～3 点或者 4～6 点，尽量避开受访者的上班时间。但是一天最多不超过 3 组，每组之间的时间间隔可以长一点，以便于调整大纲。

（3）执行地点。为了使小组讨论法能够在一个比较轻松的环境中展开，需要选择一个合适的访谈室。这个环境一般是一间会议室。同时，最好能在其中一面墙上装一面大的单向镜，在其他不引人注意的地方安装闭路电视、话筒，来记录整个讨论过程。此外，起居室也是个很好的选择，沙发和茶几给人一种家庭式闲聊的感觉，使人更容易放松和投入。

3. 小组讨论大纲的设计

一个成功的小组讨论要求有一份精心编制的大纲，它是一份小组讨论中所要涉及的话题概要，像一部剧本一样，提供一个讨论的模式。小组讨论大纲一般含有4部分内容：一是解释讨论规则，以建立良好的讨论关系；二是介绍讨论主题；三是介绍主持人激励受访者进行深入讨论所需的策略和技巧；四是总结重要的结论。

（1）基本要点。大纲设计应注意：①从普通问题开始，逐渐深入；②在小组讨论过程中，不必拘泥于讨论大纲，主持人可以随机应变；一组结束后，调查人员可以根据实际情况修改讨论大纲；③大纲应该覆盖讨论所要涉及的所有内容；④热身问题必不可少；⑤主要研究部分应该占用大部分时间，并且安排在靠前的时间段；⑥注明出示材料、展示品的方式和方法；⑦大纲需要得到客户的确认。

（2）一般格式。讨论大纲一般有以下几个部分组成：①题目（项目编号、日期、总时间）；②引言：主持人致欢迎词、介绍与会的人员、说明访谈的目的、概述访谈的流程、提出相关的规则；③厘清名词：提出关键名词、界定其定义；④热身问题：缓和访谈的气氛、熟悉参与访谈的人员、提出一般性的问题；⑤主要研究内容部分：进入主题、询问个人意见及看法、提出具有挑战性的问题；⑥操作提示：什么时候出示图片、视频等展示性材料；⑦次要研究部分；⑧总结说明：确认访谈者的立场、总结访谈者的主要论点；⑨结束部分。

二、小组讨论调查法组织与实施

根据前面的研究设计和样本设计，调查项目组要按照实施步骤开展小组讨论调查法。

1. 前期准备工作

（1）拟订讨论会通知书。讨论会通知书一般包括：项目名称、时间、地点、组别、主持人及其他参与人员、场地、设备和器材、笔录要求、参加者的年龄及性别、使用产品及其他注意事项。

（2）制定工作计划。由项目督导制定工作计划，根据讨论会通知书的要求和项目组所拥有的资源合理安排时间和人员的具体工作内容，并交主管审核。

（3）编制预算。运作部负责人根据工作计划和其他条件，制定合理的项目费用预算，以便项目督导和成员实施。

2. 组织选取样本

（1）确定样本条件。由项目督导确定样本条件，并将制定的初步条件通知联络员。一般在8人的会议中约请12位与会者，以便在讨论开始前能够确定最合适的人选。为了防止联络员与参与者串通，只需要告知联络员大致的条件，而准确的条件由项目督导来把握。

（2）编制甄别问卷。项目督导制定甄别问卷，并交由负责人审核。甄别问卷常用一些常规性的甄别内容来考察被调查者是否符合参与讨论的条件，并获得被调查者的基本资料。

（3）电话甄别。项目督导用电话对经过初步筛选的被调查者进行进一步的筛选，目的是选出参加讨论的最合适的人选。并和确定的被调查者确认讨论会的时间、地点。

3. 讨论会准备

讨论会的准备工作十分琐碎，包括布置讨论室，调试仪器、设备，准备讨论材料，购买食品、饮料等，项目督导至少提前2个小时确认会场的布置、座位安排等。会前30min完成向笔录人员介绍项目的研究目的、背景、讨论大纲（复印件），介绍行业术语与相关会议用品，带笔录人员熟悉会场。当被调查者到来时确认受访资格，并邀请他们暂时休息、等待。

4. 召开讨论会

在一切准备就绪后，可以邀请被调查者进场，讨论会由主持人主持。项目督导应在外围给予相应的支援，例如帮助客户与主持人保持联系，监控讨论会的进展情况以及应付突发事件等。

5. 结束工作

在会议结束后，项目督导和主持人应该向被调查者一一表示感谢，支付酬金并欢送他们离场。待被调查者离场后，项目成员需要整理会场，将所用物品摆回原位，同时关闭监听设备，为下一组讨论会做好准备。另外，项目督导或主持人需及时填写反馈表向运作部门反映小组讨论调查执行的情况，以及遇到的问题和解决方案。

三、小组讨论调查法主持

作为一名优秀的小组讨论主持人，至少要具备两个方面的技能：一是必须具有驾驭一个讨论会的能力；二是主持人必须掌握娴熟的商务技巧，以便与客户进行沟通。

小组讨论会的主持人不仅仅是一个提问者，还是一个中介人、辅助者或协调者。一个成功的小组座谈，参与者不仅要与主持人沟通交流，还需根据讨论指引相互交谈。主持人不仅需要了解问题的背景、明确的知道调查目标和客户希望收集的最主要信息，也需要了解小组的规模和成员概况。主持人要善于引导讨论方向，调节讨论气氛，以达成调查目标。不能把小组座谈视为简单的对参加者进行的同时发生的访问。

通常来说，一个优秀的主持人应具备如下十条标准。

1. 有一定知识但不是专家

主持人应让参与者感觉到其对于目前的问题有大致的了解，但并不精通。否则参与者要么会对主持人提出许多问题，忘记表达自己的意见，要么会受到来自"权威"的压力，不敢畅所欲言。

2. 好的记忆力

主持人需要有好的记忆力。整个讨论过程中，主持人必须能记住每位组员提出的意见，引导他们进行深层次的讨论，归纳总结小组的整体观点。

3. 思维敏捷、接受能力强

领悟力和接受力是一个优秀主持人必备的基础，在小组座谈的讨论中，要求主持人能简单明了地表达客户的要求与目的，很快地理解概括参与者的观点和意见。

4. 友善的领导者

主持人应能与小组成员建立友好融洽关系，让组员既把他当成领导者，又将其视为朋友。在这种前提下，他们更愿意做出真实的、深层次的回答。

5. 善于倾听

主持人应是一个好的倾听者，能抓住每个组员提出的主要观点，理解组员所表达的内容及含义，并且分辨出是否存在尚未表述的潜台词。

6. 务实客观

主持人须抛开个人见解和偏好，客观地对待他人的观点和思想。因为小组讨论的主要任务是从讨论中得到有用信息，它不同于在会客厅中接待客户。如果主持人只是坐着观察，会使讨论陷入沉闷；如果主持人过于表现自己，也会使讨论收集不到令人满意的意见。因此，主持人必须务实客观。

7. 一个全局思考者

在小组讨论中，主持人必须能区分出信息的重要程度，归纳出讨论所获得的信息，为客户提供一个全局的结论。

8. 良好的书面交流技巧

小组讨论结束后，主持人需要提供书面报告，总结小组的讨论结果。主持人必须善于简明扼要地概括讨论结果，为客户提供有用的结论和指导。

9. 应变能力强

主持人必须要有较强的应变能力。如果太过忠于预先设定的提纲，往往会使讨论过程不那么流畅。主持人的提纲只充当框架的作用，为了得到更有价值的信息，有时偏离预定的顺序会更有效。

10. 善解人意

主持人须是善解人意的，对某些过于紧张的参与者，应当请他们在别人之后回答。若参与者觉得主持人理解他们的心理，他们在讨论中会表现的更加积极。

有时小组讨论会可能有两名以上的主持人，在这种情况下，要做好事前的分工。例如，确定一名主导讨论会的主持人，其他主持人扮演一些监听者，或者协调者角色。在讨论会开始前，两名（或者以上）的主持人需要进行充分的沟通，明确分工，避免出现主持人之间的冲突。

专栏 7-1　　　　　　　　　焦点小组访谈法的发展趋势

1. 电话焦点小组访谈法。该技术的产生是因为某些类型的小组受访者（如医生）常常很难征集到。使用这种方法，受访者不必再去测试定。

2. 双向焦点小组访谈法。让目标小组观察另一个相关小组。

3. 电视会议焦点小组访谈法。让员工在当地的焦点小组测试室或是在会议室通过电视监控器来观察各地的小组。

4. 在一些特定的情况下，使用名义编组会议取代焦点小组访谈法。名义编组会议不是让受访者讨论调查者所认为的重点，而是根据目标消费者认为的重点问题进行研究。它是焦点小组访谈法的变异形式，对于编制调查问卷和测定调查范围很有用。

5. 组织儿童焦点小组访谈。儿童组成的焦点小组与成人组成小组有较大差异，表现于：儿童比成年人更爱怀疑；儿童更为真诚；儿童不受拘束。

6. 联机焦点小组访谈，也称计算机焦点小组访谈法，是小组访谈出现的新潮流。

第八章

观 察 调 查 法

观察调查法是最早被采用的市场调查方法之一，指在被调查者处于自然状态的情况下，调查人员利用自身的感觉器官或借助仪器进行系统的观察、记录人的行为或事物的变化过程的调查方法。具体包括人员观察法、仪器观察法、流量观察法和痕迹观察法等。

第一节 人员同步观察法

一、柜台人员观察法

（一）定义

柜台人员观察法属于参与式观察法，是指调查人员在柜台等销售现场，作为销售人员对顾客的购买行为进行直接观察和记录的调查方法。在观察过程中，调查人员需要利用自己的感觉器官及与顾客进行各种形式的沟通来获取相关信息。

如玩具厂商为了解客户潜在的需求情况及顾客对某特定玩具的购买情况，聘请专门的调查人员充当玩具的销售人员，调查人员可以通过视觉观察孩子在玩这款玩具时的面部表情和身体行为，通过听觉获得孩子或家长对这款玩具的评价，并通过与孩子和家长交流的意见，获取对该玩具的外观、功能等需要改进的信息。

（二）优点

（1）通过对顾客最直观的观察和交流掌握第一手资料。销售现场能够最好、最真实的反映市场信息，因此以销售人员的身份和顾客进行交流与接触，能够快速而直接的捕获消费者的消费行为特点和潜在需求等信息。

（2）能够收集语言所不能准确表述的信息，揭示顾客只有在销售现场才能表现出的行为和想法。当调查人员作为售货员，向顾客推荐某款商品，观察不同类型的顾客关注产品的不同特征与功能，与顾客进行有效的沟通，了解顾客在购买过程中的许多细节和想法，获取目标市场的消费者需求和购买偏好以及有关购买行为的相关信息。

（3）信息更具有针对性、质量更高。来到柜台前购买或对某一类商品表现出兴趣的消费者，均可视为有现实消费需求或潜在消费需求的顾客。这部分顾客的消费需求、行为特点、消费习惯等信息正是企业最希望了解的。通过柜台人员调查得到的信息有针对性、真实具体且适用性高，能够直接指导企业决策。

（4）对被调查人员有更多的感性认识。调查人员在柜台前与顾客进行面对面的交流与沟通，能够观察到顾客的表情和心理变化，如犹豫怀疑、踌躇反复、惊喜愉悦等，这使调查人员对被调查人员有更多的感性认识。

（三）注意事项

（1）以不被顾客觉察为前提。调查人员利用柜台观察法调查时，应当以不被顾客觉察为前提，语言与行为必须小心谨慎，否则顾客将不能提供目标信息甚至给出错误信息，导致调查的失败。

（2）具备良好的沟通技巧。要保证不被顾客觉察又能获取有效信息，调查人员只有具备良好的沟通技巧，才能充分了解顾客真实的想法和需求。调查人员要善于从消费者的言谈举止中分析判断其个性心理特点。例如，有些性格外向的消费者往往一进店就向营业员询问，不但喜欢评论，而且反应灵活，动作迅速。对这些顾客，柜台人员要主动接触，热情回答他们的问题。有些消费者性格内向，他们进店细心观察各种商品，不轻易向营业员提问，动作稳定且表情平淡，对这类顾客，柜台人员不要过早发问，但要随时做好交流沟通的准备。

（3）注意记录和整理相关信息。由于调查人员是同步观察顾客，与顾客交流、沟通后才能记录信息，记录时不能只剩下对顾客的一些感性认识，需要对调查内容进行追记和整理，以免丢失有效信息。调查人员可以借助各种仪器与工具，如录音笔等来保证信息的完整性。

二、客户观察法

客户观察法属于参与式调查，是指市场调查人员作为普通顾客介入到整个购物活动中，参与整个购买决策过程，以此来收集顾客的购买行为以及商店的有关信息的调查方法。这种调查方法机动灵活，调查人员根据自身的知识经验来确定调查的地点、内容、方式等。根据调查目的的不同，可分为对顾客的观察和对公司业务及公司员工的观察。

（一）对顾客的观察

（1）亲身经历法。调查人员亲自参加某项活动，作为一名普通消费者在消费现场体验整个消费的过程，同时与其他的消费者进行交流和沟通。例如，招商银行在推出"一卡通"之后，调查人员持不同银行的信用卡进行消费，尝试比较自己和他人的产品，同时与其他消费者进行攀谈和交流，以此来了解消费者的心理需求及其发展趋势，从而保证新产品能够被市场所接受。

（2）闲逛法。闲逛法是指市场调查人员以旅游者或者闲散购物者的身份，在各个市场上进行没有明确目标的"闲逛"。但闲逛只是形式，真正的目的是在闲逛的过程中发现消费者的偏好和市场趋势等。美国有一家叫做"Urban Outfitters"的服装连锁店，它会不定期的派出服装设计师和采购人员在世界各地巡回考察、游玩，这些"闲逛者"有时候会去一些大都市过个长周末。表面上看，他们就是在各地酒吧之间闲晃或者在大街上穿梭游巡，但他们的视线时刻不离穿着时尚的俊男靓女，就算喝酒也只是装装样子。他们最重要的工作是寻找机会与酒吧里最引人注目的人交流，从中准确掌握各地服装的时尚流行趋势和消费者需求。利用闲逛的方法进行市场调查简单、方便易行，调查的时机与场合不会受到时间和地点的限制。

（3）特定场合法。是指调查人员在目标市场消费者习惯或比较集中出现的场合，如电影院、餐厅、候车室、酒吧等，采取与这些场合的环境相适应的方式进行市场调查的方法。如啤酒公司派出自己的酿造人员和市场开发人员到餐厅、酒吧等消费者集中的场所进行市场调查，集中了解顾客对口感、包装、价格的接受程度。

（二）对公司员工的观察

（1）调查方法。比较常用的调查方法是"神秘顾客"调查法（mystery customer Research），即由对被调查企业行业有深入了解的调查者去充当普通顾客亲历被调查企业的产品服务，然后以专业的视角将其消费过程中的感知反馈给被调查企业。

（2）"神秘顾客"调查法的特点。"神秘顾客"可以从顾客的角度，客观的反映了商品和服务中的不足，提高顾客满意度；另外"神秘顾客"可以听到员工对企业和管理者负面的声音或不满意见，有利于改善员工的工作环境和条件，帮助管理者找到管理中的不足，拉近员工与企业和管理者之间的距离。

但该方法技术要求较高，在实施过程中质量控制难度较大，需要进行科学的咨询分析，系统的安排、严密的实施，建立客观的考核指标。因此，最初只有少数跨国公司和国内专业市场研究公司在暗中进行，不被外人所熟知。随着中国企业国际化程度的加深，这种调查方法逐渐被国内企业所采用。

三、调查员观察法

调查员观察法是指企业聘请职业市场观察员，以公开身份或暗中观察记录消费者、市场环境或者公司内部组织机构和员工的情况，对所调查的信息进行汇总分析并提交报告的调查方法。

1. 对消费者以及市场环境的观察

公司聘请专业调查人员或派出工作人员，进入目标市场所在地，通过公开或隐蔽观察，调查所需市场信息和消费者情况，有时可以借用维修站、办事处等名义进行。例如，在一些超市的入口处，一般陈列着厂家促销的新产品或者超市推销的应季商品。顾客走入超市时，往往会驻足观看甚至购买这些商品，市场调查人员可以利用此机会，观察和收集消费者的注意力和购买情况的资料，了解产品在市场的接受程度。

有时企业经营者需要了解竞争对手的经营情况，以获取竞争的主动性。但是，公开地对竞争对手调查往往会引起对方的注意，而隐蔽观察可作为直接搜集竞争对手资料的方法。如果企业派遣市场调查人员充当顾客到竞争对手的店铺进行直接观察，可以获取竞争对手商品的价格、陈列布局、商店促销活动、销售员的服务等商业信息。

专栏 8-1　　　　日本环球时装公司的市场调查

　　日本的环球时装公司，在日本国内的 81 个城市顾客集中的车站、街道开设侦探性专营店，陈设公司所有产品，以便给顾客留下综合印象，售货员主要任务是观察顾客的采购动向。事业部会每周安排一天，派出全部员工以调查员的身份到各地甚至竞争对手的商店进行调查。调查员通过向售货员了解情况，找店主聊天来获取信息，当晚回到公司分析顾客消费动向，提出改进措施。同时，全国经销该公司时装的专营店和兼营店均有顾客登记卡，详细记录每一个顾客的年龄、性别、体型、肤色、发型，使用什么化妆品，常去哪家理发店，以及现时穿着，兴趣爱好等情况。卡片中的内容通过信息网储存在公司信息中心，有关人员根据卡片就能判断顾客现在和将来的消费需求。通过利用各种方式的调查员观察，环球公司迅速扩张，获得了很高的市场占有率。

2. 对企业内部环境与员工情况的调查

企业要想提高在行业中的竞争力，必须首先清楚企业内部的真实情况，包括资源配置、组织机构、运行效率、员工工作状态等，这样才能有效的进行管理，做出正确的决策。一些公司会让企业员工作为"内部观察员"，观察并报告企业各部门的运行状况以及职员的工作情况，甚至可能招聘一些专业调查员，让他们以普通员工的身份进行工作，对公司各项业务进行调查。

3．评价

调查员观察法可以帮助企业及时准确地获取所需信息。特别是在公司需要开拓新的业务领域，或试图了解新的目标市场环境时，公司聘请专业市场调查员或派出工作人员进行观察，可以较为准确地了解市场信息及消费者情况。但在考察企业内部环境与员工情况时，企业必须小心谨慎地使用暗中的观察者所提供的信息。否则，很容易打破组织内部原来的和谐，会造成一种不信任感和紧张气氛，甚至可能侵犯到个人隐私，引发破坏性的后果。因此，企业在使用这种方法时必须谨慎。

第二节 仪 器 观 察 法

一、仪器观察法概述

仪器观察法是指通过在顾客经常活动的区域安置具有录像或者录音功能的仪器进行观察，调查人员在事后对信息进行整理与分析的调查方法。这种方法可以是同步观察，也可以是事后观察。这种观察方法兼具利弊，具体如下：

（一）仪器观察法的优点

（1）提高了观察效率。即通过仪器观察，可以了解在同一时间段内发生的所有事件。人为的观察可能因为个人能力的有限，只能记录有目的的观察内容，比如在注重消费者言语的同时，可能会忽略其面部的表情，而这可能会对调查产生重大影响。仪器的观察则不存在这些影响，比如电视录像，观察人员可以通过反复观看，更好的把握消费者的心理和行为。

（2）可以避免引入人为的干扰因素。人都是有感情的动物，任何的观察都可能会引入人的情感。例如，当观察人员的情绪比较低落时，即使看到快乐的事情，他也会对其茫然，更不用说对消费者行为的记录。再者，每个人看问题的角度不同也会产生理解上的偏差。仪器观察则相对客观真实。

（3）记录的精确性高于人工记录，可以比较准确的反映事物的变化情况。以电视录像为例，仪器可以捕捉到消费者的每一个细节，而人员的观察很可能忽略这些。

（4）不受时间和地点的限制，即可以全天候的，在任何时间和地点对事物进行观察。一个人的精力和能力是有限的，但是顾客的消费时间和地点是不确定的，这就需要观察人员花费大量的时间进行观察。当观察人员处于疲劳状态时，所得到的调查记录的精度可能较差，而仪器观察则避免了这种情况的发生。

（5）节省了雇佣人工的费用。通过仪器进行观察，可以获得最直接和最真实的顾客行为信息。调查人员在时间上有了较大的自由，即调查人员既可以在调查过程中，也可以在调查后对资料进行分析，提高调查效率的同时，也减少了调查人员的数量和劳动强度。

（二）仪器观察法的缺点

（1）仪器比较昂贵。一些观察仪器价格极其昂贵（如精神电流测定仪）。再者，仪器的安装和放置费用一般比较高，这极大地限制了仪器观察法的广泛应用。相对而言，雇佣人工比较廉价和灵活。

（2）缺乏专业的操作人员和技术。即需要有专业知识的人将新的科学技术应用到仪器观察法中，如操作脑电图、测瞳仪等，但一般的调查机构缺乏这样的人才。

二、仪器观察法分类

根据研究内容的不同，仪器观察法可分为调查对象行为仪器观察法和心理仪器观察法两种。

（一）行为仪器观察法

顾客行为仪器观察法是指将记录仪器放置在顾客可能发生行为的地方，并运用各种技术手段来记录顾客的行为，工作人员既可以在现场直接得到结果，也可以通过事后分析所得资料而得到所要的结果的一种研究方法。

1. 常用仪器介绍

（1）阅读器。由 Pretesting 公司发明，外形如同一盏台灯。其目的是为了让被测试者坐在阅读器面前时，不会意识到自己的行为已经被记录下来。这种仪器是一种全自动的装置，它可以不借助任何附件记录下被观察者的任何情况。把阅读器和隐藏式照相机结合起来，可以获得被观察者的阅读习惯和不同大小的广告的使用方面的信息。

（2）收视计数器。是计算机控制的微波收视系统，能整晚传播人口统计信息，测量全国的电视收视情况，可提供有关收视数据，如哪些人员观看，观看什么电视节目等信息。其具体方法是，在每个用户的电视机上安装一个计数器。每当用户打开电视机后，计数器就可以记录下用户具体收看了哪些频道，收看了多长时间，有多少人收看了此节目，然后工作人员对这些数据进行整理和处理，从而得到确切的电视收视率。美国统计联合调查公司后来又发明了一个 SMART 系统。这个系统与人口计数器的主要区别在于：人口计数器直接连入被测家庭的电视和录像机调节器中，然后通过电话连接获得信息。SMART 系统是能够从空气中接受信号的传感器，所以不需要电线的连接。收视计数器只有当家庭成员打算看电视的时候他们才被记录，而 SMART 系统记录的是任何进入开着电视房间的人，无论他们是否在看电视。

（3）条码扫描器。条形码在超市中已经得到广泛应用。因此，商铺的经营者可以通过分析条码扫描器所记录的数据，得出哪些商品是消费者所喜欢的，进而在下次的采购中加大"热卖"产品的比重。同时，生产者也可以知道顾客是否对其商品感兴趣，并对产品做出相应的改进。

（4）监控网站访问量。随着网上购物的兴起，监控网站访问量的技术也得到广泛运用。与收视计数器类似，它是通过在互联网的各个终端上安装某种软件来记录某一网站的浏览次数和每一个浏览者观看网页的顺序。消费者要想购买适合自己的产品，必须通过广告获取重要的信息。因此，网页上的信息和图片就变得很重要，卖方必须调查这些信息。

（5）快速分析测量系统。一种手提式的设备，大概只有手机大小，其中心有一个拨盘，当被观察者比较喜欢某一话题时，向右拨动拨盘，反之向左。它主要被用于测量顾客对某一广告创意的喜爱程度。

2. 应用方法

（1）店口处观察。在商店的门口放置观察的仪器，对前来购物的顾客的类型和数量进行记录，比如可以分别记录出老人和小孩的数量，为厂商的顾客细分提供依据。

（2）顾客购物路线观察。利用仪器对顾客在商店内的行动路线进行跟踪和记录，以改善店铺布局，缩短顾客的购买时间，增加顾客与产品接触频率，提高顾客的购买率。

（3）顾客行为观察。通过仪器观察和记录顾客进入商场后的购买行为、面部表情和语言等，为企业的产品改进、市场定位、市场细分及促销人员的分配等经营管理决策提供依据。

（4）顾客视向观察。借助仪器，对调查对象的目光方向进行观察。即在不同的地方安装仪器，通过仪器捕捉和记录顾客目光注视的方向和会聚的地点，从而改善商场布局，以提高商品的销售率和货架的使用率。如在顾客目光所对的地方多放一些商品，而在货架的上方和下方多放一些不是很重要的商品或者是促销商品，使不同的顾客在他们感兴趣的方向和位置上找到他们感兴趣的商品。

（5）顾客注视度观察。观察顾客注视某个产品时间的长短和关注的程度，观察顾客瞳孔的亮度和面部表情。通过这些观察，借以揣摩顾客的实际心理活动。如果顾客在某一商品前停留的时间很长，说明此商品对消费者有足够的吸引力。当观察到顾客的面部表情发生了变化时，那么此商品的包装必定带给顾客一种特别的感受。

（6）组织成员行为记录法。指在征得顾客同意后，在顾客所隶属的组织内安装仪器，对组织成员在组织范围内发生的行为进行记录的市场调查方法。如收视计数器就属于这种观察。

（7）其他方面观察。在商场和超市中，一般都有闭路电视和其他的监控装置。这些装置可以进行市场调查，也可以对顾客的一些不法行为进行监督。但事实上，安装这些仪器主要是从安全角度进行考虑的。因此，企业应充分发挥原有设备的作用，开展多方面的、多功能的观察，以有效地降低成本，及时了解市场信息，达到"多赢"目标。

（二）心理仪器观察法

顾客心理仪器观察法是指通过机器来测量人体的反应，当一个人受到外界的刺激以后，会引起身体的一系列反应，如警觉、急躁、紧张等，工作人员就是以此为基础，对顾客的反应进行分析而得到结果。

1. 常用仪器介绍

（1）脑电图——它可以测量大脑中电位节奏的变动，调查人员可以测试被调查者在某一刺激下的真实反映。

（2）眼睛追踪仪——测量的是人眼无意识的活动，它通过测量被调查者的眼球运动以及中心点的移动来推断被调查者对商品的敏感程度。

（3）测瞳仪——观察和记录眼睛瞳孔直径的变化。要求被调查者观看一个广告的屏幕，如果保持其眼睛看到刺激物的明亮度和距离不变，那么瞳孔的大小就可以表示认知活动的变化。

（4）声音高低分析器——测量的是人声音的生理变化所反映的情感变化。由于自主神经系统变化发生的非正常频率，声音可以通过复杂的、声频调节的计算机设备来测量。这种调查技术不需要调查对象被大量的令人困惑的电线和设备缠绕。

（5）精神电流测定器——它通过测量脉搏、血压、呼吸等，间接测出感情的变化和心理的变化。

（6）皮肤电流反射器——测量皮肤中电流的变化，或皮肤对电流抵制的无意识的变化。该设备用于分析观看者对广告、包装和广告语等的情感反应。

2. 评价

首先，以上所述设备都是有假设的，它们都认为刺激与生理的反映有很大的关系，但是至今还没有任何证据表明两者到底是何种关系。其次，测量仪器的敏感程度和标准对不同的人会得到不同的结果，它只能进行纵向的对比，而难以进行横向比较。

三、仪器观察法的注意事项

1. 要与其他观察方法结合起来使用

仪器观察法必须结合人员观察法和痕迹观察法等方法一起使用，才能有效的反映事件的真实情况。因为，仪器观察只能接触到顾客表面的一些东西，而在人员观察中，调查人员可以进行有目的的发问，在与被调查者面对面的交流中，观察顾客的目光焦点、表情、步伐趋势等，从而得到更加完全的信息。另外，有些仪器很贵重，某些机构可能承担不起。各机构应量力而为，选择其他的观察方式。

2. 要注意观察仪器的安置

要选择好仪器的安放位置，即做到安放容易、维修和撤换便利。另外，防止被顾客察觉。如果顾客察觉到有仪器在监视，会感觉不自在，表现不出平常的行为，观察活动就会达不到其目的。

3. 做好表格的设计

在进行仪器观察调查时，应该事先设计表格以便于统计和整理。不同的调查目的应设计不同的表格。例如，在运用测瞳仪的时候，要测量顾客原来的瞳孔直径和看到广告之后的瞳孔直径，通过对比突出广告的效果；而进行顾客购物路线观察的时候，要准备商场的平面图。

4. 注意一些特殊的案例

填写报表和统计数据的调查人员应密切关注仪器记录的各种内容，注意表格以外的信息资料。

5. 选取合理的仪器观察法

根据不同的情况，选取不同的观察方式。例如要测定一则广告给消费者的感觉时，可以选择皮肤电流反射器，因为它可以测定这则广告带给消费者的视觉冲击和情感反映；而要观察消费者购物路线时，最好选用闭路电视这种工具，因为它可以更好的记录顾客的活动区域。

6. 注意仪器的维护

调查单位要经常组织人员对仪器进行检修，保证仪器的正常运行，避免仪器发生事故时，错过了得到某些珍贵材料的机会。

第三节 流量观察法

流量观察法是指在单位时间内，对通过某个地点（商场、公路、收费站等）的人口或者其他事物的数量、种类等进行系统观察并记录的调查方法。流量观察法属于同步观察法的一种，观察得到的结果能够用于数据统计与定量分析，为事后的市场分析和市场预测提供直接数据。流量观察法是观察调查法中的一种重要调查方法。根据调查内容与方法的不同，又可以分为人口流量观察法、交通工具流量观察法、物流观察法三种。

一、人口流量观察法

人口流量观察法是指观察人员在指定的地点，对经过的人口的数目、类别或者其他行为特点的数据进行科学观察并系统记录的调查方法。它广泛应用于与地点、人口有关的决策，对确定商场的商品结构和促销、职工分工、安排员工工作时间、建立轮休制度、培训销售人员等都具有十分重要的指导意义。例如，家乐福每开一家分店，会先对当地商圈的人口流量进行历时一年以上的详细而严格的调查与论证，涉及的调查范围包括人口数量、居民类别、生活习惯、购买力水平等诸多因素。

（一）测量方法

目前，国内主要通过人工观察记录的方法进行测量。一般事先确定出需要进行测量的地点或地段，每个地点由两到三名调查人员负责观察记录。其中一名负责记录过往的人数，另外一到两名负责控制时间和数据的分类记录。若需要对过往的人口按照年龄、性别等特征进行分类统计，则须事先设计好表格，以便于观察时分类记录。一些企业应用人流量测量仪对人口流量进行测量。美国的 Headcount 人流量测量系统较为先进，它可以宏观地统计客流量，从总体上评估和调整商场的运作，但对购物中心内部观察统计作用较为有限。该测量系统能够较为准确测量的数据包括：①进入该店的访客总数；②吸引率（访问该店人数与某一通道总流量的比值）；③任意时刻的访客密度；④单类店中排名。

（二）实施要点

（1）店铺的选址问题。对于许多行业而言，尤其是快餐业、服装店等直接面对顾客的行业，能否正确地选址对整个店面的生存起着关键作用。在确定的商业圈内选择准确的开店地点，需要先对该区域内人口流量情况进行全面的测量。例如，对于肯德基而言，要选择在发展十分成熟的王府井商业区开店，需要先确定在该商业区内哪些地点的人口聚集量最大，然后再做出选址决策。这就需要派人去测量人口的总量以及观察行人的流动路线。在店门前人流量的测定，指在计划开店的地点记录路过的人流，测算单位时间内经过该位置的人数。除了该地点所在人行道上的人流外，还需测算马路中间和马路对面的人流量。

（2）消费者购买力的观察。指对经过某些特定销售地点的本地居民和流动人口的购买力状况进行观察，包括目标区域内居民总量，每天经过该区域的流动人口分布，消费者购买倾向以及实际购买力等。

对于许多服务行业来说，营业网点的布局应该由购买力的布局和特点决定，如果购买力的布局发生变化，营业网点的布局也应随之改变。不难发现，北京主要的商业中心——王府井和前门一带的流动人口总量大、类别多，尤以国内外的游客居居多，消费能力很强，购买的商品种类繁多，几乎包括了所有可以携带的商品，因此商场购物中心的布局也就相对集中。

同样，企业分销渠道的构建也需要考虑目标区域消费者购买力的情况。

（3）营业场所内顾客情况的观察。随着市场竞争的加剧，现代经营观念的核心就是比竞争对手更快更好地掌握目标顾客的消费心理和消费需求，并向其提供有效的产品和服务。要把握消费者的心理和行为规律，就需要对营业场所内顾客情况进行密切观察，并对观察内容进行系统记录和科学分析。例如，许多超市的管理者会不定期的安排工作人员调查进入卖场的顾客及其行为。在超市的入口处、各类商品的货架前、收银台等都会有人员进行观察记录。首先，需要按照性别（男、女）、年龄（老、中、青）、结构（单位、夫妻两人或一家人）等标准对顾客进行细分。其次，观察顾客购买行为，并将其特点记录在事先绘制好的调查表格中。记录内容包括：顾客类型、进入商场的速度变化、购物路线选择、挑选商品的方式、提出的问题、购买力、购买过程中的角色分工等。这个过程一般会持续两到三周的时间。最后，由调查人员制作分析报告，对商品结构、货物陈列、环境布置、促销形式、人员分工、职工工作时间的安排和轮休制度的建立等决策提供相应的依据。

（4）对消费倾向与流行趋势的观察。是指对处于或者经过某个特定区域的人员进行观察和统计，着重了解其消费倾向，把握与企业产品相关的市场流行趋势。例如，有的纺织企业会在冬天的时候，派调查人员在人口相对较多的商业区观察记录女性行人的帽子和头饰信息。经过数据统计，得出戴毛线编织的帽子的女性人数的相对概率，以及戴围巾的女性人数的比率，再根据当年的预计销售额安排帽子与围巾的生产计划，并以此来采购原材料。一些体育用品公司经常在比赛日到足球赛场周围观察球迷们的数量和穿着打扮，了解其看球时的喜好，从而制定出相关产品的生产计划。

（5）对特定内容的观察。在人口流量的调查过程中，有时需要在一些特定的地点对特定的内容进行观察。例如，在通关口岸、机场、船舶码头、车站、旅游胜地的进出口处等设立固定的观察点，了解从不同或特定区域来的旅客数量、分类特征，以此为依据调整产品的研发和生产，并对企业的市场经营计划进行相应的修改。比如，在上述特定地点可以观察得到的特定内容有：在通关口岸或机场观察来自某一特定方向的旅客数量的变化、随身携带物品的变化、穿着服饰的变化等；在某个旅游胜地对游客的背包、饮用水、食物等进行观察，了解游客流量的变化趋势和特点；有的企业会在汽车修理站设立观察点，了解顾客修理的内容及汽车的损坏情况，倾听消费者的需求和抱怨。

（三）评价

人口流量观察法可以帮助企业管理人员及时掌握消费者需求变化，做出正确的市场经营决策。即通过了解消费者的各项信息，包括总量、个体特征、购买行为特点等，企业管理者可以针对调查报告反映的问题采取相应的措施。如商场通过测量统计后发现，在一段时间内客流量下降，该商场管理部门应该立即分析原因，以采取相应的解决措施；又如一些大型的超市，一般会定期进行人流测量，统计出不同年龄段、不同层次的人流数量，及时调整产品结构，满足当前顾客的需求。另外，人流量的大小也是该企业在市场上竞争力的反映，对于商家制定宣传计划有重要的决策作用。

二、交通工具流量观察法

交通工具流量观察法是指利用客观的方法，调查统计某段时间通过某段交通线路的交通工具的数量和种类。根据调查对象的不同，主要有以下几种方法：

1. 道路汽车流量调查法

道路汽车流量调查是指单位时间内通过某一道路断面或车道的车辆情况，主要包括车辆的数量、类别、行驶方向、车辆运载状况等信息。汽车流量计数法主要有：人工计数法、浮动车法、机械计数法等。采用何种方法主要取决于调查目的、所能获得的装备、经费和技术情况等。例如，某市为了查明市区道路交通通行状况，曾在全市设立29个调查点，采用人工计数的方法进行调查。各个调查组的组员以计数器、秒表、画板、调查表、铅笔、橡皮擦等作为调查的工具，定位于自己被分配到的调查地点，对机动车分大车、小车及摩托车等类型进行计数，并填写调查表。每次调查时间为1个小时，分为4个15min分别进行记录，这样使得记录数据时更加方便精确，同时可以累加得到不同地区道路各个小时的交通量。通过对汽车流量等方面的调查所获得的信息，可以为多个部门的决策提供依据。需要指出，我国目前道路汽车流量调查大多采用人工操作方法，这种方法虽然简单易行，便于理解操作，但会受到诸如人员素质、责任心、身体状况及时间等多方面因素的影响，可能会影响到其操作效果，因此对最终得到的数据需要进行修正。

2. 其他交通工具流量调查

除了道路汽车流量调查以外，根据不同需要还可以对通过某个交通点的其他交通工具的信息进行调查和分类统计。例如，机场会经常统计、测量每天及每小时进出港航班的数量及分布情况，并根据这些信息，调整人员安排、重新设计货物配送流程，可极大的提高运行效率，同时也方便旅客的出行。

3. 与交通工具相关的调查

通过对经过某些特定地点的人口流动情况、车辆数目种类等相关调查，可以为各种经营活动提供依据。如搬家公司通过对顾客搬家时使用的物品清单进行分类统计，调查得出当地居民的家庭物品特点、数量等很有价值的消费者信息。

三、物流观察法

1. 在重要交通要道进行观察

指在一些重要交通要道上对某些或某类产品的流量进行调查统计，其结果不仅能为企业的各项经营决策提供依据，还能为国家的宏观调控提供有用的信息。例如，某省最北部的一个火车站曾经是我国南北铁路交通的唯一通道，负责粮食、钢铁、石油等重要物资运输，调查人员通过对列车数和车厢数的统计，获取南北货物流通的主要数据，为国家物资调配的宏观决策提供了依据。

2. 多种物流的定点观察

在某些特定的交通地点，通过对各种交通工具的载客或载货量、类型、运输物品等情况的监测统计，掌握各种商品的市场供应量、产品流向、市场占有率，竞争对手的进出货情况、消费者的品牌偏好等信息。例如，在一些超市或卖场的货物进出口，对出入的车辆类型、来源、货物的品种和数量进行观察统计，可以大致了解该营业网点的采购货物来源、商店的某类商品的进货量、周转时间、大宗商品的采购和主要品牌等情况，由此可以间接推测出该超市或卖场主要商品的销售情况。

3. 单一交通工具与物流的观察

在特定的交通要道处设立观察点，对进入该区域的旅客特点、商品的种类或数量进行观察统计，能够获得旅客流向、流量和类别，货物的进出数量、种类、运输方式等信息。有的农产品加工企业会在主要的原料供应地区的进出交通要道上进行观察，了解到原料产地供应量的变化和销售情况，从而准确把握上游供应商的信息。

第四节 痕 迹 观 察 法

痕迹观察法是指不直接观察顾客行为，而是收集分析顾客行为留下的痕迹，以此来追溯了解过去发生的事情，从而掌握顾客行为特点或者获得其他市场信息的调查方法。这种观察法是事后观察，具有较强的隐蔽性，不易被竞争对手所了解，并能获得真实的信息。用这种方法进行调查时，须采用灵活多样的方式以获得更好的效果。

一、媒体痕迹观察法

媒体痕迹观察法是指观察消费者留在普通大众媒体上的痕迹或对媒体信息的回收情况进行分析判断，以此来掌握媒体某些特征的调查方法。主要调查内容包括：媒体的发行量、影响力、广告效果，顾客对媒体的关注程度及竞争对手行为等。例如，对用于修理的汽车，有的汽车修理商会先派人观察记录汽车里收音机的指针指向的是哪一个电台。通过大量统计，他们可以了解到哪个电台在驾驶人员中的影响最大，以此为汽车经销商做广告决策提供依据。

（一）观察程序

一般实施程序是企业将信息刊登在试图掌握其特征的媒体上，并附上回执。在信息中声明：若看到或听到该信息的消费者能够将所附的回执填写后送达企业，则该消费者可以获得一定的奖励，比如顾客可以凭借回执优惠购买商品等。工作人员通过统计回收回执的数量，分析回执中填写的内容，就能大致掌握该媒体受众的人数、类别等特点，同时也能了解该媒体的影响范围等。这种观察法成本相对较低，不仅能够在绝大多数印刷媒体上应用，如杂志、报刊、信函等，还能在网络媒体上应用。

（二）如何应用

（1）调查媒体影响力。企业促销的主要载体有报刊、杂志、网络、电视等。要想使企业促销获得较好的效果，市场部门必须要了解各种媒体的影响力、听众接受程度等。因此，需要对媒体的各方面情况进行考察，以选出最适合本企业经营策略的媒体。工作人员可以对收到的媒体单张数量和回收的时间进行统计，并根据一定的换算公式推断出接触到该媒体的人数，以及注意到某个版面或内容的消费者人数。单张回收率越高，说明其影响力越大，消费者更容易接受，广告效果越好。

（2）调查目标消费者的范围。调查人员可以通过对消费者填写的回执内容进行统计分析，以此来掌握与该媒体接触的消费者的特征，比如家庭情况、收入、年龄、获得信息的渠道等。这些信息能够为企业的市场经营计划、市场细分标准的制定、广告策略等提供很大的帮助。

（3）调查广告的效果。企业可以在不同类型的媒体或相同类型的几家媒体上登载内容相同或不同的广告，由回收的回执情况，分析不同媒体对消费者的影响力，同时也可以了解到不同广告的不同传播效果、类别不同的消费者对相同广告的接受程度等，并以此为依据，做出适合的促销计划。

（4）调查竞争对手。调查人员可以通过观察不同媒体登载传播的内容，了解竞争对手实施的促销计划和活动近况，为本企业决策提供依据。例如，有的汽车厂商会对全国范围内各大媒体为相关汽车做的广告宣传内容、播放情况等进行分析统计，掌握竞争对手可能采取的促销手段，同时采取必要的应对措施。

二、顾客行为后果观察法

顾客行为后果观察法是指顾客产生购买或消费行为后，调查人员对其遗留下的行为痕迹进行调查统计分析，从而获得消费者行为特点的市场调查方法。这种调查方法属于事后调查，其调查对象是被调查者无意留下的踪迹或痕迹。食品橱柜观察法就属于顾客行为后果观察法中的一种，调查人员查看消费者的食品橱柜，记录顾客所购买食物的类型、数量、品牌等，来收集家庭食品的购买信息和消费资料。

（一）回执单观察法

为了解消费者对品牌的看法和市场对产品的反应，企业可以将回执单附在产品的说明书、保修单或购买发票上。在回执单上写明：凡是填写回执单并将其寄回给企业的消费者，可以获得某种程度的奖励，如小礼品或折扣商品等。有的企业则会在回执单上标明：回执是顾客进行注册和提供后续维修服务的依据。对于消费耐用品的顾客而言，绝大多数人都会认真填写并寄回回执单。企业通过这样的方法，可以了解产品的使用信息，建立客户数据库，掌握客户的特征，对客户反映的产品在购买、运送、使用、售后服务等方面的感受、意见及建议等进行归纳分析，不断提高产品质量和服务水平，加强与消费者的互动。

（二）垃圾观察法

垃圾观察法是指收集人们扔掉的"垃圾"或其他废弃物，并对其进行分类整理和分析，以得到有用信息的一种间接观察法。这种方法听起来比较荒唐，但不失为一种有效的市场调查方法。

（1）对家庭垃圾的分类观察。市场调查人员可以定期对社区居民的垃圾进行收集分类，从而了解该社区居民的消费结构，各种产品的市场占有率等情况。如夏季，从社区街道的垃圾桶内的废弃物中观察冷饮包装的品牌，可以得知什么牌子的冰淇淋在该地区的销售最好；从废弃易拉罐的收集分类整理中可以看出什么牌子的啤酒、饮料最受当地消费者的喜爱；从损坏的玩具中观察什么部位最容易被儿童弄坏，以便在新的产品中加以改进。美国雷兹教授和他的学生曾对美国某市居民垃圾进行收集，并把垃圾内容按照200种产品的名称、数量、重量、包装容器等进行分类。通过对这些垃圾的研究，获得了有关当地食品和消费者情况的第一手资料，包括：清凉茶饮料和橘子汁是高层人士偏好的消费品；劳动者阶层比高收入者阶层消费了更多的进口啤酒；中等收入阶层比其他阶层浪费了更多的食物等。按照雷兹教授的说法："垃圾桶绝不会说谎，什么样的人就扔什么样的垃圾。查看人们所扔掉的垃圾，比其他市场调查方法更有效。"

（2）对办公室垃圾的分类观察。这种方法是指对调查对象的办公室垃圾或其他废弃物进行收集、分类、整理并从中提取所需信息的市场研究方法。从办公场所的垃圾废弃物中总能找到一些商业秘密，了解到一些有用的信息，尤其是一些废弃的纸张、图纸、包装物等能提供高价值的信息。将通过垃圾收集分析得到的信息与企业通过其他渠道获得的信息相结合，有时能够反映出竞争对手或调查目标整体的活动计划。在碎纸机大规模使用前，这种方法为企业收集竞争对手的信息提供了一条捷径。随着这种方法的使用，许多公司也越来越注意自己办公室垃圾的处理方式。

（3）对废旧物品回收站的调查。部分公司为了获得更多的市场信息，派出调查人员或委托他人，对废旧物品收购站的垃圾进行分类收集整理，以此来了解当地居民的消费情况和周围公司的相关信息。由于收购站的垃圾量大，内容种类繁多，因此需要按照调查人员事先指定的分类标准进行收集。

（三）其他实物痕迹观察法

在市场调查过程中，许多不起眼的实物痕迹却能够为调查提供有用的信息。比如要了解人们对各种图书的喜爱程度，调查人员可以在各个图书馆和书店，找出同样年代的图书，观察图书的磨损程度。磨损程度越大，说明该书越受欢迎，反之，可能就不被市场所接受。调查人员也可通过观察商场内陈列商品上的灰尘多少来判断该商品是否受到消费者的喜爱。总之，通过巧妙的观察方法，各种实物或实物痕迹都能有效传递消费者或竞争对手的信息。

三、消费者跟踪观察法

消费者跟踪观察法是指将随机抽样的消费者样本通过某种方式固定下来，然后对其进行长期、持续性的跟踪调查。一般的市场抽样调查是对抽取的样本进行实际调查，在一次性的调查活动结束后，样本作用就消失。消费者跟踪观察能够多次持续性地进行观察活动，使抽取的样本在长时间内发挥作用，提供有效信息。这种方法要求调查对象记录自身的购买行为和其他行为并形成日记，调查人员定期收集、查看、分析统计调查对象的日记内容，从而获得关于产品的销量、消费群体满意度、产品的销售价格、市场占有率等信息的变化过程。因此，信息消费者跟踪观察法也可以称为日记调查法。

（一）调查步骤

（1）根据调查内容和计划中关于抽样的标准和要求，选取调查样本。

（2）设计"日记本"，使消费者能够进行记录。日记本中表格设计、填写要求、调查目标等内容既要准确全面，有针对性，同时又要方便调查对象的填写。

（3）与样本消费者或样本家庭就调查的权利、义务等进行协商，完善程序，保证调查能够持续下去。

（4）固定的抽样调查对象将自己每天或定期的消费行为、收入或者其他相关内容按照要求据实填入"日记本"内，以完成每一时期的调查。

（5）调查人员定期回收消费者记录的完整的日记本，并对其内容、填写方式等进行检查、统计分析，最后得出调查报告。

（二）应用实施

（1）政府有关部门的调查。1984年以来，我国很多城市和地区的统计部门都对消费者进行了跟踪调查。调查的内容主要涉及经济收入、消费情况等。例如，四川省广元市从1984年开始，在城区选取100户城镇住户进行跟踪调查，调查样本资料代表了城区城镇住户家庭的收支状况。到2006年，该调查扩展到各县区，共600户，调查结果为制定商品生产和供应、货币流通、劳动力就业等政策提供了依据。

（2）跟踪调查消费者。部分企业为掌握独家信息，对消费者消费行为进行跟踪观察调查。美国是开展"消费者固定样本调查"最早的国家。美国市场调查公司在全国范围内选取10000户家庭作为固定样本，进行跟踪调查。每个调查家庭根据每天的购物情况填写"日记"，其中的调查表格称为"购物记录"，购物记录中包括商品类别、品牌占有率、购买量、购买地点等。被调查者于每个星期一的上午寄回"日记"，调查人员经过统计分析后，提交报告。报告按照产品类别、地域类别和时间系列等不同角度对消费者行为进行分析。大量的企业和广告公司都是消费者固定样本调查数据库的忠实客户。日本的电通广告公司从1958年开始对东京、大阪两地600户固定消费者的跟踪调查，该调查主要了解样本家庭对食用油、调味品、牛奶、洗涤用品、感冒药、外伤用药等日常消费品和家庭常备药物的购买情况，通过这项调查获得了每个家庭购买的日用消费品和药物的种类、品牌、购买日期、价格、购买方式和购买数量等消费情况，并从中推导出产品的价格档次、购买频率、市场占有率及消费者对品牌的信任程度等。这些结果对在东京和大阪地区进行产品销售的厂家来说，是相当重要的信息来源。

（3）跟踪调查商店的固定样本。具体做法如下：从零售商店中选取一些具有代表性的样本，在一个较长的时间内，定期对销售量等情况进行调查，并收集信息。这种方法可以弥补消费者固定样本跟踪调查的不足，因为商店的销售情况在很大程度上就是消费者的购买情况。因此，它属于第三者观察法，是由市场调查机构人员来记录的（有时还可以通过询问法来加以补充）。调查人员定期来到跟踪调查的商店，并对某些商品进行清点。主要观察目标有：货架存货量、商品的购入量、商品的种类及构成、商品的销售价格、商品的销售数量等。除了上述调查内容外，还有一些其他信息，如招牌的材料、促销活动、生产厂商的来访情况、货架面积的分配、产品在商店的停留期等。通过这种定期跟踪观察，调查人员可以了解到消费者的购买量、商品的采购量、库存量等信息；同时，调查结果也可为生产厂家提供重要的市场信息。

（三）评价

消费者跟踪调查所反映的信息，对国家宏观决策、企业制定市场竞争策略有重要的指导意义。其优点表现于：第一，它反映的信息较为全面，既可以了解到有关家庭的收入、消费等信息，又能了解到市场上商品结构的变化、市场占有率的变化、品牌忠诚度等许多重要信息；第二，由于调查机构事先已经与调查对象达成了相关协议，明确了权利义务，因此消费者会按照标准正确纪录所要求的信息，因而保证了调查能够得到准确、可信赖的数据；第三，由于采取的是固定样本的定期观察，保证了调查内容的持续性和数据的连续性，为分析变化规律提供了便利；第四，这种调查方法是一个持续长期的过程，并由相关协议做基础，使得调查内容的回收率很高，保证了调查的效果。

但这种调查方法的调查成本较高，因为调查时间长，涉及的样本容量较大。另外，调查对象本身的变化，如搬迁或由于某种原因必须中断调查也会影响调查的结果和质量。

（四）实施过程中的注意事项

（1）正确选取样本并设计好"日记本"。为保证调查结果的有效性，选取的样本必须能较好地反映总体的特征，因此，样本的选取必须做到分析细致、方法科学。另外，"日记本"设计须涵盖全部的调查内容，以便于消费者填写和统计分析。

（2）注意协商。在进行调查前，调查人员需要与消费者进行沟通，确保消费者能够了解调查的内容，并掌握填写的方法；同时，也要就调查与消费者达成协议，以此来保证调查在持续期内能够正常进行，得到准确的市场信息。

第九章

市场实验调查法

市场询问调查法和市场观察法一般是在非人为地改变或控制现有的环境下收集数据资料和信息，但为给投资决策提供更准确的信息，有时需要改变一些环境变量。例如新产品投入市场前的定价调查，如果采用问卷调查法，调查者只能得到最终的统计结果，并不知道被调查者的行为和想法是否一致；如果采用观察法进行调查，调查者只能观察到被调查者的行为特征，对于被调查者只看不买的原因并不知晓。但如果调查者选取几个试点商店，在不同的商店里摆放相同的商品，并标记不同的价格，然后统计一段时间里销售量的变化，这便是采用市场实验法对各种价格水平所进行的调查。

第一节 市场实验调查法的概念与特点

一、市场实验调查法的概念

（一）含义

市场实验调查法也称因果调查法，是指实验人员在控制其他所有相关变量保持不变的前提下，通过变化某一变量，以观察该变量对另一变量的影响，从而获得相关调查资料的一种调查方法。这种调查要求调查者人为地控制一种自变量或多种变量，通过市场实验确定这种自变量对其他变量的影响程度。

（二）实验调查法涉及的相关概念

1. 自变量（independent variable）

自变量是因果关系中表示"原因"的变量，在某种程度上由实验人员选择和控制，被期望独立于其他变量。如在房地产市场调查中，宏观经济政策、利率的变化、汇率的变动、住房保障政策和房产供需情况等都可作为影响房地产投资的自变量。

实验调查法中的自变量可分为两大类：连续变量和非连续变量。连续变量是指像销售量这样由不同的连续的数值构成的变量，需要实验人员选择该变量的适当水平来做实验处理；非连续变量是指像产品外观设计等市场经营中的一些分类或者定性的变量。

2. 因变量（dependent variable）

因变量是指由于自变量的变化而发生变化的变量，依赖于实验人员对自变量的操作。市场研究中，常见的因变量有销售量、市场占有率、品牌态度和品牌的知名度等。

3. 实验处理（experimental treatment）

实验处理是指选择自变量的操作过程。如某一产品的价格变化和包装设计的差异等。换句话说，实验处理的对象就是一个或一组实验中的自变量。在实验处理中，操作行为的失败被认定为零结果。这可能是因为最初两个自变量之间的因果关系假设是错误的，也可能是由于实验人员未对自变量进行有效的操作造成的。

4. 外生变量（exogenous variables）

外生变量又称为控制变量或干扰变量，是指除自变量和因变量以外的其他影响因素或变量，这些潜在变量在实验中需要保持不变。否则，可能会扭曲因变量的测量，削弱研究人员对因果关系的推论或使实验结果无效。

外生变量有两类：一类是研究者可以控制的各实验对象之间的差别，如商场规模、地理位置、消费者的购买力等；另一类是研究者难以控制的各实验对象之间的差别，如气候、季节、商业状况、竞争对策和行动等。通常，研究者采用随机抽样的方法来减少或平衡它们对因变量的影响。

在市场实验中，需要对外生变量进行控制和排除，以排除其对因变量产生影响。如果原设定的自变量和未控制好的变量一起造成因变量的变化，则可以认为发生了自变量的混淆。

5. 实验的有效性（experimental effectiveness）

实验的有效性是指根据实验设计进行因果关系研究所得出结论的有效程度，分为内在有效性和外在有效性两个方面。内在有效性是指自变量是否是因变量变化的唯一原因，如果自变量真正对因变量的变化产生了作用，那么这个实验就被认为具有内在有效性；外在有效性是指实验结果适用于真实世界的程度，如果实验结果比较好地适用于其他环境，那么该实验就被认为具有外在有效性。

实验的有效性并不是越高越好，因为增加实验的有效度往往会产生高成本，但实验的目的并不是不计成本地提高实验的效度。因此，要在实验的效度和成本之间寻找一个平衡点。

要找到这个平衡点，必须了解影响实验内部有效性的相关因素：①实验对象的偏差。分配到不同实验组的实验对象是有差别的，而这种差异不是来自于实验操作，而是实验对象在分配小组中产生的变化；②历史效应。当一些影响因变量的外部事件发生时，往往就会在实验中产生历史效应；③测试效应。也称前测量效应，是指度量因变量的实验过程可能对实验结果产生影响。

专栏 9-1

广告公司用以下方式来比较宣传餐馆的两种不同的电视广告。实验对象拿到一份事先进行测试的调查问卷来测试他们对餐馆的态度，然后向他们展示实验广告之一，再给一份事后测试调查问卷来测试他们随后的态度。这个实验就可能存在测试效应，因为一旦实验对象观看餐馆的广告，他们就会记得事先的测试，根据它来度量广告，会影响他们对广告的反应。

6. 实验组（experimental group）

实验组是指实验中被用于研究的一组对象，也就是自变量受到操作和控制而发生变化的群体。

7. 控制组（control group）

控制组是指在不进行处理的条件下，用于与实验组进行比较的一组对象，也就是在实验过程中自变量没有发生变化的群体。

8. 效果（experimental results）

效果是指实验处理后的结果，一般需要量化，常用货币值来表示。

（三）实验设计

实验设计是指实验者通过操作和控制一个或多个独立变量，使因变量的变化只归因于所选定的自变量的过程。实验设计包括四类因素：自变量、受试者、因变量和处理外来影响因素的方法和计划。

1. 实验设计的原则

在进行实验设计时必须遵循以下原则：①随机性原则，是指研究总体中的每个对象都是随机选取的，概率相同；②对照原则，是指对比实验组和控制组或比较实验组的受试前后差异；③稳定性原则，是指在实验过程中，除实验因素有计划的变动外，其他因素要尽量保持相对稳定，以显示试验因素的作用。

2. 实验设计中的基本符号

市场实验法中常用的符号有：

X：一个实验或一组实验中的自变量，$(X_1, X_2, \cdots, X_n)$ 表示不同的实验处理。

O：对测试单位进行测量的过程，即对因变量的观察和度量，$(O_1, O_2, \cdots, O_n)$ 表示实验中不同的观测或度量。

3. 实验设计的种类

实验设计可分为基本实验设计和统计设计两大类。基本实验设计是指只操作一个变量，即只考虑一个独立变量的一个处理水平的作用的实验。如果实验人员希望研究多个层次变量或研究两个或更多的自变量的互动效果，那么就需要一个复杂的统计实验设计。

4. 常用的三种实验设计

最为常用且比较简单的实验设计是基本实验设计，包括预先实验设计、真实验设计和准实验设计三种类型。

（1）预先实验设计。预先实验设计是对实验的外部相关因素仅做少量控制或者不控制的一种实验设计。尽管这种设计很难获得自变量和因变量之间的因果关系，但却有利于提出有关变量间因果关系的假设，并且这种设计成本较低，又简便易行，所以常用在一些市场经营实验中。

1）单组后期测量设计（one-shot case study design）。单组后期测量设计是指一个或一群测试单位接受处理，即改变自变量，并在一段时间后测量因变量的变化。表示如下：

实验组：X^{O_1}。

例如，销售人员在接受销售培训后，测量他们的销售业绩；一个公司在一个地区或市场播放产品广告后，测量产品的销售量变化。这种设计显然得不到有意义的结论，无法解释结果是原本就如此，还是由于外在的其他因素影响所致，或是自变量变化导致的结果。同时该设计缺乏对外在因素的控制，可能会存在历史因素或其他因素对实验结果的影响。虽然这种设计缺少内在有效性，不能有力的检验这些假设，但它对提出因果假设有一定的作用。

2）单组前测/后测设计（one group pretest-posttest design）。它比单组后期测量设计多了一个事前测试或度量。常用来对现有战略或产品在变化条件下进行市场测试，表示如下：

实验组：${}^{O_1}X^{O_2}$。

(O_2-O_1) 就是对实验处理的度量效果。例如，对销售人员在参加培训前后进行销售业绩的测量，其差值可以代表他们参加培训的效果；测量公司播放某一产品广告前后的产品销售量，其前后的差额可以认为是广告播出的效果。

这种方法较第一种设计有所改进，且在时间和成本上比较有优势，因此在营销中经常被使用。但它也存在不足之处，如成熟因素、测试效应、磨损效应、失员和工具效应等可能会影响到实验的内部有效性。

3）静态组对比设计（static-group comparison design）。这种设计既有实验组，又有控制组。实验组在接受实验处理之后进行度量，而控制组不经过实验处理就进行度量。实验组和控制组不是被随机地分配到组里，不能视为等同。表示如下：

实验组：X^{O_1}。

控制组：O_2。

静态组对比设计的结果是实验组与控制组之差（O_2-O_1）。

这种设计虽然可以排除单组后期测量设计中可能存在的历史因素和成熟因素等，但测试单位不是按随机原则进行分配的。该设计无法解决选择误差的影响，不能确定所选择的测试单位即选择的样本是否对总体有代表性。特别在招募受试者参加测试的实验中，选择误差可能会更大。例如一个生产戒烟产品的公司想招募受试者来检测其产品的效果，与那些未参与者相比，志愿者可能烟瘾并不大，从而使得实验的测试结果没有很好的代表性。

这种实验常用来检测新产品或新品牌的设计缺陷，便于对产品进行改进。例如，Carpet Fresh 是一种地毯清洁和房间除臭剂，在最初的设计中，它是一种在吸尘之前喷洒在地板上的颗粒。但研究人员在测试中发现，人们害怕这种颗粒会吸附在家具上，所以以经调查后，企业把这种产品改变为粉末状形式。

（2）真实验设计。真实验设计在实验中加入了外生变量，并通过两种方式严格控制外生变量对实验的影响：有一个或多个控制组；测试单元被随机地分配到不同的实验组和控制组中。

在真实验设计中，处理变量被随机地分配到选出测试单元中，而且测试单元也是被随机选出的。这种设计主要在于它可以按照随机原则对随机选取的测试单位进行处理，通过随机分配可减少或者消除相关的系统误差。但在市场调查中，严格意义上的真实验设计不容易进行。

另外，许多外生变量都在随机原则的考虑范围之中，可以使研究人员更好地探讨变量之间的因果关系，使真实验设计有更好的实验效度。在真实验设计中，不但要控制何时对谁导入实验因素，还要控制何时对谁进行测量。

1）有控制组事后对比设计（after-only with control group design）。这是一种包括实验组和控制组的实验设计，对测试单元的分配是随机的。如果用 R 来表示对测试单位的随机化处理，实验可表示如下：

实验组：（R）X^{O_1}。

控制组：（R）O_2。

在这种实验设计中，实验的效果的大小可用（Q_2-Q_1）来表示。

这种设计没有对测试单位进行事前测定，不能了解每个测试单位前后改变的大小；且由于两组测试单位的背景不一定相同，可能存在选择误差。因此，一定要坚持随机原则进行分配。另外，失员可能会影响到实验结果，因此应尽量避免失员。

2）有控制组前测/后测对比设计（before-after with control group design）。这也是一种包括实验组和控制组的实验设计，它不但对实验组在自变量改变前后的情况都进行测试，还要对控制组的事前事后进行测试，但不进行实验处理。该设计的测试单元的分配是随机的。表示如下：

实验组：(R) ^{O_1} X ^{O_2}。

控制组：(R) O_3O_4。

该实验设计通过控制组来控制历史因素、测试效应、磨损效应、失员、成熟因素和工具效应等的影响，这些外在因素的影响可用（O_4-O_3）来表示。实验组事后与事前的测量结果的差异可用（O_2-O_1）来表示，这也包含历史因素、测试效应、磨损效应、失员、成熟因素和工具效应等的影响。所以，实验处理的效果就可用 $[(O_2-O_1)-(O_4-O_3)]$ 来表示。

然而，在该实验设计中，交互的测试效应仍然可能存在。换句话说，实验组中的测试单元可能会因为事前测量对实验处理敏感，进而影响实验结果。因此，如果要使得实验设计成功，既要消除实验中的交互测试效应，又要避免出现失员的现象。

3）所罗门四组设计（solomon four-group design）。该设计包括两个实验组和两个控制组，第二个实验组和第二个控制组只接受事后测量。在该实验设计中，测试单元是随机的分配以及实验组和控制组的安排都是遵循随机原则，所以该实验设计对控制外生变量，提高内在有效性有重要的意义。表示如下：

实验组 1：(R) ^{O_1} X ^{O_2}。

控制组 1：(R) O_3O_4。

实验组 2：(R) X ^{O_5}。

控制组 2：(R) O_6。

通过这种实验设计可以得到几种不同的方式来估计实验的效果，即（O_2-O_4），（O_2-O_1）－（O_4-O_3），（O_6-O_5）。如果这几个测量结果是一致的，那么对实验处理影响所做的推断将会更有说服力、更有信度。这种设计可用（O_2-O_4）－（O_5-O_6）来直接测量实验处理的交互作用和前测效应。但是，该实验设计往往需要花费大量的时间、精力和成本，且在现实中也很难获取足够大的样本来保证这四组的均衡性。

（3）准实验设计。准实验设计是市场调查中常用的一种方法，因为这种设计所需控制少，条件要求不严格，且相对简单，省钱省时。

在设计真实验的时候，实验的调查人员需要创造人为环境来控制解释变量和外生变量，因此实验的结果往往会存在外部效度的问题。为了解决这个问题，相关人员开发出了准实验设计，一般在现场环境方面更切实可行。

与真实验设计相比，准实验设计只注重控制什么时候进行测量，而不控制什么时候和向谁引入实验因素。准实验设计中，调查人员不能人为地设置环境，也不能以随机的方式将被测试单位分配到实验处理中。因此，与真实验设计相比，准实验设计要有更好的适应性和外部效度。但与预先实验设计相比，准实验设计所进行的控制要更多，测量次数更多，提供的信息也更多。

1）间断时间序列设计。这是准实验设计中采用最多的一种设计，是在实验处理的前后多次进行测量。表示如下：

实验组：^{O_1O_2O_3O_4} X ^{O_5O_6O_7O_8}。

这种实验设计需要每隔一段时间就对测试单位测量一次，在多次测量后引入实验处理 X，随后再多次进行一定时间间隔的观察测量。如果后来的观察测量结果与实验处理 X 导入前的测量结果存在显著的差异，那么就是由引入的实验处理 X 引起的。

由于在实验设计前后需要进行多次测量，因此这种实验设计对实验的外部变量影响有很好的控制。可以减少测试效应、磨损效应、失员、成熟因素和工具效应等的影响，但是该设计很难排除历史因素以及交互的测试效应的影响。

市场研究中的消费者购买小组研究常用这种方法。通常研究人员对消费者小组的购买活动进行定期的测量，以分析实验中所进行的促销活动是否对小组的购买活动产生了影响。

2）多重时间序列设计。实际上，多重时间序列设计就是在间断时间序列设计的基础上再多加一个控制组。表示如下：

实验组：$O_1O_2O_3O_4 \ X \ O_5O_6O_7O_8$。

控制组：$O_1O_2O_3O_4O_5O_6O_7O_8$。

在此设计中，控制组的引入将使实验结果更有信度，更具有说服力。然而，控制组的选择一定要谨慎，除自变量外，要努力保持两个组中其他可能影响到因变量的相关因素相同。

二、市场实验调查法的特点

市场实验调查法是一种典型的因果分析法，即在诸多因素中寻找想象中的因果关系，并通过实验设计来控制其他影响因素，从而寻找现象间的关系。

（一）实验调查法的优点

1. 结论有较强的说服力

实验调查法是通过实际或者模拟的经营活动，确认自变量与产品市场销售的各种结果之间的关系，并且对这种关系进行验证的市场调查方法。事实胜于雄辩，因此，它的调查结果有较强的说服力。对任何市场经营方面的决策，如果实在不能事先分辨真伪、高低或者正误，可以利用实验调查法进行验证。

实验调查法能够对各种社会现象加以控制，寻找社会现象的真实原因，在实验单位、实验变量、实验设计和实验环境都基本相同的情况下，不管谁来做实验，也不管在何时、何地进行实验，结果大致是相同的，说明实验是可以重复的，故有较强的说服力。

2. 易操作

只要经过专业训练，任何人都能够运用实验调查法进行调查，这种方法对于调查员的要求并不是很高。并且，它可以主动改变某些变量，观察各种因素之间的相互关系。这是其他调查方法无法做到的。此外，它还可针对不同的调查项目，进行相应的调查实验设计。

3. 有利于产品创新和新市场开拓

无人知晓新产品投入市场后的前景会如何。因为消费者对新产品既不了解，又没有使用过。由于无法采用询问调查法或者观察调查法对消费者进行调查，也会使企业在产品开发过程中失去信心和方向。但实验调查法可以有更多的机会和时间让调查对象了解产品。无论调查结果如何，都可以促进企业及时对新产品的开发做出决策。在一定程度上，可以认为凡是经过实验调查法确认销售前景好的产品，就是有前途的、值得开发的产品，尽管这并不完全准确。

企业想要扩大市场份额或开拓新的市场，不能盲目投入产品，需要先对市场有充分的了解。因为尽管新产品具有开拓市场所具备的优势和差异，市场也可能表现出对产品的无需求甚至负需求的虚假现象。如果对新产品进行试销式的市场实验调查，既可以让企业更加了解新市场，了解各种影响产品销售的因素，又可以通过良好的销售业绩，令有疑虑的中间商和消费者放心，从而使各方都对新市场的开拓树立信心。所以，在进行新的市场开拓或投资时，先开展市场试销式的实验调查，是进入新市场比较稳妥的方法。

4. 避免主观偏见

实验调查法得到的结果具有客观性和实用性。通过实验调查，一般比较容易取得数据，并且所取得的数据可信度较高。实验得到的结果往往也是结构化的，可以进行各种统计分析，进而探索变量之间是否存在因果关系。

5. 有一定的可控性和主动性

在调查中，调查者可以主动地引起市场因素的变化，并通过控制其变化进行相关分析，以观察某些市场现象之间的因果关系以及相互影响程度。另外，还可以根据调查项目的需要进行合适的实验设计，有效地控制实验环境，并反复进行研究，以提高调查的精确度。

（二）实验调查法的缺点

1. 变量不易控制

在实施实验调查法的过程中，需要对一个或者两个自变量进行控制，然而在实际操作中往往很难做到真正的、完全意义上的控制。例如，想对产品在某个地区的销售价格与其对销售业绩的影响程度进行调查，需要对在不同市场销售的产品价格实行控制。但在实际进行市场调查时，难以实现市场的完全隔离；而且地区之间价格差的诱惑，会导致消费者集中到低价格地区购买，或者出现转手倒卖的现象等。尤其是在信息化时代，这种控制更难做到。

2. 费用高

实验调查法的费用比较高。因为实验调查法需要事先进行产品的试制；需要数量比较多的真实产品让消费者体验，而不仅仅是图表或者照片；需要比较多的时间和人力进行调查活动的控制和管理；需要进行类似于真实市场开拓的活动和运作，而不仅仅是询问意见或观察等。因此，它要耗费较多的人力、物力和财力，实施成本较高。

3. 保密性差

进行市场调查的产品或者其他调查内容以及搜集来的相关资料大多都属于企业的机密。但是，在利用实验法进行市场调查的过程中，往往会因为不能很好地控制而导致泄密，尤其是在关于市场经营决策和技术方面的实验调查中，泄密现象更多。竞争企业往往对各种不成熟的技术、创意和实验结果都很敏感，都虎视眈眈而且志在必得，因此保密工作是现在企业竞争中不可忽视的一项重要的任务。

4. 缺乏过程信息

实验调查法往往在调查对象不了解调查目的的情况下进行，而实验法又依赖于人为环境，有时所得到的结果与实际的社会经济现象可能不一致。因此，实验调查法有时只有结果资料而缺乏过程的信息，同样不能了解消费者行为背后真正的原因。此外，实际得到的资料由于受到方法的限制，不可能有更多信息，比较呆板，缺乏灵活性。

5. 有一定的限制性

市场实验有时需要大量的经费、人力和设备，因而由于受到条件限制，很多实验项目和调查活动难以实施。如有的企业因为缺乏仪器和技术，对调查对象几乎没有进行过心理和生理指标测试。由于实验方案设计技术要求比较高，若缺乏相关人才，很少有企业能够比较好地进行实验调查。即使有个别研究部门实际进行过实验活动，实验的效果也不理想。

此外，实验调查法不能对非因果关系的社会经济现象以及其过去和未来的情况等进行研究。

第二节 实 验 室 调 查 法

一、实验室调查法的定义与实施

（一）实验室调查法的定义

实验室调查法是指像物理和化学实验那样，在实验室内（主要指市场经营实验室或者心理实验室等）进行相关市场调查研究的一种方法。这种调查方法实际上是把应该在实际市场上进行的测试转移到了经过设计的实验室内进行，是对真实市场实验的一种模拟。

（二）实验室调查法的特点

实验室调查法与实际市场调查仍有较大的差距，是在实验室内对调查对象进行的研究，它既有优点也有其自身的缺陷。

1. 优点

实验室调查法的最大优点就是所有变量都是可控的，包括外生变量及其他因素，如温度、光线、湿度等，从而使观察的焦点落在因变量的变化来自自变量的影响上。另外，研究人员在实验室里能更有效地排除其他的可能性影响因素，集中考虑相关性因素和发生的适当时间顺序，更容易证明因变量的变化是由实验室变量的变化引起的。因此，通常认为实验室调查法更具有内在有效性。

此外，与实际市场调查相比，这种调查法更节省时间、人力和成本；保密性更强；有利于更深入的调查和分析；在原来设想的基础上，实验室的求证使得市场调查活动更具有科学性，可信度更高。因此，实验室调查法是一种正式的和仿真的市场实验调查法。

2. 缺点

实验室中的环境可能是毫无意义的，这些环境并不一定是真实市场下的环境。因此，在真实的市场条件下，在实验室实验中的发现有时并不能成立。所以，通常认为实验室调查存在较大的外在有效性问题。此外，如果实验室调查法策划不确切，还可能出现一些虚假现象。即便没有虚假现象的存在，要想获得与实际市场一样的效果也很难。由于缺乏设备和人才，我国企业很少采用这种调查方法。

（三）调查活动的实施

1. 明确实验调查的任务

在进行实验室调查之前，首先应该明确这次实验所要完成的任务和相关要求。需要确定实验中的解释变量及其名称、水平和性质，确定实验的具体要求和所要达到的目的。同时要根据相应的要求和目标来确定一定数目的实验样本，并明确各种数据在准确度方面的相关要求等。

2. 设计实验调查方案

实验室调查法成功的关键在于实验方案的设计。任何在实验室内进行的实验，至少需要有 3 个设计方案，且每个方案都应具有可行性和经济性。另外，在进行实验方案设计过程中，商业性的市场调查机构应该与他们的顾客，即需要实验调查的企业，保持紧密联系和沟通。如果仅仅是在企业内部做实验调查，则调查部门应该注意与其他部门进行沟通和协调。

企业相关负责人接到设计方案后，需对各方案进行比较研究，从中选择一个比较满意的方案，并对所选方案进行论证分析。

（四）准备实验

在准备实验的过程中，方案中的每个步骤都需要得到企业相关负责人的同意和支持。另外，实验所需的经费必须能够得到保障。调查人员确定实验方案后，需要准备实验工具和相应设备，设计和制作实验报告表格和开展相关实验人员的培训等。

同时必须注意，任何在实验室内进行的市场调查活动都不是完美的，与实际的市场必然存在差距。因此，相应的实验结果也不可能全面、真实地反映真实市场的情况。

（五）执行实验方案和总结实验

为了获得准确的结果，实验人员在实验过程中一定要严格按照事先设计的实验方案进行实验。认真记录和整理实验中得到的各项数据和结果，并认真填写实验表格，妥善保管所有原始资料；同时要及时地分析实验中出现的问题，以便及时发现问题并予以纠正；妥善处理实验中使用的工具、道具等，然后撰写实验调查报告。

二、实验室调查法种类

（一）视向实验

视向实验是指用相关视向实验器来记录广告受众在看广告时视线的顺序。因为一般人们在看到广告时，往往会先被广告中的某一部分所吸引，然后才会把视线和注意力转移到广告的其他部分。

通过这种实验，可以对广告的布局、插图以及文案进行改进，同时，广告的效果也可以通过视向实验器进行视向实验测量。日本电通广告公司曾对佳能照相机的广告文案做过视向实验。其结果如下：①受试者都是先注视广告语（cat's-eye canonet），才把视线转移到下方的照相机上；②绝大多数受试者都会注视插图"猫"，尤其是右边部分被视度最高；③反复注视程度不高，看的时间比较长的是广告语；④注视文本的受试者不多。由此可以推断，广告的文案不如插图能吸引消费者的眼球。一幅广告要想引人注意，其视觉要素应鲜明，尽管有时暴露的时间较短，但诱导效果较好。

视向实验的优点在于既可以了解视线的移动情况，还可以测定视线停留在广告某一部位上的时间。但是视向实验不能都保证眼球的移动与视线移动和心里想法完全一致。另外，这种实验的费用也相当昂贵。

（二）生理指标仪器测试法

1. 定义

生理指标仪器测试法是指在实验室内，对研究对象实施一定刺激，然后通过相关仪器测量各种生理指标，从而把所获数据或结果应用到市场经营研究中的一种调查研究方法。其原理是：当人们受到刺激后，情绪会发生变化，如沮丧、兴奋等，相应地还会出现瞳孔放大、毛孔扩张、身体出汗、脉搏加快等现象。这些现象都可以用生理指标仪器进行测量，进而进行相关的分析和研究。

2. 实验步骤

（1）撰写实验计划说明书。说明书中要明确实验的目的、需要测试指标、数据的类型和等级。此外，还应包括所需测量仪器、选定的样本数目、实验经费和实验日期等。

（2）制定实验测试项目表格。为了提高实验的效率和效果，在实验前就需要制定好实验的项目表格。在实验过程中，实验人员只需要在准备好的表格内打勾或者填写即可。

（3）选定受试者。通常受测人数在 20～30 名之间即可，但如果条件允许，有超过 100 名的受测对象更佳。然后与他们进行协商，确定实验的日期，并交待相关注意事项等。但是，具体的实验项目一定不能透露给受试者。

（4）检查和试用所需仪器。在进行生理指标仪器测试实验中，由于对测试生理指标的准确度和仪器的使用环境都有比较高的要求，因此，在调查对象生理指标的测试活动前，调查人员应该购置、调试、检查和养护所需仪器，以保证实验的正常进行。

（5）进行实验测试。这种方法在我国企业较少采用，因为在企业的实际应用中，有些生理指标很难找到，如员工忠诚度测试等。当然，一些比较简单的生理指标测试还是可以进行的。例如，为了对各种广告方案进行比较，可以测量心跳速度、血压等。

（三）心理反应测试调查法

1. 定义

心理反应测试调查法是指在实验室内，调查人员通过观察受试对象在接触产品或广告后的面部表情、语言和动作等，判断受试者的情绪，并推断消费者对产品或广告的认可度的一种调查方法。不同的事物对测试对象心理活动的影响程度不同，心理活动会影响人们的态度，而态度又通过外在的情绪予以表现。因此，情绪是反映人的心理活动变化的一个重要指标。

2. 心理反应测试法适用的范围

凡是能够引起受试者心理行为变化和情绪反映的内容，都可以通过采用生理情绪测试法进行测试研究。例如，可以把不同的产品外观设计展示给受试对象让其观看，然后对他们看后的情绪类别进行统计和分析，从而获得所需的信息，并作为决策的依据。

3. 实验步骤

（1）从目标市场选择一部分有代表性的消费者作为受试对象，并邀请他们到实验室。

（2）研究人员采用叙述、展示、描述、反映等各种方法，让每个受试者分别接触产品或广告等相关事物或事件。

（3）对参加测试的消费者（受试者）逐一进行情绪的测试。研究人员分别对受试对象的面部表情变化进行观察，并揣摩受试对象的情绪。

（4）在事先设计的情绪测试调查表格中进行表情记录。测试结束后，对数据或记录进行统计汇总。见表 9-1。

表 9-1　　　　　　　　　××× 项目情绪测试调查表

编号：

情绪类别	情绪记录	语言、动作、表情等文字记录
微笑		
大笑		
诧异		
不屑		
冷漠		
忧虑		
怀疑		
鄙视		

续表

情绪类别	情绪记录	语言、动作、表情等文字记录
愤怒		
注意		
沉思		
其他		

注　表格的具体内容完全可以按照不同的调查内容和不同要求进行设计。本表格是对产品不同的广告方案进行情绪测试的调查表格。

（四）消费者意见调查法

1. 定义

消费者意见调查法是指在实验室内，就各种产品、方案和创意等向调查对象征询看法和意见的一种调查方法。其调查对象一般是在目标市场上有代表性的消费者。因为产品的最终购买者和评判者都是消费者，所以企业应该重视消费者对新产品或广告的看法。例如，企业在实施新方案之前，在保密和真诚的前提下，可向消费者征询他们对新方案的看法和意见，以避免匆忙上市带来巨大损失。

2. 具体步骤

（1）确定实验项目、目的、内容和要求。

（2）设计实验方案，制作实验表格。

（3）选择受试对象。为了节约时间和成本，可以在预定目标市场消费者中选择一部分有代表性的消费者作为调查对象。

（4）将受试对象邀请到实验室内，在与他们协商好有关保密问题和反映真实意见的要求后，开始进行意见调查。

（5）进行实验总结和撰写实验报告。在实验报告中，需要详细阐述实验原理及其依据，并且准确地记录实验结果、分析标准、实验的数据种类和水平以及实验时间和报告完成时间等。

（五）认知测试

1. 定义

认知测试是指在实验室内就受试对象对某一事物的认知程度进行测试的一种调查方法。

由于广告的主要作用就是促销，所以消费者对广告的认知度是衡量广告好坏的一个很重要指标。公司播放广告一段时间后，如果广告方案较好，那么产品会在消费者的心中留下良好的印象，因此消费者将会对广告的内容有所了解，对广告上所宣传的产品也有一定的了解。在实验室中，进行消费者认知度的测试，企业可以快速了解广告方案的好坏，有益于及时改进广告方案。

2. 测试过程

从目标市场上选定一部分消费者，让他们作为受试者到实验室内参与测试。把大众媒体上曾经播放过的产品广告播放给受试者看，或者在实验室内反复播放某一新的广告，也可把用类似手法的其他产品的广告在实验室内展示给他们。然后对他们进行提问：如"您最近看过这些广告吗？"和"您看过其中的几个广告吗？"。假如受试者看过刚才播放的广告，则应继续询问:"您可以肯定看过这个广告吗?"、"您还记得这个广告里宣传的是什么牌子的产品吗?"、"您还记得这个产品的形象代言人是谁吗?"、"您还记得广告词是怎么说的吗?"、"你还记得广告中说这种产品有什么主要特点吗?"、"您还记得广告中说这种产品有哪些好处吗?它们是什么?"、"您认为什么人适合使用这种产品呢?"、"您购买过这种产品吗?为什么会购买?"和"您还知道有其他什么人购买过这种产品吗?"等问题。

第三节 模拟市场调查法

一、模拟市场调查法的概念

(一)定义

模拟市场调查法又称模拟市场测试法,是目前普遍使用的一种测试方法,它并不是真实的市场测试,而是依赖实验方法和数学模型进行测试。具体来讲,模拟市场调查法是指以实验室为基础的一种类似市场试销式的实验调查法。它介于实验室实验和市场实验之间,通过利用实验室的方法和条件,创造一个与实际市场比较接近的环境,进行市场调查以获得信息。模拟测试调查法比实验室调查更真实,更接近实际,而且更具有保密性。从本质上看,这是将实验室调查和真实市场调查相结合的一种仿真式的市场调查研究方法。

(二)模拟市场测试实施程序

(1)寻找受试者。在新产品的目标市场上,寻找有代表性的消费者参加新产品测试实验。另外,也可在购物市场上拦截顾客,通过单独的筛选性问卷中的问题或主要问卷开始的相关问题来筛选受试者。

(2)填写相关问卷。在实验开始后,把受试者带进实验室,并让其填写有关人口统计特征、购买实践以及关于新产品的产品类别的购买行为的调查问卷。

(3)观看新产品测试广告。为使测试环境尽可能接近现实,需要在实际电视节目中播放相关的商业广告,这些广告并不是要涵盖产品类别中的每一个品牌,但要包括广告投入巨大的领先品牌,及其他种类的产品和服务的商业广告。

(4)受试者进入模拟商店购买商品。模拟商店中应该有受试者在广告节目中看到的品牌和一些测试实验内没有包括的其他竞争品牌的商品。给受试者一定量的钱,让其在模拟商店中购买商品,所给资金数额要低于测试商品的价格,让受试者根据自己喜好进行购物。

(5)对受试者的购买决策行为和原因进行分析,同时再次填写涵盖类似问题的结构化问卷。另外,让受试者回家后,按平常的方式使用他们在模拟商店中购买的产品。

(6)在适当时间间隔后,在事先并不告知受试者的情况下,再次联系他们。目的是查明以下问题:受试者对产品的满意度及原因,其他家庭成员对产品的反应,与其他曾使用过的同类产品品牌的比较,使用的产品数量及将来购买此产品的可能性等。

(7)以先前做出的试用和重复购买的估计值作为原始数据,通过相关数学模型来预测新产品在全国上市后的市场份额和销售量。

(三)模拟市场调查法日趋普及的原因

模拟市场调查法越来越普及,其具体原因如下:

(1)相对秘密。由于是在实验室中进行,所以竞争者不太可能了解企业正在进行的产品测试、测试的内容以及产品的特征。

（2）测试所需费用较低。在美国，一个典型的模拟市场测试所花的费用是 5 万～10 万美元，而一个典型的标准市场测试要花将近 100 万美元。

（3）测试所需的时间短。模拟市场测试一般最多在 3～4 个月里就能全部完成，而标准市场测试的平均测试时间是 6～12 个月。

（4）测试结果更为精确。模拟测试环境容易控制，可以排除各种干扰因素的影响，因此结果更为精确。

二、模拟市场调查法种类

（一）室内试用调查法

新产品研制出后，它是否能为消费者所接受，并迅速占领市场和获得相应利润，对企业的市场开拓和产品的商业化以及未来的发展都具有重大意义。因此，企业在将新产品投入市场前可以在实验室内进行有意义的尝试。

1．操作过程

将新产品投入市场之前，选择一部分目标市场上的消费者，在实验室内进行短时间的实际消费和新产品试用。同时，派出技术人员到现场对消费者的试用情况进行观察，并采用询问法、表格法，或态度量表等进行测试，以获得消费者对新产品试用的相关意见和建议。例如，可以询问受试者对新产品最满意或者最不满意的地方是哪里；使用最方便的地方是什么；最看重新产品的哪些方面；最没价值的是哪里；需要进一步改进的地方是哪里等。

2．适用范围

新产品室内试用调查法主要适用于一些生活资料产品，如可供消费者食用的产品和使用的日用品等，因为它们可以进行试用、试食、试玩等相关体验性活动，并且可以让现场的体验者提出他们体验过程中的意见，以作为产品进一步改进或完善的依据。有关市场实践也已证明，一些产品，尤其是食品类产品在上市销售前，如果没有经过消费者的试食、品尝，开拓市场几乎是不可能的。

（二）局部市场模拟法

1．定义

局部市场模拟法是指选定实验室外的一个场所进行临时市场购买行为调查的调查方法。其实验场所可以是一个或几个商店，也可以是商场的一个或几个局部，如大学的广场、公园和旅游景点等。

2．操作过程

为了能够吸引更多的参与者（没有经过专门挑选），通常是以产品展示为名号进行调查。往往开始的时候很少会有人参加，此时可以进行没有针对性的促销活动，并赠送参与者一定的资金数额，让他们自由地在现场进行购买，以便鼓励更多的人参与实验。随后，让所有参加者到已经设置好的新产品模拟市场内，购买他们喜欢的商品。在活动结束时，了解他们购买的产品类别和数量，并询问购买原因。同时，对他们进行事后跟踪调查，以便获得更为详细的资料。

3．评价

这种局部市场模拟法比较接近真实市场，参与的消费者是在完全自由的情况下进行购买的，可以据此假定，他们的购买行为可充分表达他们对新产品的态度，其调查的最终结果可以用来预测将来产品上市后的销售情况。与实验室内的局部市场试销法相比，它更接近真实市场。

但因为用于测试调查的市场较小，实验的产品数量也有限，因此与真实的市场仍有较大的差距。另外，在实验中，由于缺乏与其他品牌产品特别是竞争对手产品的比较，但如果增加比较项目，就会增加实验因素，实验难度也会因此增大。因此，这种方法调查的内容和方位是很有限的。

（三）拍卖模拟法

1. 定义

拍卖模拟法是指在实验室内进行真正或者模拟拍卖的一种实验调查方法。该方法可以在比较短的时间内，了解产品购买者的购买行为、购买者对产品的需求程度、消费者对产品的需求和能承受的最高价格等，它对于分析产品购买者的购买动机和购买欲望有重要意义。

2. 操作过程

（1）准备好需要进行拍卖的产品。确定需要进行拍卖的产品后，还应准备好如何对产品进行介绍，即确定产品的重要卖点；研究介绍方法和介绍内容；策划拍卖策略等。最好事先进行练习和"彩排"。

（2）选择受试对象。分析将来有意向购买这些产品的消费者，并与之进行初步协商，借此了解他们的需求和愿望。然后按照正常的拍卖程序，在他们承诺保密的前提下，让他们接触拍卖品，向他们进行初步的介绍。同时，邀请他们参加拍卖会。

（3）制定拍卖的具体策略。拍卖有两种策略：一种是英式拍卖法，即实行价格从低到高的竞买；另一种是法式拍卖法，即实行价格从高到低的竞购。我国市场拍卖会一般采用的是英式拍卖。但实验室的测试式拍卖，可以根据测试的内容要求选择合适的拍卖方法。英式拍卖可以测试出产品销售的最高价，法式拍卖可以了解到市场需求的最低价格的上限，即消费者认知价格的下限。

（4）实现交易。在拍卖结束后，最后一名竞标者为购买者。此时的购买者需要按照相关的法定程序办理各种交易手续。作为实验性的拍卖，可以按照企业事先制定的原则处理。

（5）信息的应用。给新产品确定价格是一个相当困难的工作，而通过模拟拍卖，可以形成一个在消费者心目中比较容易接受的价格。因此，在新产品小批量开发前，进行实验室拍卖，能够获得比较准确而详细的信息资料。尤其对比较新颖、差异比较大、生产批量不大的新产品来说，其效果更显著。

第四节　实际市场调查法

一、实际市场调查法的概念与程序

（一）实际市场调查法的概念

实际市场调查法是将新产品在小范围的真实市场进行测试的一种调查方法，即企业在实际要进入的目标市场中，在全面推出该产品可能面对的类似情形下测试新产品。

实际市场调查法可以帮助企业较准确地预测新产品的未来销售情况，测试比较几种不同的经营方案，或修改某一方案。但这种方法所需投资太多，周期太长（1～3年），竞争者有充分的时间研究试销品或干扰试销结果。在如今变化迅速的市场上，标准试销会减缓企业进入市场的步伐，将自己的新产品暴露于竞争者面前，在一定程度上削弱了企业的市场竞争力。

因而该方法的使用正在逐步减少。

由于造价昂贵，工业品一般不可能像消费品那样先制造样品投放市场以观察销售反应。工业品制造商需要采用其他方法来研究新产品的市场反应。也正是因为如此，这种方法常常用于已表明新产品或新战略有了相当大潜力的营销研究过程的最后一步。在一些情况下，即使试销失败，它也可能比直接上市新产品或实施新战略所付出的成本要低。

（二）实际市场调查的目的

实际市场调查的目的在于它可以协助市场经理对新产品做出更好的经营决策，并对现有产品的经营策略进行改善。即通过实际市场调查，可以在小规模和低成本的基础上评估未来产品推向全国市场后的潜在市场风险，及其是否会影响到产品的预期利润，以便及时调整经营策略。

（三）实际市场调查法的实施程序

实际市场调查法属于实验设计，该方法能否成功的关键在于实验方案的设计。在进行实验调查之前，需要认真思考和周密设计实验可能涉及的所有问题，并做出比较详细的实验计划方案和变量控制措施。具体步骤如下：

1. 决定是否进行实际市场调查

实际市场调查可以帮助企业合理估计真实市场条件下的产品销售潜力，识别产品和策略的不足，为相关人员提供改正的机会，以避免产品或策略推向全国现有市场时造成更为巨大的损失。但实际市场调查法的成本较高，且存在很多消极因素。如它可能向竞争对手提供了企业决策的早期信号，而竞争对手可能通过模仿，比企业更快的进入全国性的分销渠道。因此，采用该方法进行调查时，需谨慎考虑以下因素：

（1）比较成本、失败的风险及成功的可能性。如果估计成本很高，成功的可能性不大，可以考虑进行市场调查。如果预期成本较低，产品失败的风险较小，那么就没有必要进行市场调查。

（2）考虑竞争者是否会在试销过程中模仿产品或策略，及将其推向全国市场的可能性和速度。如果测试的产品极易被仿制，则最好不要用这种方法，应直接将产品投入市场。

（3）考虑为市场测试而生产产品所需的投资及面向全国市场生产必须数量的产品所需的投资。

（4）考虑如果新产品上市失败，可能会严重损害公司声誉所带来的影响。新产品上市一旦失败，可能会损害公司分销渠道成员的声誉，并破坏公司今后推出新产品获取合作对象的能力。在需要进行特殊考虑的情况下，则需要运用市场调查。

2. 确定自变量及其水平

确定采用市场调查法后，下一步就是要确定实验中的自变量（解释变量）及其水平。在这里，自变量指需要进行调查的具体内容，自变量的水平即自变量不同的数值。

3. 选择测试市场

即确定消费者、商店、销售区域等实验活动的承受主体，并与其接触、协商，达成实验协议的过程。选择测试市场是很重要的一个决策，确定具体的实验市场也是一件比较复杂而且繁琐的工作。做出选择时，需要考虑以下因素：

（1）人口规模。选中的市场中的人口应该足够大，能提供有意义的结果，但太大可能会导致测试成本过高。

（2）测试市场与实际市场的一致性。在测试市场进行实验性销售过程中，要求测试市场与测试对象的目标市场有尽可能多的一致性，如消费者群体的市场定位、地理环境、规模、知名度、信誉、产品等级等方面的一致性。同时，选定的测试市场的竞争环境还应该与该类产品的全国环境相似。

（3）测试市场的相对独立性。进行市场调查实验的市场应该是独立的，或者是可以进行相对隔离的市场。该市场的信息不会传送到其他市场，而且它也不接受其他市场的信息传播。例如，最好在距离比较远的不同地区的商店进行关于产品不同价格的市场实验调查，以便确定不同地区的最终消费者对不同价格的反应。另外，如果一个特定市场内的电视台或广播站能够覆盖该市场以外的其他地区或市场，那么用于产品测试的广告就有可能从外界市场找来大量顾客，最终结果将使产品看起来比实际更成功。

（4）市场上惯用的大众传播工具与全国市场上的相似。测试市场上的电视观众或广播听众等广告受众不能和全国的媒体受众有太大的差异。否则，对全国市场的估计可能会出现偏差。

（5）测试市场容易操作控制。如果在实验设计中，无法排除一些实验外的因素，应尽量寻找更容易操作和控制的市场作为测试的承受主体。同时，在进行实际市场的实验调查活动中，尽量采取各种方法来减少市场外因素对实验结果产生的影响。例如，在距离比较近的两个市场上进行商品销售价格的实验中，如果未能对实验外因素实现比较好的控制，消费者会从价格低的商店购买实验产品，然后再在价格高的地方进行销售。这里的消费者购买行为就属于难以避免的实验外影响因素。因此，在设计实验方案时，应注意对实验外因素实施控制。

（6）丧失保密性。如果一个公司因为进行市场测试而延迟了全国性的推进，那么竞争者就会进行模仿，甚至比该公司更早进入全国市场。

4. 确定实验计划

在市场实验过程中，存在着较多的不确定因素。因此，在确定了自变量和测试市场后，就需要制定一个详细的市场实验计划。市场实验计划应包括产品定位、商业广告方案、价格策略、媒体计划以及各种促销方案。

5. 执行计划

在执行市场实验计划前，首先需要确定调查的时间长度。调查必须持续到能观察足够多的重复购买次数，以反映一种新产品或经营计划在市场中的保持力。重复的次数越多，持续时间越长，实验的结果越准确，但费用也就越高。实际上，很多企业只进行一次实验，或者只进行比产品投入期短的实验时间。

6. 进行实验管理

在整个实验过程中，一定要加强实验管理以保证实验顺利和有效地进行。即落实组织、人员、职责、任务和其他事项，注意计划的实施、监督、控制和反馈等过程，尤其需要注意信息资料的收集和管理。

7. 分析测试结果和总结

实验结束后，需要对信息资料进行整理和误差分析。尽管在实验进行中评估了数据，但实验结束后必须再进行一次更详细、更彻底的数据分析。这种数据的分析主要集中在以下方面：购买数据、认知数据、竞争反应和销售来源。根据分析的结果，企业可以进一步改进投资计划，并决定是否对该项目进行投资。

二、实际市场调查法种类

（一）展销会试销

展销会试销，顾名思义，就是在展销会上进行市场实验调查，即在贸易展览会上展示新产品，吸引大量潜在购买者对同类商品进行比较、选择，从而观察他们对各种产品特性和价格水平的反应以及对本企业产品表现出的购买兴趣等。

近年来，随着展销业的发展，企业有了更多参展的机会，可以把自己的新产品放到行业或相近产品的展览会上进行展览。在展会上，可以吸引观展人现场试用新产品并征询他们的意见。在展览过程中，厂商可以派出专门的技术人员或销售人员，进行促销活动和业务洽谈活动，使得展销尽量靠近实际市场。

（二）"滚动式"推广

滚动式展示是指在某一特定地区推出新产品，在推出新产品后的几天内，扫描数据，掌握有关产品销售情况的信息。然后，产品在其他地区相继上市，并在推向全国市场的过程中提供广告和促销服务。

（三）使用试销法

企业经营人员选择一些同意在一段时间内使用新产品的潜在顾客，由技术人员观察顾客对产品的使用情况，发现一些预料之外的安全和维护方面的问题，并提出有关用户培训和服务的建议，最后请顾客表明其购买意向以及对新产品的意见。

（四）控制试销法

即企业委托控制着若干商店并和许多有代表性顾客保持着固定联系的专业市场调查公司进行市场试销，企业只需说明商店的规模、数目、地理位置，调查公司负责把产品送到试销店，安排货架位置、陈列方法、陈列点等促销活动，并根据企业的意见制定价格。随后，调查机构负责将调查销售情况及消费者对产品的印象等试销结果提交给企业。此间企业还可进行广告效果的测试。

控制试销法的成本较低，周期较短（1年以内）。企业无需动用自己的销售力量，无需亲自说服中间商参与试销，就可以测试到店内因素及广告对消费者行为的影响。其缺点是试销仅在特定商店和固定顾客中进行，结果可能不具有很强的代表性。另外，竞争者也容易得到机会观察试销品。

（五）市场开拓方案实验调查

市场开拓方案实验调查是指企业把不同市场开拓方案分别放到经过挑选并且可以控制的若干市场内进行实验的一种方法。从本质上看，它实际上是新产品投入期的试销。由于进行实验的市场是真实的，因此调查结果的可信度比较高。例如，对那些有异议的市场经营方案，完全可以在不涉及保密和成本的前提下，在不同的地区、流通环节和层次的市场上展开不同方案的实验调查活动。这种方法既可以进行有对照组的实验，也可以进行无对照组的实验。

市场开拓方案常把市场经营因素组合中的因素作为自变量，尤其是把促销因素组合作为实验因素，进行实验调查。具体的实验实施方案有以下几种：

1. 单一对象事后实验

企业销售人员按照设计好的不同市场开拓方案，把一定数量的产品在事先选择好的市场中进行试销，并按照方案计划展开促销活动。经过一段时间后，对市场的销售情况进行统计分析,然后对市场开拓方案进行改进和总结,并在更大范围内进行市场推广。

2. 多个对象的事后实验

与单一对象的事后实验的方法相似,但它要在不同的市场范围内分别进行不同策略的市场开拓活动,并在更大范围内进行促销宣传。进行实验时,应该特别注意不同市场之间的控制与隔离,作为样本的实验市场数目不能太多,两三个即可。这种实验可为企业在更大范围内开拓市场提供可靠的决策依据,主要适用于经过改进的各种经营组合方案的实验。在产品生命周期的各个阶段都可对不同的实验因素和调查对象进行实验调查。

3. 有对照的事前或者事后实验

在实验目标市场上进行经营活动的同时,选择一个保持原来销售活动的市场进行观察,然后对销售结果进行比较,为企业提供调查资料。如果在多个对象的事后实验中,加上一个对照组,进行事前和事后的统计对比,则这种实验调查法就会更加完美。

第十章

问卷和量表设计

在问卷调查中，问卷和量表设计是非常重要的基本技术方法。本章主要阐述问卷设计应该遵循的原则，调查问卷的一般结构，问卷设计的程序、内容及格式，在问卷设计中应该重点关注的问题，量表的基本类型及设计架构，以及量表的测量和检验方法等。

第一节　问卷设计的原则和结构

一、问卷设计的原则

1. 通俗性原则

通俗性原则指的是问卷问题的设计要通俗易懂。问卷特别是自填问卷的对象大部分是一般大众，所以要充分考虑被调查者的理解能力，不能提出一些过于抽象、过于专业的问题。

例如，如果调查你的家庭属于下列哪一类：①主干家庭；②核心家庭；③单身家庭；④联合家庭；⑤其他家庭。如果这道题面向的是熟悉社会学专业知识的人或婚姻家庭专业工作者，则难度不大，但是如果面对普通群众，绝大多数人并不知道"主干"、"核心"、"联合"家庭的概念是什么，因而不好回答。这种情况下，被调查者会给出非真实情况的回答，这必将影响调查的效果。但如果换一种提问方式，如"你家里有几口人"、"你家里有几代人同堂"，则通俗易懂许多，也容易回答。

2. 完备性原则

问卷设计的完备性原则是针对封闭式问题的设计而言的，即要求备选答案的设计具有完整性，不能残缺不全。例如，要求调查对象作答：你的最高学历是：①高中；②大专；③本科；④研究生。从我国目前社会教育发展程度来看，九年义务教育尚未完全普及，而且在中老年人中文盲的比例较高，备选答案中关于学历的选项显然是不完整的。初中及初中以下学历的人无法进行选择，加上"初中及初中以下"备选答案后，所有的备选答案便涵盖了各个学历层次。另外，对于中专毕业生，从学历层次来看，相当于高中，但又与普通高中有些区别，所以在设计选项时，不妨设置备选答案为"高中（含中专）"，这样备选答案就完备了。

3. 中立性原则

问卷设计的中立性原则是指问题设计时语言的表达要保持中立的态度，不要添加设计者个人的情绪，更不能故意设计一些带有明显倾向的语句来诱导被调查者。例如，要求回答：①许多人都觉得穿"××"牌旅游鞋很舒适，你也是这种感觉吗？ⓐ是的；ⓑ大概是；ⓒ不是的。②审美情趣较高的消费者都认为这种产品外观漂亮，是吗？ⓐ是的；ⓑ大概是；ⓒ不是的。这两个问题的设计中都存在明显的肯定倾向：第一个问题中先给调查对象输入一个"舒适"的信息，会诱导消费者给出认同的回答；第二个问题中先分出"审美情趣较高"的一类人，让人感到若不认为这个产品外观漂亮就会被归为审美情趣较低的一类人，这样的问题设计要么会诱导被调查者做出肯定的回答，要么会引起被调查者的强烈反感，总之不能获取正确的信息。

4. 互斥性原则

问卷设计的互斥性原则是指问卷设计中问题不能具有双重含义以及备选答案不能相互交叉。如果出现了双重含义或相互交叉，那么被调查者就有可能会无法做出正确的选择。例如，要求作答：①你认为自己的体育知识与体育竞赛能力水平：ⓐ很高；ⓑ较高；ⓒ一般；ⓓ较低；ⓔ很低。②你家庭所在地是：ⓐ农村；ⓑ城市；ⓒ沿海城市；ⓓ内陆城市。这两个问题的设计均违反了互斥性原则。第一个问题设计中将"体育知识"与"竞赛能力"并列在一起，虽然两者有一定的联系，但不能等同，实际上涉及两个方面。有的人体育知识很丰富，但竞技能力可能很低，如一些体育比赛解说员，假设由他们来选择，就难以作答。第二个问题设计中选项之间存在相互交叉。沿海城市、内陆城市均属于城市，选择ⓒⓓ的同时可选ⓑ，它们相互之间出现交叉，这样会影响其后的统计分析。所以，问题的设计要语义明确，选项之间要互斥，不能出现交叉，这是问卷设计一条基本且必须遵循的原则。

5. 效率原则

问卷的效率原则是指在保证获得同样信息的条件下，选择最简捷的询问方式，确保问卷的长度、题量和难度合适，节约调查成本。全面、准确、有效地获取信息，并不等于要一味追求容量大、信息多，而是要避免出现与本次调查目的无关的问题，否则不仅会造成人力、物力、财力的浪费，还可能导致拒访率增高、数据质量下降、问卷效率降低等问题的出现。同时，追求高效率并不简单等于低成本，不然会造成低效率。

6. 便于统计原则

问卷的便于统计原则是指在问卷的设计中，应考虑被调查者对问题的回答是否便于进行量化统计和分析。如果使用问卷的调查结果是一大堆难以统计的定性资料，那么要从中得到规律性的结论就十分困难，最终不能获得理想的效果。

因此，问句的设计尽可能单纯化，一个问句只问一个问题，避免出现复合性的问题。如："您平时喜欢看电视、报纸、杂志吗？"这种问句就过于复杂，不适合被调查者进行回答。此外，能够量化的问题尽可能采用分类、分级的方法列出明确的界线，便于之后对所得到的资料进行分析。再者，对于不易把握的被调查者的态度性问题可采取态度测量表，将答案用数量的差异或等级的差异表示出来，以利于统计和分析。

二、调查问卷的结构

根据调查目的、调查内容等方面的差异，问卷的具体构成内容千差万别，但作为一项严肃的科学研究活动，问卷的格式应该是基本相同的。调查问卷的基本格式是人们在长期的调查实践中积累各方面经验而形成的，它的规范性也是保证调查活动效果的基本要求。一般来说，调查问卷的内容一般包括前言、主体和结语三个组成部分。

1. 前言

前言主要用来解释调查的缘由、目的、填写方式及说明其他有关事项，它是问卷的前导，也是被调查者填写问卷的向导。通过前言，调查者与被调查者进行书面的沟通与交流。调查者在前言中坦诚地向调查对象做出必要的交待，争取其支持与合作；被调查者可以通过前言了解调查的背景，弄清问卷的填写规则，从而更好地理解并支持调查，更顺利地完成问卷填写任务。

一般来说，前言部分主要包括以下内容：调查项目及名称、调查目的和意义、问卷回答方式与要求、调查者的期望与承诺、调查主持单位或组织者的身份等。

"调查项目名称"是指调查研究名称或调查问卷的名称。例如：当代中国职业声望调查、贫困地区女童生活状况调查问卷等。

"调查目的和意义"是向被调查者解释"为什么要进行调查"、"该项调查研究有何理论或实践价值"等方面问题。例如：一项题为"高等学校贫困生生活状况"的调查，其目的就在于了解贫困大学生生活、思想、心理状况，不仅可以为贫困生思想教育与心理辅导的理论研究提供素材，而且可以为高校贫困生扶助工作提供实践指导。

"问卷回答方式与要求"是向被调查者说明问卷的填写方式与方法，并委婉地提出一些答题要求。例如：有的问卷前言中写道："本调查表不用填写您的姓名与工作单位，答案也无所谓对或错，只需在符合您的实际情况的相应题号打√或在空格中填写相应答案"、"独立完成问卷，请不要与他人商量"等。

"调查者的期望与承诺"是表示调查者对被调查者的希望与承诺。填写或回答问卷一般不是被调查者的义务，而是额外的劳动，对于调查活动给被调查者带来的影响与不便，调查者应请求谅解，并希望得到支持。被调查者一般对问卷或多或少存在戒备心理，特别是担心说真话、泄露真情会对自己不利，所以调查者要说明调查的保密原则，并承诺为被调查者保密。例如：有的调查问卷写道："请原谅打扰了您的工作和休息"、"请您在百忙之中抽出时间填写这份问卷"、"我们将为所有被调查者保密"等。

"调查主持单位或组织者的身份"是指前言中，调查组织者要标明自己的身份，以提高调查活动的可信程度。当然，某些调查活动组织者的身份比较特殊，可以采取一些特别的处理措施，防止正常的调查活动受到其他因素干扰。一般地，可以标明"××课题组"或单位名称。

前言的关键作用是向导与沟通，为达到更好的效果，可以灵活运用其表现形式。实践中，有的采用封面信的方式，即在封面以调查组织者的身份给被调查者一封信；也有的采用指导语的方式，即在问卷开头写上一段指导语。不过，前言一般都要求语言通俗易懂，简明扼要，态度诚恳，细致周到，而不能含糊不清，甚至是盛气凌人。给被调查者树立良好的"第一印象"才能获得他们真诚的合作。

2. 主体

主体部分是问卷的核心内容，它由一系列问题与备选答案、待填的空格等组成。这些问题，主要是涉及被调查者的行为、态度、情感体验以及一些个人背景资料等方面信息。根据问题的提出方式不同可将问卷的问题分为两大类：一类是开放式问题；另一类是封闭式问题。

开放式问题不提供具体的备选答案，而留出一定的空格，由答卷者自由填答（对访问问卷而言，是给访问员做简要的记录）。开放式问题形式灵活，限制较少，便于被调查者充分发表意见，因而获取的信息一般也会较全面、较生动。但开放式问题也存在一些缺点，特别是不便于精确的定量分析，而且对被调查者的文化程度、表达能力以及配合调查的程度要求高。在实践中，它一般用于只需定性分析或精确度要求不高的调查，或者在问卷中少量出现。

封闭式问题就是设计者提供若干个备选答案，以便被调查者从中选择。这些备选答案须同时满足互斥性与完备性原则。封闭式问题与开放式问题的特征正好相反。封闭式问题限制较多，要求形式规范、填答方便、省时省力，获取的信息比较集中，也便于定量分析。当然，封闭式问题也可能出现一部分信息的遗漏，而且它对设计者的要求更具体、更高。

在调查实践中，这两类问题是功能互补的。研究设计者可以利用开放式问题来进行初步的探索或小规模的调查，也可以将开放式问题与封闭式问题结合起来，协调问卷题量构成，以便更全面地了解被调查者的有关信息。在一些大规模的社会调查中，主体部分还会有编码表，即在问卷中还会出现数字及空格，每一个问题对应一些数字，一般设计者都会注明其用途，这些数字是用来编码的。编码是将每一个问题及其答案预设一个代码，以便在统计分析中顺利、快速地输入计算机中。编码的内容与被调查者无关，所以无需填写。编码其实也可在调查活动收集资料后进行，预先编码的原因是为了减轻事后编码的工作压力。编码并非问卷设计"主体"部分的必备内容，所以有些问卷中不会出现编码。

3. 结语

结语是问卷最后一些简短的话语或文字，主要用来表达对被调查者的谢意或是征询被调查者对问卷及调查本身的意见。例如："再次谢谢您的合作"、"您对问卷有何看法？"等。结语部分要尽量简短，有时也可省略。

第二节　问卷设计技术

一、问卷设计的步骤

问卷的设计通常按下列步骤进行。

1. 明确调查的目标和内容

问卷的设计者最好能参与调查方案的制定，以便能深入地研究本次调查的总体方案，以此明确本次调查的目标和内容。如因各种原因未能参与前期策划工作，则要尽可能深入地研究调查策划方案，或向参与策划者咨询。

2. 搜集和研究相关的资料

问卷设计者应根据调查项目的目的和内容为调查问卷的设计准备充足的素材。

3. 进行必要的探测性调查

为确保调查问卷的科学、严谨及合理性，确保调查对象能理解所设计的问卷，愿意而且能够回答问卷的问题。问卷设计者在设计问卷的过程中，应在适当的范围内，选取部分符合条件的被调查者进行探测性的调查，确保调查对象能理解所设计的问卷，愿意而且能够回答问卷的问题。

4. 设计问句编制问卷初稿

包括下列具体工作：①列出调查问题的清单，将调查的目标转化为调查内容；②对列出的问题进行审核、筛选，审核的标准包括：该问题是否必要，含义是否明确，是否需要细分；③确定问题的类型，以便选择对应的提问方式和问句的形式；④根据问题的性质和被调查者的特点确定提问的方式；⑤根据提问的方式进一步确定问句的具体形式；⑥对问句的措词、语气进行推敲；⑦确定问句排列的顺序，如先易后难、先具体后抽象、先一般性问题后敏感性问题，先前提性问题后结论性问题等。

5. 进行问卷的可行性测试

在开展正式调查前，市场调查人员必须先对问卷进行预测试，以发现问卷中可能存在的问题，以便在正式实施前进行弥补和修改。被调查对象、询问方式等应当与正式实施的条件相同。

6. 修改并完成正式的问卷

对问卷初稿进行修改、补充和完善，完成正式问卷。

7. 印制正式问卷

将问卷交给有关部门印刷、装订、编码，供调查使用。

二、问卷内容的设计

（一）确定问题的类型

确定所要调查问题的性质是问卷设计的首要任务。按照问题的性质，把问题分为态度性问题、事实性问题、动机性问题和行为性问题四类。

1. 态度性问题

态度性问题是指要求被调查者回答他对某种商品、某件事情或某个企业的态度、评价和意见的问题。一般借用态度测量表，将态度、评价等按程度划分出备选答案，供被调查者选择。例如，要求回答：你对演讲者的观点的赞同程度如何?①完全赞同；②有点赞同；③谈不上赞同不赞同；④有点不赞同；⑤完全不赞同，这便是态度提问。

2. 事实性问题

事实性问题是指要求被调查者回答客观存在、已经发生的事实的问题。问题和答案都十分明确，只要求回答事实，而不要求做任何描述。提问的目的是为了获得事实性资料，如问卷中关于被调查者年龄、职业、收入、文化等个人背景资料的问题就是典型的事实性问题。尽管此类问题的答案是客观存在的，但也会有一些涉及到个人隐私等敏感性内容。因此，在设计备选答案时，多数采用分段选择的方式。

3. 动机性问题

动机性问题是指要求被调查者回答关于其行为的动机或理由的问题。动机性问题的调查一般采用直接提问方式，也可以选择间接提问方式，或假设性方式。如填词连句法、虚拟提问法、漫画测试法等。

4. 行为性问题

行为性问题是指要求被调查者回答有没有做过、或是否准备做某事以及是否拥有某物的问题。而对于某些涉及个人声誉、个人隐私或社会道德的特殊行为问题，被调查者往往会有顾虑，不愿正面回答，则可从侧面了解被调查者的行为特征，一般通过他人的行为特征来征询被调查者的意见。比如向某人调查购买住房情况，不要直接询问"您现在名下有房产吗？"而该为"您一个月房租开销多少？"

（二）选择提问的方式

在提问设计中，保证调查结果真实有效的前提条件是选择合适的提问方式，包括直接提问、间接提问和虚拟提问等三种方式。

1. 直接提问方式

直接提问是指将所要询问的问题直截了当地告诉被调查者，请他们在问题所确定的范围内给予直接的回答。采用这种提问方式，既能获得比较明确的信息，也便于对信息进行汇总、统计和分析。直接提问适用于被调查者不敏感、回答没有顾虑的问题，以及公众性或者普遍性的问题。如："您的身高"、"您的爱好"、"您最常用的洗发水是什么品牌?"

2. 间接提问方式

间接性问题是不宜于直接回答的问题。一般被调查者直接回答此类问题时会因顾虑而不愿或不敢真实地表达自己意见。如果采用间接回答方式，则可以消除调查对象的顾虑，得到调查对象的真实意见。如："您认为我国是否应该为养老问题立法？"如果用直接提问的方式，只能得到"是"或"不是"的答案，无法得到被调查者对此问题的其他看法。若问题改为：

"A：一部分人认为我国应该就养老问题出台相关的法律法规。"

"B：另一部分人认为我国没有必要为养老问题出台相关的法律法规。"

您认为哪种看法更为正确？

对 A 种看法的意见：①完全同意；②有保留的同意；③完全不同意。

对 B 种看法的意见：①完全同意；②有保留的同意；③完全不同意。

采用间接提问方式会比直接提问方式得到更多的信息。

3. 虚拟提问的方式

虚拟提问就是以一种假设存在的情况为前提，向被调查者提出问题。比如设问：如果给你人民币 1000 元，下列哪一项商品是你的首选？□影像产品；□空调；□手机；□滚筒滑冰鞋；□衣服；□滑板；□其他____。

（三）确定问句的形式

1. 开放式问句

开放式提问属于自由回答型，调查者没有给被调查者提供任何具体的答案，被调查者可以自由地阐述有关想法。比如设问："您认为我国目前的广告宣传中，存在的主要问题是什么？""您为什么特别喜欢这个电视栏目？""对于过去 3 周中您试用的产品，您有什么意见向我们反映吗？"

为了达到预定的调查目的，开放式问题经常需要"追问"。"追问"是调查者为了使讨论继续下去以获得更详细的资料而对应答者的一种鼓励形式。访问人员常说的话是"还有其他要说的吗？"或"在这点上能否讲得更详细些？"通过追问，可澄清应答者的回答。

开放式提问的优点比较明显。首先，它比较灵活，可以让调查对象充分表达自己的意见和想法，有利于被调查者发挥自己的创造性。它适用于收集更深层次的信息，特别适合于对那些尚未弄清各种可能答案或潜在答案的问题的研究，而且还可以得到一些意外的信息。其次，开放式提问可使广告主题和促销活动文案创作更接近于消费者生活。因为被调查者是以其自身体会和感想来回答问题的。再次，开放式提问能作为解释封闭式问题的工具。在封闭式提问后再进行追问，经常可在动机或态度上有出乎意料的发现。例如，在产品特性的重要性研究中，通过封闭式提问，得知颜色排在第一位，但知道为什么颜色排在第一位也许更有价值。

但开放式提问也存在一些缺点。第一，花费被调查者较多的时间和精力，如果被调查者缺乏心理准备，就容易放弃回答。第二，被调查者表达能力的差异易形成调查偏差，而且答案很多，很难对其进行归类，给调查后期的资料整理带来一定的困难。第三，开放式提问得到的信息可能有所偏重。同是产品消费者，一个能够阐述其观点而且有能力表达自己想法的被调查者会比一个害羞、不善言辞的被调查者输出更多的信息。第四，通过开放式提问收集到的资料可能包括大量无价值或不相干的信息。

因此，开放式提问在问卷中比例不能太大，而且也不适合由被调查者自己记录答案（比如邮寄问卷、留置问卷），但比较适合于对新生事物的探索性研究，因为新生事物潜在答案比较多，且答案比较复杂，设计者本人很难穷尽所有答案。

2. 封闭式问句

封闭式提问是一种需要被调查者从事先设计好的一系列回答选项中做出相应选择的提问方式。封闭式问句的优点在于答案标准化，可以避免无关回答，便于分析与统计处理。封闭式问句的缺点表现为：它容易使一个不知道如何回答或没有想法的被调查者猜测答案或随便乱答；被调查者会受备选答案限制而无法反映其真实的情况等。

封闭式问句常用的形式有以下几种：

（1）二项选择法。二项选择法是指提出的问题只有两种答案可供选择，也称二分法或真伪法，被调查者的回答只能二选一，不能有更多的选择。如"是"或"否"、"有"或"无"等。它通常适用于提问简单的事实性问题。例如："您喜欢养宠物吗？"答案只能是"喜欢"或"不喜欢"。

（2）多项选择法。多项选择法是指调查问题有两个以上的答案，被调查者可任选其中的一项或几项。由于既定的答案不一定能表达出调查对象所有的看法，所以在问题的最后通常设"其他"项，便于被调查者表达自己的观点。

采用这种方法时，设计者要考虑以下两种情况：①要考虑到答案的重复和遗漏问题；②避免答案编排顺序对结果的影响。另外，可供选择的答案不应过多，一般应控制在8个以内，否则会造成结果分散，稀释说服力。

比如设问：您喜欢下列哪种品牌的洗发水？（在您认为合适的□内划√）。选项：飘柔□；海飞丝□；潘婷□；力士□；清扬□；霸王□；其他□。

（3）比较法。比较法是指采用对比提问方式，要求被调查者做出肯定回答的方法。一般对效用和质量等问题提问时，常用此类方法。使用比较法时要确保被调查者了解问题中参与比较的商品信息，否则无法完成比较。例如，请您从下列牌子的方便面中选择您最喜欢的一种：康师傅□；统一□；小浣熊□；农心□；五谷道场□；其他□。

（4）顺位法。顺位法是指列出若干项目，被调查者根据自己对事物的认识和偏好程度等对选项进行排序。顺位方法主要有两种：一种是对全部答案排序；另一种是只对部分答案排序。通常由调查者决定采用何种方法。此方法适用于要求答案有先后顺序的问题。

比如设问："您选购空调主要考虑的因素是（请将所给答案按重要顺序1，2，3…填写在□中）。选项：外形美观□；价格便宜□；节能效果□；售后保障□；噪声低□；品牌知名度□；经久耐用□；其他□。

（5）过滤法。过滤法又称"漏斗法"，这种方法适用于当被调查者在回答问题时有所顾虑，而不愿直接表达对调查问题的意见的情况。过滤法通常先提出距离调查主题较远的广泛性问题，然后根据被调查者做答的情况，逐渐缩小问题的范围，最后有目的地引向要调查的某个专题性问题。例如，在涉及被调查者隐私或自尊的问题，如文化程度、女性年龄、工作收入等，可以使用这种提问方式。

三、问卷形式的设计

虽然，问卷内容的设计在问卷设计中居于核心地位，但问卷形式的设计同样不可忽视。被调查者对问卷表面状况第一印象的好坏与他们是否乐意接受调查关系很大。因此，问卷的形式也需要整体构思和认真设计。问卷形式的设计，主要包括以下内容：

1. 编排各部分内容

当问卷设计者根据调查目标的实际需要，确定问卷各部分内容之后，需对各部分内容作出精心的安排。各部分内容之间需要有明显的间隔，这样才能给被调查者留下层次分明、条理清晰的良好印象。

2. 确定问卷的大小

根据正式文件的版面标准，问卷最好采用 16 开的纸张。过大，会使被调查者感到内容很多，而形成某种程度的心理压力；过小，则会显得不正规，不能引起被调查者的重视。

3. 选择合适的字体

为使问卷美观大方，问卷印刷字体要醒目。询问的句子靠左排，用稍大或稍粗一点的字体，备选答案则靠右边排，用稍小或稍细一点的字体，以区分问句的各组成部分。问句中的关键词可以用更大或更粗或稍斜的字体，或在下面加线将它们突现出来。

4. 保持适当的行距

为使问卷整体齐整美观，问卷各字各行之间要保持适当的间距，而且整个问卷要保持一致，插入的表格也要排列整齐，并放在恰当位置。

5. 采用优质的纸张

采用比较高级的纸张印刷问卷能够间接地向被调查者传递出这样的信息："这是一份正式的文件"，"研究机构很重视这次调查"等，从而使被调查者更加认真回答问题。

6. 问卷印刷要精美

精美的印刷可以体现问卷设计形式的完美。问卷一般采用单面印刷，每页印有页码，上下左右四边都要留出一定的空白来凸显文字图标的美观；如有插图，要精心绘制，不可粗制滥造；开放式的问句要留有足够的空间让被调查者填写答案；整个问卷的装订要整齐、牢固。

四、问卷设计应注意的问题

问卷设计要求问卷中的问句表达概念清晰、准确、简明生动、避免出现容易有歧义的问题。具体包括：

1. 避免提笼统的一般性问题

此类问题过于笼统，无法得到访问者想要的答案，很难达到预期效果。如："您对某卖场的感觉怎样？"被访问者只能作出诸如"不错"、"挺好"、"不怎么样"之类的简单回答，根本得不到访问者想要的答案，很难达到预期效果。

2. 避免引导性提问

如果问卷中的问句带有暗示性，而不是"中立"的，意图引导被调查者的回答倾向，即为"引导性提问"。如"大部分理性消费者普遍认为×××牌的热水器好，您对此有何评价？"

3. 避免使用不确切的词或词组

由于被调查者理解的差异，在问卷设计中应减少或者避免使用如"少数"、"经常"、"一些"等词，以及一些形容词，如"舒适"、"美丽"等。如问："你是否经常打羽毛球？"回答者对"经常"的理解各异，有的人认为每周都能打上好几次才叫经常打，而有的人认为每周能打一次就叫经常打，甚至还有的人认为每月都能打上一两次便可以叫经常打，所以这样的提问很难得到确切的答案。可以改问："你通常多长时间打一次羽毛球？"或"你通常一周（或一月）打几次羽毛球？"

4. 避免用词含糊不清

如果研究人员认为问题是绝对必要的，那么问题的表达对每个人来说必须意味着同样的意思。所以用词必须清楚，避免使用含糊不清的词语。如美国宝洁公司曾以两块品质相同仅颜色不同的肥皂，询问消费者的意见。其中一个问题是："您认为哪一种肥皂比较温和一些？"结果是：认为 A 肥皂较温和的占 57%，认为 B 肥皂较温和的占 23%，无意见占 20%。后来换成"您认为哪种肥皂对您的皮肤刺激性较小？"结果是：认为 A 肥皂对皮肤刺激性较小的占 41%，认为 B 肥皂对皮肤刺激性较小的占 39%，无意见的占 20%。两种问法的反应差异很大。究其原因有两个方面：一方面是由于部分被调查者猜测答案和随便回答外，另一方面的原因（而且可能是很大的一部分原因）在于"温和"的含义难以确切理解。

5. 避免提断定性的问题

如："您一天喝几杯茶？"这种问题即为断定性问题，如果被调查者根本不喝茶，就会造成无法回答。正确的处理办法是在此问题前加一条"过滤"性问题，即"您喝茶吗？"，如果被调查者回答"是"，可继续提问，否则就终止提问。

6. 避免提问令被调查者难堪的问题

即使有些问题非问不可，也不能只顾自己的需要而穷追不舍，应考虑被调查者的自尊心。

如"您是否离过婚？离过几次？谁的责任？"这样的问题会让被调查者感到很尴尬，很难做出相应的回答。又如，直接询问女士年龄也是不礼貌的，可列出年龄段：20 岁以下，20～30 岁，30～40 岁，40 岁以上，由被调查者选择答案。

7. 问句要有明确的界限

年龄、家庭人口、经济收入等调查项目容易产生歧义，如年龄有虚岁和实岁；收入是仅指工资，还是包括奖金、补贴和其他收入。如果调查者对此没有明确界定，也很难达到预期的调查结果。

8. 避免问题与答案不一致

设计的答案应该与所提的问题相吻合，否则就会文不对题。如"您喜欢看什么类型的电视节目？"选项：①新闻；②体育；③文艺；④经常看；⑤偶尔看；⑥根本不看。这道问题中的"④经常看；⑤偶尔看；⑥根本不看"三个备选答案设计就不恰当，因为它们根本不属于任何类型的电视节目。

第三节　量表的设计和检验

一、量表的类型

（一）量表的一般分类

量表是一种测量工具，它可以将主观的、有时是抽象概念进行量化处理的测量工具。其方法是对事物的特性变量用不同的规则分配数字，形成不同测量水平的测量尺度。在使用量表时，应考虑：①量表类型的选择，是使用评价量表，还是使用等级、排序量表或其他量表；②是使用平衡量表还是非平衡量表；③使用量表的量级如何确定；④量级层次选择奇数级还是偶数级；⑤研究人员要确定是使用强迫选择的量表还是非强迫选择的量表。

量表一般包括以下类型。

1. 类别量表（命名量表）

类别量表是市场调查中最普遍的量表之一，它用数字来描述各类事物，同类的事物用一个数字表示，另一类的事物用另一个数字表示，数字仅仅是事物的名称，只具有相同与不同的特性，没有数量大小的含义。

类别量表的数字之间没有实际的意义，只是一些符号；类别数据之间只有质的区别，没有量的差别；数字之间没有数量关系，也没有顺序关系，不能相加，更不能乘除。因此，在进行类别量表的统计分析时，只能对总体中的每一类别进行频次和频率以及众数（出现频次最多的数）的计算。计算平均数是毫无意义的。比如，性别：□男 1；□女 2。地理区域：□城市 1；□农村 2；□郊区 3。

2. 顺序量表

顺序量表是指除了具有类别量表用数字代表特征的特点外，还能够对数据进行排序的量表。顺序量表的目的是排序。因此，任何可以代表顺序关系的数字系列都可以接受。顺序测量是基于可传递假设的应用。可描述成："如果 a 小于 b，而 b 小于 c，则 a 小于 c"。

顺序量表中，没有绝对的零点；两个数字之间的差距没有绝对的意义，不能进行加、减、乘、除等普通的算术运算。此外，在特殊情况下，比如假定两个数字之间的差距相等，那么数据量表还可以看作是等距量表。比如：请对下列汽车品牌按 1～4 进行排序，其中 1 表示最喜欢的，4 表示最不喜欢的。宝马____；奔驰____；奥迪____；本田____。顺序数字实际上表示出了等级的顺序。通过以上顺序量表，能知道什么品牌的汽车最受顾客的青睐、什么品牌其次、什么品牌最没有竞争力。一般来说，数字既不表明绝对数量，同时也不表明两个数字之间的差距是相等的。

3. 等距量表

等距量表是指有相等单位和人定参照点的量表。这种量表上的数值不仅具有区分性、等级性，还具有等距性。但是量表上的参照点（读数的起点）不是绝对零点，而是人定的参照点。比如：用摄氏温度计测量的温度，9℃与 6℃之差等于 6℃与 3℃之差。但是，这并不意味着 9℃是 3℃的 3 倍，这是因为摄氏温度表是以冰点作为人定参照点。摄氏温度表上的绝对零点在零下 273℃，即−273℃。同样，时间量表上的参照点也是人定的。比如钟表上的零点，并不意味着没有时间。

等距量表是一类连续的数量，因此其在等级之间是有程度差异的。使用等距量表，调查人员能够研究两个目标对象之间的差距。等距量表等级之间的各点能进行加减，但不能进行乘除，因为等距量表没有绝对的零点，所以限制了调查人员对量表的表述。如等距量表的应用：对汽车品牌满意度打分，最高分是 10 分，最低分是 1 分。如果给宝马 8 分，本田打 2 分，那么可以说宝马比本田多 6 分，但我们不能说宝马得分是本田得分的 4 倍。因为在量表中没有给出最低分是零分。

4. 等比量表

等比量表又称比率量表，是测量数据中最高水平的量表，是可以对变量的实际数值进行比较的、有绝对零点的量表。它具有类别量表、顺序量表、等距量表的一切特性。在等比量表中，可以标识对象，将对象进行分类，排序，作加、减、乘、除等运算，以比较不同对象某一变量测量值的差别。在调查体重、年龄、身高等都可借助等比量表，如甲生身高 180cm，乙生身高 150cm，可以说甲生比乙生高 30cm，也可以说甲生身高是乙生的 1.2 倍。在市场营销研究中，对销售额、市场份额、生产成本、消费者数量等变量都可用等比量表来测量。但由于绝对零点不好确定，因此很多情况下不能够采用等比量表。

（二）态度量表的类别

态度是被调查者对某一客体所持有的一种比较稳定的赞同或不赞同的内在心理状态。测量人们的态度比较困难，而且极少用精确刻度。在许多情况下，测量态度的量表属于类别量表或顺序量表，一些更精细的量表能让研究人员可以在等距水平上进行测量。一般态度量表达不到等比量度的程度。态度量表可进一步划分为如下类型。

1. 评比量表

评比量表是市场调查中最常用的一种顺序量表。调查者在问卷中事先拟定有关问题的评比答案量表，由回答者自由选择回答。量表两端为极端性答案，在两个极端之间划分为若干个阶段，划分的阶段可多可少，少则 3 个，多则 5~7 个。比如：划分为 3 个阶段量表：①喜欢；②无所谓；③不喜欢。划分为 7 个阶段的量表：①非常喜欢；②喜欢；③有点喜欢；④无所谓；⑤稍不喜欢；⑥不喜欢；⑦很不喜欢。

评比量表又可以划分为列举评比量表和等级顺序量表。

（1）列举评比量表。列举评比量表是指对某一对象的各项指标进行列表评比。这种量表既容易制作，又方便使用，而且可靠性高，能对各项指标进行直观比较。如顾客对某产品满意度评比量表（见表 10-1）。

表 10-1　　　　　　　　　　　　顾客满意度评比量表

测评指标	满意	较满意	一般	较不满意	不满意
产品外观					
质量					
安全性					
使用性能					

（2）等级顺序量表。等级顺序量表是将有关的回答项目按要求进行比较后排序。如将您购买汽车时所考虑的前三位的因素按重要程度从大到小进行排序：3—非常重要；2—其次；1—再其次。选项：□品牌；□价格；□款式；□颜色；□性能；□百千米耗油；□其他（请注明）。

2. 语义差异量表

语义差异量表是由查尔斯·奥斯古德等人研究出来的，是用成对的反义形容词来测量回答者对某一项目的态度。语义差异量表可以迅速、高效地检查产品或公司形象与竞争对手相比所具有的优势和劣势。它主要用于市场比较、个人及群体差异的比较以及人们对事物或周围环境的态度的研究等。由于其制作简洁直观，因而受到市场研究人员的青睐，经常用来作为测量形象的工具。

具体做法是：将被测量的事物放在量表的上方，然后将描述该事物的各种反义形容词列于两端，中间可分为若干等级，每一等级的分数从左至右为：7、6、5、4、3、2、1 等，由被调查者按照自己的感觉在每一量表上适当的位置画上记号。

3. 沙斯通量表

沙斯通量表是由一系列要求调查对象加以评判的表述组成，由被调查者选出他所同意的表述。它和前两种量表的显著区别是：前两种量表中的各种询问语句及答案是由调查者事先设计拟定的，而这种量表的语句是由被调查者自行选定的，调查者在被调查者回答的基础上建立起差异量表。

沙斯通量表的基本设置步骤如下：第一，由调查者提出若干个表述，通常有几十条之多，以说明对一个问题的一系列态度，有的是完全肯定的，有的是完全否定的；第二，将这些表述提供给通常为 20～50 人左右的一组评判人员，要求他们将这些表述划分为若干组，这些组别的划分可以反映他们对每一个表述肯定或否定的情况；第三，根据评定人员所确定的各组语句的次数，计算其平均数和标准差；第四，在各组中分别选出标准差最小的两条语句，在真正调查时向被调查者提出并要求他们回答。

沙斯通量表的语句是根据各评定人员的标准差确定的，具有一定的科学性。但该量表的确定不但费时、费力，而且要求选择的评定人员具有代表性，否则，当评定人员与实际被调查者的态度产生较大差异时，这种方法会失去信度。还有，它无法反映被调查者态度在程度上的差别。

4. 李克特量表

李克特量表（R.A.Likert，1932）是由一系列能够表达对所研究的概念是肯定还是否定态度的陈述所构成。它要求被调查者回答对每一种陈述同意或者不同意的程度。赋予每位被调查者所选择答案一个分数，以反映他对每个陈述同意或不同意的程度。然后，将这些分数加总求和，就可以测定应答者的态度。利用李克特量表，研究人员可以得到一个总计分数，并且识别某个人对于特定概念的态度到底是肯定还是否定。

李克特量表的应用举例：有 25 个项目的量表中，如果最高的赞同总分是 125 分，那么当某个应答者得分为 100 分时，就可以认定为持赞同的态度。要注意的是，在评分过程中，态度的方向应与项目保持一致。例如，在分析人们买或不买除臭鞋垫的原因时，如果对除臭鞋垫持完全否定态度的语句（完全不同意）给予 5 分的话，那么对除臭鞋垫持完全肯定态度的语句（完全同意）就应当给予 1 分。

李克特量表的建立步骤如下：①研究人员确定要测量的概念；②收集大量的有关公众对此概念的看法的陈述；③聘请有关专家从中选出 20～25 个有最大区别的项目；④按同意、不同意的观点向被调查者进行关于这些项目的调查，回答者的态度用 5 点评分法或 7 点评分法表示出来；⑤汇总每个被访对象对所有这些看法的评分；⑥得出大部分人对此概念态度的倾向。

在市场调查中，李克特量表非常流行。它不仅制作快捷、简便，还易于操作，而且可以通过电话来进行。通过李克特量表分析，市场研究人员既可以找出人们对某个概念持肯定态度或否定态度的原因，还可以将所有的被调查者进行归类。

例如，研究人们对工作、生活、学习等的态度，就可以设计以下肯定或者否定语句的李克特量表（见表 10-2）。

表 10-2 李 克 特 量 表

项　　　目	完全同意	同意	无所谓	不同意	完全不同意
我能胜任现在的工作	5	4	3	2	1
我不介意工作中的成绩	1	2	3	4	5
学习知识对于找工作没多大用处	1	2	3	4	5
拿文凭可以改变工作环境	5	4	3	2	1
看书实际上完全是为了消遣	5	4	3	2	1
下班以后应该好好轻松	1	2	3	4	5

续表

项　目	完全同意	同意	无所谓	不同意	完全不同意
对自己未来的目标有明确的考虑	5	4	3	2	1
我独自能干出一番事情	5	4	3	2	1
……					

（三）问卷和量表的比较

问卷和量表都是研究者用于搜集数据的一种工具，也可以说是对态度和个人行为的一种测量技术。虽然量表和问卷都可以用来搜集数据，但两者仍有一定差异。

1．在编制架构上的差异

（1）问卷只需符合主题即可，而量表需要理论依据。在设制问卷时，研究者只需明确研究主题，列出所要了解的问题，依次编排即可。而量表的编制通常都是根据学者对该问题所提出的理论来决定其编制架构的。例如，要编制教练的领导行为量表时，可根据领导情境理论来编制。

（2）量表的各分量表都要有明确的定义，问卷则无此要求。在编制量表时，如有若干个分量表，则各个分量表的定义均需明确界定；若没有分量表，编制者可直接说明此量表的定义。一方面是为了让阅读者能了解各个分量表究竟是做何解释，另一方面是为了让编制者在编题时能切合分量表的主题。

2．在计分上的差异

（1）问卷是以各题为单位来计次，量表是以各个分量表为计分的单位。问卷是以单题为计算单位，即以每一题的各个选项来计算其次数。量表则和问卷不同，若一个量表有若干个分量表，则以各个分量表为单位计分。由于量表通常是以点量尺的形式呈现，研究者只要将分量表中每一题的分数相加即可。

（2）问卷的计算单位是次数，而量表的计算单位是分数。问卷是以各题的选项来计次，所得的结果是各个选项的次数分配，属于间断变数。而量表是将各题的分数相加而得到一个分数，因此所得的分数是属于连续变量。

3．在统计分析上的差异

问卷在描述统计方面有次数分配、百分比，在推论统计方面有 x^2 检验等。而量表在推论统计方面有 t 检验、共变量分析、变异数分析和回归分析等，在描述统计方面有平均数、标准差等。

（四）量表的架构

1．决定量表的因素

一个量表究竟需要多少个分量表，要根据其所依据的理论而定。如领导情境理论将领导行为分为五个维度，每个维度做一个分量表。

2．订定正式量表的题数

一份量表所需要的题数并没有定论，可以参考如下指标：①可用的时间。可用时间越长，题目就可越多。②所测特质的灵敏度。较不灵敏的特质通常需要较多的题目，才能区分出不同的群体。③分量表的数量。分量表越多，所编的题数就会越多。

3. 决定预编的题数

预编的题数一般多于正式题数，至于多出多少，则与编制题目者的能力、水平、经验等因素相关。

4. 决定量表的量尺

通常量表的量尺以五点或七点的形式为多。五点量表为"1＝完全不同意，2＝比较不同意，3＝说不准，4＝比较同意，5＝非常同意"。七点量表则更细些，为"1＝完全不符合；2＝基本不符合；3＝有点不符合；4＝不能肯定；5＝有点符合；6＝基本符合；7＝完全符合"。

二、量表的测量和检验

量表是根据一定理论依据建立的测量表，在应用的过程中要注意测量误差的可控性，同时对量表一定要进行信度和效度的检验。

（一）测量误差

测量误差是观测值和真实值之间的差距。误差的大小反映了测量精度的高低。常见的误差有两类：一类是系统误差，另一类是随机误差。系统误差表现为集中的、向着一个方向分布，而且在数量上是恒定的；而随机误差则是由种种随机原因造成的，散布在各个方向，数量也是随机分布，忽大忽小的，很难加以控制。系统误差很容易发现，一旦发现就可以去除掉，而随机误差则是由一些不明的原因造成的。所以，绝大多数的测量误差是随机误差。

（二）信度

信度即测量的可靠性，亦指测量结果的一致性或稳定性，包含两个意思：一是用同一个测量重复测量某项持久的特性时，是否能得到相同的结果，即测量的尺度是否稳定，值得信赖；二是测量能否减少随机误差的影响，从而能提供关于所要测量的某特性的真实情况。

（三）效度

从测量角度看，效度是指一种测量手段能够测得预期结果的程度。从统计学角度出发，效度被定义为潜在真分数方差与实得分数方差的比率。一般而言，效度被定义为测量的有效程度或测量的正确性，即一种调查工具或测量手段在社会调查中其结果达到预期调查目的的有效程度。

调查工具或测量手段的效度越高，所得到的调查结果越能接近调查的预期效果。因此，效度是衡量一种调查或测量工具的重要标准。没有效度的调查工具或测量手段，即使收集的数据资料很丰富，也是没有价值的。一种良好的调查工具或测量手段，必须是针对某一特定调查目的的需求，而且符合调查对象所具有的特点，才是有效的。例如，用直尺测量长度是有效的，而用来测量温度则是无效的。

（四）信度和效度的关系

信度是效度的必要但不充分条件。即有信度不保证一定有效度，研究程序可靠并不能证明研究内容一定有效，而一个有效度的研究一定是一个有信度的研究。有效度必定有信度，效度高信度必定也高。

两者的关系可以概括如下：

（1）信度高，效度不一定高。例如，如果准确地测量出某人的收入，不一定能够说明其消费水平。

（2）信度低，效度不可能高。因为如果测量的数据不准确，也并不能有效地说明所研究的对象。例如，一个研究使用的数据收集方法本身有问题，所得的数据自然就不具有说服力，更谈不上有效。

（3）效度低，信度很可能高。例如，即使一项研究未能说明社会流动的原因，但它很有可能很精确、很可靠地调查了各个时期各种类型人的流动数量。

（4）效度高，信度也高。例如用尺量布，若尺子是标准的，测量又有效，则无论测量多少次，结果必定可信。

第十一章

数据分析及报告编写

在通过各种渠道进行市场调查并获得各类数据的基础上，需要按照一定的调查目的，应用各种数据分析专业方法，对调查数据资料从不同角度进行分析，找出所调查事物或现象的本质及规律，并编写相应的市场调查报告。

第一节 市场调查数据分析

一、描述性统计分析

描述性统计分析（descriptive analysis）是指从已知的调查总体所有单位的相关资料，进行搜集、整理和计算综合指标等一系列加工处理的统计分析方法，用以描述总体的情况和特征。描述性分析是统计分析的重要组成部分，在工程咨询中有着广泛的应用。数据的集中趋势分析、离散程度分析以及相对程度比较分析是市场调查分析中最常用的三种描述性分析。

1. 数据的集中趋势分析

数据的集中趋势是指资料的各种数据所集聚的位置，分析数据的集中趋势常用的指标有平均值、中位数、众数三种，用来反应数据的一般水平。

（1）平均值（mean）。平均值是指数据偶然性和随机性特征相互抵消后的稳定数值，它是最重要的数量度量值，用来衡量数据的中心位置。

简单的算术平均值的计算公式为

$$\bar{x} = \frac{\sum\limits_{i=1}^{n} x_i}{n} \tag{11-1}$$

式中：$\bar{x}$ 为算术平均值；x_i 为各单位标志值；n 为各单位数；$\sum$ 为总和符号。

有些测量中，所得的数据的单位权重并不相等，这时，若要计算平均数，就不能用算术平均数，而应该使用加权平均数。加权平均数的计算公式为

$$\bar{x} = \frac{\sum\limits_{i=1}^{n} w_i x_i}{\sum\limits_{i=1}^{n} w_i} \tag{11-2}$$

式中：w_i 为权数，即指各变量在构成总体中的相对重要性或份额。$\sum w_i = w_1 + w_2 + \cdots + w_n$；$\sum w_i x_i = w_1 x_1 + w_2 x_2 + \cdots + w_n x_n$。

（2）中位数（median）。中位数是指将数据按照大小顺序进行排列，形成一组数列，位于中央的那一项数值即为中位数。如果项数为奇数，则中央的一项就是中位数；如果项数为偶

数，通常定义中位数为中央两项的平均值。

（3）众数（mode）。众数是指出现次数最多的变量值。有些情况下，存在不止一个众数。根据数据中众数的个数，分为单众数数据、双众数数据或多众数数据。平均值适合于各数据之间的差异程度较小的情况下。如果数据之间差异较大，特别是有个别的极端数值的情况下，使用中位数或众数代表性较好。

2. 数据的离散程度分析

数据的离散程度就是数据中各个变量值与集中量数的偏差程度的数值，用来反映数据之间的差异程度。离散量越大，表示变量值与集中统计量偏离越大，数据越分散。测定离散程度的常用指标有变异比率、四分位差、方差与标准差。

（1）变异比率（variation ratio）。变异比率是指非众数的项数与总体内全部变量值总次数的比率。变异比率用 V 表示，其公式为

$$V = \frac{全部变量总次数 - 众数项数}{全部变量值总次数} \times 100\% \tag{11-3}$$

变异比率越大，即非众数次数在总体中的比重越大，众数的代表性就越弱，此时用众数来估计变量值情况的准确性就越低。反之，变异比率越小，则众数代表性越强。

（2）四分位差（interquartile range）。定序变量离散趋势的测量通常采用四分位差法。其计算方法为先将数据按顺序由低到高排列，然后分为四等分，则第一个四分位的值（Q_1）与第三个四分位（Q_3）的差异，就是四分位差（Q）。

（3）方差（variance）与标准差（standard deviation）。方差即各变量值与其均值之差的平方和除以变量个数之和，其公式表示如下

$$S^2 = \frac{\sum(x - \bar{x})^2}{n - 1} \tag{11-4}$$

标准差就是方差的算术平方根，公式表示如下

$$S = \sqrt{S^2} = \sqrt{\frac{\sum(x - \bar{x})^2}{n - 1}} \tag{11-5}$$

方差的取值范围为 0 到无穷。方差越大，说明数据越离散，变异也就越大；方差越小，这组数据就越聚合，说明均值的代表性越强。

3. 相对程度比较分析

将两个有联系的统计指标对比而得到的相对数可以说明事物发生和发展相互关联的程度和效益，对其反映的事物之间的关系进行研究分析，就是相对程度分析。当某些现象不能通过利用总量指标直接进行对比时，可以采用相对程度分析方法。常用的相对指标有结构相对指标、比较相对指标、比例相对指标和强度相对指标等几种。

（1）结构相对指标。结构相对指标是在科学分组的基础上，总体各组成部分与总体总量数值对比求得的比重或比率，表明总体中某部分占总体的比重。它从静态上反映总体内部构成，揭示事物的本质特征，其动态变化反映事物的结构发展变化趋势和规律。计算公式为

$$结构相对指标 = 各组总量指标数值 / 总体总量指标数值 \times 100\% \tag{11-6}$$

（2）比较相对指标。比较相对指标是指不同总体中同类现象指标数值对比所得到的综合指标。它表明同类现象在不同空间条件下的数量对比关系，可以说明同类现象在不同国家、

地区、单位之间的差异程度或相对状态。例如，对不同地区的同种品牌产品销售量的比较或同类产品不同品牌的销售量的比较。其计算公式为

比较相对指标＝某条件下的某项指标数值/另一条件下同项指标数值×100%　（11-7）

（3）比例相对指标。比例相对指标是指将同一总体内不同部分的指标数值对比得到的综合指标。它表示总体中各部分的比例关系，如不同产业的比例关系等。其公式为

比例相对指标＝总体中某部分指标数值/总体中另一部分指标数值×100%　（11-8）

（4）强度相对指标。强度相对指标是指不同总体的两个性质不同但有联系的总量指标之比。如流通费与商品销售额、产值与固定资产等的比值。其计算公式为

强度相对指标＝某一总量指标总数/另一性质不同而有联系的总量指标数值×100%　（11-9）

二、假设检验

假设（hypothesis）可以定义为一个调查者或管理者对被调查总体的某些特征所做的一种假定或猜想。调查人员常常面临的问题是调查结果是否与标准有很大的区别，而这种差异只有两种解释：一是由于随机误差造成的；二是假设错误，真正的数值是另外的值。零假设（null hypothesis）是一个关于现状的保守陈述，声称所有过去认为是真实的或者受到观测的状况的变化，都完全是因为随机误差而导致的。备择假设（alternative hypothesis）陈述的是零假设的反面。一般用 H_0 表示零假设，H_1 表示备择假设。假设检验的目的是要确定两个假设中哪一个是正确的。

假设检验的步骤：①明确适于应用的零假设与备择假设。②选择能够确定是否拒绝零假设的检验统计量。③指定检验的显著性水平。显著性水平 α（significance level）就是在零假设与备择假设之间进行选择的临界概率。④收集相关的样本数据，并利用统计软件计算检验统计量的值。⑤比较计算所得检验统计量的值与拒绝规则所指定的临界值，确定是否拒绝零假设，并表述结果。

1. 参数假设检验

参数假设检验是在总体分布形式已知的情况下仅需对总体的未知参数（总体均值、总体比率等）进行的假设检验。

（1）总体均值的假设检验。当总体分布为正态分布，并且总体标准差已知时，常采用 z 分布检验。检验统计量 z 的计算公式为

$$Z = \frac{\overline{x} - m_0}{\sigma / \sqrt{n}} \qquad (11\text{-}10)$$

H_0：$\mu = \mu_0$，H_1：$\mu \neq \mu_0$，由显著性水平 α，查 Z 分布表，可得 $-Z_{\frac{\alpha}{2}}$、$Z_{\frac{\alpha}{2}}$ 两个临界值，若 z 落在两个临界值之间，接受 H_0，反之，拒绝 H_0。

【例 11-1】 某商场会员某年人均消费 9850 元，标准差为 880 元。该商场调查人员随机抽取 600 名会员进行抽样调查，结果人均消费 9785 元，在 $\alpha = 0.05$ 的条件下，能否认为样本会员的人均消费与总体会员的人均消费没有显著的区别？

解：H_0：$\mu = \mu_0$，H_1：$\mu \neq \mu_0$

$$Z = \frac{9785 - 9850}{880 / \sqrt{600}} = -1.8093$$

当 $\alpha = 0.05$ 时，查 Z 分布表，得 $-Z_{a/2} = -1.96$，$Z_{a/2} = 1.96$，检验统计量 Z 值位于两个临

界值内，所以接受零假设，即认为样本会员与总体会员的人均消费区别不大，样本会员代表性较好。

（2）总体比率的假设检验。在单个总体比率的假设检验中，当样本单位数 $n>30$，np 和 $n(1-p)$ 均大于 5 时，样本比率 p 的抽样分布近似正态分布，可采用 Z 分布检验。检验统计量 Z 的计算公式为

$$Z = \frac{p - p_0}{\sqrt{\dfrac{p_0(1 - p_0)}{n}}} \tag{11-11}$$

式中：p_0 为假设的总体比率；p 为样本比率。

$H_0: p=p_0$，$H_1: p \neq p_0$，由显著性水平 α，查 Z 分布表，可得 $-Z_{\frac{\alpha}{2}}$，$Z_{\frac{\alpha}{2}}$ 两个临界值，若 Z 落在两个临界值之间，接受 H_0，反之，拒绝 H_0。

【例11-2】　某企业生产"××牌"电饭锅，据其以往的统计数据，"××牌"的市场占有率为 18%，现抽取 800 户居民家庭作为样本进行抽样调查，测得"××牌"的市场占有率为 17.4%。在 α =0.05 的条件下，能否认为"××牌"电饭锅的市场占有率没有明显的变化？

解：H_0：$p=p_0$，H_1：$p \neq p_0$

$$Z = \frac{0.174 - 0.18}{\sqrt{\dfrac{0.18(1 - 0.18)}{800}}} = -0.4417$$

当 α=0.05 时，查 Z 分布表，得 $-Z_{\alpha/2} = -1.96, Z_{\alpha/2} = 1.96$，$Z$ 落在了两个临界值之间，故接受零假设，即认为"××牌"电饭锅的市场占有率没有明显的变化。

2. 非参数假设检验

在进行假设检验时，非参数假设检验在以下两种情况下应用较多，一是总体分布形式未知，二是解决的问题不符合参数假设检验条件。非参数假设检验的方法很多，应用最多的是 χ^2（卡方）检验，也称吻合性检验。

在市场分析过程中，为了判别实际的频数分布是否与期望的分布一致，常常需要比较变量的观察值出现的实际次数（O_i）与理论次数（E_i）。χ^2 的统计量定义为

$$\chi^2 = \sum \frac{(O_i - E_i)^2}{E_i} \tag{11-12}$$

检验的决策法则：$\chi^2 > \chi^2_{(1-\alpha,n)}$ 不适合理论分布（差异显著）

$\chi^2 < \chi^2_{(1-\alpha,n)}$ 适合理论分布（差异不显著）

应用 χ^2 检验时无论是实际频数还是理论频数都为绝对频数，而不能采用频率；所有观察值的频数应不小于 5，否则需做合并处理。

【例 11-3】　在过去的一年里，公司 A 的市场份额稳定为 50%，公司 B 为 30%，公司 C 为 20%。最近公司 B 开发了一种新产品，该产品取代了其原有的老产品，某调查公司接受 B 公司的委托，请 200 名用户来进行调查，为判断新产品是否使原有的市场份额发生了变化。调查结果见表 11-1。

表 11-1 市场份额调查的 χ^2 检验

类别	假设比例	观察频率（O_i）	期望频率（E_i）	差 $O_i - E_i$	差的平方（$O_i - E_i$）^{2}
公司 A	0.50	48	200×0.50=100	−52	2704
公司 B	0.30	98	200×0.30=60	38	1444
公司 C	0.20	54	200×0.20=40	14	196

H_0：P_A=0.50，P_B=0.20，P_C=0.20，H_1：$P_A\neq0.50$，$P_B\neq0.30$，$P_C\neq0.20$

$$\chi^2 = \sum \frac{(O_i - E_i)^2}{E_i} = \frac{2704}{100} + \frac{1444}{60} + \frac{196}{40} = 56.01$$

$n = k - 1 = 3 - 1 = 2, \alpha = 0.05$。由 χ^2 值查表得 $\chi^2_{(1-\alpha, n)} = 5.99$，$\chi^2 > \chi^2_{(1-\alpha, n)}$ 拒绝 H_0，即认为公司 B 的新产品投入市场改变了从前的市场份额。

三、定量统计分析

1. 相关分析

很多营销问题处理的是两个（或更多）变量之间的关联关系。像"销售量与薪水激励相关联吗？"、"社会经济状况与购买奢侈品的可能性相关吗？"这样的问题，可以通过研究问题中两个变量之间的关系来解决。

变量之间的关系分为确定性关系和非确定性关系两类，确定性关系即回归函数关系，非确定性关系即相关关系。

简单相关性分析是说明一个变量与另一个变量之间关系的最流行的技术。相关系数（correlation coefficient）是用来表示两个变量之间共变或关联的统计指标。相关系数 r 既说明了线性关系的大小，又说明了这种关系的方向。r 从 +1～−1 之间取值，当 $r=-1$ 说明是完全负面的线性关系；$r=0$ 表示不具有相关关系；$r=+1$ 说明是完全正面的线性（直线）关系。

计算两个变量 x 与 y 的相关系数 r 的公式如下

$$r_{xy} = r_{yx} = \frac{\sum(X_i - \overline{X})(Y_i - \overline{Y})}{\sqrt{(X_i - \overline{X})^2(Y_i - \overline{Y})^2}} \tag{11-13}$$

式中：$\overline{X}$、$\overline{Y}$ 代表了 X、Y 各自的样本均值。

如果涉及的是可计量数据，可以使用皮尔逊积矩（pearson's product moment）法。其相关系数计算公式为

$$r_{xy} = r_{yx} = r_p = \frac{\sigma_{xy}}{\sqrt{\sigma_x^2 \sigma_y^2}} \tag{11-14}$$

式中：σ_{xy} 为 X 和 Y 的协方差；σ_x^2 为 X 的方差；σ_y^2 为 Y 的方差。

有时调查人员常常需要分析两个有序等级变量的关联程度。如广告代理商想了解一家公司的产品质量等级与其市场份额等级是否相关，这时可采用斯彼尔曼等级序列相关（spearman rank-order correlation）法。它的相关系数计算公式为

$$r_s = 1 - \frac{6\sum_{i=1}^{n} d_i^2}{n(n^2 - 1)} \tag{11-15}$$

式中：d_i 为两个变量的等级差；n 为分级项目数。

需要说明的是，相关性并不意味着因果关系。当两个变量之间的相关纯粹是由于它们两者都受到同一原因的影响时，就说明发生了虚假相关。在虚假相关中，一旦把这一共同原因的影响控制住，或将其从两个变量中移走（导致偏相关系数），那么，这两个变量间的相关性将不再明显。虚假相关的例子，如拥有金表和长寿间的关系（两者都受富足程度的影响）。

2. 因子分析

因子分析（factor analysis）是将多个指标分解为少数几个不相关的综合指标，进而对其分析的一种多元统计分析方法。在市场研究中，调查人员经常会面对大量的变量以及复杂的多维度关系结构，进一步的研究分析就必须先对数据进行简化、提炼和归纳。例如，要测量消费者对一种新型汽车的反应，其中一点就是测量它的"豪华程度"。而"豪华程度"通过如下指标综合体现："安静性"、"平稳程度"、"内部装潢"等，其中任何一个指标都只是反映"豪华"的某一方面。

因子分析可以帮助调查人员定义、解释包含在众多原始变量中的潜在结构或者关系，并且使用一组少量的变量（因子）来表示，而不会使原始信息损失过多，从而降低了分析难度，并且有利于其他分析方法（如聚类分析等）对市场问题进行更深入的研究。

3. 聚类分析

聚类分析（cluster analysis）是指把具有某类相似特征的物体或人归为一类的一种分类方法。分类是市场研究人员经常面临的主要问题之一。比如按照性别和收入水平将消费者划分为"高收入女性"或者"中等收入男性"等群体，按照消费者的消费行为将消费者划分为"追求品味型"、"引领时尚型"或"迷茫追随型"等群体。聚类分析法是研究人员在细分消费者的过程中经常运用的一种方法。

聚类分析有两种基本类型：对个体聚类和对变量聚类，前者也称 Q 型聚类，后者也称为 R 型聚类，但是常用的是 Q 型聚类。

4. 判别分析

判别分析（discriminate analysis，DA）是一种统计判别和分组技术，是根据观测或测量到对象的若干变量值判断研究对象属于哪一类的方法。在市场研究、市场细分以及新产品开发中，常常涉及判别消费个体所属类别的问题，也常会遇到消费者对不同品牌在一组产品属性之间的偏好和认知程度的问题，判别分析可以很好地对这种差异进行鉴别。

简单地说，判别分析是从已知的消费群体分类情况中总结规律，为以后判断新的消费者所属类别提供依据。相应地，它也可以表明哪些指标对于判别所属类别是相对重要的依据和因素。如果发现"高稳定度的生活"和"月收入 5000 元左右"的消费者属于"忠诚用户"，那么判断"忠诚用户"的显著性指标有"高稳定度的生活"以及"月收入 5000 元左右"。

第二节　市场调查报告的撰写

一、调查报告的作用与类型

（一）撰写市场调查报告的作用

撰写市场调查报告是市场调查的最后一步，也是十分重要的一步。实践证明，如果调查者不能将纷杂的调查资料整理成一份清晰高质的市场调查报告，那么即使之前所做的调查设计再科学，调查问卷再周密，样本选取再具有代表性，数据收集、质量控制再严格，数据整理和分析再恰当，调查过程和调查结果与调查的要求再一致，也都不能与决策者或用户进行有效的信息沟通，调查的效果就会大打折扣。因此，市场调查报告具有十分重要的作用。具体而言，主要表现在以下方面：

1. 陈述调查结果

调查报告是研究人员与委托人进行沟通的一种重要工具。调查报告是调查成果的集中体现，是调查与分析成果的有形产品，它以一种固定的形式表达调查结果，使委托人能够简洁而系统地了解研究问题的基本情况、结论与建议等。

2. 提供决策参考

市场调查分析主要是根据调查数据分析数据之间隐含的关系，揭示数据中所蕴含的发展规律，进而可以为企业经营决策提供参考。

3. 检验调查质量

咨询机构所提供的调查报告必须让客户或者企业其他阅读者能够感受到整个调查过程的科学性与工作质量的可靠性。而且，不同的报告使用者关心的内容是不同的，所以调查咨询机构所提供的报告必须兼顾不同人群的需求，注重报告调查的全过程。

（二）调查报告的类型

由于市场调查的内容很广泛，所要解决的问题各不相同，因而作为调查结果表现形式的调查报告也具有不同的类型。从技术角度可分为初步报告、一般报告和技术报告三类。从性质角度可分为普通调查报告、学术研究报告和学位论文三类。但最常用的分类是根据调查报告的内容及其表现形式进行的划分，将其分为四类。

1. 书面报告（written report）

书面报告是指通过文字、图表等形式将调查方案、调查结果、研究结论、经营建议等内容简洁、明了、全面、详细地表现出来，以便与客户进行沟通的一种书面展示。

2. 口头报告（oral presentation）

口头报告是主要通过图表，附带一些文字、图片和一些动态资料，将调查方案、调查结果、研究结论、经营建议等内容表现出来，以便与客户进行沟通的一种口头展示。

3. 技术报告（technical report）

技术报告是指在市场调查过程中，将所涉及的一些与方案的技术性联系较密切且与调查结果的解释关系不大，只是作为技术支持的分析模型、复杂的抽样方案等，单独形成报告。

4. 数据报告（data base）

数据报告是指用于生成研究报告的一些基本的交叉表。有些客户不仅需要书面报告的数据，而且也需要全部的数据资料，以便进行特殊分析。因此，调查公司通常需要提供一个数据报告。

尽管调查报告具有多种形式，但目前市场上主要采用的形式还是书面报告与口头报告。

二、书面报告

（一）书面报告的结构和内容

市场调查报告的结构不是固定不变的，书面调查报告的格式应当根据客户的目的进行制定，如果没有具体要求，调查报告应当按照一般的格式撰写。一般地，调查报告可以分为三个部分，即报告开篇、报告正文和报告结尾。

调查报告的基本结构包括三个部分：一是开篇/Front Matter，包括标题页/Title Page，内容目录/Table of Content，图表目录/List of Illustrations 和摘要/Abstract/ Executive Summary；二是正文/Body，包括引言/Introduction，研究内容/Research Objectives，研究方法/Methodology，调查结果/Results，调查局限/Limitations，结论与建议/Conclusions or Conclusions & Recommendations；三是结尾/End Matter，包括附录/Appendices 和注释/Endnotes。具体内容如下：

1. 开篇

开篇包括标题页、内容目录、图表目录和摘要四部分内容。

所有的报告都必须有标题页，主要包括：报告标题、服务对象、提交报告的组织和提交报告的日期四项内容。报告的内容目录能够帮助读者方便快捷的找到他们需要的内容，一般应包括三级目录及相应的起始页码。图表目录能帮助浏览者快速找到所需要的图表，而图表能够帮助阅读者轻松、快捷地找到所需要的信息，图表编号采用"图表+所在的章节+序号"的编号方法。摘要主要帮助企业执行经理或一些时间非常有限的人了解报告的结论和建议等，所以摘要不能太长。摘要主要包括为什么要进行市场调查，市场调查如何进行，有什么重要发现及有何建议等。

2. 正文

正文是报告中篇幅最长的部分，包括对报告的介绍、对所用方法的解释以及对结果的讨论、对限制条件的陈述以及一系列的结论与建议。正文主要由引言、调查内容、调查方法、调查结果、调查局限及结论与建议几个部分组成。

引言是为读者了解调查报告而写，包括对调查报告的一般目的及特殊目的、调查原因及背景信息的陈述。调查内容与计划书中的调查内容一致，是调查过程主要测定与分析的信息。调查方法主要描述如何进行调查，通常包含调查对象、调查范围、抽样方法、样本数量、收集数据的方法和分析方法等。调查结果是调查报告的主要内容，从逻辑上表述调查的结果与发现。调查结果应当以陈述形式进行表述，并以表格、图表和其他可视工具为辅助工具，进一步支持和解释发现的结果。基于职业道德的要求，在调查报告结束时，应向客户揭露调查的局限性，告诉客户调查结果的使用限制。调查正文的最后一部分应当注意，调查结论是客观事实，应保持其完整性和客观性，而经营建议是完全建立在对调查结果分析基础上的，具有一定的局限性。

3. 结尾

结尾由附录及注释组成，包括一些过于复杂、专业性的内容，方便阅读者查询。

（二）书面报告的图表展示

1. 表格的图形展示

将数据有序排列在一张表格或其他的概要格式中来展示数据，其主要格式有两种：单向频次表和交叉分组表。

（1）单向频次表（one-way frequency table）。计算一个问题的不同回答的次数，并将其排列成一个频数分布，可以用于表明每一可能答案的被调查者人数的百分比。在多数情况下，单向频次表是调查人员对统计结果的首次概括。

（2）交叉分组表（cross-tabulation）。其基本思路是结合其他问题的回答来考察某一问题的答案，目的就是为了进行各组之间差异的检验与比较。例如，设问："如果您或您的家人需要住医院治疗，并且只能在福特沃斯或达拉斯的医院，您会选择哪一个地方？"表 11-2 显示了年龄与就医地方选择之间的关系，即年龄越大的消费者越有可能选择福特沃斯。

表 11-2　　　　　　　　　年龄与就医地方选择的交叉分组表

所去医院＼年龄	合计	18～34	35～54	55～64	65 或以上
福特沃斯医院	144 48.0%	21 32.3%	40 48.2%	25 49.0%	57 57.0%
达拉斯医院	146 48.7%	43 66.2%	40 48.2%	23 45.1%	40 40.0%
不知道/未作答	10 3.3%	1 1.5%	3 3.6%	3 5.9%	3 3.0%
总计	300 100%	65 100%	83 100%	51 100%	100 100%

采用交叉分组表的方法能够有效地总结和分析调查结果。但要注意的是如果设计不当，通过计算机输出的大量数据很容易对分析造成混乱。设计交叉分组表时必须事先做出符合调查目标和方向的基本假设。另外，某项调查可能由于结果的多样性进而产生无数个交叉分组表。因此，分析人员必须对其进行判断，从所有可能的交叉分组表中选择适合调查目标的表格形式。

2. 数据的图形化

图形是在市场调查报告中使用最多的一种工具，具有直观、形象、容易理解和信息丰富等优点。图形可分为三类：一类是表述分析逻辑的技术路线图；一类是统计图形，如饼形图、直方图、条形图、曲线图、雷达图等；一类是根据特殊模型生成的图形，如市场定位模型生成的认知图、市场细分模型所绘制的聚类分析图等。需要注意的是，统计图虽然能够直观而形象的描述现象的特征，但有时也会让人产生错觉而引起误会，所以在使用时应做适当的解释说明。

（1）饼状图。又称圆形图，是将资料数据展示在一个圆平面上。一个圆形代表一个总体，用圆内的各个扇形代表总体的各组成部分。饼状图适用于分析总体中各组成部分的构成比例，所显示的数据一般是百分数。

如某酒店 2012 年的旅客源的构成如下：商业旅游者占 35%，纯旅游者占 16%，旅行社旅游者占 23%，会议旅游者占 11%，其他占 15%，将其用饼状图 11-1 所示。

（2）折线图。这是把某一标志值随时间的变化情况用时点表示出来，然后将各点连接起来的图形。折线图可使资料的分布一目了然，并且可以描述某种现象随时间变化的趋势，适用于预测未来某一年的变化趋势。

如某一品牌东部、西部和北部三个地区分别在四个季度的销售量折线图如图 11-2 所示。

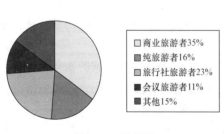

图 11-1　饼状图

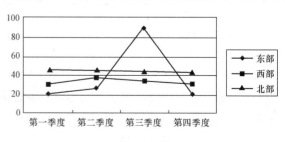

图 11-2　折线图

（3）柱形图。以宽度相同的条形的高低或长短来表示统计数值大小及数量关系的一种统计图形。任何可以在饼状图或折线图中表示的数据都可以在柱形图中表示，而且许多不能用其他图形表示的数据也可以用柱形图表现出来。常用的四种类型是：简单柱形图、聚类柱形图、堆积柱形图和多行三维柱形图。

简单柱形图主要是表示同一指标随时间变化的情况或表示同一指标随地点不同而变化的情况。而聚类柱形图、堆积柱形图和多行三维柱形图是用来表达交叉表格内的数据信息（见图 11-3～图 11-6）。

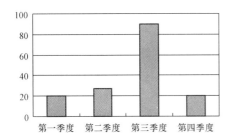

图 11-3　某一品牌东部地区不同季度的销售量
（简单柱形图）

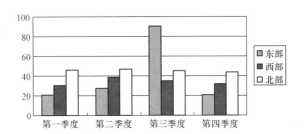

图 11-4　某一品牌不同地区不同季度的销售量
（聚类柱形图）

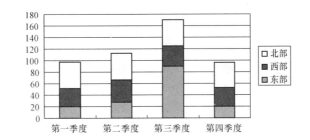

图 11-5　某一品牌不同地区不同季度的销售量（堆积柱形图）

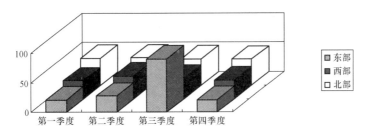

图 11-6　某一品牌不同地区不同季度的销售量（多行三维柱形图）

（三）撰写书面报告时应注意的问题

1. 力求简明扼要，删除一切不必要的词句

调查报告中常见的一个错误是：报告越长，质量越高。如果书面报告中把所有调查的过程、证明、结论都纳入到报告中，将导致"信息超载"。调查的价值不是用重量来衡量的，而是以质量、简洁及有效的计算来衡量的。

2. 准确而充分的解释

报告应当是易读易懂的。书面报告的语句组织要有逻辑性，应当对图表给以准确而充分的解释，尤其是涉及模型、一些经营理论时要交代清楚，帮助客户理解调查结果。

3. 书面报告中引用他人的资料应加以注释

通过注释指出资料的来源，不仅方便读者查证，而且也是对他人研究成果的尊重。注释应详细准确，应列明被引用资料的作者姓名、书刊名称、所属页码、出版单位和时间等信息。

三、口头报告

（一）口头报告的形式

除了书面报告以外，大多数客户还希望能听到有关调查的口头报告。在某些情况下，口头报告能发挥更好的作用，如与客户进行沟通讨论，及时解释调查过程中的新问题，找出客户决策需要的关键信息；有时，采用发布会的形式将有利于在集体讨论的基础上对调查结果达成共识；对于某些公司的决策者，他们更愿意通过口头报告了解调查结果等。

口头报告主要分为：①即兴演讲，是一种没有充分准备的讲解，只适合于十分了解整个调查过程的人或较小的调查项目；②书面讲解，是指按照书面报告的顺序逐一解读并回答出现的问题的讲解。这种讲解形式准备充分但缺乏重点，应多运用演讲技巧来引起听众的兴趣；③专门讲解，是一种经过充分准备而又不照本宣科的讲解。这种形式比较生动而且突出重点，但对报告人员的要求较高，要求其具备灵活的头脑，快速的反应等。

（二）口头报告中应注意的一些问题

1. 要确定并了解听众

口头报告的目的在于形成良好的沟通及说服听众，所以报告者应提前确定并了解听众，针对不同的对象采用不同的表达手段。因此，在口头报告前，应将主要的内容与客户进行沟通，找到客户所关心的问题，突出重点，以便达到更好的效果。

2. 配以汇报提要

如果口头报告的内容比较多，应为听众准备一份关于报告资料的主要部分和主要结论的提要，方便听众理解和记忆。

3. 有视觉的辅助设备

为了提高报告的生动性和增强吸引力，在条件允许的情况下，应综合运用一些辅助技术，如投影仪、幻灯机等。需要注意的是辅助技术不应喧宾夺主，报告人始终要明确讲解的重点，应在表述前对设备进行检查，避免设备中途出现状况影响报告的正常进行。

第三篇

市 场 预 测

　　市场预测是投资项目市场分析的核心工作，内容包括对投资项目的产品或服务市场需求、市场供应、市场价格和进出口需求等方面的预测。本篇在对市场预测的内容及分类，原则和考虑因素、特点和要求及市场预测的基本步骤进行阐述的基础上，对各种常用的定性和定量预测方法进行了介绍。

◎ 第十二章 市场预测基础

◎ 第十三章 定性预测方法

◎ 第十四章 定量预测方法

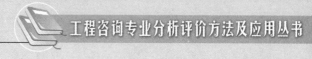

第十二章

市场预测基础

预测是指对事物未来发展状况的推测，是在已知事件的基础上，依照一定的科学方法对未知事件的推测过程。市场预测是在通过调研获得一定资料的基础上运用已有的知识、经验和科学方法，对企业及市场未来的发展状态、行为及趋势进行适当的分析判断，包括市场需求、市场供应、市场价格和进出口需求预测等，其中项目产品或服务的需求预测是市场预测中最为重要的内容。市场预测作为工程项目可行性研究的一项基本任务，可为项目投资决策和经营决策提供重要参考。

第一节　市　场　预　测　概　述

一、市场预测的内容及分类

（一）市场预测的作用

1. 在宏观经济管理中的作用

宏观经济管理的基本任务是遵循市场规律进行调控与监督，引导社会资源的优化配置，谋求供给与需求的总量与结构平衡。市场预测是宏观经济管理的基础工作。

（1）通过市场预测可以预见市场活动发展趋势，为编制经济社会发展规划提供基础，同时为制定宏观经济政策、产业政策和财税政策等提供依据。

（2）通过市场商品供需总量及构成预测，预见商品供需变动趋势，据此研究供需总量及结构平衡状况，以合理调整生产与消费、积累与消费比例关系，调整生产和投资结构。

（3）通过市场预测，预见关系国计民生的重要产品如粮食、原油等的供需变化，明确重要产品发展方向，运用各种经济杠杆，制定相应政策，抑制过度重复建设，支持短线产品、高新产品的快速发展，促进经济繁荣。

2. 在企业经营决策中的作用

企业的各项经济活动离不开市场，企业必须重视市场预测，顺应市场发展规律，才能增强市场应变能力，提高经济效益。

（1）利用市场预测，可以预见市场未来发展趋势，为企业确定战略发展方向，制定企业发展计划提供依据。

（2）利用市场预测，研究消费心理变化、购买力增减、商品需求趋向等，结合企业自身条件，分析优势与差距，寻求可行的解决方案，以适应需求变化。

（3）利用市场预测，摸清竞争对手状况，如对手数量、竞争力、策略、市场占有率等方面现状及变化，以制定相应策略，克敌制胜。

（4）利用市场预测，了解与企业有关的各项市场环境及其可能发生的变化，如政治、经济、自然、法律环境等，然后有针对性地制定措施，确保企业生产经营顺利发展。

（5）利用市场预测，掌握市场各种变化，以此作为企业改革的依据。如依据同行业在管理内容、管理方法、管理手段等方面变化，结合本企业管理水平和条件，制定管理改革方案，使管理适应市场要求。

3. 在投资决策中的作用

市场经济条件下，任何经济活动都要围绕市场这个主体展开，即任何一项投资项目，其最终目的均是为了追求社会经济效益的最大化。而市场预测，是达到这一目的的前提条件。其核心目的在于分析并最终解决"生产什么、生产多少、为谁生产"等问题。

（二）市场预测的主要内容

从建设项目决策角度分析，市场预测的内容主要包括以下方面：

1. 市场需求预测

（1）市场需求的定义。从经济学的角度定义，市场需求是指消费者有购买愿望的货币支付能力。通俗地说，市场需求是指一定时期、一定条件和一定的市场范围内，消费者拟购买某种商品或服务的总量。其中，"一定时期"是指项目的生命周期，投资项目的市场需求分析，需要预测整个项目寿命期内市场需求的变化情况，由于项目的寿命周期一般较长，预测具有较大的难度。"一定条件"是指项目产品销售的条件，包括项目产品的价格、竞争的产品价格及供求情况、销售方式和渠道等；"市场范围"是指项目产品销售的地域范围，即产品的目标市场，可能是区域市场、国内市场或国际市场，市场范围越广，预测难度越大。

（2）市场需求的分类。从时间特征看，市场需求可分为现时需求和潜在需求。现时需求是指当前的市场需求量，通常可以用实际销售量来反映；潜在需求量是指在预测期（项目寿命期内），伴随需求影响因素变化而变化的销售量。现时需求量与潜在需求量之和近似为产品的市场需求量。对市场需求的研究，既要研究实际销售量，又要研究潜在需求量。

从空间特征看，市场需求分为国内需求和国外需求。对于一般的竞争性产品，要分别从国内需求和国外需求两个层次进行分析。对于地域性的产品，通常只需要进行区域市场分析。

（3）市场需求预测的内容。市场需求预测主要是预测需求量和销售量。需求量是指未来市场上有支付能力的需求总量。销售量是指拟建项目的产品在未来市场上的销售量，一般可通过估计市场占有率来测算，即销售量=需求量×市场占有率。市场需求预测可以通过消费者调查等方法进行。

2. 市场供应预测

（1）市场供应的定义。市场供应是指在一定时期、一定条件、一定市场范围内可提供给消费者的某种商品或服务的总量。市场供应能力分析的时间也应考虑整个项目寿命期。

从时间特征上看，市场供应量也可分为实际供给量和潜在供给量，前者指预测时市场上的实际供给能力，后者是指在预测期（项目寿命期内）可能增加的供给能力，实际的供给量和潜在的供给量之和近似为市场供应量。

从空间特征上，市场供应量分为国内供应量和国外供应量。对市场供应能力的分析，不仅要分析国内的供给能力，而且要研究国外的供给能力。

（2）市场供应预测的内容。市场供应预测要预测项目寿命周期内市场总供应量，包括国内现有、在建、拟建项目的生产能力和实际产量；国际市场可供应量、可出口量；此外，还要预测替代品的供应能力。

市场供应量，取决于市场中企业总体生产能力。市场供应预测可以通过企业调查、行业分析等方法进行。因此，调查供给量时，必须首先调查一定区域内产品现有的生产能力、实际产量、富余能力、能力富余原因等。还要明确主要的供应厂商及其发展动向。现有产品生产能力是目前和近期市场供应量的基点，产品调查时，须着重掌握现有企业的实际生产能力，分析其对当前市场需求的满足程度，要在定量分析基础上判明该种产品的实际供需状况。

3. 价格预测

价格是影响项目效益的关键因素之一，价格预测是市场预测的重要内容。价格预测要预测项目产品及替代品的价格变化趋势。开展价格预测，需要对市场供求状况进行考察，同时也要了解产品价格的影响因素有哪些，如产品生产和经营过程中的劳动生产率、成本、利润等。预测价格可用价格区间或平均价格及其变化幅度表示。

4. 市场寿命周期预测

是否投资一个项目，首先应分析所处行业的市场发展前景。该行业是上升、成熟还是处于衰退阶段。产品的生命周期在传统意义上可分为导入期、成长期、成熟期和衰退期四个阶段。识别市场的生命周期从以下几个因素分析：产品变化、用户的行为、市场结构、市场需求变化、研发、财务状况等。预测产品寿命周期则要从技术创新、消费需求变化、市场变化等角度进行。

（三）市场预测分类

就角度与要素差异方面，可有以下几种划分市场预测类型的方式：

（1）从时间维度划分，可以分为近期、短期、中期和长期预测。在一般情况下，近期预测是3个月内的周、旬、月的预测，短期预测是一年内的季、半年、一年的预测，中期预测是一～三年的预测；长期预测是三～五年及更长时间的预测。对于项目投资分析，一般采取中长期预测较为妥当。

（2）从市场空间范围划分，可以分为国际市场、全国市场、区域市场和本地市场的预测。

（3）按市场发展的状态划分，可分为发展过程及趋势预测和发展结果预测。

（4）按市场的时间阶段划分，可分为区间预测和点预测，如预测某商品在某年的市场需求量，或需求量在某个范围内的概率。

二、市场预测的原则和考虑因素

（一）市场预测的原则

（1）相似性原则。即利用已知的类似产品发展变化规律来类推预测对象的相关情况。相似性的类推主要包括：一是依据历史上曾经发生过的事件类推当前或未来；二是依据其他地区或国家曾经发生的事件进行类推；三是根据局部类推总体。在利用相似性原则进行预测时，存在一个基本前提：两个事物之间具有相似的发展变化情况。

（2）相关性原则。主要指两事物之间需要具有相关性。相关性有多种表现，其中因果关系是最典型的相关关系。因果关系是事物之间普遍联系和相互作用的一种关系，相互依存、制约、促进与预测对象有关的各种因素。预测者只要通过了解分析影响预测对象的主要因素及其发展变化规律，就可能推测出预测对象本身的发展趋势等情况，进而掌握预测对象的变化规律。

（3）延续性原则。在一定的范围内，事物的发展是按照一定的规律进行的，这种规律在一定的时期内具有惯性，即市场状况在一定时期内按照这种规律持续发展。需要注意的是，利用事物发展延续性这一特征进行预测的前提是系统具有一定的稳定性。

（4）概率推定原则。预测是关于预测对象的概率描述。因此，在推断预测结果以较大的概率发生时，就认为预测结果是成立的、可用的，这称为概率推断原则。因此，在实际预测中，除了给出预测结果外，还应给出明确的概率说明，以全面反映预测情况。

（二）市场预测应考虑的因素

影响市场的因素众多，包括政治、经济、技术、社会等方面，要合理进行市场预测，需要有整体的、综合的、相互关系的观点，从纷繁复杂的系统中抽象出最主要的几个因素来考虑。市场预测还具有动态性特征，一次预测可能并不准确，必须根据实际情况进行动态调整。在具体的市场预测中，要考虑以下因素：

（1）宏观经济政策和环境。包括国民经济与社会发展对市场的影响、人口增长趋势等。特别是进行中长期预测，必须考虑人口因素，因为人口的年龄、性别、民族、文化程度、区域分布等构成的变化，都将影响产品需求情况。

（2）相关产业产品和上下游产品的情况及其变化对市场的影响。

（3）产品结构变化、产品升级换代趋势，特别是高新技术产品的升级换代更加重要。此外，产品价格和顾客收入水平的变化也需考虑：价格变化直接影响需求的变化，不同收入水平的顾客对产品要求也不同。

（4）产品所处生命周期对市场的影响。如产品的社会拥有量：尤其是对于耐用消费品而言，预测产品何时将达到基本饱和状态十分重要。如产品的更新周期，各种产品的耐用程度不同，品种质量不同，更新周期也有所差异，这些都将对市场需求产生影响。

（5）消费群体差异。不同地区和不同消费群体的消费水平、消费习惯、消费方式都将对市场需求产生影响。不同的产品消费对象具有明显差异。

（6）国际环境和政策影响。对于出口产品，要考虑国际政治经济条件及贸易政策对市场的影响。因为出口产品不仅受国际市场的变化、外贸因素的影响，而且持续时间长短及其产品在市场上的竞争能力也会影响其出口量。要全面分析国际市场的变化和产品在国际市场上的竞争能力，依据态势提出对策。

（7）产品的消费条件。有些产品消费范围受到其使用条件的限制，还有一些产品销售受季节和当地气候的影响。

三、市场预测的特点和要求

（一）市场预测的特点

（1）预测需要将过去、现在和未来视为整体，根据已知推断未知。人们的实践、实验及统计数据等资料，都是过去和现在的已知，预测就是通过对这些已知的分析研究来科学推测未知。

（2）预测不是目的，而是手段。探索关于未来的永恒真理，不是预测工作的目标，它的功能在于提供关于未来的信息，从而提高人们的决策水平，以便于人们去追求和争取实现有利的未来，尽力减少或避免未来的不确定性所带来的损失。

（3）预测结果具有不确定性。预测的对象是现实事件的未来状态和未来发生的事件，未来的发展受多种因素共同影响，各种因素产生影响的时间、概率、结果均存在偶然性，再加上预测系统本身的误差，所以事件的未来变化过程和结果的预测，必然会与实际发生的情况有偏差。即预测的结果往往带有随机性，人们不能奢求预测结果会绝对准确。虽然随着人们对客观世界的认识能力不断提高，随着预测方法与计算工具的逐步完善，预测结果的准确度会不断地提高，但预测结果仍不可避免出现近似性和随机性。科学预测的价值并不是完全科学准确，而在于缩小预测结果与实际的差距，通过特定的分析方法找出误差产生的原因并试图确定误差的可能范围。

（4）预测工作具有科学性和艺术性。预测工作的科学性表现在预测工作要基于能指导实践的理论，要基于详尽地调查研究和系统可靠的资料，以及科学的预测方法和计算工具等。预测工作的艺术性则表现在预测工作的质量很大程度上取决于预测工作者进行的调查研究、资料搜集、数据分析、方法选择、假设提出、模型建立、推理判断的技巧以及预测工作者自身的素质、经验和能力。

（二）市场预测的要求

1. 方法合理

预测方法就是在正确的理论指导下，探索研究被预测现象自身变动的前后关系、现象之间相互影响关系，然后依据探明的关系测定现象未来状态或未来值。市场现象之间关系十分复杂，各种具体现象的特点及关系状况千差万别，公开的、隐藏的关系，主要的、次要的关系，直接的、间接的关系，单纯的、多元的关系所产生的影响方式与效果等各不相同，用传统的、古老的方法对某具体市场发展趋势进行推断，显然有较大难度。

随着现代科学技术的发展，大量科学的方法和计算技术不断涌现，为市场预测提供了更大的便利。如以众数原理和大数法则为科学依据建立的专家意见集中推定法、德尔菲法等，可以在极大程度上消除或减弱极端偏见，用多数专家推断意见预测未来。采用时间序列法、回归分析法、指数分析法等，可以通过对不同类型的市场关系建立相应的模型进而预测研究事物的发展与变化规律。用随机抽样法可以估计预测的误差并对其加以控制。进行预测所需要的庞大信息量可以通过计算机储存，简单便利。此外，计算机还可以对复杂的预测模型中的数据进行运算，提高预测的准确性和时效性。

市场预测方法是否有效，关键在于能否正确、系统、全面地反映市场具体现象的性质、数量关系。在现代科学技术不断发展的推动下，与市场经营相关的理论也在飞速地扩充与更新，人们对市场各种关系的认识更是在市场活动的实践中不断丰富与深刻，这些都有效的保证了市场预测方法的科学性。

2. 资料充分

系统、真实、适时的市场资料是进行科学的市场预测工作的基础。只有保障预测所需资料的全面性，才能正确分析市场环境、变化规律及市场现象之间的关系，才能根据具体情况选择出恰当的预测方法进而实现有价值的预测。现代市场活动所具有的整体性、层次性、关联性和目的性等系统性特点，使得预测所需资料不仅需要具有较强的真实性和全面性，而且对系统性、时效性也有较高要求。信息的残缺、虚构、过时等将使得纵然有适用的预测方法，也难以得到理想的效果。

随着大数据时代的来临，网络、杂志、年鉴、文献、传媒、调查等手段得到的信息量与日俱增，各行业、企业内的生产经营资料也日益丰富；政府机构、信息企业、经营单位的调查活动逐渐频繁。这些一方面为搜集预测所需系统资料提供了条件，另一方面也为数据、信息的甄别提高了难度。因此，需要不断增强市场研究人员的业务素质，并通过计算机仿真等现代技术的普及和发展，提高信息搜集、加工、处理能力和处理效率，从而从资料层面提高市场预测的科学程度。

四、市场预测的基本步骤

（一）确定预测内容

预测的内容可分为一般内容和具体内容。前者往往比较笼统、抽象，如反映市场变化趋势、市场行情变动、需求变化等；后者是进一步明确预测的具体问题，要达到的效果，明确在哪个层次的市场问题，什么地域、什么时间的市场问题，以及市场中的哪些问题。

（二）收集分析资料

掌握充分、真实的市场有关资料是市场预测的前提保障。在预测前要依据预测目标系统而全面的搜集各种有关资料，包括现时和历史的，也包括上下游产品、相关替代品等数据资料，并且对资料的真实性进行分析，去掉那些与预测内容无关的以及不确切的资料，尤其是在研究分析历史资料时，对于偶然发生的事件应及时排除。

搜集资料过程就是调查过程。根据预测目的，所搜集的资料主要包括以下两类：

1. 市场发展过程资料

由于市场发展具有连续性。因此，要预测未来市场变动趋势和结果，就要搜集预测市场的历史资料和现实资料。如要预测未来粮食需求量则应搜集当年和以往的粮食销售量。要预测未来旅游人数，应搜集当前和以往各期的旅游人数。

2. 影响市场发展的关联资料

市场发展具有关联性。市场的变动，是多因素或现象变动共同作用的结果。因此要考察市场的变化，就要搜集与预测市场相联系的、影响较大的各因素资料。如预测高档房地产需求量，则要搜集的资料包括当前和历史的居民收入、高收入居民比重、高收入居民住房情况等。

（三）初步分析判断

一般而言，搜集的初步资料往往比较杂乱，其真实性、全面性均会与要求有所差异，只有经过综合分析、判断、归纳、推理，才能正确了解现象之间是否存在联系，存在怎样的联系，这种联系能否刻画为规律得以呈现，用以判断未来市场的变化。

以市场需求为中心的分析工作主要包括以下内容：

（1）分析市场需求的关系。影响市场的因素很多，不可能全面分析，只可选择主要因素。如政策环境、经济状况等对市场需求变化的影响；社会商品购买力增长和构成变化情况，对市场需求变化的影响；进出口贸易的发展引起的需求心理和消费结构的变化；替代品、配套产品的增减变化对需求的影响等。

（2）分析市场的产供销关系。产供销是一个有机整体，相互依存。商品销售是主导环节，要着重分析如商品销售量、品种结构和流通渠道的变化。生产环节主要分析生产与市场需求的矛盾和供需结构适应程度，以及生产能力的变化。供应主要分析原材料、设备和资源量、消耗使用量变化等。

（3）分析消费者情况。包括消费倾向的变化趋势、居民收入水平和构成的变化、文化环境的变动、经营广告和促销努力程度、消费观念的转变等，这些都可能导致需求量和需求结构的变化。

（四）选择预测方法并建立预测模型

预测者必须依照预测目标的要求和条件，选择效果突出且实用性强的预测方法，建立预测模型。根据分析过程选取指标的表述不同，分为定性分析预测法和定量分析预测法。

（五）分析评价预测结果

利用统计检验的准则和方法，对模型参数进行估计并对模型的显著性进行检验，力求根据模型及应用预测软件给出的预测值，尽可能地反映市场规律，尽量排除仅有数值意义的结果，以便形成最终预测结果。

（六）修正预测结果

由于在预测的过程中，经常会出现预测结果与真实情况有差距的现象，这可能是由于数据不足或主观判断不准确造成的，因此需要对预测结果进行修正。

一般，预测结果误差过大主要有以下几方面原因：一是预测基础资料不全面或不真实，预测基础不切实际；二是预测人员能力不足或受主观武断等心理倾向影响；三是选定的预测模型或新建立的预测模型本身有误；四是预测期外部环境条件或内部因素发生显著变化，这种情况往往难以预料，仅能通过应急预案等方式减小损失。

因此，在修正的过程中关键是要找出使误差偏大的真正原因，以便采取恰当的方法修正结果。

第二节　预测方法的分类和选择

一、预测方法分类

（一）按照方法的性质划分

根据方法性质的不同，预测方法一般有定性预测、定量预测和组合预测三大类。

1. 定性预测

该法属于主观预测方法，是从市场现象的性质特点出发进行分析判断，做出预测的方法。定性预测是根据已掌握的信息资料，凭借所选专家个人的经验及能力，对市场未来的趋势、规律、状态做出性质和程度上的判断和描述的方法。

其优点是：简便，节省时间和费用，对现象发展的方向把握较准确，一般对难以量化的现象进行预测时常采用此方法。其缺点为：主观性较强，专家的选择以及专家本身的能力及经验对预测结果的影响较大，因此必要时可与定量分析预测法结合使用。

常用的定性预测主要有：集合意见法、专家预测法、联想预测法、类推预测法、征兆预测法等。

2. 定量预测

定量预测是依据市场历史数据和因素变量来预测市场需求。其指标均为量化指标。定量分析一般是在对所得数据进行科学分析、处理的基础上，借助统计软件及相应模型得出预测结果的一种方法。其中，因果关系预测法和时间序列预测法是最常见的定量预测方法。

（1）因果关系预测方法是通过寻找变量之间存在的因果关系，分析自变量对因变量的影响程度，建立适当的计量模型进而对未来进行预测的方法。目前广泛采用的因果分析法就是通过寻找变量之间的关系，对因变量进行预测这一方法，一般适用于具有较强相关关系的数据预测，其中主要包括回归分析法、消费系数法和弹性系数法等。

（2）时间序列预测法是以各种变量的历史数据及其变化规律为依据，进行预测未来工作的一种定量预测方法。这种预测方法一般适用于预测具有时间序列关系的数据，主要包括移动平均、指数平滑、成长曲线分析、季节变动分析等。它是以时间 *t* 为自变量，以预测对象为因变量，根据预测对象的历史数据，找出其中的变化规律，从而建立预测模型并进行预测。

（3）除了以上两种方法外，定量预测法还包括许多其他方法，如经济计量分析、投入产出分析、系统动力模型、马尔科夫链、灰色系统模型、神经网络模型等，这些预测法主要借助复杂的数学模型模拟现实经济结构，分析经济现象的各种数量关系。但是这些预测方法模型比较复杂，需要比较深入的专业知识，本书主要介绍马尔科夫链和灰色系统模型。

3. 组合预测

组合预测是美国学者 Batesh Granger 在 1963 年首创的，在 20 世纪 80 年代后开始广泛被人们所接受。组合预测是指采用两种及以上不同预测方法的预测。它既可以是几种定量方法的组合，也可是几种定性方法的组合，但实践中更多的则是利用定性方法与定量方法的组合。

本章介绍的有关预测方法体系，见图 12-1。

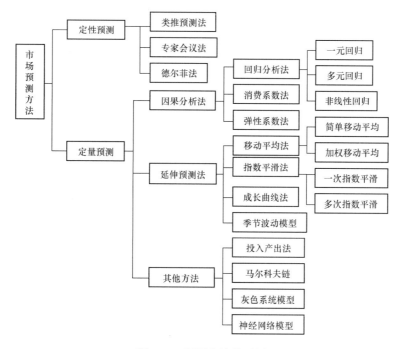

图 12-1　预测方法体系图

（二）按照方法的难易程度划分

按照方法的难易程度，可以分为简单预测、模型预测两类。简单预测法，包括弹性系数法、消费系数法、购买能力法等。这种方法所采用的数学工具比较简单，易于掌握，所要求的数据量也比较少，预测周期较短；模型预测法，包括计量经济模型、投入产出模型、系统动力学模型、灰色系统预测模型等，相对比较复杂，对数学知识要求较高，应用比较困难，需要专业人员进行分析，要求的数据量比较大，预测工作周期相对较长。

（三）按照预测范围划分

市场需求预测方法，可分为"宏观分析法"和"微观分析法"两类。前者从分析全国、某一地区或某一行业的产品全部需求量入手，分析计算出某一产品的具体需求。后者则反过来，先从对个别地点、个别产品需求的调查分析开始，再推算行业、区域以至全国的需求。实际运用中，也可两种办法结合进行，互相验证。

二、预测方法的选择

各种预测方法都有其各自的优势、应用范围和局限，工程咨询人员应根据预测的内容、时限、范围、数据可得性、费用、精度要求等合理选择。

定性预测带有较大的主观性，甚至有时会不准确。它是预测者凭借个人感觉，利用过去的经验所做出的预感和猜测，因此其结果受预测者的知识、经验及偏好等因素影响。但定性预测仍然很重要，因为一些预测没有规律可循并且定量方法也难以运用。

定量预测需要有一定量的数据和合理的模型支持，选择具体模型的形式取决于预测者的知识、经验和数据三者的结合所做出的判断。面对同样的数据，不同的预测者可能选择不同的模型，也有可能得出不同的结论。

由于在预测的过程中，定量模型中的模型选择及参数设定等都不免受到主观因素的影响，因此，定量分析的方法也不可避免地带有一定程度的主观性。

三、选择市场预测方法应注意的问题

市场预测方法是分析研究的手段和工具，它与预测所用资料、分析判断水平一样重要，直接影响预测效果。随着社会经济发展和各项管理工作的加强，需要预测的对象不断增多，现象之间关系状态和现象变化日趋复杂，使得预测的广度、深度与难度也不断增加。同时，随着科学技术发展，为适应预测要求，预测方法也迅速发展。据初步统计，目前的预测方法大约有 300 多种，其中常用的有 10 多种。各种方法都有自身特点和适应范围。要使预测实用、有效，必须认真选择预测方法。

（1）要根据预测的目的、要求选择方法。预测是按照某项市场管理需要，提出对某商品、某地域、某时期市场中某问题变动趋势和水平的预见要求。预测时必须选择符合上述要求的方法，才不致歪曲预测对象真实的变动规律。此外，预测结果的精确程度、预测期远近等要求，也影响预测方法的选择。

（2）要根据预测对象的性质、特点和现象间的本质联系选择预测方法。市场预测的对象有许多，只有现象之间存在同质性，才有预测方法的一致性，所以预测之前必须对预测对象进行定性分析，缩小预测模型的选择范围，再根据预测要求及数据的全面性程度，确定可行的预测模型。如果现有模型与预测对象性质有差异，则应改进原模型，不可生搬硬套。此外，应注意预测方法与效果的统一，始终把效果放在第一位。切忌将能够确切反映预测对象性质和变动规律的模型人为复杂化、扩大化，导致现象变化趋势的扭曲，预测结果失实。当然，也不可将复杂现象过分简单化，忽视数量与性质的联系，盲目注重模型，不考虑现实经济意义。

（3）要根据影响因素相关性、发展的连贯性和现象相似性选择预测方法。如果用影响现象的因素预测市场变化，则应分析因素多少、因素与现象间存在何种类型相关及关系的密切程度，然后才能确定预测应考虑的因素，确定因素与现象的函数关系式。如果采用现象的发展规律预测市场变化，则应分析该市场现象过去与现在表现出的变化规律是否在未来依然存在；比如在影响因素的个数和相关程度、相关方式没有变化或变化不大时，方可采用时序法预测；当各种市场现象的变动规律具有类似性，并且现象出现的时间有先后顺序，方可采用类推法预测。

（4）根据预测机构的条件和能力选择预测方法。预测需要充实的资料，需要有一定经验，熟悉预测方法，了解市场情况，具备一定专业知识和观察判断、推理能力的预测专业人员和组织者；需要使用某些设备，需要耗费资金。预测的问题和方法不同，对条件能力的要求不同，因此，选择预测方法要充分考虑可能利用的资源条件和预测能力。

（5）在项目咨询和市场分析中应根据行业特点、历史资料、产业发展动态和趋势选择适合的方法，如分析交通量时尽量采用四阶段预测法，分析市场占有率建议采用马尔科夫预测法等。为提高预测精度，在工作中应根据实际数据对结果进行后验差检验，选择误差较小的模型或方法。为了充分利用单一模型所反映的有效信息，同时克服单一模型的缺陷，减少预测的系统误差和随机误差，尽可能采用组合预测的方法分析市场趋势。

第十三章

定 性 预 测 方 法

定性预测是预测者凭借专家个人或群体的经验、智慧和能力，根据已掌握的相关信息资料对拟建项目未来市场发展趋势等进行主观判断和描述。其中主要包括直观预测法和集合意见法两大类。

第一节 直 观 预 测 法

直观预测法通过利用通俗易懂的道理，借助一些简单的整理、计算和推测，得到所需的预测结果。其特点是简洁明了，并且只要使用恰当仍可有较高的预测价值。

一、类推预测法

（一）类推预测法的含义

类推即类比推理，是由特殊（局部、个别）到一般的分析推理。它与演绎推理、归纳推理并列为三大分析推理方法。类推预测法就是由一个已知事物的发展变化情况推测与其类似的另一事物的未来变化趋势，它是以事物、市场及其环境因素的相似性原则为依据的一种判断预测方法。

类推预测法以其极大的灵活性被广泛使用。如当企业要投入一种新产品时，因新产品不可能有历年的数据资料，无法进行历史分析，只能用同类型或相近似的产品的历史与现时资料，通过类比、推断，从而预测新产品的销售情况。值得指出的是，由于类推预测具有广泛性、灵活性的特点，其必然带来预测结果的非精确性，因此必须考虑其他相关因素尤其是相似的情境加以调整修正，才能使预测值更接近实际情况。一般而言，类推预测法非常适用于新产品、新行业和新市场的需求预测。

（二）类推预测法的类型

根据预测目标和市场范围的不同，类推预测法主要划分为三种：产品类推预测、行业类推预测、地区类推预测。

1. 产品类推预测法

产品类推预测法是依据产品功能、结构、原材料、规格等方面具有的相似性推测出产品市场的发展可能出现的某些相似性。如数码照相机的需求，可以依据胶片照相机的市场发展大致推断。

2. 行业类推预测法

行业类推预测法是依据相关和相近行业的发展轨迹，推测行业的发展需求趋势。如背投电视机的市场需求预测，可以参照家用计算机和电视机的需求发展过程来推测其生命周期发展变化曲线。

3. 地区类推预测法

一个产品的发展和需求通常会从发达国家和地区，逐步向欠发展的国家和地区转移。这在服装需求的市场变化上比较显著，一款服装的流行潮流，通常是从沿海到内地，先城市，然后再到农村。

类推结果存在非必然性，因此在类推预测法的运用过程中需要注意类别对象之间的差异性。特别是在进行地区类推时，必须充分考虑不同地区政治、社会、文化、民族和生活方面的差异，并加以修正，才能得出更接近实际的预测结果。

（三）类推预测法的应用

【例 13-1】 某市照相机市场销售情况的历史统计资料，见表 13-1。另据抽样调查资料得知1990 年具有购买照相机经济条件的家庭占居民户的 5%，而今购买数码相机经济条件的家庭约为具有购买照相机经济条件家庭的 2 倍。要求以此资料来分析预测数码相机的市场销售发展趋势。

表 13-1　　　　　　　　　　　　　相 机 销 售 量　　　　　　　　　　　　　万台

年份	1991	1992	1993	1994	1995	1996	1997	1998	1999	2000	2001
照相机销售量	0.3	0.4	0.5	0.7	0.9	1.2	1.4	1.7	1.8	2	2.3
数码相机											
年份	2002	2003	2004	2005	2006	2007	2008	2009	2010	2011	2012
照相机销售量	2.6	3	3.8	5.6	6.8	8.8	10.3	11.5	11.8	12	12.2
数码相机		0.01	0.03	0.05	0.2	0.5	0.7	0.9	1.3	2	3.6

为了便于形象地分析判断，将表 13-1 描绘成曲线图，见图 13-1。

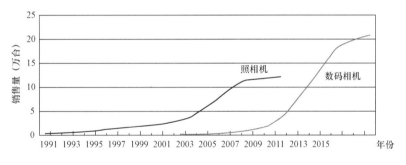

图 13-1　相机销售曲线

从图 13-1 可以看出，从 1990～2012 年，照相机销售量不断增加，基本可分为三个阶段：1990～1999 年为导入期，基数低，增长幅度也较小；2000～2005 年为迅速成长期，基数放大，增长幅度大且稳定；2006～2011 年进入成熟期，增长幅度明显放慢。

由于数码相机和照相机都属于当时的高档耐用消费品，根据类推法，数码相机大致有类似照相机的导入期和成长期，且当市场拥有率达到一定程度时便明显放慢增长速度，进入成熟期。这便是对本地区照相机未来发展趋势的定性判断结论。

二、点面联想法

（一）点面联想法的含义

点面联想法是以某地区或企业的普查资料和抽样调查资料等为基础，根据事物的相似性和相关性,通过由点及面的分析、判断等确定其预测目标的预测值的一种方法。

在市场预测中,普查固然可以获得全面、系统的资料,更好地掌握相关市场的实际情况,但由于受到人力、财力、物力和时间限制,企业往往只能进行局部普查或抽样调查,并以某些局部资料为基础,对整体市场进行预测。

运用点面联想法的关键在于:局部资料或抽样资料要具有代表性,近似于总体特征或反映总体全貌,否则预测结果就不能反映出行业和整个市场的实际趋势。

（二）点面联想法的基本步骤

点面联想法的基本步骤既朴素又简单,一般包括:①了解预测事物,并确定预测事物的局部与全局存在着明显的相似关系;②掌握事物局部的详细资料及其可能的变化趋势（方向和程度）;③根据事物的局部与全局的关系推测事物全局,得出预测值。

（三）点面联想法的应用

【例 13-2】 某矿泉水公司供应周围几个城区居民民饮用水,经文案调查掌握了该公司供应 6 个城区的基本资料,见表 13-2。经抽样调查得到了 2014 年 C_1 的需求率增加 6%,假定其他城区需求率保持同样增长。预测 2014 年该公司所供应 6 个城区的矿泉水需求量。

表 13-2 公司地区供应资料

城 区	C_1	C_2	C_3	C_4	C_5	C_6
2014 年矿泉水销售量（t）	210	168	112	58	326	249
居民户数（万）	35	25	24	8	52	38

按照点面联想法进行预测,首先要确定预测事物的局部与全局存在着明显的相似关系,而后再进行逐步计算。

1. 计算各地区的销售率

销售率＝实际销售量 Y/居民户数 X,销售率反映各地区的消费水平即户均用水情况。如 C_1 区的销售率 $Q_1=Y_1/X_1=6.0t$/万户。

2. 计算各地区销售比率

可计算各地区以 C_1 区为基准的销售率比值。如 C_2 区销售比率＝$Q_2/Q_1=1.12$,其他依此类推。

3. 计算各地区的需求率

用销售比率大约等于需求比率这个假设,C_1 区需求率 $GC_1=6.36$,则可推测 C_i 区需求率 $GC_i=GC_1×QC_i/QC_1$,如 C_2 区需求率 $GC_2=6.36×1.12=7.12$,其余依此类推。

4. 计算各地区需求量

C_1 地区需求量为 $6.36×35=222.6$,其余依此类推。

5. 总需求量预测

汇总各地区需求量,即为该公司的 6 个供应区的需求量。总预测值,即为 1190.38 万 t。见表 13-3。

表 13-3 2014 年各区需求量

城 区	C_1	C_2	C_3	C_4	C_5	C_6
销售率（t/万户）	6.00	6.72	4.67	7.25	6.27	6.55

续表

城　区	C_1	C_2	C_3	C_4	C_5	C_6
销售比率（QC_i/QC_1）	1	1.12	0.78	1.21	1.04	1.09
需求率（t/万户）	6.36	7.12	4.95	7.69	6.65	6.95
需求预测（万 t）	222.6	178.08	118.72	61.48	345.56	263.94

三、征兆指标预测法

（一）征兆指标预测法的含义

一般而言，不同事物之间总存在着一定的联系。这种联系可以是内在的，也可以是外在的；可以是已知的，也可以是未知的，或是无法知道，或是不必知道。只要这种联系具有相对的稳定性，便可以用来进行预测。

征兆指标预测法就是根据事物的这种指标联系，从征兆指标反映和判断事物可能的发展与变化情况。具体而言，就是预测者掌握并运用征兆指标与预测事件的联系，通过对征兆指标的分析、判断进而预测事件的发展方向和变化程度。

（二）征兆指标的选择

征兆指标法是根据征兆指标的变化预测相关联事件的可能发展趋势和变化程度。因而，正确运用征兆指标法的前提就是选择合适的征兆指标。

在经济领域，商品价格是市场需求量的征兆指标，货币发行量是通货膨胀的征兆指标，家电销售量是民用电量的征兆指标，合同订单数是经济景气的征兆指标等；也有不少指标互为征兆，如农产品的生产和供应量是农产品收购价格的征兆指标，而农产品收购价格的变化又是下一个农业年度的生产投资、播种面积和供应量的征兆指标等。再有，一个预测事件可能受多种因素影响，出现多种征兆指标，如居民人口数量、人均收入水平、储蓄倾向以及竞争企业数量等指标都构成企业销售量变化的征兆指标。寻找某一预测对象的征兆指标，一般可以从三个层次进行。

（1）内在因果关系。根据事物之间的内在因果联系，分析影响事件发生变化的内在联系的因素指标，这些指标往往能与预测事件有一定的关联并影响预测事件的未来发展趋势。如农业的投入量、播种面积等构成农业生产量的内在因素征兆指标；企业的成本、销售量和销售价格等构成企业当期利润的内在联系的征兆指标。

（2）外在因果关系。根据事物之间的外在因果联系，分析影响事件发生变化的外在的影响指标。这类指标是影响事件的因素而非事件的构成因素，故此类征兆指标只是影响事件，并不能反映预测事件的必然性。如过去年份的农业生产状况、市场价格水平、政府的重视程度是影响农业生产量的外在因素，构成农业生产量的外在因素征兆指标。

（3）外在现象关系。这类现象关系是经验的总结，现象的归纳，其征兆指标也只能带来预测事件的可能性。例如，依据某行业或区域产品广告的投放量可以预测该行业或区域的市场竞争激励程度等。

（三）征兆指标预测法的步骤

影响预测事件的征兆指标通常有很多，影响程度强弱存在差异而且各指标与预测事件的相关性质各异，可按以下步骤进行预测：

（1）确定征兆指标。影响预测事件的因素很多，反映预测事件的因素也很多，这都构成预测事件的征兆指标。要进行科学合理的预测，就要善于寻找出征兆指标，从众多征兆指标中筛选出最能反映预测事件的主要征兆指标，并以此进行预测。

（2）区分正负相关性。征兆指标中有些是促进事件发展的，即正相关；有些是阻碍事件发展的，即负相关。在预测过程中，需要对征兆指标进行相关性质处理，即对负相关的征兆指标进行反转处理。

（3）界定超前期数。征兆指标反应的是过去情况，与预测事件必然存在一定的时间差，即都存在着超前期数。在预测过程中，需要对征兆指标的超前期数进行相关处理，即在分析判断时，要明确界定征兆指标的超前期数。

（4）分析影响程度。征兆指标众多，但影响程度不同，相关性有强弱。在预测过程中，必须充分重视主要征兆指标并进行慎重处理、分析，适当参考其他次要征兆指标。

（5）预测事件变化。在完成上述分析后，再进行定性或定量分析，推断预测事件的发生及变化趋势。

征兆指标预测法在预测事件时，还有不少问题尚待解决，如定量分析的模型、征兆指标的影响程度、征兆指标的超前期数等难以清楚把握，给分析带来一定的困难，也给预测带来一定的不准确性。

第二节　集 合 意 见 法

集合意见法是相对个人朴素判断法而言的。当预测一些重大事件或市场目标时，往往因为关系到全局或企业的生死存亡而需要集思广益，摸清市场发展趋势，具体研究、分析、判断与预测目标有关的各种问题，因此有必要征求较多专家的意见，并且往往需要专家在一起针对预测的问题阐述各自的观点和意见，力求取得较为一致的认识，为正确决策提供合理的预测根据。集合意见法一般用于：①较为重大的预测事件；②需要进行特性分析的事件；③没有历史资料或历史资料不完备，难以进行量化分析的事件等。集合意见法已得到世界各国企业乃至政府的广泛应用，操作手段也日益丰富和完善，主要包括专家会议法和德尔菲法等。

一、专家会议法

（一）专家会议法分类

专家会议法就是组织按照一定原则选择相应的专家参加会议，凭借各位专家的智慧和经验对市场发展前景进行预测并给出合理判断，然后综合专家的预测及建议得出市场预测结论。

该方法的不足在于：往往受到专家个人的专业知识、经验能力的局限，可能做出的判断与实际不符；特别是在分析判断新产品的需求和市场趋势时，其局限性更加明显。

专家会议预测法主要包括以下三种形式：

（1）头脑风暴法（brain storm）。也称非交锋式会议。会议不带任何限制条件，鼓励与会专家畅所欲言，没有批评或评论，形成轻松融洽的会议气氛。其主要目的是激发创造性思维，产生新观念。

（2）交锋式会议法。参加会议的专家围绕一个主题，各抒己见，并对提出的想法进行充分讨论，以求达成共识，最终取得比较一致的预测结论。

（3）混合式会议法。是对头脑风暴法的进一步改进，因此也称为质疑式头脑风暴法。它将会议分为非交锋式会议和交锋会议两个阶段，前者主要由与会专家产生各种设想和预测方案；后者对前者提出的各种设想逐一质疑和讨论，分析其现实可行的方法，也可提出新的思路，相互不断启发，最后取得一致的预测结论。

（二）专家会议法的特点

（1）信息量大。专家会议法汇集了一定数量相关方面的专家，既充分考虑到了专家的信息深度，又兼顾了专家的信息广度。

（2）集思广益。专家会议有助于专家们在阐述自己观点的同时，通过相互启发、交流，弥补个人意见的不足，进一步完善自己的建议。

（3）避免预测结果的偏颇。专家会议法以专家较为一致或多数意见作为预测结果，使其不会因个人的偏激、主观和随意而作出错误判断，能够得到较为客观、可靠和可行的预测结果。

（三）专家会议法应注意的要点

（1）与会专家应客观阐述自己的意见，不带任何偏见地分析他人意见。为此，要处理好三个因素：①感情因素。与会专家中，可能有权威、上级、前辈、同学、同事、朋友等多种关系，即使有不同意见，也会因考虑彼此感情而放弃当面提出，不便展开充分的讨论。②个性因素。人的个性本身是极其复杂的，有人爱表达，善于表达，下意识主导会议；有人"固执己见"，爱争执，不能容忍反对意见，这些都影响专家建议的表达。③利益因素。与会人员意见与自己利益有关时，有些人就从自身利益考虑，以致使预测结果难以公正、客观。

（2）与会者应充分准备，恰如其分地做好三方面的工作：①准备工作。组织众多专家进行会议预测，一是要选择专家，既有专家信息的深度和广度，又有专家的代表性；②控制会议。要使会议能达到预期的预测目的，与会者一是要把握会议节奏，引导会议气氛，形成"自由、活泼"的氛围，防止偏离预测主题；与会者本人应不带偏见，不先入为主，不对会议中的任何意见、想法做肯定或否定等带倾向性表达，又要尊重任何一位与会者，力争气氛活跃、各抒己见等。③归纳综合。要使会议意见成为预测方案往往应经过两类归纳和综合：一是会议归纳。会议终结时，将形成较为一致的意见进行合理归纳，既要代表会议绝大多数人的意见，也充分考虑和吸收少数人的意见；必要时，可把不同意见附上供决策者综合考虑。二是会后归纳。会议终结时，若尚未形成真正共识，难以形成一致的方案，应在会后对尚有分歧的意见进行合理的处理，以进一步明确预测方案。

二、德尔菲法

德尔菲法（Delphi）以专家个人判断法和专家会议法为基础，在众多领域中被广泛应用，如市场预测、技术预测、方案比选、社会评价等。

第一次将德尔菲法应用于技术预测的是在 1964 年美国兰德公司发表的"长远预测研究报告"中，此后在世界范围内被迅速推广。

（一）德尔菲法步骤

德尔菲一般包括五个步骤，如图 13-2 所示。

1. 建立工作组

工作组主要负责组织工作。其中，工作组成员应具备较高的个人素质，不仅能正确认识并理解德尔菲法的实质，还要熟悉计算机统计软件，能以其专业和数理统计知识进行必要的统计和数据处理。

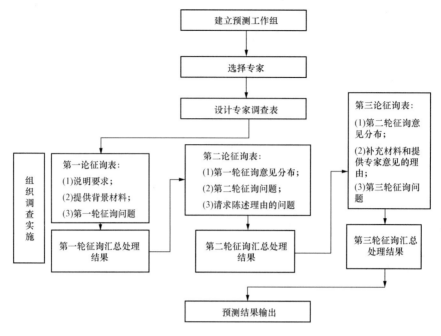

图 13-2 德尔菲法的步骤

2. 选择专家

德尔菲法是一种应用广泛的专家调查法，因此预测的关键就在于如何科学地选择专家。首先，专家的选择应该在与市场预测的专业相关领域中进行，且就知识、经验、思维、创造与洞察方面应均比较突出；其次，专家应包括熟悉本行业的学术权威者和从事生产一线的具体工作者；最后，专家不仅应有本部门的，还要有来自相关行业或其他部门的。总的来说，专家组构成应包括技术专家、宏观经济专家、企业管理者、行业管理者等。此外，专家的人数可根据预测问题的大小和涉及范围而定，一般不超过 20 人。

3. 设计调查表

调查表没有统一的格式，但基本要求是：所提问题应措辞准确，不能出现歧义；回答方式应尽量简单，更加便于汇总和整理调查结果。预测某事件发生的时间和概率，请专家进行选择性预测（即优先选择）和排序性预测（即优先排序）是两种比较常见的调查表设计形式。

4. 组织调查实施

德尔菲法由于其一般要经过 2～3 轮调查因而带来较准确的结果。第一轮将预测主题和相应预测资料发给专家，对专家不做任何要求任其自由发挥。第二轮将第一轮各专家的意见进行统计并适当修正然后再将调查结果返还给专家，让专家对其中较为集中的预测事件进行评价和判断，并对偏离结果的意见给出进一步说明，经预测工作组整理统计后，形成初步预测意见。如有必要可再依据第二轮的预测结果制定调查表进行第三轮预测。

5. 汇总处理调查结果

德尔菲法的最后一步是对专家提出的调查结果进行汇总整理，并做出进一步的数据处理以及统计分析工作。在此工作后，还需对专家估计值的平均值、中位数、众数以及平均主观概率等指标进行综合分析，以确保预测方案的信度和效度。

（二）德尔菲法的利弊

1. 德尔菲法的特点

（1）匿名性。德尔菲法要求参与问卷调查的专家之间不直接见面，各位专家都是背靠背地独立发表意见，工作人员也是通过匿名信函的方式收集各专家提出的意见。

（2）反馈性。德尔菲法通常要经过 2～3 轮专家意见的汇总，而且每轮都将上一轮较为集中的意见或部分信息反馈给专家，使其进行更深入的思考研究，然后修改自己意见。

（3）收敛性。工作组成员每轮都会收集并整理上一轮专家的意见，然后将集中的意见作为新的问题，再次征求专家意见，进而使问题更加集中。

（4）广泛性。通信函询的方式使得德尔菲法对历史资料的完备程度要求不高，可在比较广泛的范围内征询专家意见，且可用于近期探索性和远期开放性预测。特别对于预测资料不足、涉及长远规划或大趋势预测以及影响预测事件的因素繁多等情况更为适合。

2. 德尔菲法的优点

德尔菲法克服了一般集合意见法和其他预测法的不足，因此其具有较为突出的优点。

（1）便于独立思考和判断。德尔菲法的匿名性特点极大克服了权威效应和情感效应，便于专家独立思考，提出个人见解。

（2）低成本实现集思广益。德尔菲法采用信函方式征询专家意见，能较大限度地节省会议成本，这种方式还能较大范围地了解不同地区、各个专业领域的专家意见，在整体上达到集思广益的效果。

（3）有利于探索性解决问题。德尔菲法采用的多轮征询意见反馈的方式使参加会议的专家能够了解到整体的意见倾向，以及其他专家发表与自己不同意见的理由，这样专家就会受到启发进而发表出更好的意见。

（4）应用范围广泛。德尔菲法应用非常广泛，因为它能解决诸如历史资料缺乏和不足等许多其他预测方法所解决不了的问题。此外，德尔菲法不仅能预测近期现实的问题，还能用于对远期抽象性问题的估计。

3. 德尔菲法的不足

（1）缺少思想沟通交流。由于专家个人知识、经验和拥有数据资料等方面的局限，尤其是专家还采用背靠背的方式，使得用德尔菲法预测出的结果可能存在一定的主观片面性。背靠背方式使专家没有机会讨论和相互交流，尽管采用多轮征询意见，能使专家间存在一定交流，但毕竟难以达到思维碰撞、激辩式预测的效果。

（2）易忽视少数人的意见。真理有时可能掌握在少数人的手中，而由于德尔菲法是采用众数原则进行对专家意见的整理，少数人的创意一般都会被组织者忽视，所以预测出来的结果可能会与实际情况不符甚至相悖。

（3）主观因素影响预测结果。运用德尔菲法的过程中，无论是专家意见的给出还是专家意见的整理都是由专家或是组织者完成的，因而有时候预测结果带有主观意向。

（三）美国铁合金消费量预测案例

1970 年春，兰德公司决定对未来 10 年美国铁合金消费量进行预测，为钢铁工业和其他相关工业的长期规划提供依据。采用德尔菲法以分析确定铁合金消费趋势的变化，该预测包括三轮，历时近一年，每一轮的问题和答复都分为三个部分：钢铁工业、合金工业、关键性技术的发展预测。要求应答者预测发展趋势曲线以及延伸的理由，设想在今后二十年内对钢铁或铁合金工业有着潜在作用的技术发展趋势。

预测小组从工业、政府、大学、研究所和商界挑选了参与预测的专家名单,在钢铁行业专家的指导下选出了 100 人作为应答者候选人,经过征求专家个人意见,其中 42 个愿意参加,33 人对第一轮问题做出了答复。

1. 第一轮预测

专家调查表由三部分组成:

第一部分"钢铁工业",给出了 1960～1969 年美国钢铁工业发展的曲线,如钢的销售量、产量以及产销率等。要求专家将曲线延伸到 1985 年,并回答三个问题:①专家认为他的曲线延伸可靠性如何?②专家在做出他的曲线延伸时,关键性技术发展的假设是什么?③其他技术发展的影响?

第一部分还给出了钢铁制造过程流程图和有关技术参数,均是 1969 年的数据,要求专家预测 1980 年的相应数据。

第二部分"合金工业"。像第一部分一样给出一些曲线,涉及铁合金工业的各方面内容,如美国铬消费量、钨消费量等,以及这些材料的进出口量。

第三部分"关键性技术的发展预测"。给出空白表格,让专家自由填写。专家意见的处理,首先是计算每个曲线延伸部分的四分位区间,然后对专家意见加以综合,并反馈到第二轮。

2. 第二轮预测

专家调查表仍包括三部分:

第一部分"钢铁工业",包括 36 项"预测设想","经济或国际性的考虑",以及第一轮第一部分的所有曲线,要求专家对这些设想进行评分。

对于所有原始趋势曲线,都给出了其延伸部分的四分位区间。要求专家重新做出自己对这些曲线的延伸,并且说明自己的估计是可靠的或是有风险的。上一轮中应答者为曲线延伸所给出的理由经整理反馈回来,共 116 条,请应答者评分。

第二部分"合金工业",与第一部分相同。预测设想部分有 69 项有关合金生产的设想和 17 项一般考虑,请专家评分。第一轮中的曲线及其延伸的四分位区间和 128 条预测理由也给了出来,请专家评分。

第三部分是"关键性技术发展与补充曲线",给出了 36 项关键性技术发展,请应答者就 1975 年以前实现的可能性及对钢铁工业的影响进行评价。另外还给出三条新的需求趋势曲线,请应答者加以延伸和说明。

此轮为了增加有关塑料替代物的信息,增加了聚合物工业的专家。第二轮结果处理分为三个独立部分:①曲线新的四分位区间;②设想和关键性技术发展的整理归纳;③数值性的结论,即评分的计算列表。

3. 第三轮预测

专家调查表仍由三部分组成。第一和第二部分是总结,不需要回答。对每一个问题都列出了从第二轮的结果计算出来的平均值和标准差。第三部分中有一些新的设想,以及前一轮中标准差较大(即分歧较大)的设想,要求应答者重新评价。第三部分,给出了第二轮中关于可能性和潜在的关键性技术发展的影响分布及有关评论。要求应答者重新表明自己的倾向和每一潜在发展的影响;给出了三条曲线以及应答者们为延伸而列出的理由,要求应答者重新做曲线延伸并且评定自己估计的可靠性；对于第一、二部分中出现较大分歧的所有设想，要求应答者重新评价。

通过计算专家答复的平均值、标准差、百分比分布等，德尔菲法预测曲线表明未来美国铁合金需求年增长率为 22%～23%，1980 年美国高档合金钢的消费量：铬钢 25 万～30 万 t，锰钢 100 万～125 万 t，镍 9 万～12 万 t。

第十四章

定量预测方法

定量预测是工程项目市场分析的主要方法。本章阐述了弹性系数法、消费系数法、购买力的算法等简单定量预测方法，一元线性回归、多元线性回归、非线性回归等回归预测方法，移动平均、指矩阵、灰色系统等定量预测方法。

第一节 简单定量预测方法

一、弹性系数分析

弹性系数法是依据某两个变量弹性变化之间的关系，通过自变量的计算，实现对因变量的预测。

弹性系数（也称为弹性），所描述的是两个变量的关系，用于衡量由于某一自变量的改变所引起的另一因变量的变化程度。

（一）收入弹性

收入弹性是指在商品价格恒定不变的情况下，该商品购买量变化率与消费者收入的变化率之比。因此可以把收入弹性表示为

收入弹性=购买量变化率/收入变化率

设：Q_1，Q_2，…，Q_n 分别为时期 1，2，…，n 所对应的商品购买量；I_1，I_2，…，I_n 分别为时期 1，2，…，n 所对应的收入水平；ΔQ 与 ΔI 分别为商品购买量和收入水平对应的变化量。收入弹性 ε_I 计算公式如下

$$\varepsilon_I = (\Delta Q / Q) / (\Delta I / I) \tag{14-1}$$

在计算收入弹性时，收入变量的选择应根据所研究的问题来决定，既可以用国民收入，也可用人均收入或其他收入变量。一般情况下，收入和需求量同方向变化，收入弹性为正值；反之为负值。

【例 14-1】 某地区打印机消费需求预测。

问题：2008～2013 年打印机销售量和人均年收入见表 14-1，预计到 2018 年人均年收入较 2013 年增加 86%，人口增长控制在 0.4%。请用收入弹性法预测 2018 年打印机需求量。

表 14-1　　　　　　某地区 2008～2013 年打印机消费量和人均年收入

年份 \ 指标	人均收入（元/年）	人口（万人）	打印机销售量（万台）
2008	2820	680	3.22
2009	3640	684	3.56

年份 \ 指标	人均收入（元/年）	人口（万人）	打印机销售量（万台）
2010	4640	688	3.99
2011	5978	692	4.36
2012	7585	696	4.81
2013	9198	701	5.18

解答：

（1）计算打印机收入弹性系数见表14-2。

表14-2　　　　　　　某地区2008～2013年打印机消费收入弹性系数表

年份 \ 指标	较上年收入增长（%）	每万人打印机消费（台/万人）	每万人打印机消费增长（%）	收入弹性系数
2008		47		
2009	29.1	52	9.8	0.34
2010	27.5	58	11.5	0.42
2011	28.8	63	8.6	0.30
2012	26.9	69	9.5	0.35
2013	21.3	74	7.2	0.34

（2）计算2018年打印机需求量

2008～2013年打印机消费收入弹性系数为0.30～0.42，平均为0.35。取2018年为0.35的弹性系数；以2013年为基数，2018年人均年收入增长86%；则人均打印机消费增长为收入增长率与收入弹性系数之积，即

人均打印机消费增长=收入增长率×收入弹性系数=86%×0.35=30.1%

于是，2018年每万人打印机需求为2013年打印机消费量与需求增长之积，即

2018年每万人打印机需求=2013年打印机消费量×需求增长

=74×(1+30.1%)=96台

2018年当地人口=2013年人口数×(1+年人口增长速度)^5=715万

则

2018年当地打印机需求量=715万人×96台=6.88万台

（二）价格弹性

商品需求的价格弹性是指在收入水平不变的情况下，该商品购买量变化率与价格变化率之比。因此可以把价格弹性表示为

价格弹性=购买量变化率/价格变动比率

沿用以上收入弹性的符号定义，再设 P_1，P_2，…，P_n 分别为时期1，2，…，n 所对应的商品价格；ΔQ 与 ΔP 为商品购买量和价格对应的变化量，价格弹性 ε_P 的计算公式如下

$$\varepsilon_P = (\Delta Q / Q)/(\Delta P / P) \tag{14-2}$$

一般情况下，价格的变动方向与需求量变动方向相反，价格弹性为负值。

【例14-2】 某地区电磁炉消费需求预测。

问题：2007～2013年某地电磁炉每年的消费量和价格见表14-3，假设2014年电磁炉价格下降到2000元/台，请用价格弹性系数法预测2014年电磁炉需求量。

表14-3 某地区2007～2013年微波炉消费量与价格

年份\指标	电磁炉价格（元/台）	电磁炉消费量（万台）
2007	4996	32
2008	4547	35
2009	4012	39
2010	3580	44
2011	3198	49
2012	2800	54
2013	2450	62

解答：

（1）计算各年的微波炉价格弹性系数，见表14-4。

表14-4 某地区2007～2013年微波炉价格弹性系数

年份\指标	电磁炉价格（元/台）	价格较上年增长（%）	电磁炉消费量（万台）	电磁炉消费较上年增长（%）	价格弹性系数
2007	4996	—	32	—	—
2008	4547	−9.0	35	9.4	−1.04
2009	4012	−11.8	39	11.4	−0.97
2010	3580	−10.8	44	12.8	−1.19
2011	3198	−10.7	49	11.4	−1.06
2012	2820	−11.8	54	10.2	−0.86
2013	2450	−12.5	62	14.8	−1.13

（2）计算2014年微波炉需求量。

取2008～2013年价格弹性系数的平均值−1.04，即价格每降低10%，需求增长10.4%。

在价格降低到2000元/台，较2013年价格降低了18.4%，电磁炉需求增长19.2%，于是2014年微波炉需求量=62×(1+19.2%)=74（万台）。

（三）能源需求弹性

能源需求弹性可以说明不同经济指标与不同能源需求之间的关系。能源的需求包括电力、煤炭、石油、天然气等方面；国民经济的重要指标包括社会总产值、国内生产总值、工农业总产值、国民收入等，因此可按不同的变量指标计算不同的能源需求弹性。

能源的国内生产总值弹性，是指能源消费量变化率与国内生产总值变化率之比，可表示为

能源的国内生产总值弹性=能源消费量变化率/国内生产总值变化率

设 E_1，E_2，…，E_n 分别为时期1，2，…，n 所对应的能源消费量；GDP_1，GDP_2，…，GDP_n 分别为时期1，2，…，n 所对应的国内生产总值；ΔE 和 ΔGDP 分别为相应能源消费变化量和

国内生产总值变化量。能源的国内生产总值弹性计算公式表示如下

$$\varepsilon_i = (\Delta E / E)/(\Delta GDP / GDP) \qquad (14-3)$$

【例 14-3】 某市 2015 年和 2020 年电力需求预测。

问题：某市 2010 年 GDP 总值达到 1788 亿元，而当年电力消费量为 269 万 kWh。预计未来 10 年中：前 5 年 GDP 将保持 9%的速度增长，后 5 年 GDP 将保持 8%的速度增长，请用弹性系数法预测 2015 年和 2020 年该市电力需求量。

经专家分析，该市电力需求弹性系数如表 14-5 所示。

表 14-5　　　　　　　　　　　　　某市电力需求弹性系数

时间段	"十二五"（2011~2015 年）	"十三五"（2016~2020 年）
弹性系数	0.66	0.59

解答：

根据式（14-3） $\varepsilon_i = (\Delta E / E)/(\Delta GDP / GDP)$ 。

2011~2015 年和 2016~2020 年该市的电力弹性系数分别为 0.66 和 0.59，则设 2011~2015 和 2016~2020 年年均电力需求增长速度分别为 M_1、M_2

$$M_1=电力消费弹性系数×GDP 年增长速度=0.66×9\%=5.9\%$$
$$M_2=0.59×8\%=4.7\%$$

于是：

$$2015 年该市电力需求量=2010 年电力消费量×(1+M_1)^5$$
$$=269×(1+5.9\%)^5=358.29（万 kWh）$$
$$2020 年该市电力需求量=2015 年电力需求量×(1+M_2)^5$$
$$=358.29×(1+4.7\%)^5=450.78（万 kWh）$$

二、消费系数法

消费系数是指某种产品在各个行业（或部门、地区、人群等）的单位消费量。消费系数法的思路是：对某种产品在各个行业（或部门、地区、人群等）的消费数量进行调查分析，在了解各个行业（或部门、地区、人群等）规划产品产量的基础上，计算汇总全部行业（或部门、地区、人群等）的需求量，从而用以预测该产品的总需求量。步骤如下：

（1）分析产品 X 的主要使用范围，即它的所有行业（或部门、地区、人群等）。

（2）调查产品 X 所在行业（或部门、地区、人群等）的消费量 X_i 与该行业（或部门、地区、人群等）产品产量 Y_i，计算确定在各行业（或部门、地区、人群等）中的消费系数。

$$某行业的消费系数 e_i=该行业的产品消费量 X_i/产品的产量 Y_i$$

（3）通过确定各个行业（或部门、地区、人群等）的计划产量 Y_i'，预测各个行业（或部门、地区、人群等）该产品的消费需求量 X_i'。

$$行业需求量 X_i'=行业计划生产规模 Y_i'×该行业消费系数 e_i$$

（4）计算汇总各行业（或部门、地区、人群等）对该产品的总的消费需求量。

$$产品总需求量 X'=\sum 各行业需求量 X_i'$$

【例 14-4】 某地区车用汽油市场预测。

问题：已知某地区 2012 年各类型汽车消耗汽油总量 121.02 万 t，其具体汽油消耗分配如

表 14-6。现预计 2015 年该地区各类型车辆保有量分别为：私人轿车 20 万辆，出租车 5 万辆，商务用车 7 万辆，小型摩托车等 0.5 万辆，其他车 2 万辆。假设各类车辆单位年消耗汽油不变，请根据消费系数法预测 2015 年车用汽油需求总量。

表 14-6   **2012 年某地区车用汽油消费量**

车辆类别	私人轿车	出租车	商务用车	小型摩托车等	其他车辆	合计
车辆保有量（万辆）	6.21	3.34	5.73	0.24	1.22	
年消耗汽油（万吨）	19.62	29.66	64.86	0.03	6.85	121.02

解答：

（1）第一步根据 2012 年数据计算各类型车辆平均年汽油消耗量。

私人轿车平均年汽油消耗量=2012 年私人轿车年汽油消耗量/2012 年私人轿车保有量

$$= 19.62 \text{ 万 t/年}/6.21 \text{ 万辆}=3.16 \text{ [t/(辆·年)]}$$

以此类推：

出租车平均年汽油消耗量=8.88 [t/(辆·年)]

商务车平均年汽油消耗量=11.32 [t/(辆·年)]

小型摩托车平均年汽油消耗量=0.13 [t/(辆·年)]

其他车辆平均年汽油消耗量=5.61 [t/(辆·年)]

（2）第二步计算各类车辆 2015 年年汽油消耗量。

2015 年私人轿车年汽油消耗量=2015 年私人轿车保有量×私人轿车年汽油消耗量

$$=20 \text{ 万辆}×3.16 \text{ [t/(辆·年)]}=63.2 \text{（万 t/年）}$$

以此类推 2015 年其他各类车的油耗量：

出租车年汽油消耗量=44.4（万 t/年）

商务车年汽油消耗量=79.24（万 t/年）

小型摩托车年汽油消耗量=0.07（万 t/年）

其他车辆年汽油消耗量=11.22（万 t/年）

（3）第三步汇总 2015 年各类车辆汽油总需求量，可得，2015 年车用汽油需求总量为 198.13 万 t。

三、购买力估算法

对消费品的需求预测，一般按以下步骤进行：

（1）测算居民对商品的购买力。商品购买力是指一定时期内一定地区居民在零售市场上购买商品的货币额，其计算公式为

商品购买力=货币收入−非商品支出±货币净流入(或流出)额

（2）分析购买力的投向。即居民使用货币购买商品的方向。例如吃、穿、用、旅游，农民或个体户采购生产资料等，可分别估算其所占比例及投入货币数。

（3）分析某项商品在某类购买力中所占比重，从而估算其需求。

【例 14-5】 某地区是以农业生产为主，2013 年农业收入 4 亿元，预测该地区 2014 年农村服装需求量。

解答：可用购买力方法估算，步骤如下：

（1）估算该地区购买力。2014 年该地区年各项农产品产量，预计要比 2013 年增收 8%。

2014 年的预计总收入为 4.32 亿元。扣去各项支出、税金、集体积累分配实物数量以外，预计可分配给农民现金 5500 万元；加上家庭副业等各项其他收入 8000 万元，该县农民 2014 年的现金收入约为 1.35 亿元。又估算用于非商品支出约 10%，即 1350 万元，储蓄存款增加额约 400 万元；外部资金净流入额约 3000 万元。则购买力

商品购买力 = 13500－1350－400+3000 = 14750（万元）

（2）分析购买力投向。由于农民生活逐步改善，吃的比重有所下降，穿和用的部分相对上升；用于生产资料部分也有所减少。据此，对该县 2014 年农民购买力的投向估算见表 14-7。

表 14-7   农民消费结构

指标	吃	穿	用	生产资料	其他	合计
比重（%）	28	13	16	36	7	100
购买力（万元）	4130	1918	2360	5310	1033	14750

（3）分析服装需求量占"穿"的比重。根据近年的资料，分析出服装需求量约占"穿"的 68%，从而估算出 2014 年服装的需求量为 1918×68% = 1304（万元）。

第二节　回归分析法

回归分析法是一种描述和分析各因素间相关关系的数理统计方法，通过对大量数据进行数学处理，建立一个或一组因变量与自变量之间关系的回归分析模型，来预测因变量的值。回归分析法的分类有多种：按照自变量的个数分为一元回归分析与多元回归分析，按照自变量与因变量的关系分为线性回归分析与非线性回归分析。

一、一元线性回归

（一）基本公式

假设预测对象和其主要影响因素之间存在线性关系，将预测对象设为因变量 y，将其主要影响因素设为自变量 x，这种关系可以解释为由自变量 x 的变化引起因变量 y 的直线变化，则它们之间的关系是线性的，可以用一元线性回归方程式表示为

$$y = a + bx + e \qquad (14\text{-}4)$$

式中：a 和 b 分别是揭示 x 和 y 之间关系的回归常数和回归系数，a 也可解释为回归直线的截距，b 可解释为回归直线的斜率，e 为回归误差项（或称回归余项、随机误差项）。

对于变量 x、y 的每一观察值 x_i、y_i 之间的关系，同样可表示为

$$y_i = a + bx_i + e_i \qquad (14\text{-}5)$$

式中：e_i 是回归误差项，即用（$a+bx_i$）去估计因变量 y_i 的值而产生的随机误差。

为了方便确定参数 a 和 b 的值，从而阐释变量 y 与 x 之间的线性关系，式（14-4）可以表示为

$$y = a + bx \qquad (14\text{-}6)$$

式（14-6）是式（14-4）的拟合直线。根据式（14-6）可以利用普通最小二乘法（OLS）原理估计回归常数和回归系数。最小二乘法的原理是找出方程参数的估计值，使观察值 y_i 对估算值 $\hat{y}_i$ 离差的平方和最小。由最小二乘法求得的回归系数和回归常数分别表示为

$$b = \frac{\sum x_i y_i - \overline{x} \sum y_i}{\sum x_i^2 - \overline{x} \sum x_i} \qquad (14\text{-}7)$$

$$a = \overline{y} - b\overline{x} \qquad (14\text{-}8)$$

式中：x_i、y_i 分别是自变量 x 和因变量 y 的实际测得值，$\overline{x}$、$\overline{y}$ 分别表示 x 和 y 实际测得值的平均值，可表示为

$$\overline{x} = \frac{\sum x_i}{n} \qquad (14\text{-}9)$$

$$\overline{y} = \frac{\sum y_i}{n} \qquad (14\text{-}10)$$

对于每一个自变量 x 的实际数值，对应都有拟合值 $\hat{y}_i$

$$\hat{y}_i = a + b x_i \qquad (14\text{-}11)$$

式（14-5）中的回归误差项就是指 $\hat{y}_i$ 与实际测得值 y_i 的差

$$e_i = y_i - \hat{y}_i \qquad (14\text{-}12)$$

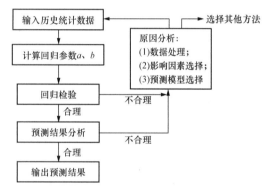

图 14-1 一元回归法流程图

（二）一元回归分析步骤

一元回归方法的步骤如图 14-1 所示。

（三）回归检验

针对统计误差进行检验，需要对计算出的回归常数、回归系数以及回归方程进行假设性检验。常用的假设性检验方法包括方差分析、相关系数检验、t 检验、F 检验等。

1. 方差分析

通过推导，可以得出

$$\sum (y_i - \overline{y})^2 = \sum (y_i - \hat{y}_i)^2 + \sum (\hat{y}_i - \overline{y})^2 \qquad (14\text{-}13)$$

即 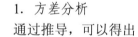 $TSS = ESS + RSS \qquad (14\text{-}14)$

式中：$TSS = \sum (y_i - \overline{y})^2$，称为偏差平方和，表示 y 的观测值围绕其均值变化的离差总和，反映了所有观测 y 值的离散度。$ESS = \sum (y_i - \hat{y}_i)^2$，称为残差平方和，表示实际 y 的观测值与回归拟合值的离散程度。由假设条件可知，ESS 是由回归误差项 e 造成的，反映除 x 对 y 的线性影响之外的一切使 y 变化的随机变化因素，是线性回归方程不能解释的部分，因此也称未解释变差。$RSS = \sum (\hat{y}_i - \overline{y})^2$，称为回归平方和，表示样本回归拟合值围绕其观测均值的离散程度，反映了 x 对 y 线性关系程度，是线性回归方程所能解释的部分，所以也称为可解释变差。式（14-14）实际意义是总变差来源于回归线引起的可解释变差与随机因素引起的未解释变差之和。

在进行相关系数检验、t 检验和 F 检验之前，一般先进行方差分析。

由以上概念定义统计量可决系数 R^2

$$R^2 = RSS / TSS \qquad (14\text{-}15)$$

可决系数（R^2）为非负值，它的大小表明了 y 的变化中可以用 x 来解释的百分比，R^2 越接近于 1 表明拟合程度越高，因此，R^2 是评价 x 和 y 两个变量之间线性相关程度的一个指标。可以推导

$$R^2 = \frac{\sum(\hat{y}_i - \overline{y})^2}{\sum(y_i - \overline{y})^2} = 1 - \frac{\sum(y_i - \hat{y}_i)^2}{\sum(y_i - \overline{y})^2} \qquad (14\text{-}16)$$

2. 相关系数检验

相关系数也是描述两个变量之间的线性相关程度的数值指标，用 R 表示。

$$R = \pm\sqrt{1 - \frac{\sum(y_i - \hat{y}_i)^2}{\sum(y_i - \overline{y})^2}} \qquad (14\text{-}17)$$

R 的值在 $-1 \sim 1$ 之间。$|R|=1$ 时，称变量 x 和 y 完全相关；当 $R=0$ 时，称变量 x 和 y 不相关，即没有线性关系；当 $0<R<1$ 时，称为正相关；当 $-1<R<0$ 时，称为负相关。由此，R 的绝对值越趋向于 1，表明其线性相关性越大；反之，R 的绝对值越趋向于 0，表明其线性相关性越小。在计算出 R 值后，可以查相关系数检验表。在查阅参数自由度 $n-2$（n 为样本个数）和显著性水平 α 所确定的临界值后，若 $|R|>$ 临界值，则变量 x 和 y 之间的线性关系存在；反之，两个变量之间的线性关系不存在。

3. t 检验

即回归系数 b 的差异显著性检验，通常情况下只需检验回归系数 b。

$$t_b = b / S_b = b \bigg/ \sqrt{\frac{\sum(x_i - \overline{x})^2}{\sum(y_i - \hat{y}_i)^2 / (n-2)}} \qquad (14\text{-}18)$$

式中：S_b 表示参数 b 的标准差，n 为样本个数。

S_y 表示回归标准差，$S_y{}^2 = \sum(\hat{y}_i - y_i)^2 / (n-2)$，则 $S_b = S_y \big/ \sqrt{(x_i - \overline{x})^2}$。

所以，式（14-18）也可以表示为 $t_b = b \big/ \sqrt{(x_i - \overline{x})^2} \big/ S_y$

t_b 服从 t 分布，通过 t 分布表查得显著性水平为 α，自由度为 $n-2$ 的数值 $t(\alpha/2, n-2)$。与之比较，如果计算值 t_b 的绝对值大于 $t(\alpha/2, n-2)$，表明回归系数显著性不为 0，拒绝假设，检验通过，说明变量 x 和 y 的线性关系假设合理。反之，表明回归系数有较大可能等于 0，假设成立，检验不通过，说明变量 x 和 y 的线性关系假设不合理。

通常情况下，t 检验适用于小样本的正态分布数据。

4. F 检验

即回归方程的显著性检验，检验预测模型的总体线性关系的显著性，也称为方差齐性检验，主要用在存在两个样本集的数据中。

$$F = \frac{\sum(\hat{y}_i - \overline{y})^2}{\sum(y_i - \hat{y}_i)^2 / (n-2)} \qquad (14\text{-}19)$$

由式（14-16）可知：$F = R^2(n-2)/1 - R^2$。

统计量 F 服从 f 分布，查找 f 分布表中显著水平为 α，自由度分别为 $n_1=1$，$n_2=n-2$ 对应的 F 值 $F_\alpha(1, n-2)$，再将 F 的计算值与 $F_\alpha(1, n-2)$ 相比较。如果 $F>F_\alpha(1, n-2)$，则说明回归方程较合理地反映了变量 x 和 y 之间的线性关系，回归效果显著，检验通过；如果 $F \leqslant F_\alpha(1, n-2)$，则说明回归方程不能合理反映变量 x 和 y 之间的线性关系，回归效果不显著，检验不通过。

（四）点估计与区间估计

点估计是在给定了自变量的未来值 x_0 情况下，利用线性回归方程求出因变量 y_0 的回归

估计值 $\hat{y}_0$，也称为定值估计。

$$\hat{y}_0 = a + bx_0 \tag{14-20}$$

通常情况下，实际值与预测值难免会产生偏差，仅根据一点的回归而做出的预测是不科学的。因此预测不仅要得出点估计值，还要同时预测出可能发生偏离的范围，即置信区间。于是，以 $1-\alpha$ 概率估计的 y 围绕 $\hat{y}_0$ 变动的范围，称为区间估计。统计经验表明，对于估计值 $\hat{y}_0$，在小容量统计样本下（样本组数 $n<30$），置信水平为 $100(1-\alpha)\%$ 的估计区间为

$$\hat{y}_0 + t(\alpha/2, n-2)S_0 \tag{14-21}$$

式中：$t(\alpha/2, n-2)$ 由 t 分布表得出。一般情况下，显著性水平取值 $\alpha=0.05$。

$$s_0 = S_y \sqrt{1 + \frac{1}{n} + \frac{\sum(x_0 - x)^2}{\sum(x_i - \overline{x})^2}} \tag{14-22}$$

$$s_y = \sqrt{\frac{\sum(y_i - \hat{y}_i)^2}{n-2}} \tag{14-23}$$

此外，根据 3α 原则，可以使用简单的估计区间近似解法，当样本容量 n 很大时，比如在置信度分别为 $65.4.2\%$、$93.2.4\%$、98.9% 的情况下，估计区间分别为

$$(\hat{y}_0 - S_y, \hat{y}_0 + S_y)$$
$$(\hat{y}_0 - 2S_y, \hat{y}_0 + 2S_y)$$
$$(\hat{y}_0 - 3S_y, \hat{y}_0 + 3S_y)$$

【例 14-6】 2015 年某地区镀锌钢板需求预测。

问题：2010 年某地区镀锌钢板消费量 18.5 万 t，主要应用于第二产业中的部分行业，该地区 2001～2010 年镀锌钢板消费量及第二产业产值见表 14-8。按照该地区"十二五"规划，预计第二产业增速为 12%。请用一元线性回归方法预测该地区 2015 年镀锌钢板需求量。

表 14-8　　　　　　　　　2001～2010 某地镀锌钢板消费量与第二产业产值

年份　　指标	镀锌钢板消费量（万 t）	第二产业产值（千亿元）
2001	3.45	1.003
2002	3.50	1.119
2003	4.20	1.260
2004	5.40	1.450
2005	7.10	1.527
2006	7.50	1.681
2007	8.50	1.886
2008	11.00	1.90
2009	13.45	2.028
2010	15.32	2.274

解答：

（1）建立回归模型。经数据分析发现，该地区镀锌钢板消费量与第二产业产值之间的关系为线性回归关系，将第二产业产值和镀锌钢板消费量分别设为自变量 x 和因变量 y，由此

建立一元线性回归方程模型

$$y = a + bx$$

（2）参数计算。通过最小二乘法计算出相关参数 b 与 a

$$b = (\sum x_i y_i - \overline{x} \sum y_i)/(\sum x_i^2 - \overline{x} \sum x_i) = 9.590$$

$$a = \overline{Y} - b\overline{X} = -7.55$$

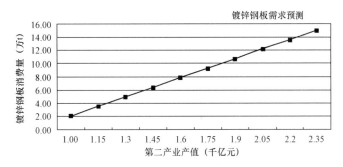

图 14-2 2001～2010 年某地镀锌钢板消费量与第二产业产值一元回归曲线

（3）相关检验。相关系数有关计算见表 14-9，计算公式及结果如下：

$$R^2 = \frac{\sum(\hat{y}_i - \overline{y})^2}{\sum(y_i - \overline{y})^2} = 1 - \frac{\sum(y_i - \hat{y}_i)^2}{\sum(y_i - \overline{y})^2} = 0.924$$

则 $R=0.961$

在 $\alpha=0.05$ 时，自由度$=n-2=8$，查相关检验表，得 $R_{0.05}=0.632$

因 $R=0.961>0.632=R_{0.05}$

故在 $\alpha=0.05$ 的显著性检验水平上，相关系数检验通过，说明第二产业产值与镀锌钢板消费量之间的线性回归关系假设合理。

（4）t 检验。

$$t_b = b/S_b = b\Bigg/\sqrt{\frac{\sum(x_i - \overline{x})^2}{\sum(y_i - \hat{y}_i)^2/(n-2)}} = 9.85$$

在 $\alpha=0.05$ 时，自由度$=n-2=8$，查 t 检验表，得 $t(0.025，8)=2.306$

因 $t_b=9.85>2.306=t（0.025，8）$

故在 $\alpha=0.05$ 的显著性检验水平上，t 检验通过，说明第二产业产值与镀锌钢板消费量之间的线性回归关系明显。

表 14-9　　　　　　　　　　　相 关 系 数 计 算 表

年份 \ 指标	y 消费量（万 t）	$\hat{y}$ 预测消费量（万 t）	$(y-\hat{y})^2$	$(y-\overline{y})^2$
2001	3.45	2.06	1.92	20.18
2002	3.50	3.18	0.10	19.73
2003	4.20	4.53	0.11	14.00
2004	5.40	6.35	0.90	6.46
2005	7.10	7.09	0.00	0.71
2006	7.50	8.57	1.14	0.20

续表

指标 年份	y 消费量（万 t）	$\hat{y}$ 预测消费量（万 t）	$(y-\hat{y})^2$	$(y-\bar{y})^2$
2007	8.50	10.53	4.13	0.31
2008	11.00	10.96	0.00	9.35
2009	13.45	11.89	2.42	30.34
2010	15.32	14.25	1.14	54.43
合计	79.42	79.42	11.86	155.71
平均值	7.942	7.94	1.19	15.57

（5）F 检验。

$$F = \frac{\sum(\hat{y}_i - \bar{y})^2}{\sum(y_i - \hat{y}_i)^2 / n - 2} = 96.99$$

在 $\alpha=0.05$ 时，自由度 $n_1=1$，$n_2=n-2=8$，查 F 检验表，得 $F(1,8)=5.318$

因 $F_b=96.99 > 5.318=F(1,8)$

故在 $\alpha=0.05$ 的显著性检验水平上，F 检验通过，表明预测模型整体可靠性较高。

（6）需求预测。

根据 "十二五" 规划，该地区 2015 年第二产业产值将达到

$$x_{(2015)} = (1+r)^5 x_{(2010)} = (1+12\%)^5 \times 2.247 = 4.01 （千亿元）$$

所以，2015 年当地镀锌钢板需求点估计为

$$y_{(2015)} = a + bx_{(2015)} = -7.55 + 9.590 \times 4.01 = 30.88 （万 t）。$$

区间预测

$$s_0 = \sqrt{1 + \frac{1}{n} + \frac{\sum(x_0 - x)^2}{\sum(x_i - \bar{x})^2}}$$

$$=2.656$$

于是，在 $\alpha=0.05$ 的显著性检验水平上，2015 年镀锌钢板需求量的置信区间为

$$30.88 \pm t_{(0.025, 8)} \times S_0 = 30.88 \pm 6.12$$

即在区间（24.76，37.00）内。

二、多元线性回归

（一）多元回归模型

多元线性回归预测法的原理与一元线性回归基本相同，但多元线性回归预测法中的自变量相互独立，其计算过程相对复杂，可通过计算机数学软件程序完成。

多元线性回归预测法的数学表达式为

$$y = a + b_1x_1 + b_2x_2 + \cdots + b_mx_m + e \qquad (14\text{-}24)$$

多元线性回归方程模型的建立首先应通过因素分析，找出导致因变量 y 变化的所有自变量 $x_1 \cdots x_m$，从而建立预测模型。

当自变量个数为 2 时，称为二元回归。$y = a + b_1x_1 + b_2x_2 + e$，其回归系数计算公式为

$$b_1 = \frac{S_{1y}S_{22} - S_{12}S_{2y}}{S_{11}S_{22} - S_{12}S_{21}} \qquad (14\text{-}25)$$

$$b_2 = \frac{S_{2y}S_{22} - S_{21}S_{1y}}{S_{11}S_{22} - S_{12}S_{21}} \qquad (14\text{-}26)$$

$$a = \overline{y} - b_1\overline{x}_1 - b_2\overline{x}_2 \qquad (14\text{-}27)$$

$$S_{11} = \sum(x_{i1} - \overline{x}_1)^2 \qquad (14\text{-}28)$$

$$S_{22} = \sum(x_{i2} - \overline{x}_2)^2 \qquad (14\text{-}29)$$

$$S_{12} = \sum(x_{i1} - \overline{x}_1)(x_{i2} - \overline{x}_2) \qquad (14\text{-}30)$$

$$S_{21} = \sum(x_{2i} - \overline{x}_2)(x_{1i} - \overline{x}_1) \qquad (14\text{-}31)$$

$$S_{1y} = \sum(x_{i1} - \overline{x}_1)(y_i - \overline{y}) \qquad (14\text{-}32)$$

$$S_{2y} = \sum(x_{i2} - \overline{x}_2)(y_i - \overline{y}) \qquad (14\text{-}33)$$

$$\overline{x}_1 = \frac{\sum x_{1i}}{n} \qquad (14\text{-}34)$$

$$\overline{x}_2 = \frac{\sum x_{2i}}{n} \qquad (14\text{-}35)$$

（二）多元回归模型检验

同一元回归一样，为了检验回归模型的假设是否正确、回归方程是否合理，同样需要进行检验。常用的检验有 R 检验、t 检验、F 检验和 D.W.检验。

1. R 检验

与一元回归类似，通过方差分析得到

$$R^2 = RSS/TSS \qquad (14\text{-}36)$$

这里 R^2 称为复可决系数，说明一组自变量 x_1，x_2，…，x_n 对因变量 y 的解释程度。可以导出

$$R^2 = \frac{\sum(\hat{y}_i - \overline{y})^2}{\sum(y_i - \overline{y})^2} = 1 - \frac{\sum(y_i - \hat{y}_i)^2}{\sum(y_i - \overline{y})^2}$$

复可决系数的平方根 R 被称为复相关系数，它描述了一组自变量 x_1，x_2，…，x_m 对因变量 y 之间的相关程度。

由于 R^2 的大小与自变量的数量有关，为了消除自变量数目的影响，采用校正 R^2。

$$\overline{R}^2 = 1 - \frac{\sum(y_i - \hat{y}_i)^2/(n-m-1)}{\sum(y_i - \overline{y})^2/(n-1)} \qquad (14\text{-}37)$$

式中：n 为观测值组数；m 为自变量个数。

2. F 检验

即回归方程的显著性检验。是从总体上对一组自变量 $x_1, x_2, \cdots, x_m$ 对因变量 y 的线性关系进行检验，即检验预测模型线性关系的总体显著性。

$$F = \frac{\sum(\hat{y}_i - \overline{y})^2/m}{\sum(y_i - \hat{y}_i)^2/n-m-1} \qquad (14\text{-}38)$$

统计量 F 服从 f 分布，可以查找 f 分布表显著性水平为 α，自由度分别为 $n_1=m$，$n_2=n-m-1$

所对应的 F 值 $F_\alpha(m, n-m-1)$。将 F 的计算值与其比较大小，若 $F>F_\alpha(m, n-m-1)$，则回归方程较合理地反映了变量 x 和 y 之间的线性关系，回归效果显著，检验通过；若 $F\leqslant F_\alpha(m, n-m-1)$，则说明回归方程不能合理反映变量 x 和 y 之间的线性关系，回归效果不显著，检验不通过。

3．t 检验

R 检验和 F 检验都是将所有自变量 x_i 作为一个整体来检验它们与因变量 y 的线性相关程度，但是在检验每一个自变量 x_i 对 y 的影响方面存在不足，这里可使用 t 检验。

$$t_j=b/S_{bj}, \quad j=1, 2, \cdots, m$$

S_{bj} 是 b_j 的样本标准差。对二元回归，有

$$S_{b1} = \sqrt{\frac{\sum x_{2i}^2}{\sum x_{1i}^2 - (\sum x_{1i}x_{2i})^2}} \tag{14-39}$$

$$S_{b2} = \sqrt{\frac{\sum x_{1i}^2}{\sum x_{1i}^2 \sum x_{2i}^2 - (\sum x_{1i}x_{2i})^2}} \tag{14-40}$$

$$s_y = \sqrt{\frac{\sum(y_i - \hat{y}_i)^2}{n-m}} \tag{14-41}$$

一般情况下取 $\alpha=0.05$，通过 t 分布表查得显著性水平为 α，自由度为 $n-m-1$ 的数值 $t(\alpha/2, n-m-1)$。如果 t_{bj} 的绝对值均大于 $t(\alpha/2, n-m-1)$，表明回归系数显著性不为 0，拒绝假设，检验通过，说明各变量 $x_1,x_2,\cdots,x_m$ 和 y 的线性关系假设合理。如果 t_{bj} 的绝对值小于或等于 $t(\alpha/2, n-m-1)$，表明回归系数有较大可能等于 0，检验不通过，说明各变量 $x_1,x_2,\cdots,x_m$ 和 y 的线性关系假设不合理。

4．D.W 检验

当样本数量较多的时候，需要对回归余项的线性独立性进行检验，以检验余项间是否存在自相关性。

$$d = \frac{\sum_{i=2}(e_i - e_{i-1})^2}{\sum e_i^2} \tag{14-42}$$

根据给定的显著性水平 α，样本数据的个数 n 和自变量的个数 k 查找 D.W 表，找到下限值 d_l 和上限值 d_u，与 d 比较。d 介于 0～4 之间，若 $d_u<d<4-d_u$，则回归余项无序列相关，D.W 检验通过，模型可以用于预测；否则，D.W 检验为不通过，模型不能用于预测，应重新分析建立预测模型。

【例 14-7】 某地区粮食需求预测。

问题：某地区 2001～2009 年粮食消费量如表 14-10 所示。预测 2015 年该地区粮食需求。预计"十二五"期间当地人口增长率 0.6%，GDP 年增长率 8%，见表 14-10。

表 14-10　　　　　　　　　　粮食消费与人均 GDP、总人口数表

年份＼指标	y_i 粮食消费（百万 t）	x_{1i} 人均 GDP（千元）	X_{2i} 总人口数（百万）
2001	10.500	1.879	28.763
2002	10.725	2.287	29.119

续表

年份 \ 指标	y_i粮食消费（百万 t）	x_{1i}人均 GDP（千元）	X_{2i}总人口（百万）
2003	10.950	2.939	29.461
2004	11.225	3.923	29.798
2005	11.475	4.854	30.118
2006	11.550	5.576	30.436
2007	11.700	6.054	30.750
2008	11.850	6.307	31.058
2009	11.975	6.547	31.338

解答：（1）建立二元回归预测模型。

粮食需求量与总人口数密切相关，与地区经济发展水平也密切关联。于是，可以把粮食需求预测简化为二元回归。地区经济发展水平可以用人均 GDP 来衡量，用 x_1 表示；总人口数为 x_2，粮食消费量为 y，则二元回归模型为

$$y = a + b_1 x_1 + b_2 x_2$$

某地区粮食需求预测计算表见表 14-11。

表 14-11   **某地区粮食需求预测计算表**

年份 \ 指标	$(x_{i1}-\bar{x}_1)^2$	$(x_{i2}-\bar{x}_2)^2$	$(x_{i1}-\bar{x}_1)(x_{i2}-\bar{x}_2)$	$(x_{i1}-\bar{x}_1)(y_i-\bar{y})$	$(x_{i2}-\bar{x}_2)(y_i-\bar{y})$
2001	6.79	1.770	3.47	2.16	1.101
2002	4.83	0.950	2.14	1.33	0.587
2003	2.39	0.400	0.98	0.58	0.239
2004	0.32	0.087	0.17	0.06	0.030
2005	0.14	0.001	0.01	0.05	0.004
2006	1.19	0.117	0.37	0.24	0.076
2007	2.46	0.431	1.03	0.58	0.244
2008	3.32	0.930	1.76	0.95	0.504
2009	4.25	1.549	2.57	1.33	0.806
合计	25.69	6.235	12.49	7.29	3.591
平均值	2.85	0.693	1.39	0.81	0.399

（2）计算过程。于是，通过公式计算出

$$b_1 = \frac{S_{1y}S_{22} - S_{12}S_{2y}}{S_{11}S_{22} - S_{12}S_{21}} = 0.145$$

$$b_2 = \frac{S_{2y}S_{22} - S_{21}S_{1y}}{S_{11}S_{22} - S_{12}S_{21}} = 0.286$$

$$a = y - b_1\bar{x}_1 - b_2\bar{x}_2 = 2.07$$

2015 年人口规模为

$$x_{2(2015)} = (1+0.6\%)^6 \times x_{2(2009)} = 32.48 \text{ （百万人）}$$

2015 年 GDP 预测值为

$$(1+8\%)^6 \times 2009 \text{ 年 GDP 值} = 3255.79 \text{ （亿元）}$$

2015 年人均 GDP 预测值为

$$x_{1(2015)} = 2015 \text{ 年 GDP 值} / 2015 \text{ 年总人口} = 100.23 \text{ （百元）}$$

因此，2015 年粮食消费需求量为

$$y_{(2015)} = a + b_1 x_{1(2015)} + b_2 x_{2(2015)} = 12.81 \text{ （百万吨）}$$

（3）置信区间。二元线性回归预测的样本方差为

$$S^2 = \frac{\sum(y_i - \hat{y}_i)^2}{n-m-1} = 0.0034$$

样本的标准差 $\qquad\qquad S=0.06$

在置信度 68.4%时，2015 年粮食需求量的预测区间为（12.81+0.06，12.81-0.06），即在 12.87~12.75 之间。

表 14-12　　　　　　　　　　　　　粮食需求预测拟合值

年份 \ 指标	y 粮食消费（百万 t）	$\hat{y}$	$(y-\hat{y})^2$	$(y-\bar{y})^2$
2001	10.500	10.570	0.00490	0.6852
2002	10.725	10.731	0.00003	0.3633
2003	10.950	10.923	0.00072	0.1427
2004	11.225	11.162	0.00398	0.0106
2005	11.475	11.388	0.00753	0.0217
2006	11.550	11.584	0.00113	0.0494
2007	11.700	11.743	0.00182	0.1385
2008	11.850	11.867	0.00030	0.2727
2009	11.975	11.982	0.00005	0.4189

（4）R 检验。

复可决系数为

$$R^2 = \frac{\sum(\hat{y}_i - \bar{y})^2}{\sum(y_i - \bar{y})^2} = 1 - \frac{\sum(y_i - \hat{y}_i)^2}{\sum(y_i - \bar{y})^2} = 0.99$$

复相关系数为

$$R=1.00$$

校正 R^2 为

$$\bar{R}^2 = 1 - \frac{\sum(y_i - \hat{y}_i)^2 / (n-m-1)}{\sum(y_i - \bar{y})^2 / (n-1)} = 1.00$$

因此，相关检验通过。相关计算过程见表 14-12。

（5）t 检验和 F 检验（略）。

三、非线性回归

在自变量与因变量之间为非线性关系时，需要采用非线性回归方法进行分析预测。而在实际预测过程中，可以通过合理的函数变换，将非线性关系转换为线性关系，从而采用线性回归分析方法的分析思路，来解决非线性预测问题。

如果某些非线性关系的函数可以转换成线性关系的函数，则一元回归分析可以用来对这些非线性关系进行估计。常见的非线性关系及其线性模型有如下几种：

（1）
$$y = e^{a+bx} \tag{14-43}$$

其对数性函数为

$$\ln y = a + bx \tag{14-44}$$

用最小二乘法对上述函数模型进行估计分为两个步骤

首先通过函数

$$y' = a + bx \tag{14-45}$$

对参数 a、b 进行估计。其中 $y' = \ln y$

其次进行预测

$$y_t = e^{a+bx} \tag{14-46}$$

（2）
$$y = ab^x \tag{14-47}$$

其对数线性函数为

$$\lg y = \lg a + x \lg b \tag{14-48}$$

即
$$y' = A + Bx \tag{14-49}$$

其中，$A = \lg a$，$B = \lg b$，$y' = \lg y$

如上述方法，用最小二乘法计算其参数 A 和 B，y' 可以通过式（14-49）算得。

最后，求出置信区间，对预测模型做出修正。

第三节 延伸性预测方法

延伸性预测法的使用应满足两个基本前提：一是预测变量的客观条件在一定时期内基本不变，即历史数据资料能够合理地反映未来结果。二是忽略其跳跃性、随机性等情况，预测变量随时间的发展过程是渐变的。在以上假设前提下，就可以设时间 t 为自变量，预测未来值为因变量，根据历史数据资料的变化规律，建立预测模型并进行预测。

常见的延伸性预测方法包括简单移动平均法、指数平滑法、成长曲线模型、季节波动模型等。其基本方法是通过对数据本身时间序列的处理，研究预测目标的变化趋势。

一、简单移动平均法

简单移动平均法是对过去某一时期区间内若干历史数据求出算术平均数，并把该算术平均数据作为预测未来下一时期的值。

（一）简单移动平均公式

简单移动平均的表达式为

$$F_{t+1} = \frac{1}{n} \sum_{i=t-n+1}^{t} x_i \tag{14-50}$$

式中：F_{t+1} 为 t+1 时期的预测值；n 为历史数据时期的个数，即移动时段的长度；x_i 为前 i 期的实际值。

为了进行科学预测，需计算出每一个 t 所对应的 F_{t+1}，形成新的数据序列。经过 2~3 次同样的处理，历史数据序列的变化规律将会直观显现出来。

（二）n 的选择

对于移动平均法来讲，分段数据的时期数 n 的选择是一个关键点，这也是运用移动平均法的难点所在。如果 n 值取得小，说明对近期观测数据越重视，预测值对数据变化的反应速度也越敏感，但预测的修匀程度较低，精度也可能降低。反之，n 值取得大，预测值的修匀程度越高，对数据变化的反映程度较迟钝，容易滞后于发展趋势。

一般而言，n 值的影响因素有很多，包括预测对象的差距、预测目标、预测精度等的要求，区间幅度在 3~200 之间。如果历史数据序列中包含大量随机成分，或者数据序列的发展趋势变化不明显，则 n 值应大一点；对于具有明显趋势性或跳跃型特点的历史数据，为提高预测值对数据变化的灵敏度，n 值应小一点；如果预测目标的趋势在不断变化，为更能体现发展变化趋势，n 值也应小些。

（三）简单移动平均的应用范围

移动平均法只适合短期（以月或周为时间单位）的近期估算；它的另一主要功能是对原始数据资料进行预处理，以排除异常数据的影响，或除去数据中的周期变动因素。

移动平均法具有简单易行，容易掌握的优点。但它只适用于处理简单类型历史数据，而在实际中，历史数据的类型往往比较复杂。而且每计算一次移动平均需要最近的 n 个观测值，这样越接近近期的数据对预测影响越大，这就大大限制了移动平均法的应用范围。

【例 14-8】 平板电视机销售量预测。

问题：某商场 2013 年 1~12 月平板电视机销售量如表 14-13 所示，请用简单移动平均法预测 2014 年第一季度该商场平板电视机销售量（n=3）。

表 14-13   移 动 平 均 法 计 算 表

时间	t 时序	实际销售量 S_t（台）	3 个月移动平均预测
2013.1	1	53	—
2013.2	2	46	—
2013.3	3	28	—
2013.4	4	35	42
2013.5	5	48	36
2013.6	6	50	37
2013.7	7	38	44
2013.8	8	34	45
2013.9	9	58	41
2013.10	10	64	43
2013.11	11	45	52
2013.12	12	42	56

解答：

采用 3 个月移动平均法，2014 年 1 月平板电视机销售量预测为

$$Q_1 = (S_{10} + S_{11} + S_{12})/3 = (64 + 45 + 42)/3 = 50 \text{（台）}$$

2014 年 2 月平板电视机销售量预测为

$$Q_2 = (S_{11} + S_{12} + Q_1)/3 = (45 + 42 + 50)/3 = 46 \text{（台）}$$

2014 年 3 月平板电视机销售量预测为

$$Q_3 = (S_{12} + Q_1 + Q_2)/3 = 46 \text{（台）}$$

于是，2014 年第一季度平板电视机销售量预测为

$$Q = Q_1 + Q_2 + Q_3 = 50 + 46 + 46 = 144 \text{（台）}$$

为了使预测更符合当前的发展趋势，可以采用加权移动平均法。即将不同时期的序列给予不同的权重。如对预测的前一期、前二期和前三期分别赋予 3、2 和 1 的权重，则：

2014 年 1 月平板电视机销售量预测为

$$Q_1 = (S_{10} + 2S_{11} + 3S_{12})/6 = (64 + 2 \times 45 + 3 \times 42)/6 = 47 \text{（台）}$$

2014 年 2 月平板电视机销售量预测为

$$Q_2 = (S_{11} + 2S_{12} + 3Q_1)/6 = (45 + 2 \times 42 + 3 \times 47)/6 = 45 \text{（台）}$$

2014 年 3 月平板电视机销售量预测为

$$Q_3 = (S_{12} + 2Q_1 + 3Q_2)/6 = (42 + 2 \times 50 + 3 \times 46)/6 = 47 \text{（台）}$$

于是，2014 年第一季度平板电视机销售量预测为

$$Q = Q_1 + Q_2 + Q_3 = 47 + 45 + 46 = 136 \text{（台）}$$

在本例中，采用 3 个月，还是 5 个月移动平均，可以通过比较两个方法预测误差来选择。从表 14-14 可以看出，采用 5 个月移动平均的均方差较 3 个月移动平均的小，因此，本案例采用 5 个月移动平均法较好。

表 14-14　　　　　　　　　移动平均法预测误差比较表

t 时序	实际销售量（台）	用 3 个月移动平均预测		用 5 个月移动平均预测	
		预测值	误差平方	预测值	误差平方
1	53	—		—	
2	46	—		—	
3	28	—		—	
4	35	42	49	—	
5	48	36	144	—	
6	50	37	169	42	64
7	38	44	36	41	9
8	34	45	121	40	36
9	58	41	289	41	289
10	64	43	441	46	324
11	45	52	49	49	16
12	42	56	196	48	36
合计	541	396	1494	307	774
平均值	45	44	166	44	111

采用 3 个月和 5 个月进行移动平均拟合的结果如图 14-3 所示。

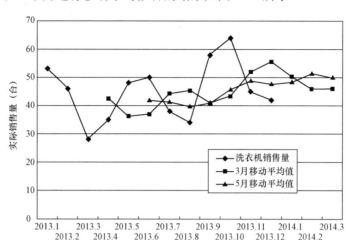

图 14-3 移动平均法拟合图

二、指数平滑法

指数平滑法实际上是一种加权的移动平均预测方法。指数平滑法克服了移动平均法中只考虑临近 n 个观测值而忽略之前 $t-n$ 时期前数据的缺点，同样不舍弃 $t-n$ 时期前的历史数据，但赋予其递减权重的系数方式使其影响程度减小，以趋弱于 0。这种方法消除了历史统计序列中不确定因素影响的随机波动，确定其主线变动趋势。

（一）指数平滑法公式

按照平滑次数将其分为一次指数平滑、二次指数平滑、三次指数平滑和高次指数平滑。

对一组时间序列值 x_1、x_2、x_3、…，x_{t-1}，一次平滑指数的公式表示为

$$F_t = \alpha x_t + (1-\alpha)F_{t-1} \qquad (14\text{-}51)$$

式中：α 为平滑系数，α 的取值范围（0，1）；x_{t-1} 为历史数据序列 x 在 $t-1$ 时的实际观测值；F_t 和 F_{t-1} 分别是 t 时期和 $t-1$ 时期的平滑值。

一次指数平滑，又称为简单指数平滑（single exponential smoothing），是一种对历史观测数据值赋予不同的权重系数以预测未来值的时间序列预测方法。与简单移动平均法相比，简单指数平滑法能够对先前预测结果中产生的误差进行修正。

一次指数平滑法适用于市场观测呈水平波动，时间数列没有明显上升或下降趋势的预测，它以本期（t 期）指数平滑值作为下期（$t+1$ 期）的平滑值，预测模型函数为

$$x'_{t+1} = F_t \qquad (14\text{-}52)$$

亦即

$$x'_{t+1} = \alpha x_t + (1-\alpha)x'_t \qquad (14\text{-}53)$$

（二）平滑系数 α

平滑系数 α 实际上是前一期观测值和本期预测值之间的关系权重。当 α 趋向于 1 时，表明新的预测值对前一个预测值的误差进行了较大的修正；当 $\alpha=1$ 时，$F_{t+1}=x_t$，即 t 期平滑值（$t+1$ 期预测值）就等于 t 期观测值；而当 α 趋向于 0 时，表明新的预测值对前一个预测值的误差进行了较小的修正；当 $\alpha=0$ 时，$F_{t+1}=F_t$，即本期（$t+1$ 期）预测值就等于上期（t 期）预测值。

可以看出，α的取值与其平滑效果成反向关系。

一般情况下，①如果时间序列观察值的长期趋势变动为接近一个稳定的常数时，则应取居中的α值（一般取 0.4～0.6）；②如果时间序列的观察值呈现明显的季节变动时则宜取较大的α值（一般可取 0.6～0.9）；③如果时间序列的各观察值长期趋势变动较缓慢，则宜取较小的α值（一般可取 0.1～0.4）。

（三）初始值 F_0 的确定

从指数平滑法的定义式（14-51）可以看出，用该法进行预测之前必须确定初始值 F_0。F_0 值是指第一期的观测值，实质上 F_0 是在起点 $t=0$ 之前所有历史序列数据的平均值。在实际操作中，F_0 的取值一般有如下规定：当时间期数不小于 20 个时，初始值的影响很小，用第一期的观测值或者第一期的前一期观测值代替均可，即 $F_0=x_1$ 或 $F_0=x_0$；当时间期数小于 20 个时，初始值的选取对预测结果影响较大，可用前 3～5 个观测值的平均值代替，如 $F_0=(x_1+x_2+x_3)/3$。

（四）指数平滑法的应用

【例 14-9】 地区电力消费量预测。

问题：2013 年 1～12 月，某地区电力消费量如表 14-15 所示，请用一次平滑指数法预测 2014 年 1 月的电力需求量。（α值取 0.3）

解答：首先，计算初始平滑值

$$F_0 = (x_1 + x_2 + x_3)/3 = (31.67 + 33.99 + 39.71)/3 = 35.12$$

按照指数平滑法的计算公式，得出

$$F_1 = \alpha x_1 + (1-\alpha)F_0 = 0.3 \times 31.67 + (1-0.3) \times 35.12 = 34.09$$

$$F_2 = \alpha x_2 + (1-\alpha)F_1 = 0.3 \times 33.99 + (1-0.3) \times 34.09 = 34.06$$

$$F_3 = \alpha x_3 + (1-\alpha)F_2 = 0.3 \times 37.91 + (1-0.3) \times 34.06 = 35.75$$

……

$$F_{12} = 43.92$$

于是，2014 年 1 月电力需求量 $x'_{13} = F_{12} = 43.92$ 万 kWh。

指数平滑预测的计算过程见表 14-16。

表 14-15　　　　　　　　　　某 地 区 电 力 消 费 表

月份	t 时序	x_{t1}月消费量（万 kWh）	月份	t 时序	x_{t1}月消费量（万 kWh）
2013.1	1	31.67	7	7	37.07
2	2	33.99	8	8	39.05
3	3	39.71	9	9	40.59
4	4	39.71	10	10	41.95
5	5	40.29	11	11	44.03
6	6	40.47	12	12	50.31

表 14-16　　　　　　　　　　指 数 平 滑 计 算 表

月份	t_1时序	x_{t1}月消费（万 kWh）	F_{t1}一次指数平滑值	x'_t预测值
	0		35.12	
2013.1	1	31.67	34.09	35.12

月份	t_1 时序	x_{t1} 月消费（万 kWh）	F_{t1} 一次指数平滑值	x_t' 预测值
2	2	33.99	34.06	34.09
3	3	39.71	35.75	34.06
4	4	39.71	36.94	35.75
5	5	40.29	37.94	36.94
6	6	40.47	38.70	37.94
7	7	37.07	38.21	38.70
8	8	39.05	38.46	38.21
9	9	40.59	39.10	38.46
10	10	41.95	39.95	39.10
11	11	44.03	41.18	39.95
12	12	50.31	43.92	41.18
2014.1	13			43.92

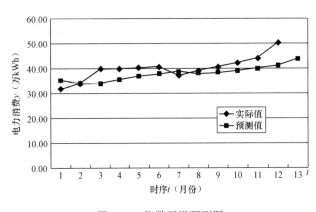

图 14-4　指数平滑预测图

指数平滑预测结果如图 14-4 所示。从一次指数平滑预测值和实际值对比结果可以看出，一次指数平滑法预测存在一定的滞后性。为了消除滞后，又发展出了布朗单一参数指数平滑法、霍特双参数指数平滑法等方法。

（五）二次指数平滑法

一次指数平滑法适用于时间序列水平波动状态的短期预测，对于有明显上升或下降趋势的时间序列，或进行中长期预测，使用二次或高次平滑法预测效果会更佳。

二次指数平滑法是在一次指数平滑的基础上，对一次指数平滑值数据序列再做一次平滑处理，利用两次指数平滑数值建立呈现直线趋势预测模型，然后进行市场预测。因此，二次指数平滑法又称为双重指数平滑法或线性指数平滑法。

二次指数平滑值计算公式为

$$S_t^{(1)} = \alpha y_t + (1-\alpha) y_{t-1} \tag{14-54}$$

$$S_t^{(2)} = \alpha S_t^{(1)} + (1-\alpha) S_{t-1}^{(1)} \tag{14-55}$$

式中：α 为平滑系数，$0 < \alpha < 1$；y_t 为时间 t 的实际值；$S_t^{(1)}$ 和 $S_{t-1}^{(1)}$ 分别是 t 期和 $t-1$ 期的一次指数平滑值；$S_t^{(2)}$ 和 $S_{t-1}^{(2)}$ 分别是 t 期和 $t-1$ 期的二次指数平滑值。

二次指数平滑法的预测模型为

$$x'_{t+T} = a_t + b_t T \tag{14-56}$$

式中：x'_{t+T} 为（$t+T$）期预测值；T 为观测期 t 之后的时期序号；a_t、b_t 为 t 时期点上截距与斜率，该参数的计算公式为

$$\alpha_t = 2S_t^{(1)} - S_t^{(1)} \tag{14-57}$$

$$b_t = \alpha/1 - \alpha(S_t^{(1)} - S_t^{(2)}) \tag{14-58}$$

亦即

$$x'_{t+1} = ax_t + (1-a)x'_t \tag{14-59}$$

【例 14-10】 某企业 2014 年上半年销售收入预测。

问题：某企业 2012～2013 年各月份销售收入如表 14-17 所示，请用二次指数平滑法预测 2014 年上半年销售收入。

解答：从观测期时间序列资料可以看出变动趋势接近直线上升，可用二次平滑指数法进行预测。

（1）一次平滑。

因为观测期大于 20，故可用第一期观测值代替初始值。$F_1^0 = F_2^0 = 2320$。

由于观测期销售收入存在一定幅度的波动，故取 $\alpha=0.4$，按照式（14-54）计算出一次平滑指数如下

$$F_1^1 = \alpha x_1 + （1-\alpha） F_1^0 = 0.4 \times 2320 + （1-0.4）\times 2320 = 2320$$

$$F_2^1 = \alpha x_2 + （1-\alpha） F_1^1 = 0.4 \times 2260 + （1-0.4）\times 2320 = 2296$$

……

表 14-17　　　　　　　　　某企业 2012～2013 年各月份销售收入　　　　　　　　　万元

月份	t 时序	实际观测值 x_t	月份	t 时序	实际观测值 x_t
2012.1	1	2320	2013.1	13	2858
2	2	2260	2	14	3065
3	3	2482	3	15	3146
4	4	2170	4	16	2847
5	5	2228	5	17	2986
6	6	2090	6	18	2787
7	7	2378	7	19	2458
8	8	2568	8	20	2246
9	9	2648	9	21	2864
10	10	2754	10	22	3354
11	11	2542	11	23	3267
12	12	2984	12	24	3468

（2）二次平滑。

按照式（14-55），计算二次平滑指数如下

$$F_1^2 = \alpha F_1^1 + (1-\alpha) F_2^0 = 0.4 \times 2320 + (1-\alpha)\times 2320 = 2320$$

$$F_2^2 = \alpha F_2^1 + (1-\alpha) F_1^2 = 0.4 \times 2296 + (1-\alpha)\times 2320 = 2310$$

…

（3）建立预测模型。

$$x'_{t+T} = a_t + b_t T$$

$$a_t = 2F_t^1 - F_t^2$$

$$b_t = \alpha(F_t^1 - F_t^2)/(1-\alpha)$$

$$a_{24} = 2F_{24}^1 - F_{24}^2 = 2 \times 3229 - 3033 = 3426$$

$$b_{24} = \alpha(F_{24}^1 - F_{24}^2)/(1-\alpha) = 0.4 \times (3229 - 3033)/(1 - 0.4) = 131$$

二次指数平滑预测销售收入见表 14-18。

表 14-18　　　　　　　　　二次指数平滑预测销售收入

月份	t 时序	实际观测值 x_t	一次指数平滑值 F_t^1	二次指数平滑值 F_t^2	a_t 值	b_t 值	预测值 $x'_{t+T} = a_t + b_t T$
	0		2320	2320			
2012.1	1	2320	2320	2320	2320	0	
2	2	2260	2296	2310	2282	−10	2320
3	3	2482	2370	2334	2406	24	2272
4	4	2170	2290	2317	2264	−18	2430
5	5	2228	2265	2296	2235	−21	2246
6	6	2090	2195	2256	2135	−40	2214
7	7	2378	2268	2261	2276	5	2094
8	8	2568	2388	2312	2465	51	2281
9	9	2648	2492	2384	2600	72	2516
10	10	2754	2597	2469	2725	85	2672
11	11	2542	2575	2511	2638	42	2810
12	12	2984	2739	2602	2875	91	2681
2013.1	13	2858	2786	2676	2897	74	2966
2	14	3065	2898	2765	3031	89	2970
3	15	3146	2997	2858	3137	93	3120
4	16	2847	2937	2889	2985	32	3230
5	17	2986	2957	2916	2997	27	3016
6	18	2787	2889	2905	2872	−11	3024
7	19	2458	2716	2830	2603	−76	2861
8	20	2246	2528	2709	2347	−121	2528
9	21	2864	2663	2691	2635	−19	2227
10	22	3354	2939	2790	3088	99	2616
11	23	3267	3070	2902	3238	112	3188
12	24	3468	3229	3033	3426	131	3351

于是，销售收入预测值：

2014 年 1 月，$x'_{24+1}=a_{24}+b_{24}\times1=3426+131=3557$（万元）。

2014 年 2 月，$x'_{24+2}=a_{24}+b_{24}\times2=3426+131\times2=3688$（万元）。

2014 年 3 月，$x'_{24+3}=a_{24}+b_{24}\times3=3426+131\times3=3819$（万元）。

2014 年 4 月，$x'_{24+4}=a_{24}+b_{24}\times4=3426+131\times4=3949$（万元）。

2014 年 5 月，$x'_{24+5}=a_{24}+b_{24}\times5=3426+131\times5=4080$（万元）。

2014 年 6 月，$x'_{24+6}=a_{24}+b_{24}\times6=3426+131\times6=4211$（万元）。

合计，2014 年上半年销售收入为 23304 万元。

二次指数平滑预测结果见图 14-5。

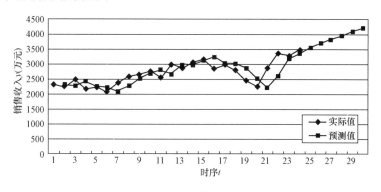

图 14-5　二次指数平滑预测图

三、成长曲线模型

产品生命周期理论（LPC）认为，产品的成长过程要经历形成、成长、成熟和衰退四个时期。可以通过成长曲线（也称增长曲线）建立数学模型对产品未来发展趋势进行预测。

（一）成长曲线模型

$$Y_t = e^{(K+ab^t)} \quad (K>0, \ a>0, \ b>0) \tag{14-60}$$

这一成长方程曲线称为龚泊兹曲线，它反映产品的生命周期在时间横向上呈现 S 形发展趋势，即初期缓慢递增，接着高速增长，然后趋于稳定水平，随后呈下降趋势。

（二）计算过程

对式（14-60）两边取对数得

$$\ln Y_t = \ln e^{(K+ab^t)} = K + ab^t$$

再使用三段法，将数据序列按时间等分成三段，每段包含 n 个数据，可以推导出

$$b = \sqrt[n]{\frac{\sum_3 \ln Y_t - \sum_2 \ln Y_t}{\sum_2 \ln Y_t - \sum_1 \ln Y_t}} \tag{14-61}$$

$$a = \frac{b-1}{(b^n-1)^2 b}(\sum_2 \ln Y_t - \sum_1 \ln Y_t) \tag{14-62}$$

$$K = \frac{1}{n}\frac{(\sum_1 \ln Y_t)(\sum_3 \ln Y_t)-(\sum_2 \ln Y_t)^2}{(\sum_1 \ln Y_t)+(\sum_2 \ln Y_t)-(\sum_2 \ln Y_t)} \tag{14-63}$$

【例 14-11】　某地区某种家用电器销售量预测。

问题：某地区1995～2012年某种家用电器历年销售量如表14-19所示，请用成长曲线法预测2017年当地该种电器需求量。

表 14-19   1995～2012某地该种电器销售量

序列号	年份	销售量 y_t（千台）	序列号	年份	销售量 y_t（千台）
1	1995	1.2	10	2004	600
2	1996	3	11	2005	640
3	1997	7	12	2006	348
4	1998	16	13	2007	378
5	1999	24	14	2008	425
6	2000	32	15	2009	446
7	2001	59	16	2010	468
8	2002	90	17	2011	476
9	2003	525	18	2012	478

解答：经观测，该电器销售量符合成长曲线模型。将时间序列等分为三段，每组6个数据，对其求对数。

按照公式分别计算出成长曲线参数

$$b=0.8162；a=-6.5887；K=7.6069$$

于是，2017年当地该种电器需求量 $Y_t = \mathrm{e}^{(K+ab^t)} = 1796$ 千台

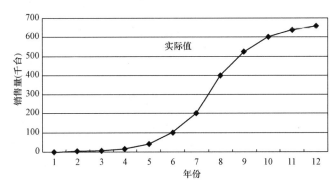

图 14-6   1995～2012某地区该种电器销售量

四、季节变动分析

由于自然条件、生产条件和消费习俗等因素的作用，市场需求量随着季节的变化而呈现出周期性变动，表现为同一季节周期内有相同的变化方向和大体相似的变动幅度，这种变动称为季节变动。季节变动存在上升趋势、下降趋势和水平趋势，季节变动分析方法有很多种，以下简单介绍两种：季节指数水平法和季节指数趋势法。

（一）季节指数水平法

预测函数模型

$$Y_t = Yf_t \tag{14-64}$$

式中：Y 为时序的平均水平；f_t 为季节指数；Y_t 为所需预测值。

Y 是预测前一周期年的月（季度）数据均值或者本周期年的已知所有月（或季度）数据均

值。f_t 称为季节指数（或季节比率、季节系数），表示第 t 个月（季度）季节变动的数量比例。

季节指数水平法适用于主要受季节变动和不规则变动影响的时间序列，一般需要 3～5年份月（或季）的历史数据资料。

季节指数水平法预测的具体步骤为：

（1）搜集数据并分析整理，组成数据序列；

（2）计算历年相同月（或季）的平均值 Y_i；

（3）计算历年所有月（或季）总的平均值 Y；

（4）计算各月（或季）的季节指数 $f_t=Y_i/Y$；

（5）计算预期趋势值，一般采用预测所在年份或最近年份的全年月（或季）平均值 Y_{t-1}；

（6）计算所需预测月（或季）的预测值 $Y_t=Y_{t-1}f_t$。

【例 14-12】 某啤酒企业市场预测。

问题：2010～2013 年某企业啤酒销售量如表 14-20 所示，请用季节指数水平法预测 2014年各季度销售量。

表 14-20　　　　　　　　　　　某企业啤酒销售预测表

季度	2010	2011	2012	2013	季节销售平均	季节比率	2014 年预测值
1	38	46	34	52	42.5	66.9%	44.5
2	62	42	58	66	57	89.8%	59.7
3	88	98	126	86	99.5	156.7%	104.2
4	54	58	46	62	55	86.6%	57.6
季节平均值	60.5	61	66	66.5	63.5		

解答：

经分析，啤酒销售量呈水平变化趋势，故采用季节指数水平法。

计算出 1～4 季度季节比率分别为 66.9%、89.80%、156.75% 和 86.6%。

以 2013 年季度数据为基数，则 2014 年 1～4 季度销售量分别为 44.5、59.7、104.2 万 t和 5.76 万 t。

某企业啤酒销售预测图见图 14-7。

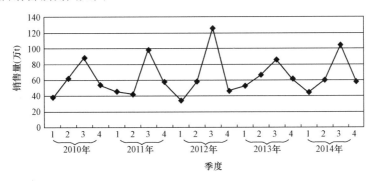

图 14-7　某企业啤酒销售预测图

（二）季节指数趋势法

除了存在季节变动，市场需求量在各年同期水平也呈现上升或下降的趋势，相比于季节指数水平法，季节指数趋势法更为适用。

其函数模型可表示为

$$Y_t=(a+bt)f_t \tag{14-65}$$

式中：$(a+bt)$ 为时间序列的线性趋势变动部分；f_t 为季节指数；Y_t 为所需预测值。

它的基本思路是：先分离出不包含受季节周期变动因素影响的长期趋势，再计算出季节指数，最后建立预测函数模型。其计算基本步骤为：

（1）将一年内的季数（4）或月数（12）作为 n，对观测值时间序列求出 n 项移动平均。

（2）再对相邻两期的移动平均再平均后移正，形成新的时间序列数值 M_t。

（3）计算季节指数，将各期观测值除以同期移正均值，$f_t=Y_t/M_t$。

（4）将各年同季（或月）的季节指数平均，季节比率的平均值 F_i 减少了不规则因素的影响。

（5）计算时间序列线性趋势预测值 X'_t，模型函数式为

$$X'_t=a+bt \tag{14-66}$$

其中 $b=(M_t\text{末项}-M_t\text{首项})/M_t\text{项数}$

$$a=(\sum Y_t-b\sum t)/n$$

（6）计算预测值 $Y'_t = X'_t F_i$

【例 14-13】 某皮革服装公司销售量预测。

问题：2010～2013 年皮衣销售量如表 14-21 所示，请用季节指数趋势法预测 2014 年各季度销售量。

表 14-21 某 公 司 服 装 销 售 量

季度	时序 t	销售量 Y_t（百件）	季度	时序 t	销售量 Y_t（百件）
2010.1	1	360	2012.1	9	580
2	2	220	2	10	460
3	3	280	3	11	510
4	4	350	4	12	650
2011.1	5	420	2013.1	13	630
2	6	280	2	14	540
3	7	340	3	15	600
4	8	530	4	16	740

解答：

（1）以 $n=4$ 进行移动平均，如 2010 年 1、2、3、4 季度的平均值为 303，放置于 2010 年的第 3 季度。

（2）将相邻的 2 个移动平均值再平均对正，形成新序列 M_t。如对应 2010 年第 3 和第 4 季度移动平均值 303 和 318 的平均值为 310，放置在 2010 年第 3 季度，见表 14-22。

（3）计算季节比率，$f_t=Y_t/M_t$。如 2010 年第 3 季度，$f_3=Y_t/M_t=280/310=0.90$；

（4）计算季节平均比率 F_i，见表 14-23。

（5）计算趋势模型参数 b、a。

$$b=(M_t\text{末尾项}-M_t\text{首项})/M_t\text{项数}=(616-310)/12=25.52$$
$$a=(\sum Y_t-b\sum t)/n=(7490-25.52\times132)/16=251.20$$

（6）计算各季度趋势预测值。

按照公式 $X'_t=a+bt$，计算 2010 年第 1、2 季度趋势预测值

$$X'_1=a+b\times1=251.20+25.52\times1=277（百件）$$
$$X'_2=a+b\times2=251.20+25.52\times1=302（百件）$$

2014 年 1～4 季度趋势预测值

$$X'_{17}=a+b\times17=251.20+25.52\times17=685（百件）$$
$$X'_{18}=a+b\times18=251.20+25.52\times18=711（百件）$$
$$X'_{19}=a+b\times19=251.20+25.52\times19=736（百件）$$
$$X'_{20}=a+b\times20=251.20+25.52\times20=762（百件）$$

（7）按照季节指数调整预测值。

$$Y'_t=X'F_i$$

2014 年第 1 季度，销售量预测：$Y'_{17}=X'_{17}\times F_1=685\times1.1556=792$（百件）。

2014 年第 2 季度，销售量预测：$Y'_{18}=X'_{18}\times F_2=711\times0.8328=596$（百件）。

2014 年第 3 季度，销售量预测：$Y'_{19}=X'_{19}\times F_3=736\times0.8834=650$（百件）。

2014 年第 4 季度，销售量预测：$Y'_{20}=X'_{20}\times F_4=762\times1.1282=859$（百件）。

表 14-22　　　　　　　　　　季节指数趋势计算表

季节	时序	销售量 Y_t（百件）	移动平均值（$n=4$，百件）	对正均值 M_t（$n=2$，百件）	季节指数 f_t	趋势值 X'_t（百件）	预测值 Y'_t（百件）
2010.1	1	360	—	—	—	277	320
2	2	220	—	—	—	302	252
3	3	280	303	310	0.90	328	290
4	4	350	318	325	1.08	353	399
2011.1	5	420	333	340	1.24	379	438
2	6	280	348	370	0.76	404	337
3	7	340	393	413	0.82	430	380
4	8	530	433	455	1.16	455	514
2012.1	9	580	478	499	1.16	481	556
2	10	460	520	535	0.86	506	422
3	11	510	550	556	0.92	532	470
4	12	650	563	573	1.14	557	629
2013.1	13	630	583	594	1.06	583	674
2	14	540	605	616	0.88	608	507
3	15	600	628	—	—	634	560
4	16	740	—	—	—	660	744
合计	132	7490	—	—	—		
2014.1	17					685	792

续表

季节	时序	销售量 Y_t（百件）	移动平均值（n=4，百件）	对正均值 M_t（n=2，百件）	季节指数 f_t	趋势值 X_t'（百件）	预测值 Y_t'（百件）
2	18					711	592
3	19					736	650
4	20					762	859

表 14-23　　　　　　　　　　　　平均季节比率计算表

季节	2010	2011	2012	2013	平均值	调整比率 F_i
1	—	1.2353	1.1629	1.0611	1.1531	1.1556
2	—	0.7568	0.8598	0.8763	0.8309	0.8328
3	0.9032	0.8242	0.9169	—	0.8814	0.8834
4	1.0769	1.1648	1.1354	—	1.1257	1.1282

季度指数趋势预测图见图 14-8。

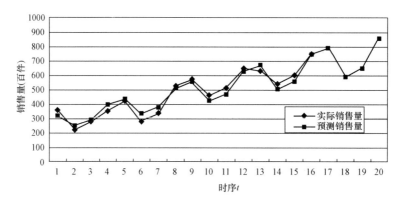

图 14-8　季度指数趋势预测图

第四节　其他定量分析方法

一、马尔科夫矩阵

马尔科夫预测法是利用马尔科夫链的原理，分析市场所处状态的变化规律，用以预测经济现象变动趋势的方法。

（一）马尔科夫链概念及特征

马尔科夫链是指一种随机的时间变量状态序列，该序列各期取值只与它前一期取值有关。

1. 现象状态及状态转移

市场现象所处的状态是会变化的，如商品经营可分为盈利、保本和亏损状态；商品销售可分为畅销、滞销状态；生产企业可分为发展、维持、萎缩、倒闭状态等。在时间序列中，第一期处于的初始状态，第二期又会变成何种状态则存在不可知性。例如某企业初始经营状态为盈利，随后几期是盈利、保本、亏损，下期会是什么状态，只与本期保本状态有关，与过去状态无关。

2. 转移概率与概率矩阵

市场现象从一种状态转变为另一种状态的概率称为状态转移概率，用于表示一种具体现象在某一时间只可能处于一种状态中，如处在 i 状态，后一时间转向 j 状态的可能性多少。各种转移现象 N 种状态的转移概率可用矩阵表示。

$$p = \begin{bmatrix} p_{11} & p_{12} & \cdots & p_{1N} \\ p_{21} & p_{22} & \cdots & p_{2N} \\ \cdots & \cdots & \cdots & \cdots \\ p_{N1} & p_{N2} & \cdots & p_{NN} \end{bmatrix} \tag{14-67}$$

每种状态下或转向其他各状态的概率于上式各行中显示，每行之和均为 1，并且各概率总是在 0～1 之间。亦

$$\sum P_{ij}=1 \quad 0<P_{ij}<1$$

现象从第一时期状态转向第二时期状态的概率为初始转移概率，即一步转移概率。假设各期现象转移概率一样或十分接近，这样逐步转移下去，则转移 k 步后的转移概率矩阵为一步转移概率的 k 次方，即 $P(k)=P^k$。

可见，马尔科夫过程有两个特征，一是状态转移后出现的新状态，只与它前一期的状态有关，而与再前期状态无关，即无后效性。二是状态转移按同一概率进行，在较长时期后出现稳定的转移概率，称为稳定概率，状态也稳定（注意：条件是每次转移概率不变或无大变化）。

（二）马尔科夫预测

马尔科夫矩阵常用于市场占有率预测。通过将上一时期市场占有率的历史数据及当前时期的市场占有率变化情况构造成转移概率矩阵，再利用马尔科夫过程"无后效性"假设的原理进行预测，这一过程就是使用马尔科夫转移概率矩阵预测市场占有率的过程。采用这一方法进行市场占有率预测，需详细掌握本行业内所有生产单位市场占有率的历史数据和各生产单位客户的变动情况，而这些数据资料是构造转移概率矩阵的基础。

【例 14-14】 A、B、C 三个企业生产同一种产品，在时间 t 时的市场占有率分别为 A：20%，B：40%，C：40%。据市场调查分析，在 t 时，有 10% 的 A 企业顾客转向购买 B 企业产品，20% 转向购买 C 企业产品，其余 70% 继续购买 A 企业产品。在企业 B 中，20% 企业顾客转向购买 A 企业产品，10% 转向购买 C 企业产品，其余 70% 继续购买 B 企业产品。在企业 C 中，40% 的顾客转向购买 A 企业产品，20% 转向购买 B 企业产品，其余 40% 继续购买 C 企业产品。

根据上述变化可以转换成表 14-24 中转移概率矩阵。

表 14-24　　　　　　　　转 移 矩 阵 表

企业	A	B	C
A	0.70	0.10	0.20
B	0.20	0.70	0.10
C	0.40	0.20	0.40

由于马尔科夫链具有性质

$$p^{(k)} = p^{(k-1)} p = \cdots = p^k \qquad (14\text{-}68)$$

即系统满足稳定性假设，经过 k 次状态转移，由 1 状态到 k 状态的 k 步转移概率为 p^k。这表明第 k 次的状态只与初始状态及 k 步转移概率有关，而与过程无关。

$$t_2 \text{ 时的市场占有率 } S^2 = S^0 p^2 = (0.2, 0.4, 0.4) \begin{bmatrix} 0.59 & 0.18 & 0.23 \\ 0.32 & 0.53 & 0.15 \\ 0.48 & 0.26 & 0.26 \end{bmatrix}$$

$$= (0.438, \ 0.352, \ 0.21)$$

即 t_2 时 A、B、C 三个企业的市场占有率分别为 A：43.8%，B：35.2%，C：21%。

二、灰色系统预测法

灰色系统预测法来源于灰色系统理论。该理论提出后在国内外理论界得到深入研究，其在预测方面的应用收到良好实效。

（一）灰色系统

灰色系统是针对信息而言的。系统是指由多要素、多层次并相互影响制约，具有一定目标、功能的有机整体。市场就是一个大系统，市场的信息也就具备系统性。多方面信息才能反映市场现象的特征和变化规律，但它往往很难全部获得，即使有时能获取信息，所获取的信息也还十分模糊。信息按其表征程度，分为白色、黑色、灰色。白色系统是指其信息清晰可见的系统；黑色系统是指其信息完全不明的系统；灰色系统则为该系统的部分信息已知的系统，这样的系统大量存在于社会经济生活中。

灰色系统可分为本征性和非本征性两类。本征性系统为没有物理原型的抽象系统，如观念系统、经济系统、社会系统、政治系统等。非本征性为没有物理原型的具体系统，如建筑物系统、人体器官系统、机械系统等。灰色系统可以准确地描述本征性系统的状态和行为，于是可用于预测。市场现象的行为和效果往往是可知的，而产生原因却往往较模糊或是未知的。对此，应用灰色系统预测市场，便成为有效的方法。

灰色系统预测法按预测功能分，有数列预测、激励预测、突变预测、季节突变预测和系统综合预测等类型。数列预测是对系统的行为特征指标值按时间顺序排列形成的序列进行预测，如销售量预测、盈利预测、资产预测等。激励预测是指直接影响市场变动的因素，如物价、居民收入结构、商品资源构成等突然变动，其行为特征值直接影响商品销售量，于是可用因素变动值预测市场现象值。市场预测常用数列预测和激励预测。

（二）灰色系统预测模型及应用

灰色系统预测模型为 Grey Model，简称 GM。GM（1，1）为一阶和一变量的微分方程型预测模型。其步骤如下：

1. 搜集、整理数列资料

（1）搜集资料，然后将各期观察值按时间先后排列，形成时间序列 X^0。即：

$$X_1^0, \ X_2^0, \ X_3^0, \ \ldots, \ X_t^0$$

（2）对以上时间序列作累加处理，形成新的时间序列 X^1，即

$$X_1^1, \ X_2^1, \ X_3^1, \ \ldots, \ X_t^1$$

累加方法如 $X_3^1 = X_1^0 + X_2^0 + X_3^0$

2. 建立 GM（1，1）模型

数理统计原理表明，对于任何时间序列累加形成的新序列，都呈现明显的广义指数规律。

因此

$$X_{t+1}^1 = (X_1^0 - b/a)e^{-at} + b/a \qquad (14\text{-}69)$$

式中：a、b 为待估参数。a 为发展参数，b 为内生控制参数。

3. 预测

计算参数 a、b，从而确定预测方程。将预测期的前一期时序数 t 代入式（14-69），即可得到 $t+1$ 期累加预测值，将前后相继两期累加预测值相加，即为所求预测值。

第四篇

市场分析与预测实际应用

分别选取加工制造类项目、交通运输项目、能源项目和公共服务项等工程项目典型实例，应用本书前面各章阐述的基本理论和基本方法进行实际应用。

◎ 第十五章 加工制造类项目市场分析

◎ 第十六章 交通运输项目市场分析

◎ 第十七章 能源项目市场分析

◎ 第十八章 公共服务项目市场分析

第十五章

加工制造类项目市场分析

加工制造类项目的市场分析，应根据项目论证需要，对特定时限和空间范围内特定产品的市场供求进行调查和预测分析。主要包括：生产能力、产量、消费量、贸易量、消费结构、市场份额、质量性能、价格水平、竞争对手情况、替代品情况等内容，为投资决策提供依据。

第一节 高技术产品市场需求预测

一、高技术产品市场需求预测方法

高技术是特指当代的先进技术，主要是二次世界大战以来，建立在自然科学最新发展基础上的计算机技术、原子能技术、空间技术、信息处理技术、生物工程、新材料合成等。高技术产品具有与普通产品不同的市场特点。

（一）基本要求

对高技术产品的需求进行预测，需要找出影响其变化的相关因素，并通过各种预测方法揭示事物的发展规律。影响高技术产品需求的主要因素既包括起主导作用的规律性因素，也包括起临时作用的偶然性因素。

为了准确地定量预测高技术产品的需求，要合理利用不同预测方法的特点，确保预测过程的科学性与真实性。一般而言，经常采用时间序列分析预测方法消除偶然性因素的影响，采用因果分析预测方法研究分析因变量与自变量之间存在的因果关系。

例如：分析预测高技术产品未来的发展趋势时，常常考虑采用成长曲线法和指数平滑法等；揭示影响高技术产品需求的主要因素时，常常考虑采用多元线性回归法等。显然，单一的方法经常难以解决所有问题，这就需要组合各种方法形成综合预测，从而得出可信度较高的结论。此外，还要经常需要保持动态跟踪，定期滚动修正预测结果。

（二）方法选择

为了准确地预测高技术产品的需求，选择合理的预测方法是至关重要的。但随着社会经济的发展，影响高技术产品需求的各相关因素及其相互关系变得非常复杂，有时单一的方法不能获得令人满意的结果，每个方法存在的局限性可能会影响预测结果的准确程度。例如，成长曲线法和指数平滑法可以较好地从高技术内在的增长动力方面描述其产生初期的预测，但可能忽略影响其发展的社会经济因素，从而导致预测结果可能存在不足；一元线性回归和多元线性回归等因果分析预测方法可以揭示影响高技术产品的主要因素，但其对数据有较高要求，对相关因素预测的准确度需求较强，这些条件常常难以完全满足；灰色系统预测模型适于预测有增长趋势的产品，但其对原始数据长度和取值间隔的选取有着较高的要求，这使得在运用此方法过程中预测人员要具有较高的预测技巧。

　　为了克服上述独立方法的不足，研究者正在开发综合运用各种预测方法的组合方法，争取能够全面掌握每个方法带来的有用信息，以免盲从某一方法的结果，同时也避免花费过多的精力选择预测方法，提高预测结果的科学性。

　　组合预测的数学模型：假定 Y_1，Y_2，$\cdots$，Y_k 是 k 种互相独立的不同方法关于 Y 的预测结果，这 k 种预测方法对于 Y 都是无偏估计，它们的预测误差分别为 σ_{21}，σ_{22}，$\cdots$，σ_{2k}。

　　令组合预测为 $Y' = W_1Y_1 + W_2Y_2 + \cdots + W_kY_k$；其中：$0 < W_i < 1$，（$i = 1$，$2$，$\cdots$，$K$），$W_1 + W_2 + \cdots + W_k = 1$。那么，组合预测 Y' 具有如下性质：

　　性质1：组合预测 Y' 对于 Y 也是无偏估计。

　　性质2：组合预测 Y' 一定优于单一预测，即

$$\sigma_2 < \min(\sigma_{21}, \sigma_{22}, \cdots, \sigma_{2k})$$

　　性质3：组合预测 Y' 的组合权重计算公式如下

$$W_i = \frac{\sigma_i^2}{\sigma_1^2 + \sigma_2^2 + \cdots + \sigma_k^2}(i = 1, 2, \cdots, k) \tag{15-1}$$

　　对高技术产品需求预测，其比较有效的研究方法可以用图15-1所示。

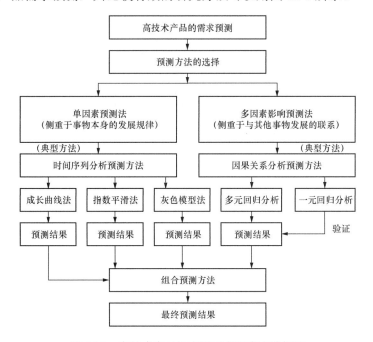

图 15-1　高技术产品的市场需求研究方法框图

二、移动电话发展预测案例

　　移动电话技术20世纪80年代初期首先兴起于发达的西方国家，其灵活、实时、简便、高效等特点为社会带来巨大的经济效益,令世界通信技术和社会经济发展产生了巨大的变革。在投放我国市场后，也以异常的速度发展和普及。自1993年以来，中国的移动电话用户数每年以 89%～265%的速度增长，截止到 1997 年年底，中国的移动电话用户数已经达到 1323 万户，详见表 15-1。

表 15-1　　　　　　　　　　　中国移动电话用户数（1993～1997）

指标 ＼ 年份	1993	1994	1995	1996	1997
移动电话新增数（户）	468000	923000	2061000	3220000	638100
移动电话用户总数（户）	646000	1568000	3629000	6849000	13230000
增长百分数（%）	265	143	131	89	93

发展移动通信技术需要巨大的投资，同时还会产生较大的风险。在分析过程中，仅仅考虑技术发展的内在推动因素是不够的。需要根据当地的具体情况，在采用多种预测方法分析移动通信发展的影响因素的基础上，预测移动电话的发展需求，以一种合理的投资与市场定位推动移动通信技术快速发展，降低风险。

基于这一基本认识，本案例综合运用多种预测方法如成长曲线法、指数平滑法、灰色模型法、多元回归法、一元回归法以及它们的组合，综合分析 2000 年影响某省移动电话发展的因素，力求比较科学地预测其市场需求，进而提出相应的对策建议。

在对移动电话用户数量的预测中，考虑到经济、文化、人口、地理条件等不同特点，对11 个地区采取分别预测最后合成的方法进行总量预测。下面以某市为例，说明几种主要方法的运用。

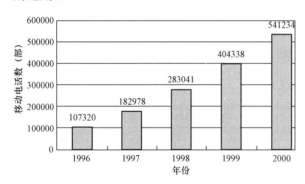

图 15-2　某市移动电话的龚珀兹模型预测值

（一）成长曲线法

某市移动电话的龚珀兹模型预测值如图 15-2 所示。

（二）指数平滑法

分析结果显示：该市移动电话数据的增长趋势具有明显的高次幂特征，采用二次指数平滑法已经不能准确地预测结果。因此，有必要采取三次指数平滑法，通过对二次多项式的参数做出估计，从而根据估计方程式进行预测。

布朗二次多项式三次指数平滑公式为

$$S_t^{(1)} = aX_t + (1-a)S_{t-1} \qquad (15\text{-}2)$$

$$S_t^{(2)} = aS_t^{(1)} + (1-a)S_{t-1} \qquad (15\text{-}3)$$

$$S_t^{(3)} = aS_t^{(2)} + (1-a)S_{t-1} \qquad (15\text{-}4)$$

$$\begin{cases} a_t = 3S_t^{(1)} - 3S_t^{(2)} + S_t^{(3)} & (15\text{-}5) \\[2mm] b_t = \dfrac{\alpha}{2(1-\alpha)^2}[(6-5\alpha)S_t^{(1)} - 2(5-4\alpha)S_t^{(2)} + (4-3\alpha)S_t^{(3)}] & (15\text{-}6) \\[2mm] c_t = \dfrac{\alpha^2}{2(1-\alpha)^2}[S_t^{(1)} + S_t^{(2)} - S_t^{(3)}] & (15\text{-}7) \end{cases}$$

取平滑系数 $a=0.2$，并代入某市移动电话历史数据，即可求得各项参数。以 1996 年 5 月作为时间原点，即 $t=0$，则有：

$$a_0 = 73553.59, \quad b_0 = 3812.943, \quad c_0 = 105.8250$$

拟合方程的修正判定系数为 $R^2=0.998$。

指数平滑法拟合的曲线与历史曲线如图 15-3 所示。

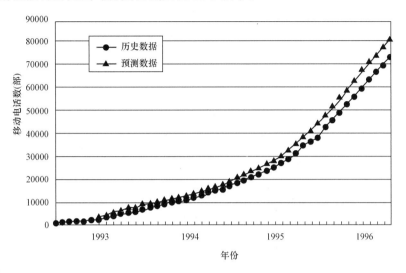

图 15-3　历史曲线与指数平滑法拟合曲线

（三）多元回归法

由于移动电话的发展涉及社会、经济等诸多复杂因素，采用多元线性回归作为主要预测工具。

$$Y=C_0+C_1 X_1+C_2 X_2+\cdots+C_m X_m$$

式中：Y 为被解释变量的观察值；C_i 为回归系数（$i=0$，1，2，$\cdots$，m）；X_i 为解释变量的观察值（$i=0$，1，2，$\cdots$，m）。

经过统计分析与选择检验，可以选取某市移动电话销售量为被解释变量，并选取以下解释变量，包括人均第三产业增加值（GDP3）、银行存款余额（BANK）、全社会固定资产投资总额（ESTATE）、城镇居民人均收入（INCOME）、市话装机总数（PHONE），从而得到如下回归方程：

移动电话销售量 Y =−333.1159+12.40500×GDP3−204.1048×BANK−202.6095×ESTATE+3.342907×INCOME+0.129766×PHONE

其统计指标如表 15-2 所示。

表 15-2　　　　　　　　　　　　各解释变量的统计指标

解释变量	回归系数	标准差	T 检验	说明
C	−333.1159	4376.9317	−0.0761072	常数项
GDP3	12.405004	113.01023	1.0976886	人均第三产业增加值
PHONE	0.1297657	0.0779294	1.6651697	电话
INCOME	3.3429067	3.7140936	0.9000599	人均收入
BANK	−204.10485	164.67413	−1.2394470	银行余额
ESTATE	−202.60950	116.09246	−1.7452426	固定资产投资

回归方程的总体统计指标为

$$判定系数\ R^2=0.974767$$
$$D.W\ 检验值=2.882045$$
$$F\ 检验值=54.08339$$

分别对回归方程的解释变量进行预测，求得某市移动电话各解释变量的预测值，如表15-3 所示。根据回归方程，结合表15-3 可以得到某市移动电话的预测，如图15-4 所示，单位为部。

表 15-3 　　　　　　　　　某市移动电话预测各解释指标的预测值

年份	GDP3	BANK	ESTATE	INCOME	PHONE
1996	3517.2	640.66	302.02	7326.92	1086012
1997	4206.9	781.06	371.74	8545.35	1367130
1998	4896.6	921.46	441.46	9763.78	1648249
1999	5586.4	1061.85	511.19	10982.22	1929367
2000	6276.2	1202.25	580.91	12200.66	2210485

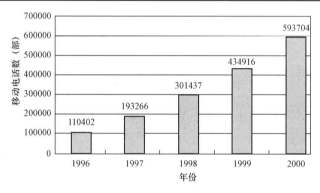

图 15-4　某市移动电话多元回归预测

（四）组合预测法

对曲线模型、三次指数平滑、多元回归模型和灰色预测模型的预测值进行组合，从而求得某地区的移动电话量预测值。首先，求得各预测模型的组合权重，如表15-4。

表 15-4 　　　　　　　　　各预测模型的组合权重

预测方法 参数	生长曲线模型	三次指数平滑	多元回归模型	灰色预测模型
方差 σ^2	1.834666E-5	1.872519E -6	1.67343E -3	4.399344E -2
组合权重	9.251352E-2	9.064336E -1	1.014273E -3	3.858107E -5

根据表15-4 中各种预测方法的组合权重，以及它们的预测值，可以根据组合预测计算公式求得某市移动电话需求量的组合预测值。根据上述预测方法，最后可以得出全省 11 个市（地）1996~2000 年移动电话需求量的动态变化数值，如图15-5 所示。

对 1997 年的预测值与实际值的相差率为 9.7%，有较好的吻合度，考虑到高技术领域竞争激烈，市场的瞬息万变，应对预测结果进行进一步滚动修正。为此，可使用上述方法加以跟踪，以取得较为满意的结果。

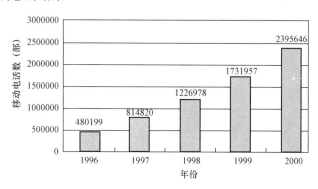

图 15-5　某省移动电话 1996～2000 年需求量预测

第二节　水泥需求量预测

一、经济指标预测

某省 1990～2012 年地区生产总值 GDP、全社会固定资产投资 GDS、总人口 RNK、水泥产量、进口量和消费量等统计数据如表 15-5 所示。

表 15-5　　　　　　　　　　　**某 省 统 计 资 料**

年份	GDP（亿元）	GDS（万元）	RNK（万人）	CENT 产量（万 t）	进出量（万 t）	消费量（万 t）
1990	81.98	181631	2149.3	138.30	+28	166.3
1991	91.12	195372	2184.6	157.70	+27	184.7
1992	98.59	208798	2210.7	179.40	+23	202.4
1993	111.16	209790	2230.9	171.50	+20	191.5
1994	121.67	275055	2257.6	203.20	+23	226.2
1995	150.14	293320	2269.5	227.57	+27	254.57
1996	174.39	409334	2284.5	256.70	+36	292.70
1997	200.44	621557	2298.0	295.57	+33	328.57
1998	227.15	634122	2315.3	339.15	+32	371.15
1999	297.49	769970	2336.4	378.46	+55	433.46
2000	368.67	930322	2357.4	421.06	+31	452.06
2001	391.65	800996	2395.4	413.40	+33	446.40
2002	425.28	935080	2440.2	374.54	+4	378.54
2003	463.67	1139671	2459.7	473.16	−19	454.16
2004	558.06	1510786	2474.0	572.04	−8	564.04
2005	717.95	2535919	2496.1	639.57	−3	636.57
2006	968.78	3024672	2515.6	639.96	−21	618.96
2007	1129.20	3418533	2550.9	672.46	−49	623.46
2008	1337.16	3945710	2579.1	608.48	−40	568.48
2009	1446.91	3545109	2600.1	527.12	−37	490.12

续表

年份	GDP（亿元）	GDS（万元）	RNK（万人）	CENT产量（万t）	进出量（万t）	消费量（万t）
2010	1557.78	4208685	2603.2	627.81	−45	582.81
2011	1669.56	4987702	2616.1	659.03	+21	680.08
2012	1821.19	5868606	2627.3	758.90	+100	858.90

根据该省 1990～2012 年地区生产总值、历年水泥消费量、全社会固定资产投资、建筑面积等与水泥消费量关系，采用平滑指数法、理论曲线法、一元回归法、多元线性回归法和定额法预测 2017 年和 2022 年的水泥需求量。

（一）地区生产总值 GDP 预测

1. 采用预测模型

（1）指数平滑法。

$a=0.4$

预测方程：$Y_{(23+t)}=1821.648+136.495t$

2017 年预测量：2504.12 亿元

2022 年预测量：3186.0 亿元

自动优选 a

预测方程：$Y_{(23+t)}=1820.961+145.8196t$

2017 年 GDP：2550.06 亿元

2022 年 GDP：3279.16 亿元

平滑系数法平均值：

2017 年 GDP：2527 亿元

2022 年 GDP：3233 亿元

（2）逻辑斯缔曲线法。

预测方程：$Y=4000/[1+72.3576\exp(-0.17840t)]$

相关系数：0.9942

2017 年 GDP：2684.77 亿元

2022 年 GDP：3331.19 亿元

（3）龚珀兹方程曲线法。

预测方程：$Y=4000\exp[-4000\exp(-5.107)\exp(-0.0753t)]$

2017 年 GDP：2151.37 亿元

2022 年 GDP：2613.48 亿元

2. 采用经济发展目标值

根据 2022 年经济发展目标，在 2012 年的基础上翻一番。2012 年该省地区生产总值 1821.19 亿元，则 2022 年将达到 3642.38 亿元。10 年平均递增速度 7.18%。考虑前 5 年 8%，后 5 年为 7%。则：

2017 年 GDP：2676 亿元

2022 年 GDP：3753 亿元

该省 2017、2022 年 GDP 预测值见表 15-6。

表 15-6 某省 2017、2022 年 GDP 预测值

预测方法	预测值（亿元）	
	2017 年	2022 年
指数平滑法	2527	3233
逻辑斯缔曲线	2684	3331.19
龚珀兹方程曲线	2151	2613
发展目标法	2676	3753
平均	2510	3233

（二）全社会固定资产投资预测

1. 指数平滑法

优选平滑系数：$a=0.7494$

预测方程：$Y_{(23+t)}=584.8369+77.09158t$

2017 年 GDS：970.29 亿元

2022 年 GDS：1355.00 亿元

$a=0.4$

预测方程：$Y_{(23+t)}=56.1484+50.70022t$

2017 年 GDS=817.65 亿元

2022 年 GDS=1071.15 亿元

平均 GDS：

2017 年 GDS=894 亿元

2022 年 GDS=1213 亿元

2. 逻辑斯缔曲线法

预测方程：$Y=1000/[1+92.5386\exp(-0.2035t)]$

2017 年 GDS：635.84 亿元

2022 年 GDS：898.86 亿元

3. 龚珀兹方程曲线法

预测方程：$Y=1000\exp[-5.8438\exp(0.0625t)]$

2017 年 GDS：724.44 亿元

2022 年 GDS：951.41 亿元

GDP 平均值预测结果见表 15-7。

表 15-7 GDS 平均值预测结果

预测方法	预测值（亿元）	
	2017	2022
指数平滑指数	894	1213
逻辑斯缔曲线	635	899
龚珀兹方程曲线	725	951
平均	757	1021

（三）人口预测

该省近几年人口增长率为 0.4%，而且曾逐年下降趋势。后 10 年人口递增速度按 0.4% 计算。

2017 年总人口：2632.56 万人

2022 年总人口：2637.83 万人

二、水泥需求预测

（一）全省水泥需求量预测

1. 平滑系数法

（1）优选平滑系数 a。

方程：$Y_{(23+t)}=858.7023+170.9555t$

2017 年 CENT：1713 万 t

2022 年 CENT：2568 万 t

（2）$a=0.4$。

方程：$Y_{(23+t)}=787.1633+52.34603t$

预测 2017 年 CENT：1048.89 万 t

2022 年 CENT：1310.62 万 t

（3）平滑系数测算的平均值。

2017 年 CENT：1380 万 t

2022 年 CENT：1940 万 t

2. 理论曲线法

（1）逻辑缔曲线模型，上限值 2000 时。

逻辑缔曲线方程：$Y=2000/[1+107753\exp(-0.837t)]$

均方差：66.355

相关系数：0.953

2017 年 CENT：983.17 万 t

2022 年 CENT：1190.08 万 t

（2）龚珀兹方程曲线模型，上限 2000。

龚珀兹方程曲线方程：$Y=2000\exp[-2.562\exp(-0.0413t)]$

均方差：62.1498

相关系数：0.9509

2017 年 CENT：893.24 万 t

2022 年 CENT：1038.21 万 t

3. 一元线性回归

（1）CENT 与 GDP 回归。

相关性检验：

相关系数临界值：$R(1，n-2)=0.423$

分布临界值：$F(1，n-2)=4.35$

$R=0.8632>R(1，n-2)=0.423$

Y 与 X 的线性相关系数显著

$F=61.37>F(1，n-2)=4.35$

Y 与 X 的线性相关系数显著

线性回归方程：$Y=260.1909+0.2791X$

判定系数：$R^2=0.7451$

相关系数：$R=0.8632$

t 分布临界值 $t(n-2)=2.080$

2017 年 CENT 预测量：960(712-1445)万 t

2022 年 CENT 预测量：1163(880-1445)万 t

（2）CENT 与 GDS 回归。

相关性检验：

相关系数临界值：$R(1，n-2)=0.423$

分布临界值：$F(1，n-2)=4.35$

$R=0.8893>R(1，n-2)=0.423$

Y 与 X 的线性相关系数显著

$F=79.38>F(1，n-2)=4.35$

Y 与 X 的线性相关系数显著

线性回归方程：$Y=268.0074+0.9428X$

判定系数：$R^2=0.7909$

相关系数：$R=0.8893$

t 分布临界值 $t(n-2)=2.080$

2017 年 CENT 预测量：982(756-1208)万 t

2022 年 CENT 预测量：1231(967-1494)万 t

（3）二元线性回归。

X_1=GDP，2017 年为 2510 亿元，2022 年为 3233 亿元

X_2=GDS，2017 年为 757 亿元，2022 年为 1021 亿元

线性关系检验：

F 分布临界值 $F=(2,20)=3.49$

t 分布临界值 $t(20)=2.086$

D.W 检验临界下限 $d(I)=1.1$

上限 $d(u)=1.54$

$F=42.37>F(2，20)=3.49$ 　　回归方程线性关系显著

复相关系数：$R=0.8995$ 高度相关

复相关系数校正值：0.8888

$t(b_{(1)})=1.3840t<(n-m-1)$，$X_1$ 对应变量无显著影响

$t(b_{(2)})=2.5895>t(n-m-1)$，$X_2$ 对应变量有显著影响

D.W=0.296，未通过，出现正序列相关。

回归方程：$Y=b_{(0)}+b_{(1)}+b_{(2)}\cdots+b_{(m)}X_n(m=2)$

其中：

$$Y=b_{(0)}=284.6031$$
$$Y=b_{(1)}=0.3267 \quad b_{(1)}=1.384$$

$$Y=b_{(2)}=2.0045 \quad b_{(2)}=2.5895$$

复相关系数：$R=0.8995$（校正值 0.8888）

复判定系数：$R_2=0.8091003$

2017 年 CENT 预测值：982 万 t

2022 年 CENT 预测值：1275 万 t

4. 定额预测

根据历年统计资料，在当地每 1 亿元固定资产投资消耗水泥 1.4 万 t、每 1 亿元地区生产总值需要水泥量 0.34t。

（1）根据固定资产投资进行预测。

2017 年 CENT：1059 万 t

2022 年 CENT：1429 万 t

（2）根据地区生产总值进行预测。

2017 年：853 万 t

2022 年：1099 万 t

表 15-8　　　　　　　　　　　　　预 测 结 果 汇 总　　　　　　　　　　　　　万 t

预测方法	2017 年	2022 年	预测方法	2017 年	2022 年
时间序列	1160	1389	与 GDS	982	1231
Ⅰ、平滑系数	1380	1940	Ⅳ、二元回归	982	1275
Ⅱ、理论曲线	940	1110	Ⅴ 定额预测	1030	1264
逻辑斯缔曲线模型	983	1190	固定资产投资消耗	1059	1429
龚珀兹方程曲线模型	893	1038	国内生产总值消费	853	1099
Ⅲ、一元回归	971	1200	四种方法平均值	1035	1263
与 GDP	960	1163			

取值：2017 年 CENT 为 1000 万～1100 万 t

2022 年 CENT 为 1200 万～1300 万 t

（二）分地区水泥需求量预测

1. 预测结果

根据该省各地区经济发展指标，计算各地区水泥综合消费系数（见表 15-9），预测各地区的水泥消费量（见表 15-10）。

表 15-9　　　　　　　　　　各地区水泥综合消费系数

序号	地区	综合系数（%）	2012 年 RNK（万人）		2012 年 GDP（亿元）		2012 年 GDS（亿元）	
			总人口	比例（%）	总值	比例（%）	总值	比例（%）
	全省	100	2627.26	100	2069	100	494.98	100
1	A 地区	32.70	699.64	26.23	861	41.61	160.25	32.38
2	B 地区	18.70	431.67	16.43	401	19.38	103.53	20.92
3	C 地区	9.34	322.88	12.29	157	7.59	35.50	7.17

续表

序号	地区	综合系数（%）	2012 年 RNK（万人）		2012 年 GDP（亿元）		2012 年 GDS（亿元）	
			总人口	比例（%）	总值	比例（%）	总值	比例（%）
4	D 地区	3.63	124.28	4.73	67	3.24	12.67	2.56
5	E 地区	6.85	224.53	8.55	142	6.86	22.57	4.56
6	F 地区	5.00	133.10	5.07	85	4.11	28.52	5.76
7	G 地区	9.60	273.53	10.41	156	7.54	51.69	10.44
8	H 地区	5.30	199.18	7.58	73	3.53	19.34	3.91
9	I 地区	7.34	218.45	8.31	127	6.14	35.90	7.25
10	未分	1.52					25.01	5.05

表 15-10　　　　　　　　　　各地区水泥消费量

序号	地区	综合系数（%）	2017 年（万 t）	2022 年（万 t）	调整 2017 年（万 t）	调整 2022 年（万 t）
	全省	100	约 1100	约 1200	约 1100	约 1200
1	A 地区	32.70	360	396	370	400
2	B 地区	18.70	206	230	210	230
3	C 地区	9.34	103	112	100	110
4	D 地区	3.63	40	44	40	45
5	E 地区	6.85	75	82	75	80
6	F 地区	5.00	55	60	55	60
7	G 地区	9.60	106	115	110	120
8	H 地区	5130	58	64	60	65
9	I 地区	7.34	81	88	80	90
10	J	1.52	—	—	—	—

2. 有关说明

（1）表中"未分"地区，是指固定资产中有跨地区工程，在统计中列为不分地区，将这部分水泥消费量调整到其他地区。

（2）预测数 2017 年水泥为 1000 万～1100 万 t（熟料 800 万～880 万 t），2022 年为 1200 万～1300 万 t（熟料 960 万～1040 万 t），分到各地区不可能精确到 1t，实际上是一个区间，为了便于计算，取末尾为"5"或"0"的数。

（3）预测数以 42.5 级普通硅酸盐水泥为准。

（4）本地区近几年水泥消费量由过剩转为不足，在统计消费量时，由于统计资料只有铁路运输，而没有公路运输统计，历史资料的水泥消费量实际偏低，但消费量中有 325 号水泥，考虑到今后没有 325 号水泥，因此不再对预测量进行折算。

从预测可以看出，该省的水泥消费中心在 A 和 B 两地区，两地消费量占全省的 50%以上，而这两地区无水泥灰岩，现在 A 和 B 两地区的水泥厂均从外地购买石灰石，运距约 110km。因此，在 M 地区建厂，供应这两市水泥的布局最合理。

第三节 玉米市场需求预测

一、玉米市场需求影响因素及预测方法选择

（一）玉米市场需求的影响因素分析

1. 玉米的市场价格

玉米的市场需求量最直接的影响因素是玉米的价格，价格高低是玉米需求量大小最重要、最直接的因素之一。

2. 玉米质量水平

在粮食短缺时代，玉米生产的主要目标是尽可能提高产量以满足食用的需要，对质量要求相对较低；随着我国农业的发展，玉米占的食用量的比例逐渐降低，对产量的要求随之降低，对质量的要求相对提高。

3. 玉米供给能力

玉米的产能存在很多制约因素，如环境的恶化，地质的改变，播种面积难以扩大，势必会影响产量，因而导致玉米供给能力有限。

4. 畜牧业发展水平

从用途来看，由于玉米是饲料工业最主要的原料，70%的世界玉米产量都用于畜牧业，我国的这个比重则在65%以上。畜牧业的发展水平对玉米需求量的大小具有直接影响，畜牧业加工已逐渐成为玉米的主要消费通道。

5. 食品工业发展水平

玉米加工的产业链条长，加工可选择余地大，因而玉米是大宗农产品中最适合作工业原料的谷物，食品工业的发展水平对玉米的需求量具有重要影响。

6. 居民消费水平

居民消费水平是影响玉米市场需求的一个重要因素。居民消费水平的高低与玉米的消费量大致正相关。居民消费水平的测量变量有很多，可将居民可支配收入作为一个衡量指标。

7. 玉米流通障碍

玉米流通状况是玉米供给和需求之间的桥梁，流通的障碍大小直接关系到玉米供需的通畅程度，两者之间呈反向关系。

8. 替代品状况

玉米的相关替代品对玉米具有一定的影响，替代品的产量、价格、质量都会对玉米的需求量变化产生作用。小麦是玉米最主要的替代品，可将小麦的价格作为一个相关变量进行分析。

根据以上8个影响因素选择相应的衡量指标，搜集某地区11年来的数据对玉米的需求量进行预测和分析。如表15-11所示。

表15-11　　　　　　　某地区玉米市场需求的影响因素和消费量变化

年份	玉米价格（元/kg）	质量	单产（kg/10⁴m）	畜牧业百分数*（%）	食品工业百分数**（%）	人均收入（元/人）	流通费用率***	小麦价格	消费量（万kg）
2000	45.20	6	5082	25.7	12.3	803.34	23.6	74.30	307404
2001	28.79	6	5100	26.5	12.3	850.34	33.7	64.78	353515

续表

年份	玉米价格（元/kg）	质量	单产（kg/10⁴m）	畜牧业百分数*（%）	食品工业百分数**（%）	人均收入（元/人）	流通费用率***	小麦价格	消费量（万 kg）
2002	40.77	6	5652	27.4	10.7	955.62	33.2	67.20	401598
2003	44.86	6	5954	27.4	9.9	1162.98	38.6	69.52	423269
2004	77.82	7	5768	29.7	10.8	1524.74	44.3	107.52	461732
2005	118.47	7	5225	29.7	10.6	1802.81	48.7	149.44	450124
2006	100.11	8	6733	26.9	10.7	2204.74	60.2	164.26	441122
2007	90.89	9	5299	28.7	10.4	2502.36	59.6	147.38	531625
2008	101.00	11	5710	28.7	8.0	2758.27	83.2	139.47	513825
2009	85.49	15	4908	28.5	7.6	2950.00	41.8	128.37	471775
2010	78.20	19	4846	29.7	7.4	3128.54	24.8	113.03	558876

资料数据来源：当地统计年鉴。

* 畜牧业百分数为畜牧业产值占农牧业总产值的比重。

** 食品工业百分数为食品工业产值占工业总产值的比重。

*** 流通费用率采用粮食商品流通费用额与粮食商品销售额的比值。

（二）影响因素的相关性与灰色关联度分析

准确的需求量预测需通过构建数学模型对其进行定量分析。

首先选取高相关性的 8 个影响因素作为自变量。

为了避免自变量之间存在多重共线性，提高自变量对因变量的解释程度，采用相关性分析对 8 个影响因素的重要程度进行比较分析，筛选出系数较高的 5 个因素；采用灰色关联分析对上面 7 个影响因素进行比较分析，筛选出 4 个因素。

1. 相关性分析

本案例使用 SAS 软件对 8 个影响因素和玉米需求量进行直接相关性分析，然后采取主成分筛选变量法对影响因素的 8 个变量进行筛选，选出 5 个自变量。按相关性强弱，分别为畜牧业百分数、食品工业百分数、玉米价格、流通费用率和单产水平。分析结果表明，畜牧业百分数和食品工业百分数（分别反映畜牧业发展水平和食品工业发展水平）与玉米需求量呈显著的强相关，其中畜牧业百分数呈高度正相关，表明畜牧区发展水平是影响其需求量最主要的因素；食品工业百分数呈负相关，表明该地区食品工业发展水平制约了其需求量的增加，与实际相符。玉米价格和流通费用率（反映玉米流通障碍大小）与玉米需求量呈一定的相关性，导致这个结果的主要原因是我国政府对包括玉米在内的大宗农产品市场的有效调控，是价格的变化和流通费用率不能在其需求量上很好地体现。单产水平（反映玉米供应能力）与其需求量呈负相关，基于供求关系曲线可对其进行有效解释，表明相对过剩的供给能力下，单产是其需求量的一个重要影响因素。

2. 灰色关联分析

选取表 15-11 中 2004~2010 年资料，采取灰色关联分析方法对 7 个影响因素变量（小麦价格除外）与玉米需求量的相关性进行比较分析。结果表明，按关联度从高到低依次为畜牧业百分数、食品工业百分数、玉米价格、单产水平、流通费用率、质量、人均收入。

相关性分析和灰色关联分析的结果比较相符，表明以上分析具有较高的信度和效度。进一步预测可选取玉米价格、单产水平（玉米供应能力）、畜牧业百分数（畜牧业发展水平）和食品工业百分数（食品工业发展水平）四个最主要变量。

（三）市场需求预测

将上述 4 个变量设为 X_1、X_3、X_4、X_5，引入预测模型，建立线性回归模型，通过分析软件得出模型方程

$$LnY = -2.46 - 0.94LnX_1 + 0.44LnX_3 + 3.66LnX_4 - 0.41LnX_5$$

经检验，该方程模型合格，可在预测中应用。

对玉米需求量进行预测前，首先需要预测 4 个自变量的未来发展变化情况：

（1）对玉米未来价格 X_1 的预测：采用公式 $P_t = aP_{t-1} + a(1-a)P_{t-2} + a(1-a)^2 P_{t-3}$（取系数 a=0.6），进行未来几年玉米价格预测。

（2）单产水平（玉米供应能力）X_3 的预测：通过经验估计，取 2009 年的单产水平代表未来几年的预测值。

（3）畜牧业百分数（畜牧业发展水平）X_4 的预测：用 2006～2010 年的数据资料建立因素灰色预测模型进行未来几年畜牧业百分数的预测，结果见表 15-12。

（4）食品工业百分数（食品工业发展水平）X_5 的预测：取近 5 年的平均值 8.8。

将上述 4 个因素 X_1、X_3、X_4、X_5 的未来预期值代入回归模型方程 $LnY = -2.46 - 0.94LnX_1 + 0.44LnX_3 + 3.66LnX_4 - 0.41LnX_5$ 计算出 LnY 后再指数化，即可得出玉米市场 2011～2015 年需求量的预测值。

表 15-12 各变量预期值及玉米需求量预测表

预测年份	玉米价格 X_1	单产水平 X_3	畜牧业%X_4	食品工业%X_5	LnY	需求量 Y（万 t）
2011	0.6656	4908	29.53	8.8	13.1656	522
2012	0.6637	4908	29.81	8.8	13.2356	560
2013	0.6123	4908	30.09	8.8	13.3082	602
2014	0.5857	4908	30.37	8.8	13.3838	649
2015	0.5609	4908	30.65	8.8	13.4581	699

从表 15-12 可以看出，从 2011～2015 年，玉米需求年增加量在区间（38，50）万 t 内，年增速 6%。考察 2005～2010 年原始数据，玉米需求量年均增加 24 万 t，年增速 5%。经检验，玉米需求量预测基本符合实际规律。

二、市场均衡分析

（一）玉米市场供求不平衡原因分析

该地区玉米市场的基本状况是供大于求，这种不平衡状态形成的原因主要有以下几点：

（1）玉米产量提高，供应能力大幅提升。首先农民生产积极性的提高，使生产潜能得到挖掘；其次，从历史数据来看，2010 年的玉米播种面积比 2000 年增加了两倍有余，使得玉米总产量和玉米产量占粮食总产量的比重都大幅上升。

（2）当地畜牧业和玉米加工行业发展较慢。从历年数据可以看出，2005 年以来，畜牧业产值占农牧业总产值的比重一直徘徊不前，表明畜牧行业的发展制约了玉米的加工转化水平，从而影响了需求量。类似地，当地食品工业产值占工业总产值的比重呈现逐渐降低的趋势，

对玉米的需求量较低。

（3）当地玉米价格水平较高。一系列原因导致了现在玉米价格水平较高：一是化肥、农药、农机、农电等农用生产资料成本居高不下；二是玉米流通费用较高，渠道机制不完善，玉米流通障碍大。

（二）供需平衡的理论分析

目前玉米市场呈现供给大于需求的状况和对未来需求不断增长的趋势。从经济学的角度看，实现供给平衡有如下途径。

1. 扩大玉米市场需求量

大力发展当地畜牧业和食品加工业，扩大玉米的市场需求量。如图 15-6 所示，仅仅通过扩大需求量就使平衡状态下玉米的价格从 P_0 上涨到较高的 P_1 处，但这种供需平衡是不稳定的。

2. 减少玉米的供给

可以从缩减玉米的种植面积和调整玉米的种植结构两个方面减少玉米供给。如图 15-7 所示，与扩大市场需求量的方法类似，减少玉米的供给同样会产生弊病。

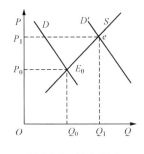
图 15-6　扩大需求

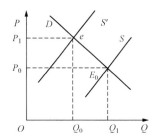
图 15-7　减少供给

3. 两者相结合

将扩大玉米市场需求量与减少玉米供给两者结合。这一方法使政府转变职能，从供给和需求两方面调控当地玉米市场，从而达到平衡，具有较大的灵活性。如图 15-8 所示，与之前两种方法相比较，这种情况下玉米的价格会稳定在离 P_0 较近的 P_1 处，供需平衡相对稳定。

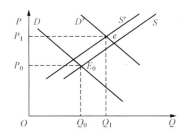
图 15-8　供求共同作用

E_0—国际市场均衡点；P_0—均衡价格；Q_0—均衡数量；

P_1—国内或区内玉米市场价格；e—国内均衡点

第十六章

交通运输项目市场分析

交通运输项目的市场分析，应根据投资项目可行性论证的需要，对特定影响区域内各种运输方式的分布、运力、运量，所涉及货源或客源的来源、构成及流向，用户对交通运输方式的不同需求及其满足程度，现有相关规划及政策等进行调查和预测。

第一节　交通运输项目市场分析方法

一、交通量预测的总体要求

（一）项目交通量预测的特点

1. 项目交通量预测的目的

项目交通量是确定交通运输投资项目建设的必要性、功能定位及技术标准、工程设施规模、设备数量和类型的基础，也是制定运营管理模式和进行经济效益分析的主要依据。项目交通量预测评价的目的是基于项目所在吸引区域的社会经济和交通运输发展现状及规划，采用科学的预测技术和方法，合理地确定项目的交通量水平，从而为项目决策提供科学依据。

2. 项目交通量预测的适用范围

项目交通量预测涉及公路、港口、铁路、民航、地铁等项目的交通量预测。这里所指的项目交通量预测是指项目在规定研究年度内的公路交通量、港口吞吐量、铁路客货运量、机场航空业务量、地铁客流量以及需要反映相应项目特点的预测指标。按照交通投资项目可研深度要求进行编制，适用于交通运输类项目（包括公路、铁路、民航、港口及城市轨道交通等）的规划研究、预可行性研究、可行性研究阶段的运输需求预测。

3. 项目交通量预测的特点

（1）交通投资项目对经济社会发展具有基础性作用。在项目交通量预测中应在对项目影响区域社会经济发展详尽分析的基础上，按照构建和谐社会、不断提高服务质量和运输效率，建立经济发展与交通发展的相关预测模型和方法。

（2）交通投资项目具有公益性和由研究年度带来的不确定性等特点。项目交通量预测中，在采取微观预测和定量计算的基础上，结合项目所在区域和沿线社会经济发展，和项目在综合交通网中的地位作用、功能定位，采取宏观与微观、定性与定量相结合的方法，合理确定交通量水平。

（3）注重发挥现代交通运输体系的综合效益和系统优势。在项目交通量预测中，必须坚持在综合运输的基础上进行项目交通量预测。项目交通量预测应考虑不同运输方式的技术经济特点，以预测通道综合交通量为基础，通过不同运输方式的比较，进行合理分工，合理确定项目运量。

4. 项目交通量预测的依据

（1）国家、区域及沿线的社会经济发展现状及规划。

（2）国家、区域及沿线的交通运输发展现状及规划。

（3）国家、区域及沿线的资源现状及开发规划。

（4）项目影响区主要厂矿企业的发展现状及规划，主要产品、原材料的来源、去向现状统计及规划。

（5）项目所在运输通道内不同运输方式的现状统计资料。

（6）项目所在运输通道旅客及货主出行意愿及方式选择调查资料。

（7）其他资料。

5. 项目交通量预测原则

交通运输项目是为社会公众提供公共服务的重要基础设施，其交通量预测与其他投资项目市场预测的基本原理和方法相通，但其预测原则及其方法有所不同。

（1）经济社会发展相协调，适度留有余地的原则。我国交通运输正处在快速发展增长期，交通量预测所依据的经济发展规划、区域生产力布局和产业发展呈快速增长趋势。经济社会发展是交通运输发展的原动力，在项目交通量预测中应从可持续发展的角度，统筹考虑项目吸引区经济社会发展水平与生产力布局、人口与资源分布、国土开发、对外开放及国防建设、经济安全和社会稳定对交通运输的需求，运用科学的预测方法合理确定。同时，现代交通项目一般投资大、工程复杂、技术标准较高，对经济社会发展的影响力、辐射力较大，一旦项目建成便难以更改或扩建。由于交通量预测的研究年度较长，经济发展的不确定因素较大，因此对交通量的预测应适度地留有余地。

（2）构建现代化综合交通体系，合理分配运输通道资源的原则。项目交通量预测应从构建现代化综合交通体系的高度，充分体现多种运输方式的技术经济特征和比较优势，合理配置、集约利用运输通道资源，优化多种运输设备空间布局；应充分研究项目在综合交通运输网中的地位作用和功能定位，按照国家规划综合运输大通道中不同交通运输方式的合理衔接和分工，处理不同运输方式之间以及与城市运输系统的协调衔接。在研究区域或通道内全社会交通量现状基础上，采用相应的预测方法，合理分配不同运输方式、不同年度的预测交通量，最终确定项目交通量预测结果。

（3）以人为本，便捷、通畅、高效、安全运输的原则。为落实科学发展观、满足全面建设小康社会对经济社会快速发展和人民物质文化生活不断提高的需求，在民航机场、高速公路、客运专线、城市轨道交通等现代化交通项目的建设中，应充分体现以人为本、强化重要交通枢纽的衔接和一体化运输设施配置。在这类项目的客、货交通量预测中，对趋势交通量和诱增、转移交通量，应充分考虑项目沿线和相关地区的经济发展水平，相关人群（城际、旅游、商务流）对便捷、舒适、安全等高质量运输服务需求，研究可达性、时间价值、运价率等因素对市场占有率、运输组织的影响。

（4）宏观与微观相结合，定性与定量相结合的原则。交通量预测具有时间跨度大、影响因素多、辐射面广等特点，采取一种预测方法具有局限性，难以满足长期需求预测要求。对一些重大项目有必要邀请经验丰富的专家通过征询调查、开座谈会，采取宏观与微观、定性与定量相结合的方式进行分析预测。

（二）各种运输方式交通量预测的要求

1. 公路项目

公路项目预测交通量一般由趋势交通量、转移交通量和诱增交通量三部分组成。公路项目交通量预测，原则上应采用以机动车起讫点调查（OD 调查）为基础的"四阶段预测法"。对于经济落后、路网简单地区的非高等级公路项目，具有重大政治、军事意义而短期经济效益并不明显的项目，功能单一的各类专用公路或为大型项目服务的配套公路项目，地方集资建设的县乡公路项目等，可适当简化或采用其他预测技术，如增长率法、弹性系数法、回归分析法等。公路项目交通量预测的成果主要包括：项目全路段交通量、分路段交通量、互通式立交转向交通量等。

2. 港口项目

港口项目中专业性泊位（如石油泊位、矿石泊位、煤炭泊位等）一般根据其腹地吸引范围内主要厂矿企业的发展规划，采用产供销平衡法进行吞吐量预测；综合性泊位（如散杂货泊位）及集装箱泊位等应根据吸引腹地社会经济发展规划、产业发展规划、交通网络规划等采用"四阶段"法进行吞吐量预测，预测中应充分考虑不同运输方式、运输径路的广义成本和竞争力。根据预测吞吐量及品名，在充分考虑国内外船舶发展现状及趋势的基础上合理选定船型。港口项目吞吐量预测的成果主要包括：主要品名吞吐量、船型选择、集疏运方式等。

3. 铁路项目

铁路项目根据其功能定位，可以分为三大类：客运专线（含城际铁路）、货运专线、客货兼顾铁路。对于不同的铁路项目，采用的客货运量预测方法有较大区别。

对于客运专线或客运功能较强的客货共线铁路项目，应基于通道综合运输的概念，通过项目影响区域社会经济发展和规划路网的分析，在基年全社会客运 OD 调查的基础上，采用"四阶段"预测技术进行客运量预测。新建项目，将客运量分为转移客运量和诱增客运量两部分；改扩建项目，将客运量分为趋势客运量、转移客运量和诱增客运量三部分。对于货运专线（承担少量旅客运输）或客运功能较弱的客货兼顾铁路项目，客运量预测可以简化，改扩建项目可以采用增长率法、回归分析法等，新建项目可以采用弹性系数法、人均出行次数法、类比法等预测方法。客运量预测的成果应包括项目分区段客流密度（单位里程的旅客周转量）、客车对数、客车开行方案等，对于城际铁路或城际功能较强的客运专线还包括全日和高峰小时断面流量等。

对于货物为主的铁路项目，可视其承担的货物品类及量的大小，采用不同的预测方法。对于承担大宗品名货物（如煤炭、矿石、石油等），应采用产运销平衡法，结合最短径路、线路能力和区域路网内的各线分工，进行货运量预测、分配；对于承担运量较小的其他品类的货物，可采用"四阶段"预测法、增长率法、回归分析法等进行货运量预测。货运量分为通过运量和地方运量。预测的成果应包括项目分区段货流密度（单位里程的货物周转量）、主要品名大宗运量、主要车站货运量等。

4. 民航项目

民航机场航空业务量预测，主要对机场旅客吞吐量、货邮吞吐量和飞行起降量的预测。由于机场航空业务量的增长与服务地区经济社会发展水平、增长速度、航空市场需求关系密切，机场航空业务量预测，应从服务地区经济社会发展情况和航空市场需求分析入手，研究影响当地航空业务量增长的诸多因素，包括服务地区内面积、人口、地区生产总值、对外贸易、旅游等，在确定项目基准年航空业务量基础上预测项目目标年航空业务量预测值。为保证预测的相对准确性，预测中还可同时采用时间趋势法和与同类机场比较等多种方法进行预测。机场项目航空业务量预测的成果主要包括设计目标年的旅客吞吐量、货邮吞吐量和飞行起降量。为合理确定航站楼和飞行区规模，还需要预测高峰小时旅客吞吐量和飞行起降量。

5．地铁项目

地铁项目客流预测原则上应采用基于城市居民全方式出行 OD 的"四阶段"预测技术进行。客流预测必须有详实的城市居民出行 OD 调查资料作为预测基础。出行生成包括出行产生量和出行吸引量，一般采用交叉分类法或回归分析法分别进行预测，较多采用交叉分类法；出行分布一般采用增长率法或重力模型法，较多采用双约束重力模型，对于一些特殊的小区（如机场或铁路客站、体育场等大型活动集散地）的出行分布，不适宜采用重力模型，应单独进行预测；方式划分一般采用 Logit 概率模型法或转移曲线法，较多采用 Logit 模型，对于方式划分结果还应在"宏观控制、微观竞争"下结合城市发展和交通发展的实际情况进行修正；交通分配一般采用专业的交通规划软件，使用用户均衡分配法、最优战略法等进行。

地铁项目客流预测的成果包括预测各年度全日及高峰小时断面流量表，全线预测各年度全日客运量、平均运距、负荷强度、高峰小时单向最大断面客运量等综合指标，各换乘站换乘量，客运量对影响因素的敏感性分析等。

二、交通项目市场分析的步骤和内容

（一）项目交通量预测的基本步骤

交通投资项目交通量预测的工作程序，与其他投资项目市场预测基本相同。结合交通项目特点，其基本步骤为：

（1）拟定工作方案，明确评价重点。对于投资规模大、经济社会影响深远的交通项目，应根据项目在综合交通网、行业发展中的地位，以及对所在地区经济发展的作用，结合项目功能定位和特点，拟定项目交通量预测工作方案，明确评价重点。

（2）确定项目吸引服务范围和研究年度，调查、整理、分析相关社会经济资料。项目吸引范围应包括间接和直接吸引范围（港口项目包括腹地服务范围）。社会经济资料应包括各研究年度的行政区划、面积、人口和国内生产总值的变化，资源分布和开发利用情况，国家和地区产业发展规划和生产力布局，区域或通道内综合交通运输现状和不同运输方式交通量及占有份额等情况。

（3）确定交通量预测方法和相关参数数据。根据不同类别交通项目的分类、性质，确定交通量预测方法和相关的参数数据，对所选择的方法的合理性以及参数数据的可靠性和相关的影响因素进行评价。

（4）计算和分析项目交通量预测结果。根据项目研究深度要求和规定预测指标等要求，计算和分析项目交通量预测结果。如需重大调整和进一步优化的，应说明原因、提出建议。

（5）编写项目交通量预测报告。

（二）项目交通量预测内容

1．公路项目交通量预测

公路项目交通量应预测近期和远期的交通量，即分别为交付运营后第 10、20 年的交通量。高速公路、一级公路预测结果应折算为小客车，其他公路预测结果应折算为中型货车。在评价中应重点把握以下内容：

（1）项目交通量预测依据是否合理。

（2）通过分析项目在国家综合交通网、国家和地区公路网规划中的地位、作用，项目吸引区内经济发展、生产力布局需求符合性的基础上，研究评价项目的功能定位、与通道内相关既有、在建和规划建设的公路、铁路项目的关系和分工的合理性。

（3）根据项目的功能定位和辐射影响力，研究识别项目影响区范围及其合理性。

（4）研究识别项目交通量预测方法的科学性和选用数据的可靠性。

（5）对趋势交通量、诱增交通量、转移交通量所选用的经济增长率、流量分配率等有关数据的合理性、可靠性进行分析。

（6）对项目近、远期交通量预测过程进行复核评价。对重大项目应依次重点复核评价项目影响区、通道内交通运输现状、客货流特点、流量流向及其存在问题，近、远期全社会交通量预测及分配，项目近、远期交通量预测结果的合理性，提出评价意见。要有分区段和重要互通立交按钮、主要联络线工程的交通量预测的复核评价。

（7）项目预测交通量如需进行较大调增或调减，要分析原因，提出相应调整的建议。

2. 港口项目吞吐量预测

港口项目吞吐量预测是在对项目所在地（港）区及周边（港）区的交通现状及港口吞吐量现状调查分析基础上，预测吞吐量及品名，合理选定船型。在评价中重点把握以下内容：

（1）项目吞吐量预测依据的符合性。

（2）通过分析项目在国家综合交通网、港口布局规划、城市总体规划符合性基础上，研究评价项目建设的性质、功能定位，与周边港区相关既有、在建和规划建设的码头工程的关系和分工的合理性。

（3）根据项目的功能定位和辐射影响力，研究识别项目服务范围及其合理性，包括项目所在地和港口腹地的服务范围。

（4）研究识别项目吞吐量预测方法以及所选用数据、吞吐量影响因素的合理性和可靠性。

（5）应对项目服务范围的经济增长率、货流特点、流量流向以及集疏运路径变化、内外贸货物比例变化等因素的合理性、可靠性进行分析评价。

（6）对项目预测年度的吞吐量测算过程进行复核评价。对重大项目，应依次复核评价项目服务范围内经济社会发展、港口所在地区及周边港口吞吐量现状和发展情况，港口集疏运方式及能力适应状况，相关货物资源及开发利用情况，与既有、在建和规划建设相关码头工程的分工，以及项目预测年度吞吐量预测结果的合理性，提出评价意见。

3. 铁路项目运量预测

铁路项目应预测近期、远期，即分别为交付运营后第 10、20 年的客货运量。对一些重大项目，为研究项目的建设时机、确定运营设施规模，可增加初期（交付运营后第 3 年）的客货运量。在评价中应重点把握以下内容：

（1）项目客货运量预测依据的符合性。

（2）通过分析项目在国家中长期综合交通网、中长期铁路网以及与项目相关的铁路网构成中的地位作用，以及区域和沿线地区经济社会发展、国土开发、资源利用、生产力布局需求符合性的基础上，研究评价项目的功能定位、与通道内相关既有、在建和规划建设的铁路、公路、民航机场项目的关系和分工的合理性。

（3）根据项目的功能定位和辐射影响力，研究识别项目间接吸引和直接吸引范围的合理性。

（4）研究识别项目客货运量预测方法的合理性和所选用数据的可靠性。根据项目功能定位，按客运专线（含城际铁路）、货运专线、客货共用铁路等不同类别的铁路，分别识别客、货运量预测方法是否适宜。对于客运功能较强的铁路项目，对采用四阶段法中趋势客运量、诱增客运量、转移客运量所选用的经济增长率、客流诱增率、转移分配率等有关数据的合理性进行分析。在对影响客流的相关人群（城际流、旅游流、商务流）分析时，从便捷、高效、舒适、安全等高质量运输服务需求以及时间价值、运价率等影响市场占有率的方面进行分析评价。对承担大宗货物运输的铁路项目，在采用产运销平衡法中，应结合吸引范围内区域和沿线经济发展、资源开发利用以及通路分工、最短路径、线路运输能力等因素分别对预测通过货运量和地方货运量所依据的数据和影响因素进行分析。

（5）对项目近、远期客货运量预测过程进行复核评价。对重要铁路项目，应依次重点复核评价项目间接、直接吸引范围或通道内综合交通运输现状和存在问题、客货流特点、流量流向、存在问题，近、远期全社会客货运输量预测及与公路、既有铁路等其他运输方式、径路的分配，项目近、远期的客货运量预测结果的合理性，提出评价意见。客运量预测应包括项目区段客流密度、客车开行方案、客车对数。对城际功能较强的客运专线和主要客运站还应包括全日和高峰小时客流预测。货运量预测应包括区段通过运量和地方运量，测算区段货流密度、主要车站的货物到发量等。

4. 民航机场项目航空业务量预测

民航机场项目业务量预测在采用预测基准年实际数据基础上，预测近期、中期、远期，即分别为交付运营后第 10、20、30 年的旅客吞吐量、货邮吞吐量和飞行起降量。在评价中应重点把握以下内容：

（1）项目航空业务量预测依据的符合性。

（2）通过分析项目在国家综合交通网、民用机场布局规划中的地位作用，服务地区经济社会发展，特别是商务、旅游、通用航空等便捷、安全出行需求符合性的基础上，研究评价项目的功能定位，明确机场分类和飞行区等级，项目在服务区域与相关既有、在建和规划建设的机场、铁路、公路等项目的衔接关系和分工的合理性。

（3）根据项目功能定位及其辐射影响力，研究识别项目服务范围。

（4）研究识别项目旅客吞吐量、货邮吞吐量预测方法的合理性和所选用数据的可靠性。在评价中应对服务地区所选用的经济增长率以及与类似国内外项目对比因素的合理性进行分析评价。

（5）对项目近、中、远期目标年航空业务量预测过程进行复核评价。在预测评价中应依次对项目服务范围内经济社会发展现状，主要包括人均收入、旅游、商务、公务等客流现状及特点、流量流向、存在问题，近、中、远期航空业务量在全社会交通量中的市场占有比重和与其他交通运输方式的衔接，以及项目各目标年旅客吞吐量、货邮吞吐量的预测结果的合理性，提出评价意见。为合理确定大型区域干线机场航站楼和飞行区规模，还需要预测高峰小时旅客吞吐量和飞行起降量。

5. 城市轨道交通项目客流量预测

城市轨道交通项目按国家批准的城市轨道交通建设规划建设，其项目客流量按初期、近期和远期，即分别为交付运营后第 3、10、25 年进行预测。在评价中应重点把握以下内容：

（1）项目客流量预测依据的符合性。

（2）通过分析项目在国家批准的城市轨道交通建设规划、城市总体规划符合性以及与项目初期、近期、远期城市轨道网构成及其地位作用的基础上，研究评价项目的功能定位，与城市既有、在建和规划建设轨道交通项目的分工以及与相关民航、铁路、城市道路的衔接和换乘关系的合理性。

（3）根据项目功能定位和对中心城市及其周边城市组团间的辐射影响力，研究识别项目客流预测吸引范围的合理性。

（4）研究识别项目客流量预测方法的合理性和所选用数据的可靠性。根据项目功能定位、服务范围和城市轨道网发展，对采用"四阶段法"中所选用的人口、土地利用、交通工具拥有量等有关数据预测值的合理性进行分析。在需要时，应对项目沿线客流人群对便捷、高效、舒适、安全等高质量运输服务需求以及时间价值、运价率等影响市场占有率的因素进行分析评价。

（5）对项目初期、近期、远期客流预测过程进行复核评价。在项目客流预测中，应依次复核评价项目服务区内城市交通运输现状和存在问题，客流特点、流量流向，初期、近期、远期城市客流总量预测以及与既有、在建、规划建设的轨道交通、城市道路、民航、城际铁路项目等的衔接关系和分工，项目初期、近期、远期客流预测结果的合理性，提出评价意见。项目预测的结果包括预测年度日客运量及高峰小时单向最大断面流量、平均运距等指标。主要换乘站应有旅客换乘量。

三、交通项目市场分析常用方法

（一）交通项目市场调查常用方法

交通运输项目的市场调查，主要包括经济社会情况调查、资源调查、主要行业及厂矿企业调查、交通现状调查、规划调查等内容。

1. 调查访问法

调查访问法是获取项目经济社会信息资料的最主要方法。在调查之前，根据项目咨询及设计所需要的资料内容和获取途径，制定调查提纲；通过现场调查，收集整理项目所需的交通及信息资料。

调查访问法能够获取项目相关的第一手较为齐全、准确的资料，但耗时较长。使用该方法主要用于经济社会调查、资源调查、主要行业及厂矿企业调查、规划调查以及交通现状调查等基本情况调查。

2. 座谈会法

对于需要展开讨论，或调查时间较紧、周期较短的交通运输项目，在征得委托单位或主管单位同意的情况下，可以将相关单位集中起来，召开座谈会进行调查。座谈会调查可以节约调查时间，调查内容可以较为全面，但数字方面的资料精度不高，有时只能作为参考，有条件时应根据调查资料要求，会后索取或购买相关专业资料。

3. 观测法

一些统计数据难以获取或原有统计资料需要现场更新的，如公路客货起讫点数据、交通流量数据、旅客出行意愿等，可采用观测法进行调查。具体包括现场询问法、发放调查表法、家访调查法、明信片调查法等。

（1）现场询问法。现场询问法，一般用于 OD 数据调查、旅客出行意愿调查等。

交通项目 OD 数据调查，调查前需要划分交通小区、制作调查表格、调查提示牌等；调查时，一般在路边设置 OD 调查点，在交警的协助下让驾驶员停车，询问该车的起点、终点、乘客人数、所载货物品类及吨数、额定载客（货）人数（吨数）等；调查完毕，需要发给驾驶员调查标签，贴在车上醒目处，以提示下一经过的调查点不再进行调查，避免重复统计。

旅客出行意愿调查，一般在候车（机）点，由调查人员随机抽查旅客，进行询问记录。调查内容包括出行起点、终点、随行人数、旅客职业、出发地至候车（机）点的时间及费用、到达站（场）至目的地的时间及费用、对不同交通工具的选择意愿、对交通工具安全、便捷等属性的关注、旅客收入等。

现场询问法直接与被调查人员接触，可以得到较为准确的资料，但调查所需费用和人员都较多。由于 OD 调查法的调查地点设在路边，当交通流量较大时，存在一定的危险性。

（2）发放调查表法。将调查表格发给驾驶员或旅客，填写后收回。采用发放调查表法需要事先做好动员和解说工作。调查表格的设计相当重要，既要直奔主题，避免歧义，又要简单明了，内容不能过多。发放调查表法是否有效取决于回收率。

（3）家访调查法。家访调查法是调查人员携带调查表，对被调查对象进行家访（或电话询问），询问被调查对象的年龄、职业、出行起点、出行终点、出行时间、出行目的、出行方式、每日出行次数等，以此获取出行相关信息。家访调查法在城市居民出行调查中应用较广。

（4）明信片调查法。和发放表调查类似，将已付邮资、印有调查项目的明信片在不同地点分发给驾驶员、旅客等被调查对象，填好后邮寄回来。其是否有效取决于回收率。

此外，观测法还有境界出入调查法、登记车辆牌照法等。

（二）交通项目市场预测常用方法

1. 回归分析法

如前章节所述，回归分析法是通过分析事物之间的因果关系和影响程度进行预测的方法，是一种应用数理统计理论预测未来的模型。在交通运输项目的运量预测时，为了检验建立的模型是否成立，需要进行模型检验。由于交通运输项目预测所选自变量都比较清楚，它们与运量存在线性统计关系，所以一般仅需作 R 检验。

2. 时间序列法

时间序列预测方法是通过对预测目标本身时间统计数列的处理来研究其变化趋势，进而建立预测模型并预测未来目标。时间序列法的数学模型包含季节系数法、灰色预测法、移动平滑法、指数平滑法等多种。此外，还有模糊逻辑理论、人工神经网络等。这几种方法中，指数平滑法应用较广泛，它比较适用于进行简单的时间分析和中、短期预测。

3. 平衡法

平衡法是在铁路大宗品名货运量预测时较多采用的一项传统的、重要的方法，特别是对于大中型工矿企业和大宗物资（如煤炭、石油、钢铁、矿石等）运量预测，均以平衡法为主。

这里的平衡法包括生产量与需求量之间的余缺平衡和各种运输方式间合理分担的运输平衡。平衡法使用时应注意：①物资的质量、规格和用途上的差别，进行较详细的平衡，而不是笼统地按大类简单平衡。如煤炭，若某一地区焦煤有富余，而动力煤不足，就应该调入动力煤，调出焦煤。②不同运输方式的合理分工。既要遵守价值规律的要求，也要遵守国家的运输政策、能源政策、环保政策等。③既要充分尊重客户提出的运输分配方案，也要进行深入的调查研究，查明方案是否合理。对确属不合理方案，要提出调整方案。④物资消耗定额的合理性。

4. 系数法

系数法是指按一些比例关系的数字来预测运量的一种方法，包括弹性系数法、乘车系数法等。

（1）弹性系数法。运量增长弹性系数是运量增长速度与经济增长速度（一般用 GDP 或工业总产值、工农业总产值）的比值。交通运输类项目较多采用弹性系数法进行宏观总运量水平的测算。

（2）乘车系数法。平均乘车率是旅客乘车总次数与吸引范围内总人口数的比值，即人均年乘车总次数。用平均乘车率测算旅客发送量是铁路项目客运量设计中较多采用的预测方法，也是城市公共交通中进行居民出行总量预测的一种常用方法。预测时一般根据历史统计数据测算以前的平均乘车率，结合未来发展趋势，或借鉴发达地区的历史指标，确定未来年度的平均乘车率，再结合吸引范围内人口的变化，测算出未来年度的旅客发送量或居民出行总量。

5. "四阶段"预测法

"四阶段"预测法起源于城市交通规划，是一种以起终点调查（OD 调查）为基础的运量预测技术。"四阶段"预测技术被许多国家普遍使用，作为运量预测的基本方法，我国交通项目客货预测中也广泛采用这种方法。

"四阶段"预测法，主要分为四个阶段，即出行生成、出行分布、方式划分和交通分配。该预测技术是在确定某地区社会经济状况、土地利用分布、交通方式服务属性以及交通工具使用者的特征的基础之上，运用多种预测模型分析全社会交通运输需求，根据不同交通工具的效用进行方式选择，根据广义费用在特定运输方式中进行流量分配。

"四阶段"预测技术利用各方式对出行者（或货主）提供的效用大小来进行选择，不但能够详细分析项目"有""无"情况下各运输方式市场占有率，确定项目趋势运量、诱增运量、各方式之间的转移运量，还可以定量分析票价、速度、时间价值等因素对各方式市场占有率的影响，为项目技术标准的确定、不同线路方案的选择等提供依据，供决策参考。

对应经典"四阶段"预测技术，一般以基础数据调查（包括社会经济、土地利用、交通方式特征、出行者特征）和社会经济预测、交通运输方式规划为基础，依据四个阶段即出行生成、出行分布、方式划分和交通分配逐步进行预测。

（1）出行生成。出行生成预测是四阶段预测方法的第一阶段，是交通需求分析工作中最基本的组成部分，它通过分析研究土地利用、出行者特性和社会经济状况，确定各交通小区生成量（包括发生量和吸引量）。出行生成预测一般采用增长率法或回归分析法。

（2）出行分布。出行分布分析是在出行生成解决的各交通小区发生和吸引量的基础上，了解发生和吸引量的具体来源，它是交通规划和交通控制系统设计的基础。出行分布预测法主要分为增长率法和构造模型法两类方法：

1）增长率法。增长率法的一个假设前提是要预测的已有的 OD 表的分布形式相同，在此基础上预测研究对象区域目标年的 OD 数据。增长率法主要有平均增长率法、Furness 法、Fratar 法等，采用较多的是 Fratar 法。

增长率法可直接利用观测的出行矩阵，但它不能用来考虑运输网络改进对出行费用的影响，因为它完全基于出行起点和出行终点的增长特性，利用现状 OD 表推算将来 OD 表，因此，在分析某些运量的影响因素时不能发挥作用，如新交通方式引入、新的票价政策制定以及新地区的开发等。该种预测方法必须建立在具有完整的现状 OD 表的基础上，只能应用于某些特定条件下的短期预测，比如地区间出行受空间阻碍因素的影响较小时，地区路网结构不发生大的变化时等。

2）构造模型法。构造模型法是在现状 OD 量的实态的基础之上，分析 OD 量的分布规律，并用数学模型实现此规律，然后利用实测的数据对模型参数进行标定，最后利用所标定的模型预测分布 OD。根据预测思路的不同，构造模型法可分为重力模型法、机会模型法等。重力模型法应用较多，它是一种模拟分析法，既考虑出行空间阻碍因素，又考虑地区增长特性，表现出一种空间互动型态的模拟预测技术，它先利用现状 OD 型态模拟出一种模型，然后再用模型去预测将来的 OD。

重力模型法根据对约束条件的满足情况不同可分为无约束重力模型、单约束重力模型、双约束重力模型等。

无约束重力模型不能满足出行发生量平衡和出行吸引量平衡分析要求，所以采用较少。单约束重力模型有乌尔乌斯重力模型和美国公路局重力模型两种，它们均能满足出行产生量平衡的条件。双约束重力模型则能同时满足出行发生量平衡和出行吸引量平衡。

目前，在公路、铁路等领域使用较多的是单约束重力模型，在城市轨道领域则使用双约束重力模型较多。

重力模型所考虑的因素比增长率法更全面，该模型引用不同空间阻碍变量，考虑某些影响运量变化的因素，如路网结构变化、新交通方式引入等；即使没有完整的现状 OD 表，重力模型法也能进行预测。缺点是短距离出行估计值偏大，而且当交通阻抗趋近于 0 时，交通分布量会趋于无穷大。

（3）方式划分。综合运输系统由公路、铁路、民航等多种运输方式组成，城市内的居民出行也由步行、自行车、私家车、公交车等多种方式组成，而方式划分就是将某个 OD 对间的运量与各种运输方式对应起来。各种运输方式所占份额因各个交通方式服务水平（即所需时间、费用、舒适性、安全性、可信赖性等）和交通利用者对于他们所持的价值标准（最小费用、最大效益等）的不同而不同。方式划分常用方法有转移曲线法、线性模型法、概率模型法等。

1）转移曲线法。转移曲线法是根据现状调查资料，建立各种方式的分担比例与其影响因素之间的关系曲线（即"转移曲线"），利用此曲线直接预测未来年度不同方式的分担率。

转移曲线法由现状调查资料得到转移曲线，使用较为简单，缺点是无法反映未来影响因素变化对各方式分担率的影响。一般使用于交通方式较为单一、影响因素相对较小的情况。

2）线性模型法。线性模型法把影响交通方式选择的各种要素用线性函数的形式表现出来，从而推求交通方式的选择率。主要方法是回归分析法。

线性模型简单易行但粗略，用这种方法求出的分担率取值无法保证在 0～1 之间，因此使用较为有限。

3）概率模型法。概率模型克服了线性模型的缺点，能够保证求出的分担率在 0～1 之间，且各方式分担率之和为 1。概率模型主要包括 Probit 模型和 Logit 模型。Probit 模型是一种为解决两种交通方式的选择问题而开发的模型，应用于多方式的选择比较困难。Logit 模型应用的选择方式数则不受限制，它通过各种方式给旅客（或货主）带来的效用来进行选择。

概率模型中的 Logit 模型是目前使用最广的方式划分模型，能够充分考虑影响方式分担的距离、时间、费用、安全舒适等各种因素。其使用效果关键在于模型参数的标定。

（4）交通分配。通过划分得到的各种交通方式的空间 OD 量被分配到具体的交通网络上就称为交通分配。交通分配方法通常分为平衡模型与非平衡模型两大类。一般情况下，平衡模型又可分为固定需求分配、弹性需求分配及组合分配三类。通常来说大多数平衡分配模型都可被归结为一个维数很大的凸规划问题或非线性规划问题。尽管这种模型结构严谨、思路明确，但求解比较困难，实际工程中往往难以应用。相比较而言，非平衡模型由于其结构简单、概念明确、计算简便，因此在实际工作中应用相对广泛，效果也比较好。非平衡模型包括全有全无（最短路径）分配、容量限制分配、多路径概率分配等方法。

1）全有全无法。全有全无法是根据路线阻抗，寻求交通小区之间的最短路径，将分布交通量一次分配到最短路径上的预测方法。仅适用于路径阻抗显著优越或单个路线上的情况。

2）容量限制分配法。该方法的思路是将研究区域交通分布量分割成若干份，按照全有全无法进行多次交通量的路线分配，所不同的是下一次的分配，要根据上一次的分配结果，重新计算路线阻抗，寻求新的最短路径。

3）多路径分配法。多路径分配法的分配步骤与容量限制分配法完全一样，所不同的是每一次分配时，需要根据路线阻抗，寻求两个交通小区之间包括最短路径与次短路径在内若干路径，然后按照一定概率把分割后的分布交通量分配在这些路线上。

交通量分配一般需要采用专业交通规划软件进行。

（5）诱增运量预测。诱增运量预测不是传统"四阶段"预测方法中的一个阶段，在城市或地区交通规划中也不存在，但在进行具体交通运输项目规划或设计时，应是运量预测中不可缺少的一步，一般在出行分布或方式划分之后进行。诱增运量的产生，主要有三个方面原因：

1）项目新建或改扩建，引起运输时间或距离的变化，改变了不同地区之间的经济可接近性，从而产生新的运输需求。

2）由于新项目的实施，引起沿线地带经济结构、产业布局的改变，使得开发项目增多，从而诱增一部分运输需求。

3）新项目的实施，改善了交通运输条件，诱发了原来潜在的运输需求，这部分运量属于原本想出行但由于交通条件限制而没有发生的情形。

诱增运量预测，一般按照"有""无"项目情况下交通服务属性的改变来进行。习惯上采用广义成本，按照重力模型的思路进行预测。

（三）四阶段预测法的具体操作步骤

1. 出行的影响因素

（1）土地利用。土地利用与交通是密不可分的，根据《城市用地分类与规划建设用地标准》（GB 50137—2011）规定土地利用分为住宅用地、公共设施用地、工业用地、仓储用地、对外交通用地、道路广场用地、市政公共设施用地、绿地、特殊用地和水域及其他用地 10 大类。

（2）家庭规模和人员的构成。家庭出行的目的主要包括上班、走亲访友、购物等。家庭出行的人均出行次数会随着家庭规模的增大而减少，如购物出行完全可由一人完成；如果一个家庭中既有老人又有幼儿，那么其看病出行会增多；而对于年轻夫妇来说，家庭出行主要是用在购物、娱乐和上班等。

（3）年龄、性别。人们的出行次数和内容也会随着性别和年龄的不同而不同。通常用居民出行调查中不同性别和年龄的平均出行次数评价和预测出行的发生与吸引交通量。一般而言，男性和女性受体力、工作性质等影响，前者在 20～45 岁这个年龄段上平均出行次数多，后者则在 20～40 岁平均出行次数多。

（4）汽车保有率。人口出行数会随着汽车保有率的增加而增加。主要是因为：第一，有较高出行需求的人会购买汽车从而带来较多的出行次数；第二，当一个人购买了汽车以后，又会反作用地诱发其出行。常用的评价指标有汽车保有量和户均汽车保有量。我国城镇居民私人汽车保有量迅速增加，对城市道路交通的影响也在不断增加。

（5）自由时间。在一天 24h 中，去掉生活必需时间（睡眠、饮食等）和约束时间（工作、学习等）后的剩余量即为自由时间。显而易见，出行时间会随着自由时间的增加而增加，当然出行也会增加。研究表明，自由时间可通过以下线性方程计算

$$T=at+b \qquad (16\text{-}1)$$

式中：T 为自由时间；a、b 分别为系数和常数。

（6）职业和工种。每个国家的居民出行数据都表明：职业和工种是影响出行量的主要因素。汽车司机、推销员、业务员、采购员等职业的人员平均出行多，工人、学生、教师、行政管理人员的平均出行少。

（7）外出率。外出率因工种、年龄的不同而不同，它是指工作中外出业务与总业务的比率。

（8）企业规模、性质。一般而言，企业规模大，会有较大的业务处理量，就会有较高的外出率。

（9）家庭收入。家庭收入不同，人们的出行量也不同，尤其是人们的自由出行受其影响很大。高收入家庭有较高的汽车购买率，对购物、娱乐等的需求也高，平均出行次数多。

（10）其他。天气、周末和季节等其他因素也会影响人们出行。例如：人们在刮风、下雨、下雪等恶劣天气出行，因而出行量小；工作日出行量大而且也很集中，而周末人们倾向于休息，出行量小并且比较发散；严冬酷暑人们出行量小，春秋气候舒适人们出行量大。

2. 发生与吸引交通量的预测

一般来说，将人们因会议、工作或探亲访友聚集于某地区而产生的出行被称为吸引，对应的交通量称为吸引交通量，对应的地区称为吸引区。相反，因某种原因从某地区出发的出行所对应的交通量称为发生交通量，对应的地区称为发生区。如图 16-1 所示，行的元素（1，2，…，i，…，m）为发生区，数字为发生区号，各行（各区）中列元素之和 O 为发生交通量；列的元素（1，2，…，j，…，n）为发生区，数字为吸引区号，各列（各区）中行元素之和 D 为吸引交通量。发生交通量 O 或吸引交通量 D 之和 T 为生成交通量。

（1）生成交通量。生成交通量的预测方法包括单位出行预测法、增长率法和函数法 3 类。

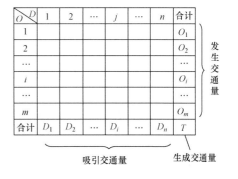

图 16-1　发生与吸引交通量、生成交通量示意图

1）单位出行次数预测法。又称为交叉分类或类型分析法，是进行生成交通量预测时最常用的方法之一。单位出行次数预测法以单位出行次数的计算为前提，而单位出行次数是从居民出行调查的结果统计出来的人均或家庭平均每天的出行次数。该方法多用于日本、美国。在日本，人日均单位出行次数为 2.7。然而，单位出行次数因出行目的不同而不同，需要预测不同出行目的的生成交通量。

$$T = \sum T^k , \quad T^k = \sum_l a_l^k N_e \tag{16-2}$$

式中：a_l^k 为某出行目的和人口属性的平均出行生成量；N_e 为某属性的人口；T^k 为某出行目的的出行生成率；l 为人口属性（常住人口、就业人口、工作人口、流动人口）；k 为出行目的。

单位出行预测法对出行生成量的预测不仅可以由人口属性按出行目的的不同进行预测，还可以以土地利用为基准进行预测。

【例 16-1】 求某对象区域在常住人口平均出行次数（见表 16-1）不变的情况下将来的出行生成量。

表 16-1　　　　　　　　　　常住人口平均出行次数

O \ D	1	2	3	合计	人口（万人）
1				28.0	11.0/15.0
2				51.0	20.0/36.0
3				26.0	10.0/14.0
合计	28.0	50.0	27.0	105.0	41.0/65.0

现状出行生成量 T=28.0+51.0+26.0=28.0+27.0+50.0=105.0（万次）

现状常住人口 N=11.0+20.0+10.0=41.0（万人）

将来常住人口=15.0+36.0+14.0=65.0（万人）

人均单位出行次数 T/N=105.0/41.0=2.561［次/（日•人）］。因此，将来的生成交通量 $X=M\times$（T/N）=65.0×2.561=166.5（万次/日）

如上所述，直接使用居民出行调查结果，而将单位出行次数看作不随时间变动。实际上，单位出行次数会因交通参与者的个人属性（年龄、性别、职业、汽车拥有与否等）不同而变动。

2）函数法。函数法是利用函数模型预测将来不同出行目的的单位出行次数的方法。

3）增长率法。增长率法将单位出行次数随时间变动的情况考虑进去，以单位出行次数乘以其他指标的增长率来求出将来的生成交通量。

（2）发生与吸引交通量。与生成交通量的预测方法相同，发生与吸引交通量的预测方法也分单位出行次数法、增长率法和函数法。以下分别讲述。

1）单位出行次数法。利用单位出行次数法预测发生与吸引交通量时，发生单位出行次数和吸引单位出行次数都要计算，分别用式（16-3）表示

$$O_i = bx_i , \quad D_j = cx_j \tag{16-3}$$

式中：i，j 为交通小区；x 为属性变量，常用常住人口、白天人口、从业人口、土地利用类别、面积等；b 为某一出行目的下的单位出行发生次数（次/日人）；c 为某一出行目的下的单位出

行吸引次数［次/（日·人）］。

进行交通需求预测，一般情况下要求发生交通量与吸引交通量相等。对于调整后的同一区的发生与吸引交通量不相等的情况，还可以继续调整。调整方法是取同一区发生和吸引交通量的平均值。

在用人均单位出行次数按不同出行目的分类预测时，较常用的方法有：①上班出行交通量和上学出行交通量使用常住人口；②自由出行交通量用常住人口和就业人口；③业务出行交通量用就业人口；④利用上班和上学交通量的返回乘以一个接近于 1.0 系数即为回家交通量，该系数由调查居民出行数据统计得出。

2）函数法。函数法是利用函数模型预测将来不同出行目的的单位出行次数的方法，是发生与吸引交通量预测中最常用的方法之一。函数法中人们多采用多元回归模型，所以有时被直接称为多元回归分析法，其模型如下：

$$O_i^P = b_0^P + b_1^P x_{1i}^P + b_2^P x_{2i}^P + \cdots \tag{16-4}$$

$$D_j^P = c_0^P + c_1^P x_{1j}^P + c_2^P x_{2j}^P + \cdots \tag{16-5}$$

式中：b、c 分别为回归系数；p 为出行目的；x 为自变量，常取的变量有区内平均收入、平均汽车保有率、家庭数、人口、就业人数、土地利用面积等。

使用多元回归分析法，一般先用实际调查数据和最小二乘法回归估算出系数 b 和 c，然后将各小区预测目标年的自变量值代入式（16-4）和式（16-5），求出各小区的发生与吸引交通量。

选用多元回归分析法时，应该注意自变量之间的相互独立性。这种方法无法体现以下两种情况：一是土地利用的变化引起的人们出行行为的变化；二是交通条件的改善引起的人们出行能力的增强。

3）增长率法。增长率法利用单位出行次数乘以其他指标的增长率进而求出将来的生成交通量，并考虑到单位出行次数随时间变动的情况。

$$O_i^N = F_i O_i$$

式中：F_i 为发生、吸引交通量增长率，例如

$$F_i = \alpha_i \beta_i \tag{16-6}$$

$$a_i = \frac{目标年度小区i的预测人口}{基准年度小区i的人口} \tag{16-7}$$

$$\beta_i = \frac{目标年度小区i的人均车辆拥有率}{基准年度小区i的人均车辆拥有率} \tag{16-8}$$

该方法能够通过设定交通小区的增长率反映土地利用的变化引起的人们出行的变化。通过设定交通小区的增长率还可以反映对象区域外的交通小区的发生与吸引交通量变化，这一点是单位出行次数法和函数法所不能解决的。这是因为，单位出行次数法和函数法都是基于实际调查数据的预测方法，对于对象区域外的交通小区，没有实际测量数据和预测目标年度的自变量数据；而用增长率法，由于可以综合考虑小区内外交通，所以可以预测这部分的将来交通量。

3. 出行分布交通量预测

（1）基本概念。分布交通量又称 OD 表（origin and destination table）是在各交通小区的

发生与吸引交通量一定的条件下求出交通小区之间的交通量,是交通量预测的主要步骤之一。分布交通量的预测是利用给定的将来发生与吸引交通量,求出将来的 OD 交通量。对于分布交通量的预测,研究开发了多种方法。主要有充分利用现状 OD 表求出将来 OD 表的增长率法、重力模型法和概率模型法。表 16-2 和表 16-3 表示了现状 OD 表和将来 OD 表。

表 16-2　现状 OD 表

O＼D	1	…	j	…	n	合计	备注
1	t_{11}^0		t_{1j}^0		t_{1n}^0	O_1^0	t_{ij}^0 表示 i、j 区的当前 OD 交通量
…	…	…	…	…	…	…	…
i	t_{i1}^0	…	t_{ij}^0	…	t_{in}^0	O_i^0	$O_i^0 = \sum\limits_{j}^{n} t_{ij}^0$
…	…	…	…	…	…	…	…
m	t_{m1}^0	…	t_{mj}^0	…	t_{mn}^0	O_m^0	$D_j^0 = \sum\limits_{i}^{m} t_{ij}^0$
合计	D_1^0	…	D_j^0	…	D_n^0	T^0	$T^0 = \sum\limits_{i}^{m} O_i^0 = \sum\limits_{j}^{n} D_j^0$

表 16-3　将来 OD 表

O＼D	1	…	j	…	n	合计	备注
1	t_{11}^N		t_{1j}^N		t_{1n}^N	O_1^N	t_{ij}^N 表示 i、j 区将来的 OD 交通量
…	…	…	…	…	…	…	…
i	t_{i1}^N	…	t_{ij}^N	…	t_{in}^N	O_i^N	$O_i^N = \sum\limits_{i}^{n} t_{ij}^N$
…	…	…	…	…	…	…	…
m	t_{m1}^N	…	t_{mj}^N	…	t_{mn}^N	O_m^N	$D_j^N = \sum\limits_{i}^{m} t_{ij}^N$
合计	D_1^N	…	D_j^N	…	D_n^N	T^N	$T^N = \sum\limits_{i}^{m} O_i^N = \sum\limits_{j}^{n} D_j^N$

　　(2)增长率法。在发生与吸引交通量的预测中已经提及增长率法。分布交通量预测中,所运用的增长率法的前提假设是现状分布交通量给定,进而预测将来的分布交通量。增长率法分为单一增长率法、平均增长率法、底特律法、弗拉塔法。

　　增长率法的算法步骤如下:

　　第 1 步,令计算次数 $m=0$;

　　第 2 步,分别给出现在 OD 表中 t_{ij}^m、O_i^m、D_j^m、T^m 及将来 OD 表中的 U_i、V_j、X。

　　第 3 步,求出各小区的发生与吸引交通量的成长率 F_{Oi}^m、F_{Dj}^m

$$F_{Oi}^m = U_i / O_i^m \tag{16-9}$$

$$F_{Dj}^m = V_j / D_j^m \tag{16-10}$$

第 4 步，求第 $m+1$ 次近似值 t_{ij}^{m+1}。

$$t_{ij}^{m+1} = t_{ij}^{m} f(F_{Oi}^{m}, F_{Dj}^{m})$$

（16-11）

第 5 步，收敛判别

$$O_i^{m+1} = \sum_j t_{ij}^{m+1}$$

（16-12）

$$O_j^{m+1} = \sum_i t_{ij}^{m+1}$$

（16-13）

$$1 - \delta < F_{Oi}^{m+1} = U_i / O_i^{m+1} < 1 + \delta$$

（16-14）

$$1 - \delta < F_{Dj}^{m+1} = V_j / D_j^{m+1} < 1 + \delta$$

（16-15）

根据函数 $f(F_{Oi}^{m}, F_{Dj}^{m})$ 的种类不同，划分出如下几种方法。

1）单一增长率法：任何分布交通量的增长率用生成交通量的增长率（X/T）表示，即

$$f(F_{Oi}^{m}, F_{Dj}^{m}) = X / T$$

（16-16）

2）平均增长率法：ij 区间分布交通量 t_{ij} 的增长率的计算是对 i 区出行发生量的增长率和 j 区出行吸引量增长率求平均值，即

$$f(F_{Oi}^{m}, F_{Dj}^{m}) = (F_{Oi}^{m} + F_{Dj}^{m}) / 2$$

（16-17）

4. 交通方式划分

（1）模型分类。交通方式划分模型有两种建模思路：一种思路是假设"历史的变化情况将来继续延续下去"，进而研究交通需求的变化；另一种是从城市规划的角度，探讨如何改良、建设各种交通设施引导人们的出行，以及如何制定各种交通管理规则等来实现所期望的交通方式划分，如新交通方式（新运输工具、轨道交通等）的交通需求预测问题。这时的难点在于：如何量化出行行为选择因素及其具体应用。例如，某一评价因素对新交通方式的影响大，而把它引入到新的交通方式划分模型中的情况。根据如何表示交通方式的利用方便，交通方式划分模型可以分为区域模型、出行终端模型、OD 对模型和径路模型等类型。区域模型是用以规划区域全体为对象的变量说明交通方式选择特性的方法；出行终端模型将对象区域划分为若干个小区，以小区的固有特性说明交通方式如何选择；OD 对模型按照 OD 对的交通特性，为各 OD 对间的交通方式分配交通量；径路模型依次考虑到达目的地的径路选择，然后决定交通方式如何选择。

1）区域模型。区域模型用相同指标概括考虑对象区域，因此适用于对城市轨道、道路建设投资项目、确定各城市的交通投资规模并进行比较。该模型作为出行生成之后一个环节插入分析系统中，便于研究优化城市规模。然而，它不能处理混合出行的情况。

2）出行终端模型。出行终端模型虽然也不能处理混合出行的情况，但是可以从交通方面重新研究城市内各交通小区的土地利用、就业结构，也可以研究道路和铁路的建设投资政策。

3）OD 对模型。OD 对模型能够计算各种交通方式的断面交通量，因此其对于研究具体的土地利用（住宅用地、工业用地等），城市开发改造效果，道路、铁路、停车场规模的投资等问题具有很好的效果。

4）径路模型。径路模型的研究更加具体和细致，尤其是对交通枢纽设施的研究很有效。

（2）影响交通方式划分的因素。城市交通规划在进行交通方式分析时，将步行、自行车等也考虑进去，这时可以把日常工作、学习和生活的出行作为交通方式的组合。人们上学、工作的出行是日常性的、反复的，个人充分掌握着所要到达目的地的相关信息，个人的交通方式划分理论得以形成。这种出行方式是定型的，容易确定交通方式划分。当然，人们的出行方式并不是也并非一成不变的。例如，由于天气、身体等方面的原因，平时习惯于乘公交车出行的人们可能会选择出租车出行。

有时人们的出行方式为非定型性的。例如初次到一个陌生城市，对当地的交通信息、公交路线、目的地的具体地址都不了解，这时往往会选择乘坐出租车；而如果是一个比较熟悉的城市，充分掌握了以上信息，可能会选择公共交通。此外，出行的时间也会影响交通方式的选择，如出行太早或是太晚就不适宜乘坐公交车。如上所述，交通方式划分的影响因素并不单一，不仅受到交通特性、个人属性的影响，家庭属性、地区属性和时间属性等也会影响交通方式的划分。

5. 出行端点模型和出行相互转换模型

在交通方式划分模型中，还有出行端点模型和出行相互转换模型。

（1）出行端点模型。出行端点模型在出行发生与吸引阶段就进行交通方式划分，即如下所示，将各交通小区的发生与吸引交通量分配给各种交通方式。

$$O_i \rightarrow O_i^m$$
$$D_j \rightarrow D_j^m \quad （出行端点）$$

式中：O_i 为交通小区 i 的发生交通量；D_j 为第 j 交通小区的吸引交通量；m 为第 m 种交通方式。

在交通方式的划分率 P_m 确定后，交通方式 m 的发生交通量可以简单地由划分率 P_m 与交通小区发生交通量的乘积求得，即

$$O_i^m = P_m O_i \tag{16-18}$$

通过以上内容可知，出行端点模型简单易懂，但难于表现交通小区交通服务水平的变化，因此目前较少使用。

（2）出行相互转换模型。与出行端点模型对应，出行相互转换模型在出行分布节段进行交通方式划分，即在各种交通方式的总分布交通量求出的前提下，求出第 m 种交通方式的分布交通量。

$$t_{ij} \rightarrow t_{ij}^m$$

6. 函数模型

交通方式划分的函数模型有线性函数模型和概率模型。

7. 交通量分配

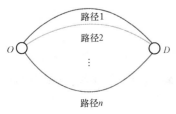

图 16-2 交通流分配示意图

（1）交通量分配考虑的因素。交通方式划分会求出各种交通方式的 OD 交通量，而交通量分配是依据交通量守恒原则，将这些 OD 交通量分配到各自的网络上去，进而求出 OD 之间每条径路的交通量和断面交通量。

图 16-2 表示了道路交通分配的概念示意图。在 OD 之间有 n 条径路（路径 1，路径 2，…，路径 n）的情况下，如何将

OD 交通量落实到相应的路径上去。

进行交通量分配需要考虑到的一些主要因素如下：

1）交通需求函数。交通需求是交通流分配的前提条件之一，常用的有日单位 OD 交通量、小时单位 OD 交通量和连续 OD 交通量三种交通需求形式。交通需求函数形式对交通流分配的结果起决定作用。

2）交通网络。因交通规划对象的不同，交通网络的选取存在差异。一般而言，在研究道路交通分配流问题时，干线道路规划的研究以高速公路和国道为对象；城市道路网规划的研究，则一般以次干道为对象。在研究城市道路交通管理规划时，在以次干道为对象的基础上，还要考虑其他一些因素，如：是否有交通信号、交通信号的相位与配时、是否单向通行等。

3）路阻函数：确定型、随机型、模糊型。通过交通量分配，得出相应的输出结果，如：①在确定路网上的"瓶颈"、行驶时间、交叉口交通信号配时、交通影响分析、交通设计等时，常用路段、径路交通量；②在对道路网进行规划、评价时，常用服务水平。

按先决条件的不同，可以给出各种方法。同时，根据如何考虑用户的交通选择行为，也将产生不同的交通分配方法。如：①选择基准的不一；②交通信息的不确定性；③交通流法则的不一致性。

（2）交通流分配的原则。交通流分配对象为个人用户。不同的个人有自己的径路选择基准，同时在选择时又会根据过去的行驶经验和不确定的交通信息等进行主观判断。因此，如何选择合理的数学方法描述每个人的交通选择行为成为关键。

在交通流分配中，常常假设各个用户径路选择的基准相同，或者考虑到网络整体性，交通流应遵循某一原则，如时间比分配原则，等时间分配原则和总行驶时间最小化分配原则。

1）时间比分配原则。日本学者米谷荣二（KometaniEiji）教授、饭田恭敬（IidaYasunori）教授和星野哲三（HoshinoTetsuzo）教授首先提出时间比分配原则。多路径分配原则在交通流分配中应用最早，该原则按照 OD 对之间径路的行驶时间成反比的比例将 OD 交通量分配到径路上。

2）等时间分配原则。J.G.Wardrop（1952）提出的等时间分配原则又称为用户均衡原则。该原则的前提条件是：路段的行驶时间随其断面交通量而变化，假设用户掌握了所有径路的完全信息，始终选择起讫点间行驶时间最小的径路。J.G.Wardrop 对该分配原则进行了如下表述："（起讫点间的）行驶时间，对实际上被利用的道路来说都相等，并且比未被使用的那条道路都小"。指出"交通状态最终可以假设为一种平衡状态，达到这种平衡状态，不能因为选择新路径而缩短行驶时间，因此这种分配原则是非常现实的"。

3）总行驶时间最小化分配原则。总行驶时间最小化分配原则也是由 J.G.Wardrop 最先提出，又称为系统平衡原则。该原则是指：在系统平衡条件下，拥挤的路网上交通流应该按照平均或总的出行成本最小为依据来分配。

（3）由路段实测分配量反推 OD 交通量。

1）无实测 OD 交通量时的反推方法。重力模型是预测 OD 交通量比较好的方法之一。通过前述相关内容可知，在应用该模型时，只要通过人口数据预测出各区的发生与吸引交通量即可计算出分布交通量。

对于没有实测 OD 交通量的情况，可以利用的数据仅有路段的实测交通量，所以问题在于如何利用路段的实测交通量求出重力模型的参数。参数确定之后，就可以利用重力模型反推出 OD 交通量。

利用实测交通量求出重力模型参数，最常用的方法就是最大似然估计法。该方法有两种假设，分别是路网上的路段交通量相互独立和相互关联。

2）有实测 OD 交通量时的反推方法。

a. 最大熵模型方法。该模型基于每辆机动车的交通行为，在路段的计算交通量与其实测交通量一致的条件下，求出出现概率最大的 OD 交通量。

该模型中使用的重力模型如下

$$P(t_{ij}) = \frac{T}{\sum_i \sum_j t_{ij}} \sum_i \sum_j (p_{ij})^{x_a} \Rightarrow Max \qquad (16\text{-}19)$$

$$s.t. \begin{cases} T = \sum_i \sum_j t_{ij} \\ x_a = \sum_i \sum_j t_{ij} p_{aij} \end{cases}$$

式中：t_{ij} 为 i 区和 j 区之间的交通量；p_{aij} 为 i 区和 j 区之间的交通量经过路段 a 的概率；$p(t_{ij})$ 为 OD 交通的先验概率（单位 OD 表）。这里，利用现有 OD 交通量 t_{ij} 按式（16-23）求出

$$p_{ij} = \frac{t_{ij}^*}{\sum_i \sum_j t_{ij}^*} \qquad (16\text{-}20)$$

这样，问题归结为在生成交通量和路段交通量的约束下，OD 交通量的概率 $P(t_{ij})$ 达到最大的 OD 交通量组合的优化问题。

估计偏差平方和最小模型本来是将抽样调查得到的 OD 交通量用路段交通量的实测值进行修正而开发的方法，根据目标函数和约束条件的不同又分为几种模型。

b. 路段交通量估计偏差平方和最小模型（路段模型）。设 i 区的发生交通量选择 j 区的概率为 $p_{ij}(\sum_j p_{ij} = 1.0)$，$i$ 区交通量的发生概率为 $p_i(\sum_i p_i = 1.0)$，那么，OD 交通量 t_{ij} 可以用生成交通量表示如下

$$t_{ij} = T p_i p_{ij} = O_i p_{ij} \qquad (16\text{-}21)$$

式中：p_i、p_{ij} 根据以往的调查数据按式（16-22）和式（16-23）确定

$$p_i = \sum t_{ij}^* / \sum \sum t_{ij}^* = O_i^* / \sum O_i^* \qquad (16\text{-}22)$$

$$p_{ij} = t_{ij}^* / \sum_j t_{ij}^* \qquad (16\text{-}23)$$

另外，利用 OD 交通 t_{ij} 经过路段 x_a 的概率 p_{aij} 路段交通量可以用式（16-24）求出。

$$x_a = \sum_i \sum_j t_{ij} p_{aij} = \sum_i \sum_j O_i p_{ij} p_{aij} \qquad (16\text{-}24)$$

式中的 p_{aij} 可以用交通量分配法得到，未知变量只有发生交通量 O_i。因此，为了让路段交通量的计算值 x_a 与实测值 x_a^* 尽量相等，可以求其误差平方和最小时的发生交通量 O_i，从而求出 OD 交通量 t_{ij}。计算模型如下：

$$目标函数\ G = \sum_{a \subset A}(x_a - x_a^*) = \sum_{a \subset A}(\sum_i \sum_j O_i p_{ij} - x_a^*)^2 \Rightarrow Min \tag{16-25}$$

设 $U_{ai} = \sum_j p_{ij} p_{aij}$ ，求以下导数

$$\frac{\partial G}{\partial O_i} = \sum_{a \subset A}[2(\sum_i O_i U_{ai} - x_a^*)U_{aj}] = 2[\sum_i(O_i \sum_{a \subset A} U_{ai} U_{aj}) - \sum_{a \subset A} x_a^* U_{aj}] = 0, \quad (j=1, 2, \cdots, n) \tag{16-26}$$

继续令 $c_{ij} = \sum_{a \subset A} U_{ai} U_{aj}, E_j = \sum_{a \subset A} x_a^* U_{aj}$ ，代入式（16-26）得

$$\sum_i O_i c_{ij} - E_j = 0, \quad (j=1, 2, \cdots, n)$$

$$\begin{bmatrix} c_{11} & c_{12} & \cdots & c_{1n} \\ c_{21} & c_{22} & \cdots & c_{2n} \\ \cdots & \cdots & \cdots & \cdots \\ c_{n1} & c_{n2} & \cdots & c_{nn} \end{bmatrix} \begin{bmatrix} O_1 \\ O_2 \\ \cdots \\ O_n \end{bmatrix} = \begin{bmatrix} E_1 \\ E_2 \\ \cdots \\ E_n \end{bmatrix} \tag{16-27}$$

由式（16-27）可知，发生交通量 O_i 可以用解 n 阶联立方程式求出，将求出的发生交通量 O_i 代入式（16-21）即可求出 OD 交通量 t_{ij}。但是，该模型中，实测路段数太少时，有可能导致无法计算。

c. 发生交通量估计偏差平方和最小模型（发生交通量模型）。除上述方法之外，还可以构造以路段交通量为约束条件，使发生交通量的误差平方和达到最小的优化模型。

$$目标函数 \qquad H = \sum_i(Tp_i - O_i)^2$$

$$s.t \qquad x_a = \sum_i \sum_j O_i p_{ij} p_{aij}, \quad \forall a \in A$$

$$T = \sum_i O_i$$

利用拉格朗日方程求解上述模型，有

$$L = \sum_i(Tp_i - O_i)^2 + v(T - \sum_i O_i) + \sum_{a \subset A} \lambda_2(\sum_i \sum_j O_i p_{ij} p_{aij} - x_a^*)$$

其中，v、λ_2 为拉格朗日系数。

令 $\frac{\partial L}{\partial O_i} = \frac{\partial L}{\partial T} = \frac{\partial L}{\partial v} = \frac{\partial L}{\partial \lambda_2} = 0$ ，有

$$\frac{\partial L}{\partial O_i} = -2(Tp_j - O_j) + \sum_{a \subset A} \lambda_2(\sum_i p_{ij} p_{aij}) - v$$

$$= -2(Tp_j - O_j) + \sum_{a \subset A} \lambda_2 U_{ai} - v = 0 \qquad (i=1, 2, \cdots, n)$$

$$\frac{\partial L}{\partial T} = 2\sum_i(Tp_i - O_i)p_i + v = 0$$

$$\frac{\partial L}{\partial \lambda_2} = \sum_i \sum_j O_j p_{ij} p_{aij} - x_a^* = \sum_j O_j U_{aj} - x_a^* = 0, \quad \forall a \in A$$

$$\frac{\partial L}{\partial v} = T - \sum_i O_i = 0$$

式中，发生交通量 O_i 为未知数，求出后代入式（16-21）即可以求出 OD 交通量 t_{ij}。值得注意的是，实测路段数目越多推测出的 OD 交通量越精确，但是该模型要求实测路段的数目应不小于发生区数。

d. 路段交通量和发生交通量估计偏差平方和最小模型（结合模型）。由以上两种方法可以想到，对目标函数可以构造模型方程式的组合，可以表示如下

目标函数 $\sum_i O_i c_{ij} - E_j = 0$，（$i=1$，$2$，$\cdots$，$n$）

$$H = \sum_i (Tp_i - O_i)^2 \Rightarrow Min$$

$$T = \sum_i O_i$$

该模型的解法与上述方法相同，仍然使用拉格朗日方程。构造如下拉格朗日函数：

$$L = \sum_{a \subset A} (\sum_i \sum_j O_i p_{ij} p_{aij} - x_a)^2 + \sum_i (Tp_i - O_i)^2 + v(T - \sum_i O_i)$$

式中：v 为拉格朗日系数。

令 $\dfrac{\partial L}{\partial O_i} = \dfrac{\partial L}{\partial T} = \dfrac{\partial L}{\partial v} = 0$，有

$$\frac{\partial L}{\partial O_i} = -2(Tp_j - O_j) + 2[\sum_i O_i \sum_{a \subset A} U_{ai} U_{aj} - \sum_{a \subset A} x_a U_{ai}] - v$$

$$= -2(Tp_j - O_j) + 2[\sum_i O_i c_{ji} - E_j] - v = 0，（i=1，2，\cdots，n）$$

$$\frac{\partial L}{\partial T} = 2\sum_i (Tp_i - O_i)p_i + v = 2T\sum_i (p_i)^2 - 2\sum_i O_i p_i + v = 0$$

$$\frac{\partial L}{\partial v} = T - \sum_i O_i = 0$$

该模型与上述其他模型相同，通过解方程组，求出发生交通量，然后代入式（16-21）求出 OD 交通量 t_{ij}。对该模型而言，实测路段数目越多推测出的 OD 交通量越精确，但没有特别要求。即用较少的实测数据获取 OD 交通量 t_{ij}，操作性好，经济实用。

第二节　交通运输类工程项目应用案例

一、某集装箱吞吐量需求预测

（一）研究背景

S 港位于我国经济最发达的长江三角洲地区，是我国最大的对外贸易口岸。改革开放以来，S 港得到了迅速发展，港口吞吐量和集装箱吞吐量均居当地首位。进入 20 世纪 90 年代，伴随着世界新技术革命发展和经济全球化进程的加快，技术合作与交流日趋扩大，我国对外贸易不断增加，进出口总额以年均 15% 的速度增长，高出同期世界贸易年均增长率近一倍。为适应这一发展趋势，国家制定了战略决策，即把 S 市建成国际性的经济、金融和贸易中心，从而对当地实现经济的跨越式发展发挥引领作用。

根据这一战略决策，S 市组织有关方面的专家学者进行了新一轮经济社会发展战略研究，经过多次论证，提出了重点加快 S 深水港区建设，以集装箱运输为基础，建立 S 国际航运中

心的建议。

建成国际集装箱枢纽港是建设航运中心的关键,而其核心是建设具有 15m 水深水港区。目前 S 市辖海岸线无法满足深水港的要求,不能从根本上解决 S 的深水港问题。经过有关方面的反复比选论证,决定向邻近的海岛延伸,最终选定了 S 国际航运中心集装箱枢纽港的港址。

集装箱吞吐量发展预测是规划和建设港口的主要依据之一。关于 S 港及 Y 港区集装箱生成量的预测工作,是在前期大量工作的基础上,结合新的环境因素,对 S 港及 Y 港区的集装箱吞吐量进行了科学预测,本案例仅以 S 港及 Y 港区集装箱生成量的预测作为演示,旨在通过案例研究掌握集装箱吞吐量发展需求预测分析的思路。

（二）预测的基本方法

预测的基本步骤见示意图 16-3。

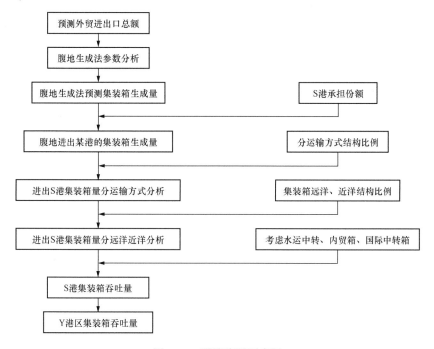

图 16-3　预测步骤示意图

（三）S 港集装箱吞吐量需求预测

1. 预测思路

（1）港口吞吐量与腹地生成量的关系。港口集装箱吞吐量包括国际箱、内贸箱和国际中转箱量。本研究以腹地国际集装箱生成量为预测的基数。由于腹地集装箱进出港口的路径有陆路和水路两种,其中由水路进出港界的集装箱在港口吞吐量计算中,每个自然箱量按 2 个吞吐箱计。因此,港口吞吐量预测总数要大于腹地生成量总数。

（2）吞吐量预测原则。吞吐量预测,除了港口所在地区和邻近地区集装箱生成量外,还要考虑集装箱码头能力增长情况、运输通道（包括公路、铁路和水运）的能力增长、布局的变化情况,分析腹地的集装箱生成量的集疏运方式、路径,以及远洋、近洋,进而测算各港区相应的吞吐量需求。

231

2. 国际集装箱吞吐量需求预测

根据前面对规划年度腹地流向 S 港的国际集装箱生成量的分运输方式预测结果，结合水运中转次数，对 S 国际集装箱吞吐量的预测需求见表 16-4。

表 16-4　　　　　　　　　　　　　S 港国际集装箱吞吐量需求预测　　　　　　　　　　　　　万 TEU

年份	2015	2020	2030
国际集装箱生成量	834	1172	1933
其中：水运中转	107	157	234
吞吐量需求①	941	1329	2167

① 不含国际中转部分。

3. 国内集装箱吞吐量需求预测

近年来，随着集装箱运输向内陆的扩展，国内集装箱运输迅速发展。S 港国内集装箱吞吐量 2007 年为 3.8 万 TEU，2008 年为 9.0 万 TEU，2009 年为 25.3 万 TEU，2010 年达到 30 万 TEU，国内箱量增长幅度与港口吞吐总量的增长幅度基本一致。国内集装箱量占港口集装箱吞吐量的比例基本稳定在 5% 左右。

随着内陆地区的进一步开发，集装箱化率的不断提高，国内集装箱运输量将持续快速增长。同时，随着支线运输的航线不断开辟，内河沿线港口占国内集装箱总量的份额将逐步上升。综合上述因素，预计 S 港的国内集装箱吞吐量绝对值将有较大增长，但其占 S 港集装箱吞吐量的份额不会有较大增长。

本案例将规划年度 S 港国内集装箱吞吐量占国际集装箱吞吐量的份额分别按 7.5%、10%、10% 考虑，预测结果详见表 16-5。

表 16-5　　　　　　　　　　　　　　S 港集装箱吞吐量需求预测　　　　　　　　　　　　　　万 TEU

年份	2015	2020	2030
国际集装箱吞吐量①	941	1329	2167
国内箱吞吐量	70	133	217
吸引国际中转量	24	66	109
吞吐量总量	1035	1528	2493

① 不含国际中转部分。

4. S 港吸引国际中转集装箱的吞吐量需求预测

根据 S 港有关统计数据，目前 S 港吸引的国际中转箱吞吐量，2007 年为 1.3 万 TEU，2008 年为 2.1TEU，2009 年为 3.0 万 TEU，仅占总箱量的 0.7% 左右。

随着中国经济的持续增长，中国的集装箱运输市场对境外航运公司的吸引力将逐步提高。S 港吸引国际集装箱的中转有很大潜力，只要硬件设施完备、软件环境适应，将对国际中转箱的吸引产生滚动效应。

5. S 港集装箱吞吐量需求预测结果汇总

综上所述，规划年度 S 港集装箱吞吐量需求预测结果及浮动范围见表 16-6。

表 16-6 　　　　　　　　　　　S 港集装箱吞吐量需求预测浮动范围　　　　　　　　　　万 TEU

年　份		2015	2020	2030
吞吐量总量	上限值	1088	1601	2652
	预测值	1035	1528	2493
	下限值	984	1442	2315

S 港规划年度集装箱预测吞吐量分内外贸、分进出口结果见表 16-7。

表 16-7 　　　　　　　　　　　S 港集装箱吞吐量需求分进出口预测结果　　　　　　　　万 TEU

年份	2015		2020		2030	
	进口	出口	进口	出口	进口	出口
内贸	34	36	64	69	112	105
外贸	468	496	684	711	1151	1125
总计	503	532	748	780	1263	1230

（四）基于统计分析的 S 港集装箱吞吐量预测

除上述以集装箱生成机制为基点（即腹地生成法）进行预测外，还可以港口集装箱吞吐量的统计数据为基础，建立统计分析模型，直接预测 S 港集装箱吞吐量，并与前述的吞吐量需求预测结果进行分析对比。

国际大港发展的历史经验表明，在较长的期间内，集装箱吞吐量的发展具有一定规律性。在假定吞吐量不受能力限制的条件下，可以采用统计模型拟合历史数据，并预测未来发展趋势。

预测所需的基础数据见表 16-8。

表 16-8 　　　　　　　　　　　　　　　基 础 数 据

年份	S 港集装箱吞吐量（万 TEU）	S 口岸进出口总额（亿美元）
1995	20.2	148.73
1996	20.4	160.66
1997	22.4	156.35
1998	31.3	186.54
1999	35.4	194.37
2000	45.6	172.89
2001	57.7	204.09
2002	73.1	251.45
2003	93.5	309.31
2004	119.9	362.42
2005	152.7	481.37
2006	197.1	528.7

续表

年份	S港集装箱吞吐量（万TEU）	S口岸进出口总额（亿美元）
2007	252.7	586.83
2008	306.6	636.38
2009	421.6	761.51

（1）采用与预测直接腹地外贸进出口总额同样的方法，选择相关指标，建立统计模型进行预测，结果见表16-9。

表16-9　　　　　　　　　三种模型的预测结果汇总表

序号	模型名称	影响因素	预测指标	模型方差	S港未来集装箱吞吐量（万TEU）		
					2015	2020	2025
1	线性回归	外贸进出口总值	集装箱吞吐量	0.9599	1357	1961	4793
2	二元时间序列	时间	集装箱吞吐量	0.9827	877	1448	3023
3	经济组合模型	外贸进出口总值、时间	集装箱吞吐量	0.9621	1469	2133	3810

（2）对于上述三种模型的预测结果，本研究采用抽样技术中的最小方差加权方法来综合估算未来预测值。表16-9中的未来各主要年份各模型的权重见表16-10。

表16-10　　　　　　　　规划年份三种模型预测结果的权重

年份	模型1	模型2	模型3
2015	0.220343	0.564026	0.215631
2020	0.185290	0.632792	0.181918
2030	0.115145	0.771131	0.113724

由此得出规划年度S港集装箱吞吐量的模型汇总预测结果如表16-11所示。

表16-11　　　　　　　规划年度S港集装箱吞吐量预测结果　　　　　　　万TEU

年份	上限	预测值	下限
2015	1163	1094	1025
2020	1787	1646	1505
2030	3268	3123	2882

（五）Y港区集装箱吞吐量预测

1. Y港区功能定位

根据S市发展规划，Y港区作为S国际航运中心的深水港区，将建设为具有15m水深的集装箱枢纽港，并具备竞争东北亚国际集装箱枢纽港的实力。因此经Y港区进出的集装箱量以远洋运输（包括国际中转）为主。

2．S港远洋集装箱吞吐量需求预测

根据对远洋、近洋集装箱生成量需求的预测结果，并考虑吸引国际集装箱中转情况，得出国际集装箱分航线运输情况预测，详见表16-12。

表 16-12　　　　　　　　　规划年度S港国际集装箱分航线需求预测　　　　　　　　万 TEU

年　份		2015	2020	2030
国际集装箱吞吐量①		965	1395	2276
其中	远洋	469	694	1136
	近洋	388	544	906
	沿海	35	50	57
	长江、内河	73	107	177

①含国际中转量。

3．S港内河集装箱泊位未来的能力缺口分析

S港现有SCT所属A港区码头泊位10个，吞吐能力220万TEU，B港区码头泊位6个，吞吐能力150万TEU。即S港目前共有集装箱专用码头泊位16个，吞吐能力370万TEU。2010年，集装箱专用泊位吞吐量共479.4万TEU，为S港集装箱吞吐总量的85.45%。为了弥补集装箱能力不足的缺口，S港利用其他杂货泊位完成集装箱吞吐量共87.7万TEU。S港集装箱泊位现状及实际完成吞吐量情况见表16-13。

目前，S港集装箱专用泊位已无法满足其吞吐量，码头长期超负荷运载。为了提升集装箱码头的吞吐能力，S港目前正在建设B港区三期工程，由2个预计吞吐能力65万TEU的泊位组成，并已着手B港区四期工程4个规划能力为160TEU的泊位的筹建工作，另外拟对A港区码头进行改造，新增能力25万TEU以上，在"十二五"期间S港共可增加250万TEU的集装箱吞吐能力。

表 16-13　　　　　　S港集装箱码头泊位能力及 2008～2010 年实际完成吞吐量

港区		泊位数（个）	码头岸线长度（m）	能力现状（万 TEU）	规划能力（万 TEU）	实际完成吞吐量（万 TEU）		
						2008 年	2009 年	2010 年
全港合计		16（22）	4081	400	425	306.6	421.6	561.1
B 港区-I 期		3	900	75	75	67.5	93.8	120.9
B 港区-II 期		3	900	75	75		5.6	63.4
A 港区	I	3	784	220	245	202.7	259.5	295.1
	II	4	857					
	III	3	640					
其他				30	30	36.4	62.7	81.7

2015年若按目前吞吐量计算（仍处于超负荷状态），加上在"十二五"期间改造、新建泊位的能力250万TEU，2015年内河集装箱泊位吞吐能力预期能达到800万TEU。

2015年之后，若利用C港区剩余岸线再建四个泊位，增加吞吐能力160万TEU，到2020年内河集装箱泊位吞吐能力预期将达到960万TEU。

2020年以后如再在C港区新建四个泊位，增加吞能力160万TEU，同时考虑到其他

非集装箱专业泊位改造的可能性，到 2030 年内河集装箱泊位预期达到 1220 万 TEU 的吞吐能力。

根据上述分析结果与 S 港集装箱吞吐量需求预测值的比较，未来内河能力缺口详见表 16-14。

表 16-14　　　　　　　　　规划年度 S 港内河集装箱吞吐能力缺口分析　　　　　　　　万 TEU

年份	2015	2020	2030
缺口	235	568	1273

4. Y 港区集装箱吞吐量需求预测

按先满足 S 港内河集装箱泊位能力的原则考虑，Y 港区集装箱吞吐量需求将溢出到 Y 港区的集装箱量。根据 Y 港区的功能定位，这部分需求主要是远洋货物。规划年度 Y 港区集装箱吞吐量需求预测结果，详见表 16-15。

表 16-15　　　　　　　　　规划年度 Y 港区集装箱吞吐量需求预测　　　　　　　　　万 TEU

年份		2015	2020	2030
合计	上限	288	641	1432
	需求量	235	568	1273
	下限	184	482	1095
出口		121	290	645
进口		114	278	628

5. Y 港区集装箱集疏运方式分析

按照生成量与吞吐量的关系，从吞吐量中扣除国际中转、沿海中转、内河中转等水上中转的箱量，进而得出 Y 港区的集疏运需求总量。根据对腹地国际集装箱生成量流向 S 的运输方式及远洋、近洋运输量的具体分析，得出规划年度 Y 港区的集疏运情况，详见表 16-16。分省区流量流向及集疏运情况预测结果分别见表 6-17～表 6-19。

表 16-16　　　　　　　　　规划年度 Y 港区集疏运情况预测　　　　　　　　　　万 TEU

年份		2015	2020	2030
1	集疏运总量	163	404	945
1.1	出口	83	207	478
1.2	进口	80	197	467
2	水路集疏运	48	98	219
2.1	出口	22	42	92
2.1	进口	26	56	127
3	公路集疏运	112	294	671
3.1	出口	60	159	356
3.2	进口	52	135	315

年　份		2015	2020	2030
4	铁路集疏运	4	13	56
4.1	出口	2	6	31
4.2	进口	2	7	25

表 16-17　　规划年度腹地各省市流向 S 港的生成量分远洋、近洋浮动上限

年　份		2015		2020		2030	
		远洋	近洋	远洋	近洋	远洋	近洋
直接腹地出口	S	124.6	124.6	178.2	178.2	319.3	319.3
	JS	59.3	54.7	71.2	65.6	95.9	88.5
	ZJ	32.2	35.6	42.6	47.0	50.0	55.2
间接腹地出口	AH	3.0	1.7	4.8	2.7	10.1	5.7
	JX	1.7	0.5	2.8	0.9	7.3	2.3
	HN	1.2	0.4	2.3	0.9	6.5	2.4
	HB	2.5	0.7	4.7	1.3	13.6	3.6
	SC	2.9	0.9	7.8	2.5	16.3	5.2
	QT	11.1	2.3	19.9	10.7	33.1	36.9
合　计		238.4	221.3	334.4	309.8	552.2	519.1
直接腹地进口	S	132.2	132.2	167.4	167.4	302.7	302.7
	JS	58.4	33.7	89.4	51.6	110.9	64.0
	ZJ	19.1	16.4	33.0	28.4	47.4	40.7
间接腹地进口	AH	2.7	0.9	4.7	1.5	13.3	4.2
	JX	1.0	0.3	1.8	0.6	4.6	1.4
	HN	0.7	0.3	1.5	0.6	4.0	1.7
	HB	2.8	0.6	4.0	0.9	10.4	2.3
	SC	4.8	1.3	5.4	1.4	16.7	4.4
	QT	8.7	3.5	16.3	11.7	32.5	32.7
合　计		230.5	189.2	323.5	264.0	542.5	454.2

表 16-18　　规划年度腹地各省市流向 S 港的生成量分远洋、近洋浮动下限

年　份		2015		2020		2030	
		远洋	近洋	远洋	近洋	远洋	近洋
直接腹地出口	S	109.6	109.0	156.5	156.5	265.3	265.3
	JS	55.7	51.4	67.6	62.3	91.4	84.3
	ZJ	29.0	32.0	38.5	42.6	44.8	49.4
间接腹地出口	AH	3.0	1.7	4.8	2.7	10.1	5.7
	JX	1.7	0.57	2.8	0.9	7.3	2.3
	HN	1.2	0.4	2.3	0.9	6.5	2.4

年 份		2015		2020		2030	
		远洋	近洋	远洋	近洋	远洋	近洋
间接腹地出口	HB	2.5	0.7	4.7	1.3	13.6	3.6
	SC	2.9	0.9	7.8	2.5	16.3	5.2
	QT	10.6	1.5	18.8	9.0	29.6	31.6
合计		215.5	198.1	303.9	278.5	485.0	449.8
直接腹地进口	S	115.7	115.7	147.0	147.0	251.5	251.5
	JS	60.2	26.4	93.1	40.9	115.9	50.8
	ZJ	19.7	12.3	34.1	21.4	48.5	30.4
间接腹地进口	AH	2.8	0.7	4.9	1.2	14.0	3.5
	JX	1.0	0.3	1.9	0.5	4.8	1.2
	HN	0.8	0.3	1.6	0.5	4.3	1.4
	HB	2.9	0.5	4.2	0.7	10.8	1.9
	SC	5.0	1.1	5.7	1.2	17.5	3.7
	QT	8.7	2.3	16.9	8.4	33.7	23.1
合计		216.8	159.6	309.3	221.8	501.0	367.6

表 16-19 规划年度 S 港国际集装箱集疏运情况预测

年 份	2015	2020	2030
集疏运需求总量	834	1172	1933
1. 水路集疏运	107	157	234
其中：沿海	35	50	57
长江	64	95	163
内河	8	12	15
2. 陆路集疏运	727	1015	1699
其中：公路	705	960	1561
铁路	22	55	139
集疏运需求总量	879	1232	2068
1. 水路集疏运	110	160	238
其中：沿海	36	51	58
长江	65	97	164
内河	8	12	16
2. 陆路集疏运	770	1072	1830
其中：公路	746	1013	1682
铁路	24	58	148

续表

年　份	2015	2020	2030
集疏运需求总量	790	1113	1803
1. 水路集疏运	104	154	230
其中：沿海	34	49	55
长江	62	93	161
内河	8	11	15
2. 陆路集疏运	686	960	1573
其中：公路	665	908	1443
铁路	20	52	130

（六）主要研究结论

本案例在考虑未来影响港口运量主要因素的基础上，着重分析了 S 港面临的社会经济环境，以及港口运输已经和将要发生的变化及其特点，采用回归分析、时间序列分析、腹地生成、增长系数法和专家判断等多种方法，力求以多途径、多角度、多指标的方式，对 S 港及其 Y 港区的集装箱吞吐量进行预测，并将各种方法预测的结果进行比较分析，结合专家评判，最终得出三个目标年度 S 港及 Y 港区集装箱吞吐量需求的推荐值。

本研究通过对 S 港经济腹地内的资源分布、经济发展水平、产业结构、基础设施等状况的调查研究，结合国际、国内经济发展趋势和国家宏观经济政策，在客观分析、研究和论证的基础上，得出如下主要结论：

（1）S 港经济腹地进出口比例将逐渐趋于平衡，对外贸易进出口总额将稳定持续增长。集装箱运量的迅速增长依赖于外贸额的增长，S 港经济腹地集装箱化率具有一定的提升空间。

（2）S 港外贸集装箱主要航线中，远洋航线运量所占比重将逐年递增，近洋航线运量比重将逐步下降。预计随着 S 国际航运中心的建成和 Y 港区的投产，沿海和内河港口的远洋集装箱经 S 转量将进一步增长，远洋航线承担的集装箱运量所占比重将超过 50%。

（3）S 港以国际大型航运公司为骨干的国际班轮干支线运输网络已初步形成，国际转运量已基本涉及主要干支线范围。由于 S 港国际班轮航线的增多，我国进出口集装箱通过 S 港的聚集再中转的数量正在显著增加。S 港的枢纽功能已经形成，集装箱大港的"马太效应"也初步显现。

（4）预测 S 港和 Y 港区 2015、2020 年和 2030 年三个年度的集装箱吞吐量的推荐值见表16-20。

表 16-20　　　　　　　　　集 装 箱 吞 吐 量　　　　　　　　　万 TEU

年　份		2015	2020	2030
S 港集装箱吞吐量	上限值	1090	1600	2650
	预测值	1030	1530	2500
	下限值	980	1440	2310

年　份		2015	2020	2030
Y 港区集装箱吞吐量	上限值	290	640	1430
	预测值	240	570	1270
	下限值	190	480	1100

规划年度，S 港及其 Y 港区有较大的集装箱运输需求，集装箱吞吐量将有大幅增长，港口能力缺口较大，应加快发展，以适应需要。

（5）预测 Y 港区规划年度集疏运量推荐值见表 16-21。

表 16-21　　　　　　　　　规　划　年　度　集　疏　运　量　　　　　　　　万 TEU

	年　份	2015	2020	2030
1	集疏运总量	170	410	950
2	水路集疏运	50	100	220
3	公路集疏运	115	300	670
4	铁路集疏运	5	10	60

二、航运干线水运量预测

（一）项目概况

西江航运干线是横跨两广的水上运输大动脉，途经郁江、浔江、西江、珠江，西起南宁、东至广州，全长 854km。西江航运干线作为珠江水系的主通道，其货运量约占珠江干线运输量的 70%。处在西江干线中段的广西梧州市，2003 年货物通过量为 2000 万 t，当时预计 2010 年货物通过量将达到 5000 万 t。西江干线广西段主要内河港口吞吐量（包括南宁港、贵港港、梧州港）2003 年完成吞吐量 1336 万 t，当时预计 2010 年将达到 2364 万 t，平均年递增 8.5%。

长洲水利枢纽位于西江干流、浔江末端的长洲岛河段，距梧州市区 12km，是西江航运通往粤港澳地区的咽喉要道。该航段的顺畅与否，对广西内河航运的发展、西南水运出海通道和沿江区域经济以及综合交通体系建设的影响至关重要。

随着西江干线船舶日益大型化和货运量的快速增长，长洲水利枢纽船闸扩能建设势在必行。长洲水利枢纽双线船闸年通过能力为 3200 万 t，每天可通过船只约 500 艘，按平均每天 300～400 艘船舶过闸计算，双线船闸能基本满足通航需求。现在，船舶随时报到随时过闸，最多不超过 3h。

长洲水利枢纽是一个"变水患为水利"的重要大型水电工程，具有显著的社会效益和经济效益。分析结果显示，长洲水利枢纽具有削洪调峰、西电东送、渠化航道和灌溉农田等功能，经济效益更是可观。

（二）水运量预测

2000 年广西水运客运为 766 万人，其中内河客运量为 730 万人，2007 年达到 1112.4 万人，其中内河客运量为 1052.6 万人，年平均增长率为 5.5% 和 5.4%。水运客运周转量为 25422 万人 km，其中内河客运量为 19631 万人 km，2007 年达到 32755 万人 km，其中内河客运量为 26423 万人 km，年均增长率分别为 3.3% 和 4.3%。水运货运量为 1910 万 t，其中内河货运量为 1695 万 t，2008 年达到 10198 万 t，其中内河货运量为 8180 万 t，年均增长率为 23.3%
和 21.7%。水运货运周转量为 760259 万 t·km，其中内河货运量为 655758 万 t·km，2008
年达到 4974058 万 t·km，其中内河货运量为 2626252 万 t·km，年均增长率分别为 26.5%
和 18.9%。客货运量相关情况见表 16-22。

表 16-22 广西客货运量发展情况表

年份		单位	总计	铁路		公路		水运		民航	
				运量	比重	运量	比重	运量	比重	运量	比重
客运量	1990	万人	26270	2391	9.10	22826	86.89	984	3.75	69	0.26
	1995	万人	34317	2819	8.21	30024	87.49	1192	3.47	282	0.82
	2000	万人	42952	2508	5.84	39321	91.55	766	1.78	357	0.83
	2001	万人	44418	2270	5.11	41020	92.35	755	1.70	373	0.84
	2002	万人	45867	2148	4.68	42459	92.57	850	1.85	410	0.89
	2003	万人	43595	1936	4.44	40524	92.96	785	1.80	350	0.80
	2004	万人	48816	1938	3.97	45578	93.37	861	1.76	439	0.90
	2005	万人	52196	2037	3.90	28740	93.38	883	1.69	536	1.03
	2006	万人	56635	2347	4.14	52609	92.89	1023	1.81	656	1.16
	2007	万人	61716	2578	4.18	57213	92.70	1119	1.81	806	1.31
货运量	1990	万 t	19838.5	3789	19.10	14711	74.15	1338	6.74	0.5	0.00
	1995	万 t	28621.6	5072	17.72	20686	72.27	2862	10.00	1.6	0.01
	2000	万 t	31270.4	5843	18.69	23514	75.20	1910	6.11	3.4	0.01
	2001	万 t	32090.8	6316	19.68	23747	74.00	2024	6.31	3.8	0.01
	2002	万 t	33391.6	6636	19.87	24325	72.85	2423	7.26	7.6	0.02
	2003	万 t	33457.8	6516	19.48	24164	72.22	2774	8.29	3.8	0.01
	2004	万 t	37118.2	7860	21.18	25822	69.57	3432	9.25	4.2	0.01
	2005	万 t	41024.8	8517	20.76	27861	67.91	4642	11.32	4.8	0.01
	2006	万 t	45453.6	9374	20.62	30525	67.16	5549	12.21	5.6	0.01
	2007	万 t	50151.9	10503	20.94	32920	65.64	6722	13.40	6.9	0.01

现状评价如下：①西江航运干线通货能力不足；②港口通货能力不足，有待进一步完善；
③船舶技术性能相对较差，运力结构不合理。

社会经济发展与内河运货量发展水平密切相关，分析腹地社会经济发展状况是预测货运
量的发展水平的重要前提。同时，还要考虑其他相关因素对内河货运量发展水平的影响，对
多种因素进行综合分析，计算出货运量发展水平。各种方法预测值见表 16-23。

表 16-23 广西内河货运量预测结果 万 t

预测方法	2015 年预测	2020 年预测	2030 年预测	2040 年预测
回归分析	8950	13230	22130	27560
三次指数平滑	9230	15420	24910	28125

续表

预测方法	2015 年预测	2020 年预测	2030 年预测	2040 年预测
增长系数法	10423	15680	25340	30120
综合预测值	11000	16840	26580	3090

（三）案例总结

本案例货运量预测采用定性与定量相结合的综合分析方法，即根据腹地国民经济和生产力布局现状资料、政府主管部门制定的宏观经济和行业运行发展规划及相关企业未来发展设想，运用多种预测理论和方法，深入分析货运量与宏观经济、外贸进出口、工农业生产等要素之间的内在联系与规律，并充分考虑水运通道能力的约束，预测未来各规划水平年的货运量发展和总量水平。货运量预测水平分为 2015、2020、2030 年和 2040 年。内河航运和港口规划作为主要因素，采用回归分析模型、三次指数平滑法、增长系数法进行货运量的预测。

第十七章

能源项目市场分析

能源项目市场分析，应根据投资项目可行性论证的需要，对特定区域内的能源供求结构，能源不同需求及其满足程度，现有相关规划及政策等对能源市场的影响等进行研究。能源项目市场分析主要包括电力和煤炭市场分析。

第一节　能源项目市场分析方法

一、能源项目市场分析的原则和要求

（一）市场分析原则

（1）遵循与经济社会发展相协调，重视国家、地区经济发展规划以及国家、区域能源工业发展规划的指导作用，执行国家产业政策及行业准入规范。

（2）从保障安全、提高投资效益、规避风险的角度出发，重视项目的合理性、安全性和可靠性分析。

（3）从以人为本的角度出发，满足提高经济社会发展水平以及所涉及人群的生产、生活水平，促进经济社会的和谐发展。

（4）从全面发展的角度出发，满足推动区域经济发展、带动关联产业、促进社会全面进步的要求，推动企业及经济社会全面发展。

（5）从协调发展的角度出发，重视项目与城乡、区域、人与自然的和谐发展，重视项目与区域经济社会发展的协调性和适应性，兼顾当前利益和长远利益、局部利益和整体利益。

（6）从可持续发展的角度出发，统筹资源综合开发与合理利用、生态环境承载力等因素，符合建设资源节约型和环境友好型社会的要求。

（7）坚持科学化、民主化，在广泛调查的基础上进行评价，确保独立、公正、科学、可靠。

（8）根据评价内容的需要，采用多种方法进行分析论证。按照目标明确的要求，遵循定量分析与定性分析相结合、微观分析和宏观分析相结合的原则，确保分析方法科学、思路清晰、逻辑性强。

（二）能源项目市场分析总体要求

1. 电力项目

电力项目市场分析的目的是通过研究未来阶段电力的供需状况，为制定电力发展规划以及电力项目投资决策提供依据。应建立在对项目影响区域社会经济发展分析的基础上，构建经济发展与电力发展的相关模型，在综合调查和分析的基础上，通过宏观判断与微观预测相

结合、定性分析与定量计算相结合做出对电力市场的分析。

电力项目市场分析的主要依据包括：经济社会发展现状及规划、能源现状及开发规划、电力发展现状及规划、主要工业企业以及民用电力发展现状和规划、电源及电网现状统计资料、相关的其他资料。

电力项目市场分析方法适用于电力类项目（包括火电、水电、核电以及新能源发电等）的规划研究、初步可行性研究、可行性研究阶段的电力市场分析的咨询及评估。

2. 煤炭项目

煤炭项目市场分析是通过市场调查及预测，为确定一定时期的煤炭开发建设规模、优化煤炭布局、调控煤炭总量提供依据。

煤炭项目市场分析的指导思想和依据：满足经济社会发展对能源需求增长的需要；正确认识我国经济发展所处的历史阶段，充分考虑结构调整和技术进步带来的节能成果；优先考虑清洁、高效的优质能源和新能源开发利用增加等因素；充分利用国内国际两种能源资源、两个能源市场。

煤炭项目市场分析方法适用于煤炭类项目的规划研究、初步可行性研究、可行性研究阶段的煤炭市场分析的咨询及评估。

（三）能源项目市场分析程序

能源项目市场分析评价的工作程序，与其他投资项目评价的工作程序基本相同，其预测评价的基本步骤是：①拟定评价工作方案，明确评价重点；②确定研究范围和时间段，调查、统计、分析相关社会经济资料；③确定电力（煤炭）市场分析方法和相关参数；④对预测结果进行分析，提出进行修改调整的建议；⑤编写项目电力（煤炭）市场分析评价报告。

1. 电力项目市场分析工作程序

电力项目市场分析一般应包括电力系统现状调查和电力需求预测两个方面。电力系统现状应阐述拟建项目所在地区或区域装机容量情况、电网情况以及电力送出和外购相关情况。主要指标包括总装机容量及各类发电所占比重、最大发电负荷（统调最大负荷）、年发电量、全社会用电量、年最大峰谷差、电网互联情况、主网电压等级、电网主网架情况、网间输电情况等。

电力需求预测要针对所分析电网及项目所在地区电网未来5～10年的需电量和负荷及其相关特性指标进行预测。预测的主要指标有需电量、最大负荷和负荷特性指标。对于电力投资项目，电力市场分析的重点是预测电力市场的各年需电量和最大负荷。在收集和掌握有关预测资料的情况下，可选择目前已经较为成熟的一些模型方法进行预测，如电力电量平衡法、电力系数弹性法、回归分析法等。

2. 煤炭项目市场分析工作程序

煤炭项目市场分析一般应包括煤炭消费现状调查和需求预测两个方面。煤炭消费现状应阐述拟建项目所在地区或区域煤炭生产、消费和调出调入等情况。煤炭需求预测要针对项目所在地区和考虑周边地区煤炭供需平衡未来5～10年的煤炭产能和需求量等指标进行预测。在收集和掌握相关预测资料的情况下，一般采用主要耗煤部门法进行煤炭需求预测。

二、能源项目市场分析常用方法

（一）电力项目常用市场分析方法

电力项目的市场分析是要通过市场调查，并对相关信息进行分析加工，建立模型对电力市场进行分析预测。

1. 电力市场调查方法

电力项目市场调查的内容应根据市场分析的目的而定，一般调查当地经济社会发展情况、主要工业企业发展情况、能源资源分布情况、电网主网架情况、拟建项目所在电力系统的地理位置及在整个电力系统中的地位、供电范围和电压等级、上年的电源装机情况（含各类电源的装机容量及所占比重等）、全年的发电量、全社会用电量和年最大发电负荷与区外的电力交换情况，以及相应指标的同比增长率、电力系统当前存在的主要问题等。一般电力项目市场调查的方法主要有：文案调查法、调查访问法、座谈会法和电话调查法等。

（1）文案调查法。文案调查是指由市场调查执行人员收集电力系统现状及电源装机情况等各种相关文件、档案、研究报告等资料，并加以整理，以归纳或演绎等方法予以分析，进而提出电力市场调查报告。

（2）调查访问法。调查之前制定调查提纲，通过对相关部门的调查及资料收集，得出所需信息。调查访问法能够获取第一手资料，可使收集的资料较为齐全、准确，但耗时相对较长。

（3）座谈会法。当调查时间较少、预测周期较短、同时需要展开讨论的市场调查项目，可以采用邀请相关专家集中召开座谈会进行调查的方式。座谈会调查可以节约调查时间，但由于不是一手资料，可能精度不高，有时只能作为参考。

（4）电话调查法。市场调查相关工作人员通过电话向被调查者进行询问，了解电力市场相关情况。一般可在所需数据量较少的情况下采用。

2. 电力市场预测方法

电力项目的市场预测，通常有规划期内电力需求预测和新增电源装机预测，可以考虑采用市场调查法、德尔菲法、主观概率法、交叉影响分析法等定性方法，也可以考虑采用回归分析法、时间序列法、平滑预测法等定量预测方法。

根据预测目的要求，电力项目市场预测采用定量预测法更多见。主要包括：电力电量平衡法、电力弹性系数法、回归分析法、时间序列法、专家会议法和人均电量法等。工程实践中往往采用几种方法相结合的预测方法，以使预测结果更加准确。

（1）电力（电量）平衡法。电力（电量）平衡分析方法一般需要对未来5～10年期间的各年进行电力（电量）平衡计算分析。平衡计算分析的具体方法是：

1）确定每年需要的发电容量。每年需要的装机容量是年最大负荷、最大负荷时所需外送的电力以及系统中各种备用容量之和。其中备用容量按各电力系统的实用方法确定。

2）确定可利用发电容量。各年可利用装机容量是系统当年现有装机的可利用容量与当年新投产机组的可利用容量之和。其中，系统当年现有装机可利用容量等于上年末系统的装机容量减去当年退役机组容量和各类机组的受阻容量；当年新投产机组可用容量等于当年投产机组容量减去年高峰期后投产的机组容量。

3）对各年电力供需进行平衡分析。通过电力供需平衡分析，判断规划期内发电装机盈亏状况。应注意电网间交换容量对平衡分析的影响，列表说明各年的电力平衡情况。

（2）电力弹性系数法。电力弹性系数是反映一定时期内经济社会发展与电量需求增长之间的内在关系的宏观指标。其计算式为

$$b = \alpha/\beta \tag{17-1}$$

式中：b 为电力弹性系数；α 为电力消费年平均增长率；β 为国内生产总值年平均增长率。

电力弹性系数反映市场需求情况，体现市场需求变化，对研究电力的规划和发展趋势具有重要意义。计算弹性系数的电量需求和经济增长速度两个因素是相对的，存在着随机性，而电力弹性系数是这两个数值的比值，同样存在着随机性，电力弹性系数会因此具有不稳定性，尤其是在经济发展波动较大的年度。但在相对较长的时期内，分析电力弹性系数变化，可在一定程度反映经济发展与电力增长之间的关系。

（3）人均用电量法。根据地区规划期内人口及人均国内生产总值的增长速度，预测相应的人均用电水平。从城乡居民生活水平提高预测人均生活用电水平。人均用电量法一般与横向比较法结合进行。

当已知历史上各年的人均用电量 Q_1, Q_2, …, Q_n 时，可以首先按 Q_i 发展变化的规律性，运用回归技术、移动平均法、指数平滑法、灰色系统法等手段，预测未来年份的人均用电量 Q_i（$i>n$）。然后，以总人口的预测值 P_i（$i>n$）为基础，按下式预测未来的用电量

$$E_i=P_i\times Q_i\ (i>n) \tag{17-2}$$

此方法要求首先对人口总数的变化做出预测。

（4）回归分析法。回归分析法是通过分析事物之间的因果关系和影响程度进行预测的方法，是一种运用数理统计理论预测未来的模型。

（5）时间序列法。时间序列预测方法是通过对预测目标本身时间统计数列的处理来研究其变化趋势，建立预测模型，从而进行未来目标的预测。电力项目应用较多的是指数平滑法，较适合用于进行简单的时间分析和中、短期预测。

（6）专家会议法。专家会议法就是组织有关方面的专家，通过会议的形式，对电力市场发展前景进行分析预测，然后在专家判断的基础上，综合专家意见，得出市场预测结论。

（二）煤炭项目常用市场分析方法

1. 煤炭市场调查方法

煤炭需求的市场调查，可通过问卷调查和实地调查两种主要方法来进行。通过市场调查，可以科学地、系统地、客观的收集和整理市场的需求，及时把握市场走向。实地调查一般采用面访调查的方式，获得第一手原始的资料。对煤炭需求的市场调查，应选取决定煤炭需求的主要行业重点进行调查，如电力、钢铁、建材和化工行业，以及制约煤炭需求的运输等部门。宏观层面上可以采取能够深入把握行业发展状况的专业协会等相关部门进行面对面的访谈，在微观层面上可以通过抽样对部分重点企业或地区进行访谈，以掌握市场需求的真实情况。由于实地调查成本较高，也可以采取问卷调查法来进行，用打电话、发邮件等方式，向上述相关部门了解煤炭需求情况，在设计问卷时，应紧扣调查主题，明确目标，问题设计具有逻辑性和系统性，以便于统计整理与分析。在进行市场调查时，还必须关注国家煤炭政策取向和宏观环境的变化趋势，从而全面把握煤炭需求的走势。

2. 煤炭市场预测方法

主要采用一次能源需求预测法和主要耗煤部门法两种方法预测煤炭需求。一次能源需求预测法一般采用单位产值能耗法（也称国内生产总值单位能耗法）、能源消费弹性系数法、人均能源消耗法等方法。

（1）一次能源需求预测法。煤炭需求预测是能源需求预测的子系统，首先进行一次能源需求预测，煤炭以外的其他一次能源（含新能源）的供应量参考相关部门的规划数据，最后

得出煤炭需求量预测值，是间接对国内煤炭需求量进行预测；其次采用主要耗煤部门法直接对煤炭需求量进行预测。最后对上述几种方法的预测结果进行分析比较，确定规划期内的煤炭需求量。

（2）主要耗煤部门法。主要耗煤部门法是直接预测国内煤炭需求的一种方法。该方法是以主要煤炭消费部门的产品产量发展、节能科技进步等预测为基础，涵盖的因素较全面、可靠性较高，因而是我国目前煤炭需求预测采用的主要方法。

电力、钢铁、建材和化工是我国四大耗煤行业，其耗煤量占国内煤炭消费量的85%左右，且其发展趋势、单位煤耗和节能技术进步等都比较明确，将其作为煤炭需求预测的主要依据准确性较高。

第二节 能源项目市场分析案例

一、能源消费系统预测

能源消费系统具有一定的复杂性，不同的内外部环境因素都会对系统整体的发展演化产生影响与制约。

根据研究角度的不同，能源研究领域的学者和研究机构建立了多种不同的计量模型。其中，较为典型的有：MEDES 模型、PILOT 模型、多元统计、ETA-MACRO 模型、神经网络、DGEM 模型、灰色理论、时间序列等。

在应用上述模型对我国未来能源消费发展趋势进行拟合预测的过程中，研究者发现：由于能源消费系统的复杂性以及各个单一模型在假设条件与适用范围方面的局限性，单一模型难以对已有数据资料进行全面拟合并对未来进行准确预测。因此，在研究过程中需要对不同模型进行组合应用，发挥各自的优点，弥补各自的缺陷，提高预测结果的可信度。

（一）能源消费系统的定性分析及单项预测模型

1. 能源消费系统的主要特点

本案例采用1967～2014年的数据进行模拟，对某地区2015年以后的能源消费系统进行预测。数据统计结果显示，该地区能源消费系统具有三个特点：

（1）数据有较强的可用性。在48个年份数据中，剔除文革时期和1980年改革开放初不稳定时期的异常数据后，其余年份的能源消费量表现出比较明显的持续增长趋势。

（2）能源消费量随时间变化呈非线性波动。

（3）能源消费量与人口、经济发展高度相关。在1967～2014年间，能源消费增长近30倍，同期人口数量增加近2.2倍，GDP增加近120倍。

2. 单项预测模型的选择与建立

基于能源消费系统特征以及不同单一模型的特点，本研究组合应用灰色预测模型，多元回归模型及神经网络模型，模拟预测该地区能源消费系统。

3. 灰色系统预测模型

建立基于灰色系统的GM（1，1）模型：

（1）选择数列。2000～2014年为持续稳定发展的阶段，因此采用这15年的能源消费量为原始数据。

（2）累加生成。对原始数据进行累加处理，产生新数列 y（1），其中：

$$y^{(1)}(i) = \sum_{m=1} y^{(0)}(m)，i=1，2，\cdots，n$$

（3）建立灰色预测模型。

1）建立灰色微分方程

$$\frac{\mathrm{d}y^{(1)}}{\mathrm{d}t} + ay^{(1)} = u$$

参数估计采用最小二乘法，令 $\varPhi = (a，u)T$，累加计算后得 a、u 估计值，$\varPhi = (-0.0372，82683)T$。将具体数据带入上述微分方程得 GM（1，1）模型的白化方程：

$$\frac{\mathrm{d}y^{(1)}}{\mathrm{d}t} - 0.0372 y^{(1)} = 82683$$

2）对微分方程进行求解得 GM（1，1）预测模型

$$\hat{y}^{(1)}(i+1) = \left| x^{(0)}(1) - \frac{82638}{0.0372} \right| \mathrm{e}^{0.0372i} + \frac{82683}{0.0372}$$

（4）模型还原。将原始数据对应年份代入预测模型计算，并将计算结果做还原处理，处理公式为

$$\hat{y}^{(0)}(i+1) = \hat{y}^{(1)}(i+1) - \hat{y}^{(1)}(i)$$

最终计算结果作为原始数据的还原对比数据。

（5）模型检验。将原始数据与还原数据进行对比检验，设原始数列的均方差为 S_0，残差的均方差为 S_1，计算得模型的方差比 $c = S_1/S_0 = 0.3640$，查精度检验等级参照表得 c 值大于 0.35，通过后验差检验；小误差概率 $p = \{|e(0)(i) - e(0)|\} = 1 < 0.6745 S_0$，通过小误差检验。该模型预测有效。

4. 神经网络预测模型

基于 RBF 神经网络建立神经网络预测模型，其中输入变量为 1967～2014 年人均能源消耗变化率和实际 GDP 增长率，输出变量为能源消费总量变化率。然后对其进行网络训练以提高拟合度，最后将模拟输出结果做还原处理，结果即为能源消费绝对数量值。

人均能耗增长率 r 平均为 3.0% 左右，考虑 GDP 增长率 2015～2025 年平均为 8.5%，2025～2035 年为 7.5%，2036～2045 年 6.8%，2046～2065 年 5.8%，将以上两个指标值作为输入模拟变量值，预测未来能源消费量。

5. 多元回归预测模型

通过数据联动对比发现：能源消费量与人口、经济水平高度相关。因此，以人口（X_n）及国内生产总值（X_{t2}）为解释变量，能源消费量（Y_t）为被解释变量，建立二元回归预测模型

$$Y_t = b_0 + b_1 X_n + b_2 X_{t2} + u_t，t=1，2，\cdots，T$$

同时规定模型满足以下 4 个假定条件：

假定 1　解释变量之间线性无关。

假定 2　解释变量与误差项相互独立，即

$$E(X，u) = 0$$

假定 3　随机误差项是非自相关的，即

$$E(u)=0，Var(u)=\sigma^2。$$

假定 4　解释变量是非随机的。

最后通过普通最小二乘法（OLS）计算参数估计值，即 $\hat{b}=(X'X)^{-1}X'Y$，采用 1967～2014 年的能源消费量，人口数量、地区生产总值，计算得 $\hat{b}=$（−182380，0.296517，25013），因此二元回归预测模型为

$$Y_t=-182380+0.296517X_{t1}+25013X_{t2}$$
$$(-31.536)\quad(2.473)\quad(13.756)$$

结果表明该模型通过 t 检验和 F 检验，符合用于预测要求。

（二）能源消费量的组合预测模型

1. 单项预测模型及误差分析

以 2000～2014 年 15 个年份的能源消费量为原始数据，分别采用上述三个单一模型进行预测值计算，比较预测值与实际值并计算误差，结果见表 17-1，单位为万吨标准煤。

表 17-1　　　　　　　　　　　　　　预 测 结 果 及 误 差

模型\年份	能源实际消费量	灰色预测值	神经网络预测值	多元回归预测值	预测误差（e）		
					灰色模型	神经网络模型	多元回归模型
2000	76682	77720	77380	76651	1038	698	−31
2001	80850	90450	81225	80377	9600	375	−473
2002	86632	93880	87654	84890	7248	1022	−1742
2003	92997	97440	94354	90942	4443	1357	−2055
2004	96934	101130	97533	94556	4196	599	−2378
2005	98703	104960	98415	97353	6257	−288	−1350
2006	103783	108940	103605	101626	5157	−178	−2157
2007	109170	113070	110000	107249	3900	830	−1921
2008	115993	117350	118038	114214	1357	2045	−1779
2009	122737	121800	125978	122118	−937	3241	−619
2010	131176	126420	132110	128088	−4756	934	−3088
2011	138948	131210	140721	132195	−7738	1773	−6753
2012	138173	136180	140214	134875	−1993	2041	−3298
2013	132214	141350	134283	136498	9136	2069	4284
2014	122000	146700	124117	137937	24700	2117	15937
标　　准　　差					32355	6025.5	19110

按标准差由大到小排序，结果依次是：灰色模型、多元回归、神经网络。根据标准差的大小，可以分析三个模型各自的优缺点：

灰色模型的优点在于对原始数据要求低，通过后验差检验的灰色模型针对中长期有较好的预测效果。主要体现：即使样本数据量较少且没有很好的统计规律时，也能通过对原始数据的累加、预测，还原处理得到有价值的信息；数据时期越近，预测效果越好。缺点在于：相对于多元回归和 RBF 神经网络，近期预测效果较差。

多元回归模型的缺点是：对样本要求较高，样本需同时满足两个条件，即统计数据量大，

数据符合一定的统计规律；不满足两个条件中的任意一个，就会对预测结果产生负向影响，甚至无法通过 t 检验和 F 检验。其优点在于：若样本满足上述两个条件，多元回归模型的中长期预测效果优于其他预测模型。

RBF 神经网络优点是最佳逼近和全局最优，在非线性时间序列预测中短期预测精度高于其他模型，与灰色模型和多元回归产生很好的互补效果；缺点是对预测结果没有进行检验，中长期预测效果逊于灰色模型与多元回归模型。

2. 组合权重、组合预测模型的计算和建立

上述分析结果表明：通过确定适当的权重，建立由三个单一模型构成的组合预测模型，可以保留和利用每个单一模型的有效信息，同时能弥补各单一模型在不同时间跨度上的不足，有助于提高整体预测效果。

其中，权重通过标准差法确定：

设 σ_1、σ_2、σ_3 分别为灰色模型、神经网络模型、多元回归模型的预测误差的标准差，则模型数量 $m=3$，且 $\sigma = \sum_{i=1}^{m} \sigma_i$（$i=1$，2，3），取 $w_i = \dfrac{\sigma - \sigma_i}{\sigma} \dfrac{1}{m-1}$（$i=1$，2，3）。

带入数据计算，得 $w_1=0.2186$，$w_2=0.4476$，$w_3=0.3388$，体现了三个模型预测值对最终预测结果的影响程度，即组合预测值 y 为三个单一模型预测值的加权求和：$y = 0.2186y_1 + 0.4476y_2 + 0.3388y_3$，$y_1$、$y_2$、$y_3$ 分别为灰色模型、神经网络模型、多元回归模型的预测值。

3. 模型精度检验

将组合模型预测值与原始数据比较，计算预测误差与相对误差，进行模型精度分析检验，计算结果见表 17-2。

表 17-2　　　　　　　　　　　　　　　　组合预测误差计算表

年份	实际消耗量 $y_{(t)}$	组合预测值 $\hat{y}(t)$	预测误差 $\Delta y(t)$	相对误差（%）$Y_{(t)}$
2000	76682	77210	529	0.69
2001	80850	82960	2109	2.54
2002	86632	88090	1461	1.66
2003	92997	93890	893	0.95
2004	96934	97330	392	0.40
2005	98703	99490	789	0.79
2006	103783	104110	328	0.32
2007	109170	109750	584	0.53
2008	115993	116610	618	0.53
2009	122737	123780	1039	0.84
2010	131176	129520	−1653	−1.28
2011	138948	135800	−3152	−2.32
2012	138173	137550	−623	−0.45
2013	132214	136570	4354	3.19
2014	122000	133530	11530	8.63

注　$\Delta y(t) = \hat{y}(t) - y(t)$，　$Y(t) = \dfrac{\Delta y(t)}{\hat{y}(t)} \times 100\%$。

计算结果显示：15 个年份中，有 9 个年份的相对误差绝对值在 1%以下，占总数的 60%；13 个年份的相对误差绝对值在 3%以下，占总数的 86.7%。剔除个别年份的极端数据影响，模型表现出很好的预测性。

同时，采用概率与统计学的方法，检验模型的适用性。

假定总体 Y 服从正态分布，则上述计算结果为总体的一个样本，样本容量 $n=15$，然后进行 X_2 检验。

样本的均值和方差分别为 $\overline{Y}$，S_Y^2

$$\overline{Y} = \frac{1}{n}\sum_{t=1}^{15} Y(t) = 0.0113$$

$$S_Y^2 = \frac{1}{n}\sum_{t=1}^{15}[Y(t) - \overline{Y}]^2 = 0.00056915$$

将 15 个相对误差以 0.001、0.01 为临界值分为 3 个区间组，并统计分组频数。如表 17-3 所示。

表 17-3　　　　　　　　　　　频　数　表

i	1	2	3
$Y(t)$取值区间	$(-\infty, 0.001)$	$(0.001, 0.01)$	$(0.01, \infty)$
f_i频数	3	8	4

每组概率为

$$\hat{P}_1 = P(Y < 0.001|\overline{Y}, S_Y) = P\left|\frac{Y - \overline{Y}}{S_Y} < \frac{0.001 - 0.0113}{0.0239}\right|$$

$$= \Phi(-0.43096) = 1 - \Phi(0.43096) = 0.3336$$

$$\hat{P}_2 = P(0.01 \leqslant Y < 0.001|\overline{Y}, S_Y) = P\left|\frac{0.001 - 0.0113}{0.0239} \leqslant \frac{Y - \overline{Y}}{S_Y} < \frac{0.001 - 0.0113}{0.0239}\right|$$

$$= \Phi(-0.05439) - \Phi(-0.43096)$$
$$= 0.1465$$

$$\hat{P}_3 = P\left|\frac{0.01 - 0.0113}{0.0239} < \frac{Y - \overline{Y}}{S_Y}\right|$$

$$= 1 - \Phi(-0.05439) = 0.5199$$

所以

$$\hat{X}^2 = \sum_{i=1}^{3}\frac{(f_i - n\hat{p}_i)^2}{np}$$

$$= \frac{(13 - 15 \times 0.3336)^2}{15 \times 0.3336} + \frac{(8 - 15 \times 0.1465)^2}{15 \times 0.1465} + \frac{4 - 15 \times 0.5199}{15 \times 0.5199}$$

$$= 17.9742$$

取 $\alpha=0.05$，查 X_2 分布表得 $\hat{X}^2 = 24.996$

得出 $X_2 > \hat{X}^2$，假设成立，原始样本数据服从正态分布。

（三）模型应用与结果分析

1．能源消费量预测

将 2015～2035 年对应年份代入该组合预测模型计算，求得今后每年的能源消费量预测值如表 17-4 所示。

2．预测结果分析

组合预测模型结合了上述三个单一模型的不同计量角度和特点，使得对能源消费系统的模拟、预测更为全面精确。预测结果显示：

（1）该地区未来能源需求量将不断增加，这主要是由于人口的增长和经济的发展。结果显示：2015 年能源需求量为 19.83 亿 t 标准煤，是 2014 年能源消耗量的 1.6 倍；2035 年能源需求总量将高达 28.09 亿 t 标准煤，分别为 2014 年和 2025 年能源消耗量的 2.3 倍和 1.4 倍。

（2）能源消费系统是个现实存在的复杂系统，因而所有定量计量和预测模型仅能对未来一段时间内的需求量做预测，且预测结果必然存在误差。其主要原因在于：①在建立模型之前往往无法全面分析系统的影响因素，且有些因素无法定量考核；②模型是以历史数据为基础建立的，在长期发展过程中，系统的内外部影响因素会产生各种变化，甚至是突变。

因此，为了使预测结果更可靠，除了定量预测外，还需对未来能源需求量的影响因素进行定性分析：

第一，科技发展。科技发展将起到"开源节流"的作用。一方面，科技进步推动新能源的开发和利用，从根本上转变能源消费结构，将导致未来能源消费量的变化趋势产生根本变化；另一方面，随着节能技术的发展和能源利用效率的提高，常规能源的消费将实现较大程度的节约。

第二，经济结构变化。根据国家的宏观规划和未来发展趋势，经济结构将在未来 50 年发生较大变化。低能耗、高效益的新型产业必将代替传统的高能耗、低效益产业，从而改变未来能源需求结构和缓解需求量的过快增长。

第三，政策调整。例如限制煤炭等不可再生能源的使用、推动化石能源清洁发展、发展新能源等政策的出台和实施，都会使未来能源消费量的发展趋势产生变化。

第四，天然气的大量使用，将代替煤炭、电力和石油，同时能源生产和消费结构也将发生变化。

因此，能源预测涉及许多政治因素，既不能按公式算死账，还要结合国际形势加以综合分析。

能源需求量组合预测结果及分析表见表 17-4。

表 17-4　　　　　　　　　能源需求量组合预测结果及分析表

项目 年份	多元回归预测值	灰色预测值	神经网络预测值	组合预测值
2015	140455	152260	127341	140970
2016	143025	158030	133679	145400
2017	145613	164020	138835	150250
2018	148207	170240	145147	155630
2019	150803	176690	150851	160550

续表

项目年份	多元回归预测值	灰色预测值	神经网络预测值	组合预测值
2020	153403	183390	156153	166530
2021	156010	190340	161680	172550
2022	158602	197550	168002	178080
2023	161169	205040	176543	185050
2024	161666	212810	183551	191390
2025	166218	220880	191362	198330
2026	168476	229250	198797	204860
2027	170716	237940	206764	211800
2028	172940	246960	214031	219230
2029	175154	256320	222171	226590
2030	177364	266030	232713	234760
2031	179577	276120	243071	243650
2032	181799	286580	250529	253080
2033	184033	297440	261195	261880
2034	186280	308720	274237	270080
2035	188544	320420	286675	280900

二、某煤炭交易应用实例

本案例以我国某大型煤炭交易市场为分析对象，通过数据处理、模型建立、预测比较三个步骤，演示对煤炭交易市场的预测过程。其中，样本数据为 2009 年 12 月～2014 年 9 月期间，各煤种每月的成交价格。

（一）自相关和偏自相关分析

原始数据时间序列的自相关（ACF）和偏自相关（PACF）系数如表 17-5 所示。

表 17-5　　　　　　　　原始序列 Z_t 的自相关和偏自相关系数

参数	1	2	3	4	5	6	7	8	9	10	11	12	13	14
ACF	0.93	0.85	0.76	0.66	0.57	0.45	0.39	0.31	0.23	0.14	0.06	−0.04	−0.14	−0.22
标准差	0.13	0.13	0.13	0.13	0.12	0.12	0.12	0.12	0.12	0.12	0.12	0.12	0.11	0.11
PACF	0.93	−0.13	−0.07	−0.09	−0.07	−0.02	−0.04	−0.03	−0.02	−0.19	−0.04	−0.13	−0.13	−0.07
标准差	0.13	0.13	0.13	0.13	0.13	0.13	0.13	0.13	0.13	0.13	0.13	0.13	0.13	0.13

如表 17-5 所示，自相关系数（ACF）并不是很快就趋于 0，而是呈现某种由正到负、缓慢递减的趋势。因此需要对原始序列数据进行差分处理，得到一个不带明显趋势性的平稳序列。做一阶差分处理后的新序列数据的自相关和偏自相关系数如表 17-6 所示。

表 17-6　　　　　　　　一阶差分序列 Z_t 的自相关系数和偏自相关系数

参数	1	2	3	4	5	6	7	8	9	10	11	12	13	14
ACF	0.27	0.24	0.25	0.08	0.03	-0.03	0	0.08	0.13	0.07	0.19	0.15	0.04	0.11
标准差	0.13	0.13	0.13	0.13	0.12	0.12	0.12	0.12	0.12	0.12	0.12	0.12	0.11	0.11

续表

参数	1	2	3	4	5	6	7	8	9	10	11	12	13	14
PACF	0.27	0.18	0.16	−0.06	−0.05	−0.08	0.03	0.12	0.14	−0.02	0.11	0.03	−0.07	0.05
标准差	0.13	0.13	0.13	0.13	0.13	0.13	0.13	0.13	0.13	0.13	0.13	0.13	0.13	0.13

1. 识别

由表 17-6 中得出：原始时间序列经过一阶差分处理产生的新序列在 $k=1$ 以后，自相关系数和偏自相关系数全部落在置信区间之内，且接近于零。依此可以判断新序列为平稳序列，ARI(1，1)，MA(1，1)或 ARIMA(1，1，1)三种模型为适合原始序列的计量模型，3 种模型的准则函数 AIC 的值分别为 339.78345、340.87074、339.40456。根据 AIC 最小准则，选择 ARIMA(1，1，1)模型。

2. 模型的参数估计

ARIMA（1，1，1）模型的参数估计通过马科特的非线性参数估计法计算，结果为 $\Phi_1=0.765\pm0.23$，$\theta_1=0.541\pm0.30$，残差平方和为 1156.4405，残差方差为 21.36。

3. 模型和预测方程

模型：$Z_t=(1.77\pm0.23)Z_{t-1}-(0.77\pm0.23)Z_{t-2}+e_t-(0.54\pm0.30)e_{t-1}$。

设 L 为预报提前期，则预测方程为

$$Z_{t+L}=1.77Z_{t+L-1}-0.77Z_{t+L-2}+e_{t+L}-0.54e_{t+L-1}。$$

原点 t 的预测为

$$Z_t(1)=1.77Z_t-0.77Z_{t-1}-0.54e_t$$

$$Z_t(2)=1.77Z_{t+1}-0.77Z_t$$

（$L=2$，3，…），其中，$e_t=Z_t-Z_{t-1}(1)$

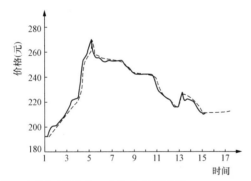

注：实线为实际价格，虚线表示预测价格。

图 17-1　预测价格和实际价格的比较

时间 1—2009 年 12 月；2～4—2010 年 4，8，12 月；5～7—2011 年 4，8，12 月；8～10—2012 年 4，8，12 月；11～13—2013 年 4，8，12 月；14～16—2014 年 4，8，12 月；17—2015 年 4 月

（二）预测和比较

建立定量计量模型后，代入时间参数，计算该煤炭交易市场 2009 年 12 月～2014 年 9 月期间煤炭价格时间序列，并将其与实际交易价格序列进行比较。两条曲线比较情况如图 17-1 所示。可以看出 ARIMA（1，1，1）模型的模拟效果较好，表明采用现代时间序列预测方法来拟合历史数据较为精准，在预测未来发展趋势方面有较高的可靠性。

（三）案例总结

本案例采用现代时间序列方法，以某大型煤炭交易市场上 2009 年 12 月～2014 年 9 月期间，每月各品种煤炭成交价格为样本数据，建立计量模型并对价格进行模拟和比较。比较结果表明：结合适当模型进行的时间序列预测有较高的可靠度和精确度，研究结果对煤炭行业的分析研究具有重要意义。

第十八章

公共服务项目市场分析

公共服务项目市场分析，应根据工程项目可行性论证的需要，对现有公共服务设施或产品的分布情况、服务提供能力，现有受众的消费能力、消费习惯、消费趋势、健康状况和对所提供服务的满足程度，潜在受众的数量变化、年龄结构、空间分布、个人爱好、消费倾向等内容进行调查和分析预测，为投资决策提供依据。

第一节 公共服务项目市场分析方法

一、公共服务项目类型及市场分析步骤

（一）公共服务项目类型

1. 科教项目

科教类公共服务投资项目具体包括幼儿园、普通中小学校、特殊教育学校、流浪未成年人救助中心等建设项目。根据相关人口数量、人口增长趋势、人口密度和分布情况等统计数据，对科教类投资项目主要进行如下方面的市场分析：①入园幼儿数量及其增减发展趋势；②学龄人口数量及其增减发展趋势；③需接受特殊教育人口数量；④流浪未成年人口数量。

2. 医疗及公共卫生项目

医疗及公共卫生类投资项目具体包括综合医院、中医医院、传染病医院、疾病预防控制中心、急救中心等建设项目。根据相关人口数量、人口增长趋势、人口密度、人口分布情况、人口年龄分布、健康状况等经济统计数据，以及现有医疗资源、已建卫生项目服务半径、医院病床数量、医院日均门（急）诊数量等基础医疗数据，对辖区内医疗和公共卫生领域的下列情况进行市场分析，为确定投资项目的建设规模和方案提供依据。主要包括：①医疗保健等方面的有效需求；②医疗保健等方面的潜在需求；③疾控、急救等公共卫生方面的有效需求；④疾控、急救等公共卫生方面的潜在需求。

3. 文化项目

文化类公共服务投资项目包括文化馆、公共图书馆、档案馆、科技馆等建设项目。根据相关人口数量、人口增长趋势、人口密度和人口分布状况等统计数据，重点考虑辖区内文化人口、科技人口数量及其分布、增减变化趋势，对下列项目进行分析预测，为确定投资项目的建设规模和方案提供依据。主要包括辖区内科技文化有效需求及潜在需求的调查和预测分析。

4. 体育项目

体育类公共服务投资项目具体包括城市社区体育设施等建设项目。根据相关人口数量、人口密度和人口分布等基础数据，并结合辖区内人口在年龄、健康状况等方面的分布状况，对辖区内体育锻炼方面的有效需求和潜在需求进行预测，为确定投资项目的建设规模和方案

提供依据。

5. 环境保护项目

环境保护类公共服务投资项目具体包括城市污水处理、城市生活垃圾处理（焚烧、填埋和堆肥）等建设项目。根据相关人口密度和人口分布等基础数据，并结合辖区内总人口数量及其增减趋势、生活污水和生活垃圾产生量及其增减趋势等，对辖区内生活垃圾和污水处理等方面的有效需求和潜在需求进行预测，为确定投资项目的建设规模和方案提供依据。

6. 公共安全项目

公共安全类公共服务投资项目具体包括公、检、法等国家机关建设，以及消防等关系社会安全保障等方面的建设项目。根据人口密度和人口分布等基础数据，并结合辖区内总人口数量及其增减变化趋势，对辖区内公共安全等方面的有效需求和潜在需求进行预测，为确定投资项目的建设规模和方案提供依据。

7. 旅游项目

结合旅游资源的 SWOT 分析，以及旅游景点的独特性评价，分析旅游景区现有游客数量、消费情况等基础数据，对旅游景区有效需求和潜在需求进行预测，为确定投资项目的建设规模和方案提供依据。

（二）公共服务项目市场分析步骤

公共服务类投资项目的市场和社会需求分析基本按照下列程序进行：确定市场和社会需求分析的对象和范围→确定预测目标→收集、分析历史数据资料和当前信息→选择预测方法→进行预测分析→对分析结果进行评价→修正预测结果→得出预测结论。具体内容阐述如下。

（1）界定预测对象。公共服务类业务的预测标的物主要是一定区域内公众对某种公共服务的社会需求量。公共服务通常包括科教、文化、体育、卫生医疗、旅游、环境保护、公共安全等范畴。

（2）合理确定预测的空间范围和时限范围。根据公共服务项目的功能定位来确定预测的空间范围，一般情况下都在某个特定影响区域进行预测，有的还要预测特定目标用户需求。作为基础设施服务项目，一般要进行中长期预测。

（3）分析、考察对服务需求量影响较大的主要因素。通常包括：有关区域的经济社会发展情况，特别是人口的数量、结构、密度及分布的变化情况；区域有关产业发展情况；区域自然资源条件和独特的人文、历史、景观等资源条件。

（4）选择合理预测手段和方法。通常要立足公共服务社会需求量与宏观经济指标、人口数量与结构变化、重要关联产业的相关性，再结合其他条件（如不同类需求的侧重点、预测时限、费用和进度控制等）选择适当的预测分析方法。最常用的方法主要包括专家预测法、类比判断法、移动平均法、指数平滑法、成长曲线法、一元回归分析法、弹性系数法、消费系数法等。

（5）有时需要根据市场调查情况分析、预测区域其他替代性设施的影响，再对需求预测结果进行修正。

（6）对预测结果进行验证和反馈，形成预测结论意见。

二、市场分析常用方法

（一）科教项目

1. 直观判断法、集合意见法

科教类投资项目的市场和社会需求预测可运用直观判断法中的类推预测法，以及集合意见法中的专家会议法和德尔菲法。直观判断法、集合意见法适用于在无法获取相关历史统计数据，或无证据表明需要预测数据和其他变量之间具有一定的关联性的情况下使用，根据所掌握的信息资料，凭借专家和团队的知识和经验，判断、描述上述需要预测数据的状态和趋势。类推预测法是运用相似性原理，对比类似项目发展过程，寻找变化规律进行预测；专家会议法是组织有关专家，通过会议形式进行预测，综合专家意见得出预测结论；德尔菲法是组织有关专家，通过匿名调查，进行多轮反馈整理分析得出结论。

2．回归分析和弹性系数法

科教类投资项目市场和社会需求的回归分析，是根据社会经济发展水平（如 GDP、社会人均收入水平等）和人口出生率之间的因果关系，确定经济发展水平和适龄儿童人口数量、需接受特殊教育儿童数量等的函数关系，最终建立回归分析模型进行预测。

科教类项目市场和社会需求的弹性系数预测，是根据社会经济发展水平、人口出生率、新出生人口残疾率、社会流浪人口比例等指标，与适龄儿童数量等需预测数据之间的弹性比例关系进行预测。

3．延伸分析法

科教类投资项目需要预测的数据如果具有较好的时序变化规律，则可根据时间序列中连续数据的平均值，或不同权值，或模拟趋势线等进行时序延伸性分析，求得需要预测数据。

（二）医疗及公共卫生项目

除可采用直观判断法和集合意见法进行预测之外，还可采用消费系数法和延伸分析法。

1．消费系数法

当医疗和公共卫生投资项目相关的统计数据资料较充分可靠，且由政府权威部门颁布了相关行业规划和建设标准时，则该类项目市场和社会需求的预测可以结合行业规划和建设标准的规定计算得出。

为保证国家卫生事业发展规划的落实，在预测医疗和公共卫生项目的市场和社会需求时，需考虑社会经济发展、群众医疗保健需求以及市场经济条件下医疗市场的发育等因素，并结合所在地区的实际情况，按照国家现行医疗和公共卫生投资项目建设标准中所规定的县以上城市或县以下地区每千人口医院床位张数的标准值来预测医疗卫生项目的投资规模；或按照国家现行建设标准中所规定的日门（急）诊量和编制床位数的比值来预测医疗卫生项目的投资规模。

2．延伸分析法

医疗及公共卫生类投资项目的需要预测数据如果具有较好的时序变化规律，则该类投资项目的预测规模可以按照所在地区相同规模医疗或公共卫生机构前三年统计的平均数确定。

（三）文化项目工程咨询业务

主要采用直观判断法、集合意见法、消费系数法和延伸分析法进行预测。如果文化类投资项目的相关统计数据资料较充分可靠，同时权威部门颁布了相关行业规划和建设标准，则该类项目市场和社会需求的预测可以结合行业规划和建设标准计算推出。即根据辖区服务人口等统计数据，结合最经济公平的人均配书标准、总藏书量、千册书建筑面积、容积率等建设标准指标，确定该类项目的社会需求和建设方案及规模。

（四）体育项目

主要采用直观判断法、集合意见法、消费系数法、延伸分析法等方法进行预测。

（五）环境保护项目

主要采用直观判断法、集合意见法、回归分析法、弹性系数法和延伸分析法进行预测。

环境保护类投资项目市场和社会需求的回归分析，是借助社会经济发展水平（如 GDP、社会人均收入水平等）和生活资料消费的直接关系，得出经济发展水平和区域范围内生活垃圾、污水等的产生数量之间的因果函数关系，建立回归分析模型进行预测。

环境保护类项目市场和社会需求的弹性系数预测，是通过社会经济发展水平、人口数量及其增长率、人均收入状况、人均生活资料消耗等统计指标，与污水、垃圾处理量等需预测数据之间的弹性比例关系进行预测。

如果根据历史统计资料，环境保护类投资项目的需求预测数据具有较好的时序变化规律，则该类投资项目的指标预测可以按照所确定地区前若干年统计污水垃圾年均处理量的平均数确定。

（六）公共安全项目

主要采用直观判断法、集合意见法、消费系数法和延伸分析法等方法进行预测。

（七）旅游项目

主要采用直观判断法、集合意见法、消费系数法、延伸分析法等方法进行预测。

第二节 旅游客源市场预测案例

客源数量是旅游产业发展的基本指标，关乎整个旅游产业的发展状况。对客源市场的科学预测，是制定旅游业发展战略和旅游规划与开发的必要依据。预测某一地区的客源市场，可以考虑采用 GM(1，1)模型。

一、GM(1，1)模型构建

GM(1，1)模型是灰色模型（grey model）中一种特殊的线性动态模型，即一阶单变量的微分方程模型，通常只需一个时间序列、4 个以上的连续数据便可求得用于预测的 GM（1，1）模型。

（一）GM(1，1)模型构造

建立 GM(1，1)模型主要是通过生成法弱化原始时间序列的随机性，使之变成有规律的时间序列，为建模提供中间信息，然后通过一阶单变量微分方程对生成序列进行拟合，得到GM(1，1)预测模型。

对给定的原始时间序列 $X_{(0)} = \{X_{(0)}(1), X_{(0)}(2), \cdots, X_{(0)}(n)\}$，做累加生成 1-AGO 序列

$$X_{(1)}(k) = \sum_{i=1}^{k} X_{(0)}(i)(k = 1, 2, \cdots, n)$$

采用一阶变量微分方程进行拟合，得到白化形式的 GM(1，1)模型

$$dX_{(1)} / dt + aX_{(1)} = u$$

式中：a、u 为待辨识参数。

记参数向量为 $\hat{a} = [a, u]^T$，用最小二乘法求解得

$$\hat{a} = (B^T B)^{-1} B^T Y_N$$

式中：B 为累加生成矩阵；Y_N 为向量，两者构造为

$$B = \begin{vmatrix} -1/2[X_{(1)}(1) + X_{(1)}(2)] & 1 \\ -1/2[X_{(1)}(2) + X_{(1)}(3)] & 1 \\ \cdots & \cdots & \cdots & \cdots \\ -1/2[X_{(1)}(n-1) + X_{(1)}(n)] & 1 \end{vmatrix}$$

$$Y_N = [X_{(0)}(2)X_{(0)}(3)X_{(0)}(4)\cdots X_{(0)}(n)]^{\mathrm{T}}$$

则白化形式微分方程的解为

$$\hat{X}_{(1)}(k+1) = (X_{(0)}(1) - u/a)\mathrm{e}^{-nk} + u/a$$

还原后的预测模型为

$$\hat{X}_{(0)}(k+1) = \hat{X}_{(1)}(k+1) - \hat{X}_{(1)}(k)$$

（二）模型测验

1. 残差检验

计算原始序列 $\hat{X}_{(0)}(k)$ 与预测序列 $\hat{X}_{(0)}(k)$ 的绝对误差 $\rho_{(0)}(k)$ 及相对误差 $\Phi_{(0)}(k)$。

$$\rho_{(0)}(k) = \left| X_{(0)}(k) - \hat{X}_{(0)}(k) \right|$$

$$\Phi_{(0)}(k) = \rho_{(0)}(k)/X_{(0)}(k)\%$$

$$k = 1, 2, \cdots, n$$

2. 关联度检验

计算出预测序列 $\hat{X}_{(0)}(k)$ 与原始序列 $X_{(0)}(k)$ 的关联系数公式为

$$\eta_{(0)}(k) = \frac{\min \rho_{(0)}(k) + P_{\max}\rho_{(0)}(k)}{\rho_{(0)}(k) + P_{\max}\rho_{(0)}(k)}$$

式中：P 为分辨率，$0 < P < 1$，取 $P = 0.5$，$P_{\max}$ 为分辨率的最大值。

由于关联系数的信息较为分散，不便于比较，为此，综合各个时刻的关联系数，得到关联度 R。通常 $P = 0.5$ 时，$R > 0.6$ 便可认为关联度符合要求。

$$R = 1/n\Sigma nk = 1\eta_{(0)}(k)$$

3. 后验差检验

（1）计算原始序列均值及均方差

$$X_{(0)} = 1/n\sum nk = 1\eta_{(0)}(k),$$

$$X_{(0)} = 1/nS_1^2 = \frac{\sum nk = 1[X_{(0)}(k) - X_{(0)}]^2}{n-1}$$

（2）计算残差均值及均方差

$$\rho_{(0)} = 1n\sum nk = 1\rho_{(0)}(k)$$

$$S_2^2 = \frac{\sum nk = 1[\rho_{(0)}(k) - \rho_{(0)}]^2}{n-1}$$

（3）计算方差比 $C = S_2/S_1$ 及小误差概率

$$P = \{|\rho_{(0)}(k) - \rho_{(0)} < 0.6745S_1|\}。$$

确定模型级别，方法见表 18-1。

表 18-1　　　　　　　　　　　　　模　型　级　别

等　级	取　值	等　级	取　值
好	$P>0.95$	勉强合格	$P>0.7$
	$C<0.35$		$C<0.65$
合格	$P>0.80$	不合格	$P\leqslant0.7$
	$C<0.5$		$C\geqslant0.65$

二、某市境外旅客量预测

（一）客源市场 GM(1，1)预测模型的建立

该市 2005～2011 年境外游客量的原始序列及 1-AGO 生成序列见表 18-2。

表 18-2　　　　　　　　　　　　　原始序列及 1-AGO 生成序

年　份	2005	2006	2007	2008	2009	2010	2011
原始序列 $X_{(0)}$	136.79	143.19	165.35	152.71	165.68	181.40	204.26
生成序列 $X_{(1)}$	136.79	279.98	445.33	598.04	763.72	945.12	1149.38

由 $X_{(1)}$ 序列构造矩阵 B 及 Y_N

$$B=\begin{vmatrix} -208.385 & 1 \\ -362.655 & 1 \\ -521.685 & 1 \\ -680.88 & 1 \\ -865.42 & 1 \\ -1047.25 & 1 \end{vmatrix}$$

$$Y_N=[143.16\quad 165.35\quad 152.71\quad 165.68\quad 181.40\quad 204.26]^{\mathrm{T}}$$

用最小二乘法求得参数向量 $\hat{a}$

$$\hat{a}=(B^{\mathrm{T}}B)^{-1}Y_N=-0.0636$$

根据以上数值可求得该市境外游客量的 GM(1，1)预测模型。

$$\hat{X}_{(1)}(k+1)=2177.74\mathrm{e}^{0.0636^k}-2040.943$$

$$\hat{X}_{(0)}(k+1)=\hat{X}_{(1)}(k+1)-\hat{X}_{(1)}(k)$$
$$=2177.74(\mathrm{e}^{0.0636^k}-\mathrm{e}^{0.0636^{(k-1)}})$$

（二）假设检验

残差检验和关联度检验见表 18-3，后验差检验结果见表 18-4。

表 18-3　　　　　　　　　　　　　残差检验和关联度检验

年　份	2005	2006	2007	2008	2009	2010	2011
实际值 $X_{(0)}(k)$	136.79	143.19	165.35	152.71	165.68	181.4	204.26
预测值 $X_{(0)}(k)$	136.79	143.00	152.39	162.40	173.07	184.43	196.54

年　份	2005	2006	2007	2008	2009	2010	2011
绝对误差 $\rho_{(0)}(k)$	0	0.19	12.96	9.69	7.39	3.03	7.72
相对误差 $\Phi_{(0)}(k)$	0	0.13%	7.84%	6.34%	4.46%	1.67%	3.78%
关联系数 $\eta_{(0)}(k)$	1	0.97	0.33	0.40	0.47	0.68	0.46
关联度 R	0.6157						

表 18-4　　　　　　　　　　　　后 验 差 检 验 结 果

项目	$X_{(0)}$	S_1	$P_{(0)}$	S_2	C	P	模型级别
结果	164.20	37.3268	5.85	4.9223	0.13	1	好（Ⅰ）级

由模型检验可知，关联度为 0.6157，大于 0.6，C、P 的取值均满足Ⅰ级模型要求，说明模型精确度较高，可以用于实际预测。

（三）客源预测

2012～2020 年某市境外客源预测见表 18-5。

表 18-5　　　　　　　　**2012～2020 年某市境外客源预测**　　　　　　　　万人次

年　份	模　　　型	预测值
2012	$\hat{X}_{(0)}(k+1)=2177.74(e^{0.0636^k}-e^{0.0636^{(k-1)}})$	209.45
2013	$\hat{X}_{(0)}(k+1)=2318.549(e^{0.06364^k}-e^{0.06364^{(k-1)}})$	223.19
2014	$\hat{X}_{(0)}(k+1)=1981.1(e^{0.07556^k}-e^{0.07556^{(k-1)}})$	244.68
2015	$\hat{X}_{(0)}(k+1)=2233.16(e^{0.07304^k}-e^{0.07304^{(k-1)}})$	262.27
2016	$\hat{X}_{(0)}(k+1)=2534.54(e^{0.07007^k}-e^{0.07007^{(k-1)}})$	280.10
2017	$\hat{X}_{(0)}(k+1)=2825.4(e^{0.06799^k}-e^{0.06799^{(k-1)}})$	298.88
2018	$\hat{X}_{(0)}(k+1)=2826.09(e^{0.07165^k}-e^{0.07165^{(k-1)}})$	322.66
2019	$\hat{X}_{(0)}(k+1)=3061.17(e^{0.07118^k}-e^{0.07118^{(k-1)}})$	346.18
2020	$\hat{X}_{(0)}(k+1)=3394.51(e^{0.06942^k}-e^{0.06942^{(k-1)}})$	370.10

三、递进 GM(1，1)建模及主要结论

（一）GM(1，1)建模思路

在全数据 GM(1，1)预测模型中，原始数据列应用从 $X_{(0)}(1)\sim X_{(0)}(n)$ 几个固定的数据，因而 a、u 是常量，以后所有的预测量皆由既定变量 a、u 控制，而新发生的数据不参与已建好的 GM(1，1)模型。社会经济是复杂的灰色系统，在市场经济体制下，各种信息应被不断输入并对系统产生影响。

因此，作为全数据 GM(1，1)模型有预测意义的数据仅仅是 $X_{(0)}(n)$ 以后的两个数据，其

他更远的数据不是预测数据，而更像规划性数据。这种处理显然没有考虑到新输入信息的影响。在市场经济体制下，用这种不变的模型去预测已变化了的新情况是欠妥的。因此，需将每一个新发生的数据不断地送入 $X_{(0)}$ 中重新建模。然而，随着时间的推移，数据越来越多，所需的计算量就越来越大，势必会降低预测精度；同时，老数据越来越不适应新情况，即老数据信息的预测意义随时间推移而降低。为了减少这种缺陷，采取每增加一个新数据信息，便去掉一个最老数据信息，从而保持基本样本数据个数不变。基于这种"辞旧迎新"方式所建的模型，称为递进 GM（1，1）建模。

根据递进 GM（1，1）建模原理，经过计算和模型检验，可把各预测点对应的最优模型列表。

（二）研究结论

本案例中考虑到引起客源市场波动的因素非常多。例如：旅游者的可支配性收入、旅游偏好、消费观念、职业等，都是影响旅游者行为的因素。仅如居住地与目的地的文化差异、居住地居民对目的地的整体感知状况，两地的经济发展水平和经济联系程度以及社会发育程度等，一些突变因素对旅游业发展也会产生影响，通过趋势修正与最小二乘拟合法建立数学模型预测难以得出精确的预测值。采用灰色系统理论，旅游地的客流量具有明显的动态特征和不确定性及要素间的关系模糊性，符合灰色系统的特点，可视为一个独立的灰色系统，因此应用灰色系统理论进行动态预测是可行的。主要结论如下：

（1）将旅游地客源市场规模动态变化系统看作一个灰色系统，用灰色理论进行建模预测其精度高，与实测值基本吻合，说明利用灰色模型预测客源市场规模是可行的。但是，由于影响客源市场变化的因素较多，在不同时期其影响方式和程度有着巨大的差异，GM(1，1)模型的特点是对近1、2期的预测值精度较高，而对远期数据仅仅反映一种趋势。因此，对于远期预测数据，可建立递进 GM(1，1)模型使预测具有动态性，提高中长期预测的精度。

（2）根据递进 GM(1，1)模型的计算结果，2020 年该市境外游客将达到 370.1 万人次。

附录A 中咨公司投资项目市场分析评价准则❶

1 目的、适用条件和范围

1.1 指导思想与目标

本准则编写的指导思想是：按照科学发展观和工程咨询理念创新的要求，针对"投资项目市场与社会需求分析"（以下统称为市场分析）这一环节，兼顾加工制造、交通运输、能源、公共服务等主要行业或领域的不同特点和实际需要，研究、提出具有通用性、规范性的分析评价方法与工具。

本准则编写的主要目标是：提出适用于市场分析的一般方法和工作程序，体现较强的针对性和可操作性，以指导项目经理在从事需要进行市场分析的有关工程咨询业务中，合理、有序开展相关的分析、评价工作，提高咨询质量和效率。

1.2 应用范围与条件

公司从事的工程咨询服务类型较多，涉及的行业领域较广。市场分析工作不仅对于单一投资项目的可行性研究非常重要，在各种形式的规划研究、专题研究或专题论证、评估类咨询业务以及一些政策性咨询业务中，也经常不同程度地涉及。不同行业领域的市场分析工作既有共同点，又各有自身特点。对于不同行业领域或者不同类型的咨询业务，市场分析工作的重要程度也有一定差异。

经过综合归类，本准则拟主要应用于加工制造、交通运输、能源与公共服务等四大领域的工程咨询业务，可基本涵盖公司绝大部分涉及不同层次市场分析工作的咨询业务类型。

其中，加工制造类业务指涉及各种工业产品、消费品制造建设项目的工程咨询业务，交通运输类业务指涉及各种交通运输方式的交通设施建设项目的工程咨询业务，能源类业务指涉及煤炭采选、发电、石油天然气储运等基础能源建设项目的工程咨询业务，公共服务类业务指涉及科、教、文、卫、体、环保、安全等服务性设施建设项目的工程咨询业务。

本准则应用时，需充分考虑以下条件，加以灵活运用：

（1）工程咨询业务委托人的要求；

（2）行业习惯或规范；

（3）基础信息资料的可获得性及任务进度、经费等限制性因素。

2 市场分析通用工作程序

2.1 概述

市场分析工作的全过程，大致可分为市场调查、市场预测与分析、总结报告三个环节。前两个环节是整个过程的核心。市场调查是后续预测与分析环节的基础，预测与分析是调查的延续，也是获得相对正确的最终分析结果的关键。

---

❶ 本准则供中咨公司内部使用，并根据情况变化适时进行修改完善，相关内容仅供参考。

各类工程咨询业务开展市场分析工作的主要程序、步骤基本类似，只是在具体的分析对象、分析范围及分析方法的选择与界定方面，各有其不同特点。

2.2 一般工作程序

（1）确定市场分析的对象和范围。

目的在于合理把握整个工作的中心目标，明确工作深度和广度。

加工制造类业务中，通常的分析对象是某类产品的市场供求情况；交通运输类业务中，通常的分析对象是交通运输业务量；能源类业务中，通常的分析对象是煤炭、电力、石油、天然气的社会需求量；公共服务类业务中，通常的分析对象是被服务群体对某种公共服务的社会需求量。

根据不同业务的要求，还需明确分析的空间范围与时限范围。

（2）搜集与分析对象相关的各种资料。

目的是获取必要的信息和统计数据，为进行后续分析和预测提供基础条件。不同的工程咨询业务所要求获取的信息有所不同。

（3）对资料进行研判及整理。

研判所获信息、数据是否能满足后续分析和预测所需，并经过适当加工整理，了解其规律和特性。

（4）选择合适的方法进行分析和预测。

根据不同情况，选择定性或定量的方法进行需求预测和供求平衡分析，必要的时候还需进行风险分析和竞争力分析。预测方法的选择和分析的内容通常会随各类业务的不同特点、委托人的不同要求而显现较大差异。

（5）对预测结果和分析结论进行归纳总结。

不管哪类业务，通常都对预测与分析结果的准确性、时效性、可用性有所要求。一般可通过自我验证或外部专家论证，探讨预测的准确性和分析结论的可靠性，必要时需进行纠错或返工。

（6）撰写分析报告。

主要是对工作过程和分析结论进行必要的阐述。具体内容可视委托人要求而定。

（7）分析报告的评价与提交。

将撰写的分析报告初稿提交委托人征求反馈意见，再经适当修改后，提交正式报告。有时还需通过一定的评审程序，对报告进行综合评价，然后再次修订和提交。

3 市 场 调 查

3.1 市场调查的目的和基本特征

开展市场分析工作的首要工作就是进行市场调查。市场调查主要是指通过一定的手段和方法，有针对性地搜集、整理有关市场信息和数据，把握市场现状和历史变化趋势，寻找其规律和特征，为进行后续市场预测和其他分析提供客观依据。

市场调查的内容往往随行业领域的不同各有其特点。而不同领域的咨询业务常用的市场调查方法一般大同小异，仅在方法的运用上，因调查对象和调查重点内容的不同而有所差异。

3.2 市场调查的主要内容

3.2.1 加工制造类工程咨询业务

根据需要，调查在一定时限和空间范围内的某特定产品的市场供求有关信息，通常包括生产能力、产量、消费量、贸易量、消费结构、市场份额、质量性能、价格水平、竞争对手情况、替代品情况等内容。

对于一些大宗产品或基础原材料，还需调查了解宏观或中观经济形势、上下游关联行业发展状况以及有关法规和政策变化情况。对于一些终端消费品，还需调查消费倾向、价格弹性、消费者偏好等。

3.2.2　交通运输类工程咨询业务

根据需要，调查在特定影响区域内的各种运输方式的分布、运力、运量等现状，所涉及货源或客源的来源、构成及流向，用户对交通运输方式的不同需求及其满足程度，现有相关规划及政策等内容。有的还需调查了解宏观或中观经济形势及主要关联行业发展状况等。

3.2.3　能源类工程咨询业务

根据需要，在一定时限和空间范围内，调查煤炭、电力、石油、天然气的市场供求信息，一般包括资源禀赋、生产能力、产量、消费量、贸易量、消费结构、运输能力、价格水平、主要用户及关联产业发展、宏观或中观经济社会发展情况、有关法规和政策变化情况等内容。有的还需调查了解替代能源发展情况。

3.2.4　公共服务类工程咨询业务

根据需要，在一定时限和空间范围内，调查现有公共服务类设施（产品）的分布情况、服务提供能力，现有受众的消费能力、消费习惯、消费趋势、健康状况和对所提供服务的满足程度，潜在受众的数量变化、年龄结构、空间分布、个人爱好、消费倾向，宏观或区域经济社会和文化发展水平，以及有关法规和政策变化情况等内容。有的还需调查了解历史文化和风景名胜情况。

3.3　市场调查的常用方法

3.3.1　概述

常用市场调查方法大致可归类为访问（问卷）调查法、实地调查法、实验（试用）调查法、资料调查法等。

根据调查的目的和调查对象不同，选择合适的调查方式和方法，或者合理运用不同的调查方法组合，有助于在获得相对准确信息的同时，提高工作效率和节约成本。

3.3.2　常用调查方法

（1）访问（问卷）调查法：是各类工程咨询业务通用的调查方法之一，成本最低。一般先确定被调查对象和需要了解的主要信息或数据，然后设计好问卷，再利用面谈或各种通信方式，向被调查对象取得所需信息。该法的关键是问卷设计。良好的问卷设计要求紧扣调查主题，目标明确，问题设计有逻辑性和系统性，便于统计、整理与分析。

（2）实地调查法：是各类工程咨询业务通用的调查方法之一。调查者先做好调查计划，确定实地调查重点，再到项目所在地或影响区域或相关单位，进行现场观察、测量和询问，直接获取第一手信息和最新数据。交通运输类业务常用的 OD 调查法可归类于该法。

（3）资料调查法：是各类工程咨询业务通用的调查方法之一。调查者通过购买或查询等方式，直接搜集相关资料，经过分析整理，从中获取所需信息，一般包括公开出版物、网络、特定行业组织和政府部门、其他咨询机构等途径。

（4）实验（试用）调查法：在涉及新产品的加工制造类业务中，有时需要通过试销和试用等手段，获取产品市场接受度和应用可靠性等信息反馈，常用于对产品市场竞争力的判断和确定目标用户。

3.4 市场调查的一般步骤

3.4.1 明确调查目标和对象

开展市场调查，首先要明确调查目标和调查对象，这样才能合理地确定调查工作的深度和范围。市场调查的根本目的就是为市场预测提供必要的基础数据和各种相关信息，为此，要在认真研究委托人要求和所处行业的特点及一般规范的前提下，确定调查目标和对象。

3.4.2 制定调查工作计划

在确定调查目标、对象后，制定调查工作计划，一般包括：落实调查小组人员和其他参与单位、设定工作进度安排（含实地调查地点、方式）、编制费用预算等。

3.4.3 设计调查方案

按照调查工作计划，设计具体的调查方案，主要包括以下内容：调查目标、调查对象（含样本选择）、调查内容、调查范围、调查表与问卷、资料整理与统计方法等。

3.4.4 开展调查工作

可通过多种形式开展调查工作，包括通过电话、网络、面谈等各种方式进行访问调查，组织进行实地调查等。

3.4.5 整理、分析调查资料

收集、整理调查资料，运用数理统计等方法进行分析、归纳。

3.4.6 撰写调查报告

对市场调查全过程进行总结，提出有关结论、问题和建议。

4 市 场 预 测

4.1 市场预测的目的和基本特征

市场预测是指在市场调查的基础上，运用已有经验和一定的科学方法，对未来市场发展的状态、趋势进行分析并做出推测和判断的过程。市场预测是市场分析全过程的关键环节。市场预测结果将为合理确定投资项目的空间布局、建设进度、建设规模以及产品（含服务性产品）方案和目标市场等，提供重要决策依据。

公司各类工程咨询业务大多数都不同程度地需要对产出品的市场容量（包括工业产品的供应量与需求量、公共服务的社会需求量等）进行预测分析；对于涉及稀缺资源或者重大项目的咨询业务，往往也需对主要投入品的市场容量进行预测分析。

市场预测的内容在深度、空间范围及时限范围方面，对于不同行业领域的咨询业务而言，均有较大差异，甚至同一领域的咨询业务由于不同的委托要求，也会有很大不同。在进行市场预测时，通常可参照不同咨询业务领域所处行业的已有规范或惯例，确定预测的具体内容深度和范围；也可根据委托具体要求并结合基础信息的可获得性、时间与资金成本等限制性条件，确定预测深度和范围。

市场预测的方法较多，基本上可归纳为定性分析和定量分析两大类。必须注意的是，在工程咨询实践中，为取得相对科学的预测结果，往往要将多种预测方法进行组合运用。

4.2 市场预测的主要内容及步骤

4.2.1 加工制造类工程咨询业务

（1）选择和界定预测标的物。通常要求针对主要产品的未来市场需求和供求平衡情况进行预测、分析；对于一些在行业具有重大影响、资源消耗巨大的项目，有时也需对主要原材

料的市场供需情况进行预测。

（2）合理确定预测范围，包括空间范围和时限范围，通常是根据委托要求和产品特征来确定。空间范围包括国际市场、国内市场、区域市场、目标市场；大宗产品或基础原材料产品往往需要在较大空间范围进行预测分析。时限范围指预测的时间跨度，一般按年计，自预测基准年份起 5 年内为短期，5～10 年为中期，10 年以上为长期。预测时限一般根据委托方要求确定；产量规模大、竞争性强、生命周期长的产品往往需要进行中长期预测。

（3）分析、考察对产品供需影响较大的主要因素。通常包括：有关产业政策、规划及经济社会发展情况，进出口量大的还要考虑国际经济政治形势和贸易政策情况；产品所处生命周期阶段；应用领域、消费水平、消费习惯、品牌优势、垄断程度情况；产业链上下游的发展情况及竞争对手动态；工艺技术升级和革新导致成本重大变化及产品升级换代的情况。

（4）选择合理预测手段和方法，进行未来需求预测。通常要根据调查掌握的信息寻找产品需求的变化规律，确定影响需求的主要因素，并结合其他多种条件选择适当的方法。一般既要考虑产品自身特征对预测方法的适应性，例如属于初级原料、中间产品还是最终消费品，属于竞争性还是垄断性产品，属于上升期还是衰退期，属于生活必需品还是消费弹性大的产品等，也要考虑预测时限对方法选择的限制，有时还需考虑工作进度和费用控制的要求。最常用的方法主要包括专家预测法、移动平均法、指数平滑法、趋势类推法、一元线性回归法、弹性系数法、消费系数法等。

（5）根据市场调查情况分析、预测未来供应变化情况，并结合需求预测结果进行分年度或者关键时间节点的供需平衡分析。

（6）对预测结果进行验证和反馈，形成预测结论意见。

4.2.2 交通运输类工程咨询业务

（1）界定预测标的物。交通运输类业务的预测标的物可统称为交通业务量，但不同的交通运输项目其预测标的物有所差别。通常，公路项目是预测交通量，即客车和货车流量；铁路项目是预测客流和货流密度以及旅客和货物的发送量；城市轨道项目是预测人流量，包括站点上车量、下车量和断面流量；民航、港口项目是预测旅客及货物的吞吐量。

（2）合理确定预测的空间范围和时限范围。交通业务量的预测空间范围通常要根据运输方式和项目的功能定位来确定，不同运输方式以及不同的功能定位往往导致项目影响区域范围相差很大。交通属于基础设施，一般都要进行中长期预测。

（3）分析、考察对交通业务量影响较大的主要因素。通常包括：有关区域的经济社会发展情况和相关产业规划，所在运输通道中其他运输方式的影响，客源或货源的来源、流向与运输特性。

（4）选择合理预测手段和方法。通常要立足交通运输类项目本身的交通服务方式、特点及其功能定位，分段或分区域确定影响未来交通业务量变化的主要因素，再结合其他多种条件（如行业习惯、预测时限、费用和进度控制等）选择适当的预测分析方法。最常用方法主要包括专家预测法、直接调查法、四阶段模型法、移动平均法、指数平滑法、一元回归分析法、弹性系数法、乘车系数法、增长率法、产运销平衡法等。

（5）对预测结果进行验证和反馈，形成预测结论意见。

4.2.3 能源类工程咨询业务

（1）界定预测标的物。能源类业务的预测标的物主要是煤炭、石油、天然气的需求量以及用电量。

（2）合理确定预测的空间范围和时限范围。根据煤炭开发项目、发电项目、石油天然气储运项目的功能定位来确定其预测空间范围，一般情况下预测范围同时包括全国和区域市场，有的要预测目标市场。煤炭、电力、石油、天然气作为基础能源，一般要进行中长期预测。

（3）分析、考察对能源需求量影响较大的主要因素。通常包括：国家和有关区域的经济社会发展情况，有关重要耗能产业发展情况，有关产业政策和节能技术进步的影响，替代能源发展的影响，资源条件与运输条件的限制。

（4）选择合理预测手段和方法。通常要立足能源消费与宏观经济指标、人口增长、主要耗能产业的相关性，选择直接或间接的预测分析方法。最常用方法包括国内生产总值单位能耗法、弹性系数法、人均能源消耗法、主要能耗部门调查法等。

（5）有时需要根据市场调查情况分析、预测其他能源替代的可能性和替代量，再对需求预测结果进行修正。

（6）对预测结果进行验证和反馈，形成预测结论意见。

4.2.4 公共服务类工程咨询业务

（1）界定预测标的物。公共服务类业务的预测标的物主要是一定区域内公众对某种公共服务的社会需求量。公共服务通常包括科教、文化、体育、卫生医疗、旅游、环境保护、公共安全等范畴。

（2）合理确定预测的空间范围和时限范围。根据公共服务项目的功能定位来确定预测的空间范围，一般情况下都在某个特定影响区域进行预测，有的还要预测特定目标用户需求。作为基础设施服务项目，一般要进行中长期预测。

（3）分析、考察对服务需求量影响较大的主要因素。通常包括：有关区域的经济社会发展情况，特别是人口的数量、结构、密度及分布的变化情况；区域有关产业发展情况；区域自然资源条件和独特的人文、历史、景观等资源条件。

（4）选择合理预测手段和方法。通常要立足公共服务社会需求量与宏观经济指标、人口数量与结构变化、重要关联产业的相关性，再结合其他条件（如不同类需求的侧重点、预测时限、费用和进度控制等）选择适当的预测分析方法。最常用的方法主要包括专家预测法、类比判断法、移动平均法、指数平滑法、成长曲线法、一元回归分析法、弹性系数法、消费系数法等。

（5）有时需要根据市场调查情况分析、预测区域其他替代性设施的影响，再对需求预测结果进行修正。

（6）对预测结果进行验证和反馈，形成预测结论意见。

4.3 市场预测的常用方法

市场预测的定性分析方法通常是指通过经验判断的方式，直接获取预测结果或对预测结果进行有效处理。最具代表性的定性预测方法是专家预测法。

市场预测的定量分析方法一般是指在获取一定历史数据的基础上，寻求市场发展变化的规律，进而建立数学模型，通过一定的分析测算过程而获取预测结果。在工程咨询业务实践中，具有代表性的常用的定量预测方法主要包括时间序列法、回归分析法、趋势类推法、弹性系数法等。某些特定行业领域还有一些特殊的定量预测方法，如交通业务量预测常用的四阶段模型法。

同一原理的预测方法，在不同行业领域的实际应用中，往往各有其习惯用法，方法名称也常有变化。在对各类工程咨询业务常用预测方法进行分析、归纳的基础上，本准则仅对其中最常用和具有通用性的一些预测方法以及个别有代表性的专用方法，从实际应用所必须了解的基本原理、使用条件及适用范围等方面，进行简要说明。具体的方法运用和计算过程可参照行业规范或专门的工具书。

4.3.1　专家预测法

专家预测法是借助专家的知识和经验，直接分析、研究预测标的物市场发展变化的特征和规律，进而推测未来市场需求量并向专家直接索取预测结果的一种预测方法。该法包括个人判断和集体判断两种形式，一般应当以集体判断为主。

典型的集体判断法一般分为准备、征询、总结评价三个阶段，主要内容包括：聘请一批专家，以相互独立的匿名形式就预测内容各自发表意见，一般应以书面形式回答预测者提出的问题；预测者获取专家意见后进行统计处理，再反馈专家征询修改意见，然后多次反复征询（一般三次或以上）；最后由预测者运用统计方法综合处理最终意见，确定预测结论。

专家预测法的应用比较广泛，适用于各类工程咨询业务。专家的选择是运用该法进行预测的关键。通常在以下情形运用该法更能体现其效果：①缺乏足够的数据资料，应用其他方法有较大困难；②进行长远规划或大趋势预测时；③影响预测对象的因素太多且主观因素对预测对象的影响较大。

4.3.2　回归分析法（线性）

回归分析法（线性）是根据预测变量与其他相关因素之间存在着的因果关系，运用数理统计中的回归分析原理，建立数学模型，再进行预测的一种定量预测方法。预测标的物作为因变量，相关影响因素作为自变量；当两者之间存在某种线性关系时（这是实践中最为常见的），就可通过自变量的变化推测因变量的变化。按自变量的个数，可分为一元线性回归（单一自变量）和多元线性回归两种模型。

该法应用时，首先要对预测标的物与影响其变化的主要因素进行确定（比如能源消费与GDP、粮食需求与人口等），然后对预测标的物和影响因素的多组观察值进行回归分析并建立关系式，再通过统计检验分析模型是否成立，最后将影响因素的变化值代入求得预测值。

回归分析法适用于各类工程咨询业务的市场预测工作，并且既可用于短期预测，也可用于中长期预测。

4.3.3　时间序列法

时间序列法是根据预测变量在一段较长历史时期内的分时统计数据（观察值），通过某种平滑处理计算，尽可能消除一些特殊因素对某一时点观察值的影响，形成新的数据序列，使预测变量随时间变化的内在规律更好地反映出来，进而得到下一时间点的预测值。

时间序列法按照历史数据序列的内在规律和平滑处理方法，可细分为多种方法，常见的有移动平均法、指数平滑法、季节指数法、增长率法等。

时间序列法可应用于各类工程咨询业务的市场预测工作，但由于该方法本质上是根据前一段时期的观察值的平均水平来推测未来最近时点的值，因此仅适用于短期预测。同时，一般更适合处理呈现水平型波动的时间数列，此时误差较小。

4.3.4　弹性系数法

弹性系数法是通过测算因某一变量的改变所引起的预测变量的相对变化值（这种相对变

化值称为弹性系数），然后根据某变量的变化情况（通常该变量的变化较易预测），进而推算目标预测变量的变化值。例如能源需求及一些大宗基础原材料（如乙烯、钢铁等）总是与若干经济指标存在密切的弹性关系，许多产品的价格和需求量之间也存在弹性关系，一些消费品的购买量与居民收入水平也常呈现一定的弹性关系。

弹性系数法相对简单易行，通常可利用已知的弹性系数直接计算求取预测变量的变化值，需要的基础数据较少，应用灵活。但也存在预测不够精确，弹性分析具有一定的片面性和局限性等缺点。在应用该法时需要特别注意：一是要认真考察变量之间的弹性关系是否密切，是否有其他干扰变量对其弹性关系发生重大影响；二是弹性系数本身不是固定不变的，也会随时间、空间的变化而发生变化，有时要先利用其他工具方法对弹性系数的变动趋势进行分析预测。

弹性系数法应用较为普遍，适用于各类工程咨询业务的市场预测工作，并且既可用于短期预测，也可用于中长期预测。

4.3.5　趋势类推法

趋势类推法（有时也称为成长曲线分析法）是根据某预测变量的历史数据随某个特定时间周期而变化的特殊规律，拟合出变化趋势曲线，建立数学模型，再对未来某个时间周期的变化值进行预测的一种定量预测方法。预测标的物作为因变量，特定时间周期作为自变量，当预测标的物随时间周期增加而发生某种渐变的、连续性的变化时，就可拟合出多种不同趋势线并建立相应的数学模型。当预测标的物随时间的发展呈现跳跃式的和非连续性的变化时，不适用该种方法。

趋势类推法拟合的趋势线型常见的有直线、抛物线、指数曲线、双指数曲线、逻辑曲线等。当为直线型时，实际上与一元线性回归分析模型是类似的，也可视为一种以时间周期作为影响因子的特殊一元线性回归方法。同时，由于该法与时间序列法在原理上也有一定的重合之处，有时也被归为时间序列法中的一种。

趋势类推法适用于各类工程咨询业务的市场预测工作，相对而言，在加工制造和能源类业务中应用更为频繁。同时，该法既可用于短期预测，也可用于中长期预测。

4.3.6　"四阶段"模型法

"四阶段"模型法是一种以起终点调查（OD调查）为基础的、预测交通业务量的专用技术，近年来在我国公路、铁路、城市轨道等交通项目的运量预测中已广泛采用。

该方法将交通运量的预测过程划分为出行生成、出行分布、方式划分和交通分配四个阶段，对应每个阶段，分别建立出行生成模型、交通分布模型、方式分担模型和交通量分配模型。其基本原理是以调查区域经济社会状况、土地利用分布、交通方式服务属性以及交通工具使用者的特征为基础，分阶段采用多种预测模型分析研究全社会的交通运输需求，再通过不同交通工具的效用进行方式选择，并藉此在特定运输方式中根据广义费用（或时间）进行流量分配。

典型的"四阶段"预测过程，一般在基础数据调查（包括影响区域的社会经济、土地利用、交通方式特征、出行者特征）和预测空间范围的社会经济发展规划、交通运输方式发展规划的基础上，通过出行生成、出行分布、方式划分和交通分配四阶段逐步进行预测。

"四阶段"模型法属于调查、研究工作量较大、技术难度较高、预测精度也较高的系统性的预测技术。每个阶段的预测，都要综合运用各种统计分析原理并建立各类数学模型进行定量分析，包括回归分析、移动平均、指数平滑、弹性系数、重力模型、转移曲线、趋势曲线、概率分布等。

需要指出的是，在出行分布或方式划分阶段进行预测分析时，要注重考虑诱增运量因素。诱增运量的产生，主要源于新的运输能力的扩张和运输方式的变化改善了区域内部和区域之间的交通运输条件，从而诱发了潜在的运输需求或者产生了新的运输需求。

5　市场风险及竞争力分析

5.1　市场风险分析

5.1.1　概述

投资项目面临着各种风险，而在市场经济环境下和经济全球化进程中，市场风险往往是普遍存在且较易产生的一项风险，同时，很多其他风险因素也经常以市场风险的形式表现出来。需要特别指出的是，对加工制造类项目而言，市场风险对其经营效果的影响往往更大，问题相对更为突出。因此，在加工制造类工程咨询业务中经常要专题进行市场风险分析。

市场风险通常体现在市场供需情况变化和市场价格波动两方面。

市场风险分析是市场分析全过程中，与市场预测分析、市场竞争力分析密切相关的一个环节。市场风险分析通常是指在完成前期调查、预测分析的基础上，对未来市场（包括国际、国内和区域市场）环境中存在的可能对未来市场供需态势产生重大影响的某些不确定性因素进行甄别，分析其发生的可能性及其对项目运营造成的损失程度，并研究提出适当对策。

市场风险分析一般以定性分析为主，也可在定性分析基础上，借助一定的工具方法，对其发生的概率和影响程度进行定量测算。具体方法可参照风险分析评价准则。

5.1.2　主要分析内容

（1）甄别主要市场风险因素。

对于加工制造类项目而言，产生市场风险的因素较多，常见的主要因素包括：国内外政治经济条件或有关政策、法规出现突发性变化，出现新的竞争对手和替代性产品，原材料来源受垄断者控制或资源条件、运输条件的限制而难以获得，产品市场受垄断者控制或消费者（下游用户）的消费习惯发生重大变化，价格短期剧烈波动等。

对于交通运输和公共服务类项目而言，主要市场风险因素一般包括：区域内经济社会发展情况或者有关政策、法规出现突发性变化，过度重复或超前建设，定价不合理，自然灾害，社会治安问题等。

对于能源类项目而言，主要市场风险因素一般包括：国家或区域内经济社会发展情况，有关政策、法规出现突发性变化，重要耗能产业出现重大问题，资源条件、运输条件受到重大制约，出现新的竞争对手和替代性能源，定价机制不合理等。

（2）剖析主要风险因素的影响程度。

不同风险因素对项目的运营产生影响的程度和角度不同，但最终都会体现在项目的预期收益方面。对于加工制造类项目和能源类项目，预期收益更多地表现在投资者获得的利益方面；对于交通运输类项目和公共服务类项目，预期收益更多地表现在公共财力的有效利用和公众对服务的满意程度方面。要注重站在不同角度分析不同市场风险对项目的影响程度。

（3）提出防范、降低或回避风险的对策。

针对主要风险因素，研究、提出防范或降低风险的对策。一般包括风险控制策略、风险转移策略、风险回避策略、风险自担策略等。

5.2 市场竞争力分析

5.2.1 概述

在市场经济环境下和经济全球化进程中，投资项目往往面对多个竞争对手。特别是对加工制造类项目而言，市场竞争力的优劣对其持续经营能力具有极为重要的影响。因此，在加工制造类工程咨询业务中经常要专门进行市场竞争力分析。

市场竞争力通常包含竞争优势和劣势两方面。

市场竞争力分析是市场分析全过程中，与市场预测分析、市场风险分析密切相关的一个环节。市场竞争力分析通常是指在完成前期调查、预测分析的基础上，对未来市场（重点是目标市场）环境中的已有和可能出现的主要竞争对手进行甄别，对自身与主要竞争对手的竞争优势和劣势进行对比分析，并研究提出适当对策。

市场竞争力分析一般要求定性与定量分析相结合。通常可采用列表的形式，对各个竞争力要素进行对比分析。

5.2.2 主要内容

（1）甄别主要竞争对手。

通常需根据项目产品或提供服务的市场范围，通过调查，确定未来对项目产品的销售、所提供服务的吸引力以及项目所需占用的重要资源可能产生重大竞争行为的对手，并重点研究和说明主要竞争对手的相对竞争优势。

（2）剖析主要竞争力要素并进行对比分析。

对于加工制造类项目而言，主要竞争力要素一般可归纳为以下几方面：原材料获得能力、工艺技术和装备先进性、技术与产品创新能力、市场营销能力、投资者资金实力、人力资源条件、政治与经济环境、社会协作配套条件等。

对于交通运输和公共服务类项目而言，主要竞争力要素一般包括：区域位置条件、区域经济社会发展水平、政策法规环境、自然环境与人文环境、投资者资金实力、服务质量等。

对于能源类项目而言，主要竞争力要素一般包括：资源禀赋条件、区域经济社会发展水平、社会协作配套条件、工艺技术和装备先进性、政策法规环境、投资者资金实力、人力资源条件、市场营销能力等。

实践中，通常根据项目的具体情况选择主要的竞争力要素，再将自身与竞争对手在各要素方面存在的相对优势和相对劣势以列表的形式进行对比分析，最后进行综合比较，得出分析结论。

（3）提出相关对策。

确定主要竞争对手并对主要竞争力要素进行对比分析后，再研究、提出强化自身优势、消除或弱化自身劣势以及应对竞争对手的相关对策。

6 市场分析的评价

投资项目评估类咨询业务长期在公司咨询业务中居主导地位。在大部分评估类业务中，对市场分析环节的评价都是总体评估内容中的一个重要方面，有的评估业务还专门要求重点针对市场问题进行咨询评估。

为便于项目经理开展市场分析的评价工作，本准则特单独对此进行规范和说明。鉴于市场分析的评价工作通用性较强，现就主要原则、重点内容和工作程序等方面归纳如下。

6.1 评价的主要原则

项目经理开展市场分析的评价工作，应遵循以下原则：

（1）坚持独立、公正、科学、可靠的工作原则，对被评的市场分析报告等材料进行客观评价。

（2）坚持宏观与微观相结合、定性与定量相结合的原则，对被评材料提出的基础数据、分析过程和分析结论进行综合研究、验证和判断。

（3）坚持可持续发展原则，遵循经济社会发展的一般规律，贯彻有关法规、方针、政策，审慎作出评价结论。

6.2 评价的重点内容

（1）市场分析报告或材料的完整性。完整的市场分析报告一般应包括市场调查结果、市场预测分析过程与结论、市场风险分析及竞争力分析等内容。但市场分析一般只是作为各类规划性研究或投资项目可行性研究工作中的一个环节，除了委托方特别要求以外，可以根据项目前期工作的不同阶段要求、有关行业规范（习惯）以及不同行业领域投资项目的特点，在内容上进行适当简化。

（2）市场调查采集的信息和基础数据的完整性、可靠性。要具体问题具体分析，注重区分各类工程咨询业务的不同特点和要求。通常需重点审查和评价：调查对象、调查范围的确定是否合理，调查内容是否完善，调查方法的选用是否科学、适当。必要时可要求重新调查或自主开展调查。

（3）市场预测过程和结果的科学性、可靠性。要具体问题具体分析，注重区分各类工程咨询业务的不同特点和要求。通常需重点审查和评价：预测范围的选定是否能满足委托方要求或行业规范（习惯），对预测标的物可能产生重大影响的各种因素分析是否全面，预测方法的选用是否科学、合理，预测结果是否经过必要的验证和修正，预测结果的准确性如何。必要时可自主进行预测分析或结果验证。

（4）市场风险和竞争力分析内容的合理性。特别要注意区分各类工程咨询业务的不同特点和要求。一般加工制造类项目、能源类项目均需进行市场风险和竞争力分析，基础设施类项目可根据情况适当简化。对于市场风险分析，通常需重点审查主要风险因素识别是否准确、完整，对风险因素影响程度的剖析是否合理，提出的对策是否可行。对于市场竞争力分析，通常需重点审查主要竞争对手的甄别是否准确，主要竞争要素的剖析是否全面、合理，优劣势对比分析是否客观、恰当，提出的对策是否可行。必要时可自主进行分析。

（5）作出评价结论和提出有关建议。针对被评的市场分析报告等材料，对其内容完整性、分析过程和分析结论等方面，提出综合性评价意见及有关修改、完善的建议。并可根据需要，阐述自主分析成果，供委托人参考。

6.3 评价的工作程序

（1）准备工作方案。

根据委托要求和被评材料情况，拟定评价工作方案，主要是研究相关资料，明确评价重点，选聘有关专家，确定日程安排。

（2）组织调研论证。

组织有关专家开展调研活动，召开专题论证会议。在这一过程中，要认真听取被评材料的编制者对其所做市场分析工作的介绍，共同研讨有关重点问题。

（3）汇总反馈意见。

综合归纳调研和会议中的各方意见，提出修改、完善的建议，反馈给编制者和委托人。

（4）自主分析验证。

根据需要，可在已有基础上自主开展一定的分析工作，提出自主分析结果。

（5）撰写评价报告。

根据编制者修改、完善的情况和自主分析结果，撰写市场分析评价报告，并提交给委托人。

附录 B　工程项目市场分析专用软件简介

1　SPSS 软件简介

1.1　SPSS 软件概述

社会科学统计软件包（statistical package for the social science，SPSS）是世界著名的统计分析软件之一。SPSS for Windows 是一个集数据整理、分析功能为一体的组合式软件包，主要包括数据管理、统计分析、图表分析、输出管理等基本功能。其中，描述性统计、均值比较、一般线性模型、相关分析、回归分析、对数线性模型、聚类分析、数据简化、生存分析、时间序列分析、多重响应等，是 SPSS 统计分析过程中常见的几大类型。每类中又包括多种统计过程，如：相关分析中又分为线性相关分析、偏相关分析、距离分析等多个统计过程，而且在每个过程中用户可以选择不同的方法及参数。SPSS 也有专门供用户根据数据绘制各种图形的绘图系统。此外，其模块化设计也十分人性化，而且为了达到降低对系统硬盘容量的要求，用户可以根据实际需要和计算机的功能选择合适的模块，有利于该软件的推广应用。

SPSS 的优点包括：分析结果明确、直观、易学易用，且可以直接有效地读取 EXCEL 及 DBF 数据文件，目前多种计算机的操作系统均可使用。SPSS 和 SAS、BMDP 并称为国际上最有影响的三大统计软件，且相比之下 SPSS 具有更加突出的优越性。该软件的影响极大，在国际学术交流中，凡是用 SPSS 软件完成的计算和统计分析，均可不必说明算法。自 21.0 版，采用 DAA（distributed analysis architechture，分布式分析系统），全面适应互联网，支持动态收集、分析数据和 HTML 格式报告，在行业各竞争对手中处于领先地位。

1.2　SPSS 主要应用范围及软件特点

1. 主要应用范围

SPSS 在我国社会科学、自然科学的各个领域得到广泛应用，可以在经济学、生物学、心理学、医疗卫生、体育、农业、林业、商业、金融等各个领域进行统计、预测和分析。

2. 软件特点

（1）集数据录入、资料编辑、数据管理、统计分析、报表制作、图形绘制为一体。理论上，在满足计算机硬盘和内存足够大的条件下，无论数据文件中变量的多少、数据处理的复杂程度如何，均可以使用 SPSS 处理。

（2）一般统计学中的所有项目在 SPSS 软件中均有体现，包括常规的集中量数和差异量数、相关分析、回归分析、方差分析、F 检验、t 检验和非参数检验；也包括近期发展的多元回归分析、聚类分析、判别分析、主成分分析和因子分析等多元统计技术，并能在屏幕上显示各种统计图表，如正态分布图、直方图、散点图等。从某种意义上讲，若使用者数学统计的基础知识不充分，可以通过使用 SPSS 软件加深现代统计技术的学习和运用。此外，SPSS 软件不需要使用者了解问题的具体运算过程，可完全利用使用手册对数据做定量分析，仅需要关心应该采用何种统计方法，并初步掌握对计算结果的解释即可。

（3）SPSS 界面完全采用菜单式，一般经过三天培训就可以使一个稍有统计基础的人使用 SPSS 做简单的数据分析，包括绘制图表、简单回归、相关分析等等。因此，应用 SPSS 进行数理统计简单易学，极易上手，不需要花费多少时间和成本，最重要的是在于需要对统计结果作出合理的分析和解释，这不仅要求使用者掌握关于数理统计的基本知识，还应多多实践，进一步了解各种统计结果代表的现实含义。

1.3　SPSS 应用实例

某市场分析报告要对未来 5 年中国重点行业打印机市场作出预测和分析。

主要从产品技术、经营渠道、用户需求变化、产品服务、区域市场等方面对未来五年中国打印机重点行业市场的发展趋势给出定性分析。

然后根据统计数据，通过 SPSS 软件利用历史数据进行未来趋势模拟分析，并运用其他数学手段进行结果修正，给出未来 5 年中国打印机重点行业市场总销量与销售额的定量预测。

同时通过定量预测结合数理统计方法及逻辑等定性分析方法，运用软件给出未来五年重点行业打印机市场的产品、价格、渠道、区域市场的结构定量预测的结果。

2　SAS 软 件 简 介

2.1　SAS 软件概况

SAS 是由美国赛仕软件研究所（SAS Institute Inc.）研制的一套集完备的数据存取、数据管理、数据分析和数据展现功能于一身的大型集成应用软件系统，其功能强大，尤其是对创业产品所具有的强大数据分析能力使其在业内享有盛誉，在数据处理和统计分析领域，被誉为国际上的标准软件和最权威的统计软件包，在政府行政管理、科研、教育、生产和金融等各个领域广泛应用，并发挥着极为重要的作用。SAS 系统中提供众多有效的分析功能，如统计分析、经济计量分析、时间序列分析、决策分析、财务分析和全面质量管理工具等。

SAS 系统也是一个组合软件系统，它由多个功能模块组合而成，其中 BASE SAS 模块是它的基本部分，同时也是 SAS 系统的核心，承担着主要的数据管理任务，并管理用户使用环境，进行用户语言的处理，调用其他 SAS 模块和产品。也就是说，SAS 系统的运行，首先必须启动 BASE SAS 模块，它除了本身所具有的数据管理、程序设计及描述统计计算功能以外，还是 SAS 系统的中央调度室。它除可单独存在外，也可与其他产品或模块共同构成一个完整的系统。通过 BASE SAS 模块可以非常便利地安装及更新其他各模块。

SAS 系统具有灵活的功能扩展接口和强大的功能模块，在 BASE SAS 的基础上，还可以增加如下不同的模块而增加不同的功能：SAS/STAT（统计分析模块）、SAS/GRAPH（绘图模块）、SAS/QC（质量控制模块）、SAS/ETS（经济计量学和时间序列分析模块）、SAS/OR（运筹学模块）、SAS/IML（交互式矩阵程序设计语言模块）、SAS/FSP（快速数据处理的交互式菜单系统模块）、SAS/AF（交互式全屏幕软件应用系统模块）等。SAS 有一个智能型绘图系统，不仅能绘制各种统计图表，还能绘出地图等高度复杂图形。SAS 提供多个统计过程，每个过程均含有极丰富的任选项。用户还可以通过对数据集的一连串加工，实现更为复杂的统计分析。

此外，SAS 还提供了各类概率分析函数、分位数函数、样本统计函数和随机数生成函数，用户能方便地实现特殊统计要求。目前，SAS 软件在教育、科研领域，已作为统计分析的实用标准软件被广大专业研究人员所使用。

2.2　SAS 主要应用范围

1. 预测

SAS 提供了对组织未来的业务活动进行预测的一整套方法，包含多种成熟的预测方法，诸如回归分析、趋势推断、指数平滑和季节模型等。SAS 还提供了许多更加复杂的模型，例如 ARIMA 和 Box-Jenkins 模型等。点击式的时间序列预测系统同时支持自动序列预测和交互式预测模型。

2. 市场研究

SAS 提供了领先的进行市场研究数据分析的统计和图形技术。用户可以使用这些技术编辑、记录、分析和处理市场数据，监控市场趋势，设定价格，计算利润和亏损率，生成报表，然后非常方便地通过企业信息系统对信息进行访问。

2.3　SAS 软件预测市场应用实例

铁路春运客运研究

中国的铁路线路总长迅速增长，但是，仍然无法满足中国人口流动的运力需要，尤其是在春运期间，铁道部门最需迫切解决的问题是如何更加合理地调度现有运力、寻找春运期间影响客运量的主要因素及对其制定合理对策等。

铁路部门在使用 SAS 数据分析预测和数据挖掘工具的基础上，分析了春运期间铁路的客流量，这是为了通过对全国铁路客运总量的分析和预测，尤其是一些大城市，如北京、上海、广州、南京及西安等，进而挖掘春运期间影响铁路客运总量的关键因素。其中，1995、1996 年和 1997 年全年的客运数据，以及 1998 年截止到最新日期能够得到的数据均包含在本次数据挖掘和分析的数据内，客运数据每天都在以超过 40MB 的容量进行增加。所有铁路客运数据都存储在 Sybase 数据库中，并在 IBM 的 RISC/6000 硬件平台上运行。

本次研究分别试验了如下几种方法，并通过对比对其进行分析比较：

（1）采用 SAS/ETS 软件分析铁路客运数据。SAS/ETS 所提供的时间序列模型和分析方法使研究能够更准确地处理数据，寻找影响铁路客运总量的因素，并得出对将来的铁路客运总量较为准确的预测结果。经试验发现，这种分析方法能够在一定程度上预测中国每年及每个时期的客运数据，但是，此方法并不全面，单独使用并不足以很好地解决春运期间对铁路客运数据的预测和分析。

（2）应用 SAS/EM 软件工具处理所得到的数据。在清洗和处理多样化的数据后，使用 SAS/EM 软件中提供的决策树工具进一步挖掘操作之前得到的加工后的数据。通过在客户端应用该软件，实时地改变解释变量的组合。结果发现：农历天的偏移量、民工返潮及一些其他关键性因素和春运期间铁路客运总量有很大关系。这个结果在一定程度上为本次研究提供了很大便利，为在预测过程中对模型进行优化、消除突发性因素对铁路客运总量预测和分析结果的影响提供了很好的方向。

（3）根据运输专家的意见对春运进行研究。运输专家们在多年工作的积累下有了非常丰富的经验。根据他们的经验以及对中国铁路春运情况的了解，纠正数据分析和预测过程中产生的偏差，提高数据挖掘软件的效率，最大限度地发挥包含丰富数据模型工具和分析方法的软件功能。在本次研究中，铁路部门发现了春运期间影响中国铁路旅客运输的一些关键因素，为铁路部门在春运期间合理地调配全国的铁路运力和安排相关车次提供了决策支持。

3　EViews 软 件 简 介

3.1　EViews 软件概况

EViews（Econometric Views）是美国 QMS（Quantitative Micro Software，网址：http：//

www.EViews.com）公司开发的基于 Windows 平台下的经济计量分析软件，其前身是 DOS 操作系统下的 MicroTSP 软件。1.0 版于 1994 年 3 月推出，代替了原先的 MicroTSP 软件，目前最新的是 8.0 版。EViews 软件在 Windows 环境下运行，更多地使用菜单和窗口方式，界面友好，使得本来复杂的数据分析过程变得易学易用。

EViews 软件是一款在众多领域应用广泛的预测分析计量软件，如科学数据分析与评价、金融分析、宏观经济预测、销售预测和成本分析等领域，尤其对经济领域中的时间数据具有强大的分析处理和预测功能。EViews 能够处理以时间序列为主的多种类型的数据，进行包括描述统计、回归分析、传统时间序列分析等基本的数据分析以及建立条件异方差、向量自回归等复杂的计量经济模型。

3.2　EViews 软件的功能

EViews 的对象较为流行，操作起来更为灵活简便，在做数据计量和统计分析时有多种操作方式可供选择，数据管理简单方便。其主要功能有：

（1）采用统一的方式管理数据，通过对象、视图和过程实现对数据的各种操作。

（2）输入、扩展和修改时间序列数据或截面数据，依据已有序列按任意复杂的公式生成新的序列。

（3）计算描述统计量：相关系数、协方差、自相关系数、互相关系数和直方图。

（4）进行 T 检验、方差分析、协整检验、Granger 因果检验。

（5）执行普通最小二乘法、带有自回归校正的最小二乘法、两阶段最小二乘法和三阶段最小二乘法、非线性最小二乘法、广义矩估计法、ARCH 模型估计法等。

（6）对二择一决策模型进行 Probit、logit 和 Gompit 估计。

（7）对联立方程进行线性和非线性的估计。

（8）估计和分析向量自回归系统。

（9）多项式分布滞后模型的估计。

（10）回归方程的预测。

（11）模型的求解和模拟。

（12）数据库管理。

（13）与外部软件进行数据交换。

3.3　EViews 主要应用范围

EViews 软件提供了进行复杂数据分析、回归和预测等的强大工具，主要应用在经济学领域的回归分析与预测（regression and forecasting）、时间序列（Time series）以及横截面数据（cross-sectional data ）分析等。与其他统计软件（如 SAS、SPSS 等）相比，EViews 功能优势是回归分析与预测。

4　其他预测和统计软件

除前面介绍的 SPSS、SAS 等大型统计软件外，市面上还存在许多用于统计预测的软件。有些是独立的程序，有的则是以电子数据表形式出现，还有一些仍然是模板。下面对部分应用较广的软件、程序进行简要介绍。

4.1　Forecast Pro

Forecast Pro 是一个实用的预测软件，其特点在于人工智能技术的应用。一个内置的专家系统首先检查输入的原始数据，然后指导用户进入达到最新技术发展水平的预测技术（指数平滑、博克斯-詹金斯、动态回归、克罗斯顿模型、事件模型和多层模型）并通过对已输入数据进行分析，系统可以做出预测技术方法选择建议。

4.2　Easy Forecaster Plus Ⅰ and Ⅱ

Easy Forecaster Plus Ⅰ and Ⅱ由商业预测研究所开发。软件包括的模型有简单模型、移动平均、指数平滑（一次、两次和霍尔特）、线性趋势和多元回归。这个程序自动选择最佳模型并且用季节性指标来进行月度或季度的预测。

4.3　LifeCast Pro

LifeCast Pro 是预测产品中的新秀，它可以快速地整合不同的经营假定、价格、市场研究、竞争性智力、历史的相似性和专家判断，所有这些都包括在一个基于产品生命周期的图表框中。它融合了统计扩单（diffusion）理论和用户的经验推测，可以使预测结果更符合现实规律，从而进一步提高预测结果的信度和效度。LifeCast Pro 的特征包括：①数据可用性的选择（高/中/无）；②包括各种情形的价格和弹性；③捷克乃夫（Jackknife）稳定性分析；④自动搜索最佳饱和点；⑤搜索范围分析和精确性估计；⑥对成熟产品的生命周期分析；⑦统计性预测方程；⑧使用方便。

4.4　销售额及市场预测工具包（Sales&Market Forecasting Toolkit）

销售额及市场预测工具包是一个电子数据表模板，这个软件可以对销售和市场进行预测，而且即便是对那些只有有限历史数据的新产品以及那些正处于变化之中的产品也适用。这个软件包括 8 种可以进行更加精确预测的有效方法，并且提供了电子表格模型及完整的图形，随时可以处理相关数据。这些方法包括：用户民意调查、整个市场的渗透方法（whole market penetration）、链锁方法（chain method）、策略模型（strategic modeling）、移动平均、指数平滑（exponential smoothing），以及线性回归。

内嵌的宏允许用户自动地输入数据到其预测之中。比如：输入第一个月和最后一个月的数据到一个完整年度的预测中，则复合增长率宏将会自动计算出其他 10 个月的数据。

4.5　Forecast! GFX

Forecast! GFX 的特点在于处理时间序列及趋势分析相关的预测，其可以进行五种时间序列分析：季节性调整、线性和非线性趋势分析、移动平均分析、指数平滑和分解。趋势分析支持线性、指数、双曲线、S-曲线和多项式等几种趋势。其中，双曲线趋势模型是用来分析那些有下限的数据，比如一个石油井的产量和某种特定型号的个人计算机的价格。并且 Forecast! GFX 最多可以执行 10 个不同的多元回归分析。

4.6　ForeCalc

作为电子表格附加的程序，ForeCalc 的特征是可提供 9 种预测技术，并且可以选择自动模式或手动模式，不必再输出或者再次输入数据。在自动模式中，如果使用者更看重电子表格中的历史数据，比如销售额，费用或者净收入，那么 ForeCalc 会检验几种指数平滑模型并挑选出与数据拟合最好的那一个。

预测结果可以更高的或更低的置信水平转移到使用者的电子表格之中。ForeCale 会产生一个曲线图来表示初始数据、预测值以及置信水平限制。ForeCalc 可以从简单的单参数平滑模型、霍尔特的双参数平滑模型、温特的三参数平滑模型、没有趋势的季节模型和霍尔特与温特平滑的减幅版本之中自动地选取最精确的预测技术。

手动模式使用户可以选择趋势的种类和季节，产生九种可能的模型组合。用户可以改变趋势的类型（固定的、线性的或者减幅的），同样也可以改变季节性（没有季节、可加性的季节或者可乘性季节）。

4.7　StatPlan Ⅳ

对于那些懂得如何将统计学运用到商业分析中的用户而言，StatPlan Ⅳ用来进行市场分析、趋势预测和统计建模十分方便。StatPlan Ⅳ允许用户通过极差、平均值、中值、标准方差、偏斜度、峰高度、自相关分析、单向或者双向的方差分析，交叉表以及 t 测验等方法来分析数据。其预测方法包括多元回归、逐步多元回归、多项式回归、双变量曲线方法，自相关分析，趋势和周期分析以及指数平滑。

数据分析输出结果可以用 X-Y 象限图、柱状图形、时间序列图、自相关图、实际与预测的散布图以及频率和百分点表等表示。

4.8　日内瓦统计预测（Geneva Statistical Forecasting）

日内瓦统计预测可以对几千个数据序列进行批量性预测，在面临大数据、大样本预测时具有明显优势（当然有一个前提就是这些数据都是以相同的单位来度量的，如天、星期、月等）。程序会根据用户历史数据的实际情况，自动检验 9 种不同的预测方法，包括 6 种线性和非线性回归方法，以及 3 种指数平滑技术，并从中挑选最合适的方法，并且日内瓦统计预测对于每一个项目都会依次使用这 9 种预测方法。该程序综合了那些可以使数据项目在预测过程变得简单和快速的条件。只要完成了初始预测，用户就可以保存一个数据文件，该文件记录了对每一种数据进行预测所使用的方法。当需要更新这些数据时，用户只要找到这个文件，然后使用相同的预测方法对数据进行重新预测即可。

4.9　预测小精灵（Smart Forecasts）

预测小精灵可以自动地选择合适的预测方法，并且可以允许用户在产生预测结果之前，手动调整预测以反映用户的商务判断。

预测小精灵结合了统计式和判断式的预测方法，可以确定哪一种统计方法能够产生最精确的预测，并且自动进行数据处理。使用 EYEBALL 程序的功能可以调整预测，比如用户需要调整销售预测以便反映预期的广告增加或价格下降所产生的影响，就可以使用这种功能。预测小精灵概括了描述性的统计数据，并能利用柱状图形描绘数据值的分布、用散布图描绘变量并且识别出最具有代表意义的变量。

用户可以使用单指数、双指数平滑以及简单移动平均和线性移动平均来进行预测，可以通过使用温特的指数平滑模型在用户的预测中引入季节性，或者用户可以使用时间序列分解和季节调整来消除季节性。

预测小精灵的另一个特点是可以同时进行多达 60 个变量，每个变量 150 个数据的多元序列预测，并且提供了多元回归用户可以把商业变量引入其中。

4.10　明天（Tomorrow）

明天是一种非常有效的预测程序，采用线性回归、单指数平滑模型、适应性比率单指数平滑模型、布朗单参数双指数平滑、霍尔特的双参数指数平滑、布朗单参数三指数平滑和戈登的三参数减幅度趋势模型的一个最佳组合。

Tomorrow 具有以下特点：①用户可手动确定周期，或者自动地计算周期；②用户可以同时对不同的时间序列采取几种预测（比如，不同地区的销售数据）；③识别和预测时间序列标题（月份、名称等）；④可以自由地使预测成为电子表格的一个正常部分；⑤用户可以察看电子表格的任何部分（包括预测部分），而不需要退出 Tomorrow；⑥检查和防止非空的单元格或者已保护的单元格被偶然覆盖；⑦可以选择一种注释模式，在该种模式下可以标记出用来预测的单元格，计算 MAPE，并且在季节性是自动确定的情况下，描述该季节性；⑧识别并预测公式化的单元格，并能处理水平和垂直式电子表格；⑨无需重新格式化已经存在的电子表格；⑩可以接受多达 30 行列的历史数据。

4.11　Micro TSP

Micro TSP 提供了实际经济计量和预测工作中最常用的工具，包括描述性统计和范围非常广泛的单方程预测技术，这些技术包括普通的最小二乘法、多元回归、两阶段最小二乘法、非线性最小二乘法和 probit 和 logit。预测工具包括各种指数平滑（包括单指数和双指数）、温特平滑和博克斯—詹金斯方法。

4.12　Sibyl/Runner

Sibyl/Runner 是一个出色的交互式预测系统。除可提供所有的主要预测方法以外，该软件包还可以分析数据，推荐可使用的预测方法，比较结果，并且提供几种精确的度量手段，从而使得用户在不同的经济环境条件下，可以相对容易地挑选出一个合适的方法和预测所需要的数据。

4.13　Forecast Plus

Forecast Plus 是一个优秀的使用人工智能的预测软件，一个嵌入式的专家系统，会检验用户的数据，然后指导用户使用 13 种预测方法，其中包括指数平滑、博克斯—詹金斯方法或回归，可提供一种与数据最匹配的推荐方法。

该软件有以下特点：①简单的菜单系统；②很强的绘图功能；③选择一种合适的预测技术的能力；④有能力处理预测分析的所有阶段；⑤优化平滑系数。

上述各种统计分析软件各有特点，并各有其适用范围，操作上有的简单通俗，有的则需要专业的技能才能运用自如。因此，根据预测目的、历史数据、预测精度、设备条件等客观情况，以及预测人员专业水平等主观因素，选择合适的预测方法和工具十分重要。

附录 C　Excel 在市场预测中的应用

1　Excel 在回归分析预测中的应用

1.1　Excel 在一元线性回归预测中的应用

【例 C-1】　某地区每年汽车平均拥有量与平均货运周转量密切相关，数据如图 C-1 所示。试预测平均货运周转量 X_1 为 270 万 t·km 时的汽车平均拥有量 Y_1。

在 Excel 中执行步骤如下：

（1）执行【工具】菜单中的【数据分析】指令，这时在屏幕上出现如图 C-2 所示的对话框。

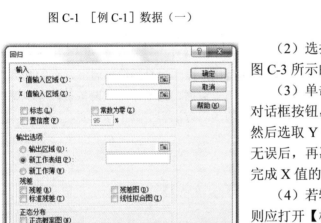

图 C-1　［例 C-1］数据（一）　　　　　　图 C-2　【数据分析】对话框

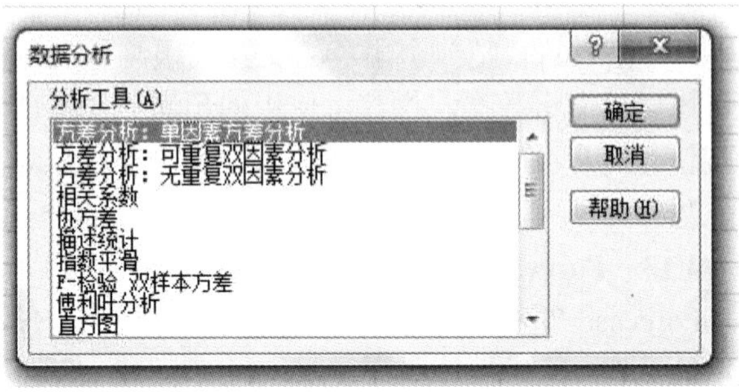

图 C-3　［例 C-1］【回归】对话框

（2）选择【回归】选项，这时在屏幕上出现如图 C-3 所示的对话框。

（3）单击"Y 值输入区域"对话框右边的折叠对话框按钮，这时屏幕上显示的画面如图 C-4 所示，然后选取 Y 值区域，结果如图 C-5 所示，确认输入无误后，再次单击折叠对话框按钮。同样方法，可完成 X 值的输入。

（4）若输入的第 1 行（不论 X，Y）为标志，则应打开【标志】复选框。在本例中输入的第 1 行为观测行，故不需打开【标志】复选标。【常数为零】复选框指明截距项为零，亦即回归线过原点。【置信度】复选框的预设值为 95%，如果需要，可以打开【置信度】复选框，再输入自定的值。

（5）输出范围的输入与 X 和 Y 的输入相同，指明输出的左上角单元格即可。

（6）如果需要，可打开【残差】、【残差图】、【标准残差】、【线性拟合图】、【正态概率图】复选框。

（7）本例输入完成后，画面显示如图 C-6 所示，单击【确定】，得到本例的回归结果，如图 C-7 和图 C-8 所示。

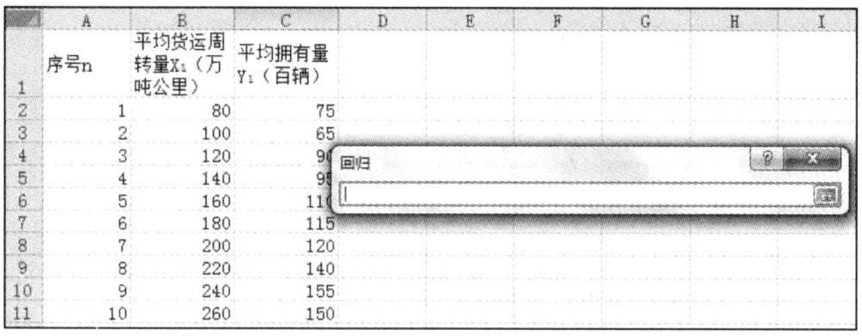

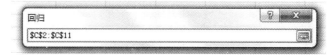

图 C-4　单击折叠对话框按钮后的画面

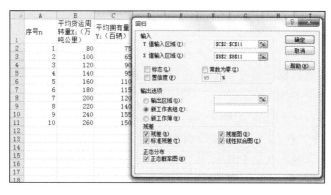

图 C-5　选取 Y 值区域后的画面

图 C-6 ［例 C-1］数据（二）

SUMMARY OUTPUT

回归统计	
Multiple	0.976085
R Square	0.952741
Adjusted	0.946834
标准误差	7.08712
观测值	10

方差分析

	df	SS	MS	F	gnificance F
回归分析	1	8100.682	8100.682	161.2805	1.39E-06
残差	8	401.8182	50.22727		
总计	9	8502.5			

	Coefficien	标准误差	t Stat	P-value	Lower 95%	Upper 95%	下限 95.0%	上限 95.0%
Intercept	27.27273	7.000689	3.895721	0.004572	11.12911	43.41634	11.12911	43.41634
X Variabl	0.495455	0.039013	12.69963	1.39E-06	0.40549	0.585419	0.40549	0.585419

图 C-7　一元线性回归结果（一）

RESIDUAL OUTPUT

观测值	预测 Y	残差	标准残差
1	66.90909	8.090909	1.210887
2	76.81818	-11.8182	-1.76871
3	86.72727	3.272727	0.489797
4	96.63636	-1.63636	-0.2449
5	106.5455	3.454545	0.517008
6	116.4545	-1.45455	-0.21769
7	126.3636	-6.36364	-0.95238
8	136.2727	3.727273	0.557825
9	146.1818	8.818182	1.319731
10	156.0909	-6.09091	-0.91157

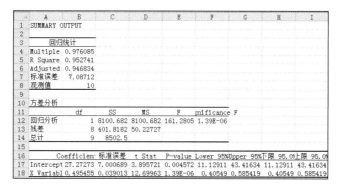

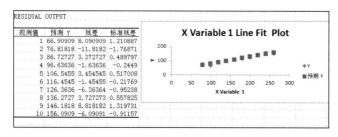

图 C-8　一元线性回归结果（二）

（8）根据回归结果（一）和（二），可得：

1）回归方程如下

$$\hat{Y}_1 = 24.45 + 0.509 X_i$$

其中　　　　　　　　　　$\hat{\beta}_1 = 24.45, \quad \hat{\beta}_2 = 0.509$

2）决定系数 r^2。检验线性关系的显著性

$$r^2 = 0.962$$

表示在平均拥有量的总误差中，大约有 96% 的误差是由平均货运周期量作出解释的，因此该回归直线拟合程度非常好。

3）残差为

$$\Sigma e_i^2 = 337.27$$

扰动项方差为

$$S^2 = 42.16$$

β 的标准差为

$$S_{\beta_1} = 6.414 < \hat{\beta}_1 ; \quad S_{\beta_2} = 0.0357 < \hat{\beta}_2$$

显然参数估计值通过标准误差检验，在统计上是显著的。

4）β 的 t 检验和区间估计。

t 的统计量分别为 $t_1^* = 3.813$，$t_2^* = 14.243$。

选定 5% 显著水平，在具有 10-2=8 个自由度时，查 t 分布表得：$t_{0.025} = 2.306$。显见，参数估计值在统计上是显著的。其置信区间分别为

$$9.664 < \beta_1 < 39.245$$
$$0.426 < \beta_2 < 0.592$$

5）预测。

将平均货运量值 $X=270$ 代入回归方程，求得平均拥有量估计值 $\hat{Y} = 16$，在平均概念下，当 $X_0 = 270$ 时，对 $E(Y_0 | X_0)$ 的 95% 置信区间为

$$145.31 < E(Y_0 | X_0) < 178.45$$

回归结果（二）显示残差与预测值、最佳适配曲线图。根据需要，还可显示概率数据输出表、残差图以及正态概率图，只需单击【回归】对话框中的相应复选框即可。

1.2　Excel 在多元线性回归预测中的应用

【例 C-2】　某省年消费支出、国民收入使用额和平均人口数资料如图 C-9 所示，试配合适当的回归模型并进行各种检验。若该省某年国民收入使用额为 670 亿元，平均人口数为 5 800 万人，当显著水平为 5% 时，试估计某年消费支出的预测区间。

本例应用 Excel 时使用【工具】、【数据分析】指令，再选定【回归】选项，就会显示【回归】分析对话框，输入 Y 区域和 X 区域，选择需要打开的相应复选框。本例输入完成如图 C-10 所示。单击【确定】按钮，得到回归结果，如图 C-11 和图 C-12 所示。

根据回归结果（一）和（二），可得：

1. 回归方程

$$\hat{Y} = -29.479829 + 0.496875 X_2 + 0.664984 X_3$$

	A	B	C	D
1	年份	消费支出（十亿元） Y	国民收入使用额（十亿元） X₂	平均人口数（百万人） X₃
2	1	9	12.1	48.2
3	2	9.5	12.9	48.9
4	3	10	13.8	49.54
5	4	10.6	14.8	50.25
6	5	12.4	16.4	51.02
7	6	16.2	20.9	51.84
8	7	17.7	24.2	52.02
9	8	20.1	28.1	52.76
10	9	21.8	30.1	53.69
11	10	25.3	35.8	54.55
12	11	31.3	48.5	56.16
13	12	36	54.8	56.98

图 C-9 ［例 C-2］数据

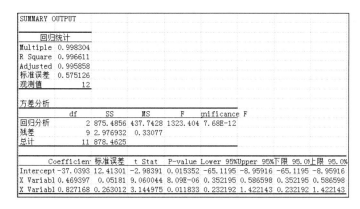

图 C-10 ［例 C-2］【回归】对话框

SUMMARY OUTPUT

回归统计	
Multiple	0.998304
R Square	0.996611
Adjusted	0.995858
标准误差	0.575126
观测值	12

方差分析

	df	SS	MS	F	gnificance F
回归分析	2	875.4856	437.7428	1323.404	7.68E-12
残差	9	2.976932	0.33077		
总计	11	878.4625			

	Coefficien	标准误差	t Stat	P-value	Lower 95%	Upper 95%	下限 95.0%	上限 95.0%
Intercept	-37.0393	12.41301	-2.98391	0.015352	-65.1195	-8.95916	-65.1195	-8.95916
X Variabl	0.469397	0.05181	9.060044	8.09E-06	0.352195	0.586598	0.352195	0.586598
X Variabl	0.827168	0.263012	3.144975	0.011833	0.232192	1.422143	0.232192	1.422143

图 C-11 多元回归结果（一）

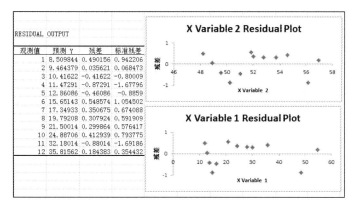

图 C-12 多元回归结果（二）

其中

$$\hat{\beta}_1 = -29.479829, \quad \hat{\beta}_2 = 0.496, \quad \hat{\beta}_3 = 0.664$$

2. R 检验

$R^2=0.998811$，当 $\alpha=0.05$，$n-k=12-3=9$ 时，$R_{0.05 (9)} =0.697$，说明相关关系显著。$\hat{R}^2=$ 0.997095。

3. F 检验

$$F=1888.95$$

当 $\alpha=0.05$ 时，$F_{0.05 (9-1, 12-3)} =4.26$，说明回归效果非常显著。

残差为

$$\Sigma e_i^2 =337.27$$

扰动项方差为

$$S^2=42.16$$

4. t 检验

$$S=0.481\ 637$$

$\hat{\beta}_1$、$\hat{\beta}_2$、$\hat{\beta}_3$ 的标准误差分别为

$$S_{\hat{\beta}_1} = 7.435075454, \quad S_{\hat{\beta}_2} = 0.032550732, \quad S_{\hat{\beta}_3} = 0.157016$$

t 统计量为：

$$t_1=-3.964\ 967\ 1$$
$$t_2=15.264\ 622\ 9$$
$$t_3=4.235\ 130\ 67$$

当 $\alpha=0.05$ 时，$t_{0.05 (2, 12-3)} =2.26$，因为 t_1、t_2 和 t_3 的绝对值均大于 2.26，显然参数估计值通过 t 检验，在统计上是显著的，可以认为国民收入使用额和年平均人口数对该省消费支出有显著影响。

$\hat{\beta}_1$、$\hat{\beta}_2$ 和 $\hat{\beta}_3$ 的置信区间分别为

$$-46.2992<\beta_1<-12.6605$$
$$0.42324<\beta_2<0.57051$$
$$0.309788<\beta_3<1.020179$$

5. $D.W$ 检验

$$D.W = \frac{\sum_{i=2}^{n} (e_i - e_{i-1})^2}{\sum_{i=2}^{n} e_i^2} = 1.955939058$$

当 $\alpha=0.05$ 时，$k=3$，$n=12$，查 $D.W$ 检验表，因为 $D.W$ 检验表中样本容量 n 最低为 15，故取 $d_L=0.82$，$d_U=1.75$，即 $D.W$ 统计量在 $d_U=1.75<D.W=1.955\ 939<4-d_U=2.25$ 之间。检验结果表明回归模型不存在自相关。

综合以上可得结论：该回归模型为一个较优良的回归模型，可以用来预测。

6. 预测

将国民收入使用额 $X_2=67$ 和平均人口数 $X_3=58$ 代入回归模型，求得消费支出的估计值为 $\hat{Y}=42.379\ 824$，预测区间为

$$41.291\ 324<Y<43.468\ 32$$

图 C-12 显示了残差与预测值、最佳适配曲线。根据需要，还可显示概率数据输出表、残差图以及正态概率图，只需单击【回归】对话框中的相应复选框即可。

1.3　Excel 在非线性回归预测中的应用

【例 C-3】 设 12 个同类企业的月产量与单位产品成本的资料如表 C-1 所示。试配合适当的回归模型分析月产量与单位产品成本之间的关系。

表 C-1　　　［例 C-3］　数　据

企业编号	月产量 X	单位产品成本 Y（元）	企业编号	月产量 X	单位产品成本 Y（元）
1	10	160	7	40	75
2	16	151	8	45	76
3	20	114	9	51	66
4	25	128	10	56	60
5	31	85	11	60	61
6	36	91	12	65	60

1. 回归模型与初始值的选择

根据资料散点图，该数据应配以指数模型 $Y=\beta_0\beta_1^X$，对指数模型两边取对数，化指数模型为线性回归模型，然后采用最小平方法求出初始值，即

$$\lg Y=\lg\beta_0+X\lg\beta_1$$

令 $Y'=\lg Y$，$\beta_0'=\lg\beta_0$，$\beta_1'=\lg\beta_1$，则上述指数模型变为 $Y'=\beta_0'+X\beta_1'$。

$$\beta_0'=0.00831 \quad \beta_1'=2.26108$$

在 Excel 中，选取【工具】→【数据分析】→【回归】，打开该复选框，求出参数为（见图 C-13）

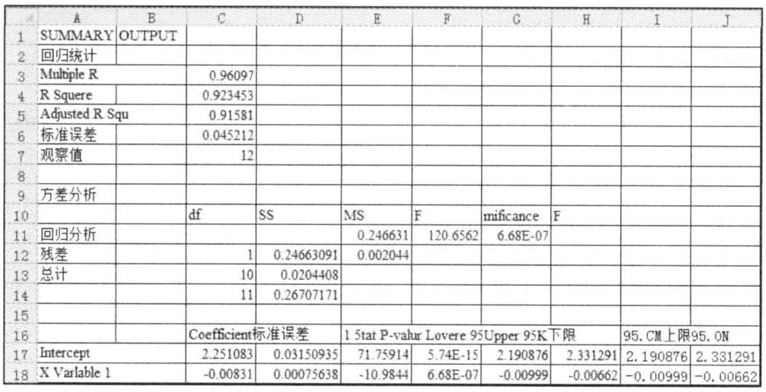

	A	B	C	D	E	F	G	H	I	J
1	SUMMARY	OUTPUT								
2	回归统计									
3	Multiple R		0.96097							
4	R Squere		0.923453							
5	Adjusted R Squ		0.91581							
6	标准误差		0.045212							
7	观察值		12							
8										
9	方差分析									
10			df	SS	MS	F	mificance	F		
11	回归分析				0.246631	120.6562	6.68E-07			
12	残差		1	0.24663091	0.002044					
13	总计		10	0.0204408						
14			11	0.26707171						
15										
16			Coefficient标准误差		1 5tat P-valur Lovere 95Upper 95K下限				95. CM上限95. 0N	
17	Intercept		2.251083	0.03150935	71.75914	5.74E-15	2.190876	2.331291	2. 190876	2. 331291
18	X Varlable 1		-0.00831	0.00075638	-10.9844	6.68E-07	-0.00999	-0.00662	-0. 00999	-0. 00662

图 C-13 ［例 C-3］回归结果

对 β_0' 及 β_1' 分别求反对数（在 Excel 中选取【插入】→【函数】，显示屏上会出现一个对话框，选取【Power】函数，按要求输入可求得反对数），得初始值

$$\beta_0=182.424\,601\,6，\beta_1=0.981\,051\,254$$

初始回归模型

$$\hat{Y}_t(0)=182.4246016\times0.981051254X_i$$

残差平方和

$$SSR^{(0)} = \Sigma[Y_i - \hat{Y}_t(0)]^2 = 1124.131309$$

在 Excel 中应用函数，相关计算结果见图 C-14。

	A	B	C	D	E	F	G
1	企业编号	月产量X	单位产品成本Y(元)	lgY	Yi(1)	Y-Yi(1)	(Y-Yi(1))
2	1	10	160	2.20412	150.66084	9.3391614	87.219935
3	2	15	151	2.1789769	134.32305	16.67695	278.12045
4	3	20	114	2.0569049	124.42778	-10.42778	108.7386
5	4	25	128	2.10721	113.0774	14.9226	222.68377
6	5	31	85	1.9294189	100.8152	-15.8152	250.1206239
7	6	35	91	1.9590414	91.61878	-0.61878	0.3828909
8	7	40	75	1.8750613	84.86943	-9.86943	97.4057149
9	8	45	76	1.8808136	77.127595	-1.127595	1.271470588
10	9	51	66	1.8195439	66.763816	-0.763816	7.638682829
11	10	56	60	1.7781513	62.491142	-2.491142	6.205788315
12	11	60	61	1.7853298	57.88656	3.11344	9.687277307
13	12	65	60	1.7781513	52.607024	7.392976	54.65608795
14	合计						1124.131292

图 C-14　计算结果

2. 泰勒级数展开式

先对指数模型 $\hat{Y}_t = \beta_0 \beta_1^X$ 中的 β_0 和 β_1 分别求偏导数

$$\frac{\partial \hat{Y}_t}{\partial \beta_0} = \beta_1^{X_i} = 0.981051254^{X_i}$$

$$\frac{\partial \hat{Y}_t}{\partial \beta_1} = \beta_0 X_i \beta_1^{X_i-1} = 182.4246016 \times 0.981051254^{X_i-1} X_i$$

然后用泰勒级数展开指数模型，移项整理。

3. 求出第一次迭代值

做第一次迭代，得 $\gamma_0 = 12.051\ 875\ 59$，$\gamma_1 = -0.001\ 810\ 807$。

第一次迭代值

$$\hat{\beta}_{01} = \hat{\gamma}_0 + \hat{\beta}_{00} = 194.4764771$$

$$\hat{\beta}_{11} = \hat{\gamma}_1 + \hat{\beta}_{10} = 0.982862061$$

第一次迭代回归模型

$$\hat{Y}_t(1) = 194.4764771 \times 0.982862^X$$

4. 精确度检验

残差平方和

$$SSR^{(1)} = \Sigma[Y_i - \hat{Y}_i(1)]^2 = 999.3835501。$$

给定误差率 $K = 0.001$，则

$$\left| \frac{SSR^{(1)} - SSR^{(0)}}{SSR^{(1)}} \right| = \left| 1 - \frac{1124.131309}{999.3835501} \right| = 0.1248 > K$$

做下一次迭代。

5. 重复迭代

将 $\hat{\beta}_{01}$ 代回做第二次迭代，得 $\gamma_0 = 0.687\ 742\ 656$，$\gamma_1 = -0.000\ 105\ 529$。

第二次迭代值

$$\hat{\beta}_{02} = \hat{\gamma}_0 + \hat{\beta}_{01} = 195.1642198$$

$$\hat{\beta}_{12} = \hat{\gamma}_1 + \hat{\beta}_{11} = 0.97913492$$

第二次迭代回归模型

$$\hat{Y}_i(2) = 195.1642198 \times 0.979134$$

残差平方和

$$SSR^{(2)} = \Sigma[Y_i - \hat{Y}_i(2)]^2 = 999.0048928$$

误差率

$$\left| \frac{SSR^{(2)} - SSR^{(1)}}{SSR^{(2)}} \right| = \left| 1 - \frac{999.3835591}{999.0048928} \right| = 0.000379$$

误差率达到要求，停止迭代。

从［例 C-3］可以看出，逐次线性概似法经过数次迭代后，估计回归系数将逼近最佳的待估回归系数，使残差平方和达到最小，从而明显地克服了最小平方法的不足。

2　Excel 在时间序列平滑预测中的应用

2.1　Excel 在移动平均预测中的应用

移动平均预测是一种最简单的自适应预测模型。它具体分为一次移动平均预测和二次移动平均预测。利用 Excel 的【数据分析】工具中的【移动平均】命令可以快速得出预测结果。

【例 C-4】数据如图 C-15 中单元格 A1：B10 所示（$n=3$）。

二次移动平均预测的步骤如下：

（1）首先输入图 C-15 中单元格 A1：B10 的数据，为说明问题的方便，此处还事先在单元格 C1：F1 中输入如图 C-15 所示的信息。

	A	B	C	D	E	F
1	时期t	指标Y_t'	Y_t'	Y_t''	a_t	b_t
2	1	265.08				
3	2	304.27				
4	3	332.37	300.57333			
5	4	366.78	334.47333			
6	5	409.58	369.57667	334.87444	404.2789	34.70222
7	6	452.84	409.73333	371.26111	448.2056	38.47222
8	7	536.29	466.23667	415.18222	517.2911	51.05444
9	8	620.01	536.38	470.78333	601.9767	65.59667
10	9	575.67	577.32333	526.64667	683.5556	72.89889

图 C-15　范例数据

（2）从【工具】菜单中选择【数据分析】命令，弹出【数据分析】对话框。

（3）在【数据分析】对话框中选择【移动平均】命令，弹出【移动平均】对话框，在其中的编辑框中输入信息后，画面如图 C-16 所示。

（4）单击【确定】按钮，运算结果见图 C-15 中的单元格 C4：C10。

（5）重复步骤（2）、（3），对一次移动平均数序列再做一次移动平均，其中，【移动平均】对话框中的信息输入如图 C-17 所示。

（6）单击【确定】按钮，运算结果见图 C-15 中的单元格 D6：D10。

（7）在单元格 E6 中输入公式：

$$=2*C6-D6$$

图 C-16 【移动平均】对话框（一）

图 C-17 【移动平均】对话框（二）

并拖动填充柄至 E10；然后在单元格 F6 中输入公式：

$$=（2×C6-D6）$$

并拖动填充柄至 F10，运算结果如图 C-15 中单元格 E6：F10 所示。

如果现在处于第 9 期，并要预测第 10 期的指标值，则可利用公式 $\hat{y}_{t+T}=a_t+b_t XT$ 进行预测

$$\hat{y}_{9+1}=683.56+72.90×1=75$$

第 11 期的预测值为

$$\hat{y}_{9+2}=683.56+72.90×2=82$$

2.2　Excel 在指数平滑预测中的应用

【例 C-5】数据如图 C-18 中单元格 A3：B18 所示，为了分析问题的方便，本例在计算之前事先在单元格 A1：L2 中输入如图 C-15 所示的信息，分别取 $α=0.3$，$α=0.7$。二次指数平滑预测的步骤如下：

	A	B	C	D	E	F	G	H	I	J	K	L
1	时期	指标			a=0.3					a=0.7		
2	t	Y_t	St(1)	St(2)	at	bt	$\hat{Y}_{(t=1)}$	St(1)	St(2)	at	bt	$\hat{Y}_{(t=1)}$
3	0		957.06	957.06				957.06	957.06			
4	1	957.05	957.06	957.06	957.05	0.00		957.06	957.06	957.05	0.00	
5	2	957.09	957.07	957.06	957.07	0.00	957.06	957.08	957.07	957.09	0.01	957.06
6	3	957.20	957.11	957.08	957.14	0.01	957.08	957.16	957.14	957.19	0.05	957.10
7	4	957.21	957.14	957.09	957.18	0.02	957.15	957.20	957.18	957.21	0.04	957.25
8	5	957.37	957.21	957.13	957.29	0.03	957.32	957.36	957.30	957.36	0.10	957.26
9	6	957.43	957.27	957.17	957.38	0.04	957.32	957.40	957.36	957.43	0.08	957.46
10	7	957.48	957.34	957.22	957.45	0.05	957.45	957.43	957.48	957.48	0.07	957.53
11	8	957.53	957.39	957.27	957.52	0.05	957.50	957.51	957.48	957.53	0.06	957.55
12	9	957.61	957.46	957.33	957.59	0.06	957.57	957.58	957.55	957.61	0.07	957.59
13	10	957.65	957.52	957.39	957.65	0.06	957.64	957.63	957.61	957.65	0.05	957.68
14	11	957.79	957.60	957.45	957.75	0.06	957.70	957.74	957.70	957.78	0.10	957.71
15	12	957.88	957.68	957.52	957.85	0.07	957.81	957.85	957.80	957.88	0.10	957.88
16	13	958.04	957.79	957.60	957.98	0.08	957.92	957.98	957.92	958.03	0.13	957.98
17	14	958.29	957.94	957.70	958.18	0.10	958.06	958.23	958.12	958.28	0.19	958.16
18	15	958.54	958.12	957.83	958.41	0.13	958.28	958.44	958.34	958.53	0.23	958.47

图 C-18　二次指数平滑预测范例数据

（1）本例时间序列项数较多，所以取初始值 $S_{0(2)}=S_{0(1)}=Y_1$，因此分别在单元格 C3、D3 中输入 957.06，在单元格 C4 中输入公式：

$$=0.3*B4+0.7*C3$$

并拖动填充柄至 C18，计算出相应的一次指数平滑值。

（2）在单元格 D4 中输入公式：

$$=0.3*C4+0.7*D3$$

并拖动填充柄至 D18，计算出相应的二次指数平滑值。

（3）在单元格 E4 中输入公式：

$$=2*C4-D4$$

并拖动填充柄至 E18，计算出相应的平滑系数 a_t。

（4）在单元格 F4 中输入公式：

$$=0.3*（C4-D4）/0.7$$

并拖动填充柄至 F18，计算出相应的平滑系数 b_t。

（5）当预测期 T=1 时，在单元格 G5：G18 计算出相应的预测值，如图 C-18 中 L 列所示。

利用 Excel 图表向导可以很方便地得到反映第 1～15 期实际值情况的图表（参见图 C-19），从图表中可以很直观地预测出第 12 期之后的值是呈增长趋势的，因此，结合实际情况，α 取 0.7 更合理。

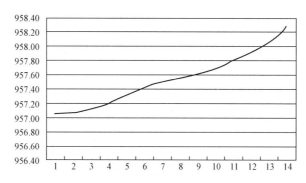

图 C-19　第 1～15 期实际值分布的折线图

2.3　Excel 在趋势曲线预测中的应用

趋势曲线预测法是长期趋势预测的主要方法，它是根据时间序列的发展变化趋势，配合合适的趋势曲线模型，利用模型来推测未来的趋势值。

某公司 2003～2014 年的产品出口量如图 C-20 中的 A、C 列所示，试预测 2015 年的产品出口量。

预测步骤如下：

（1）在 Excel 表中输入如图 C-20 中 A、B、C 列所示的数据。

（2）利用 Excel 的图表向导功能，输出反映该公司各年出口量的图表，见图 C-21，可以看出，各年出口量的发展趋势呈现为指数曲线，因此可以配合指数曲线预测模型来预测。

	A	B	C	D	E	F	G
1	年份	时序号t	产量Y_t	lgY_t	tlgY_t	t^2	$\hat{Y}_t$
2	2003	-11	704	2.84757	-31.3233	121	641
3	2004	-9	846	2.92737	-26.3463	81	839.2
4	2005	-7	1093	3.03862	-21.2703	49	1098.8
5	2006	-5	1444	3.15957	-15.7979	25	1438.7
6	2007	-3	1812	3.25816	-9.7745	9	1883.7
7	2008	-1	2299	3.36154	-3.3615	1	2466.4
8	2009	1	2971	3.4729	3.4729	1	3229.2
9	2010	3	4123	3.61521	10.8456	9	4228
10	2011	5	5553	3.74453	18.7227	25	5535.8
11	2012	7	7621	3.88201	27.1741	49	7248.1
12	2013	9	9575	3.98114	35.8303	81	9490
13	2014	11	13131	4.1183	45.3013	121	12425.3
14	合计	-	-	41.40692	33.4731	572	50524.2

图 C-20　指数曲线预测范例数据及相关数据计算

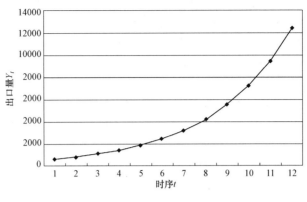

图 C-21 输出图表

（3）分别在 D、E、F 列计算 $\lg Y_t$、$t\lg Y_t$、t^2 的值，方法是：

在单元格 D2 输入公式"=LOGl0（C2）"，并拖动填充柄到 D13；

在单元格 E2 输入公式"=B2*D2"，并拖动填充柄到 E13；

在单元格 F2 输入公式"=B2*B2"，并拖动填充柄到 F13。

相应的计算结果见图 C-20 中的 D2：F13。

	C	D
15	lga	3.45058
16	lgb	0.05852
17	a	2822.13
18	b	1.14425

图 C-22 $\lg a$、$\lg b$ 和参数 a、b 值的计算结果

（4）在单元格 D14 中输入公式"=SUM(D2：D13)"，在单元格 E14 中输入公式"=SUM(E2：E13)"，在单元格 F14 中输入公式"=SUM(F2：F13)"，求得相应的合计值。

（5）分别在单元格 D15：D18 中输入公式，求得 $\lg a$、$\lg b$ 和参数 a、b 的值，见图 C-22。因此可得指数曲线预测模型为

$$\hat{y}_t = 2822.13 \times (1.14425)^t$$

（6）将各年的 t 值代入预测模型，可得各年追溯预测值，方法是在单元格 G2 输入公式"=2822.13*1.144 25^B2"，并拖动填充柄至 G13，结果如图 C-20 中单元格 G2：G13 所示。

（7）以 $t=13$ 代入预测模型，可得 2015 年该公司的出口量的预测值。我们可以在单元格 G14 中输入公式"=2822.13*（1.144 25）^13"，求得 $\hat{y}=16\,268.6$。

3 Excel 在马尔科夫预测中的应用

3.1 Excel 在市场占有率预测中的应用

市场占有率是指在一定地理范围内，某一类商品因为具有相同的用途或性质而相互竞争，那么在这类商品的整个销售市场上，每一种品牌的产品的销售额（销量）占该类商品总销售额（销量）的份额即为该品牌产品的市场占有率。

【例 C-6】现在以东南亚各国的味精市场占有率预测为例进行说明。对东南亚各国行销上海、日本和香港的三种味精，要预测在未来若干个月以后的市场占有情况。具体步骤是：

（1）进行市场调查，得到购买上海、日本、香港味精的顾客各占的百分比。调查的结果是买上海味精的占 40%，买日本和香港的各占 30%。

（2）调查顾客偏好的变化情况。如本次购买上海味精的人在下次不一定再购买上海味精，而可能购买日本或者是香港的味精，我们想得到下次购买各种味精的百分比。调查的结果如表 C-2 所示。

表 C-2　　　味精购买顾客偏好变化表

	下次所处状态（t+1）			
	P_{ij}	上海	日本	香港
本次所处状态（t）	上海	0.4	0.3	0.3
	日本	0.6	0.3	0.1
	香港	0.6	0.1	0.3

在以上数据的基础上，即可进行市场份额的预测。

假设三种味精的质量和价格同比例的发生变化，同时人们对味精的效用保持不变，平均每个月人们购买一次味精，因此可以使用表 C-2 中的数据进行马尔科夫预测。

将表 C-2 的内容录入 Excel 表中，如图 C-23 所示。我们要得到 3 个月后市场的变化情况，可以在单元格 C9 中写入“=mmultn（C3：E5，3，2）”，用与上节同样的方法在 C9:E11 中依次列出数组的其他数据，得到如图 C-24 所示的数据表格。

	A	B	C	D	E
1				t+1	
2		P_{ij}	上海	日本	香港
3		上海	0.4	0.3	0.3
4	t	日本	0.6	0.3	0.1
5		香港	0.6	0.1	0.3

图 C-23　味精购买顾客偏好的变化表

图 C-24 说明，原来购买上海味精的人 3 个月后仍然购买上海味精的人占 49.6%，而购买日本和香港味精的人分别占 25.2%和 25.2%。

记现在上海味精、日本味精和香港味精的市场占有率分别为 P_{01}、P_{02}、P_{03}，那么 3 个月后上海味精的市场占有率是

$$P_{31}=P_{01}P_{11(3)}+P_{02}P_{21(3)}+P_{03}P_{31(3)}$$

日本味精的市场占有率是

$$P_{32}=P_{01}P_{12(3)}+P_{02}P_{22(3)}+P_{03}P_{32(3)}$$

香港味精的市场占有率是

$$P_{33}=P_{01}P_{13(3)}+P_{02}P_{23(3)}+P_{03}P_{33(3)}$$

上面的计算可以在 Excel 表中实现。

	A	B	C	D	E	F
1		上海	0.4	0.3	0.3	
2	t	日本	0.6	0.3	0.1	
3		香港	0.6	0.1	0.3	
4						
5						
6				t+3		
7		P_{ij}	上海	日本	香港	
8		上海	0.496	0.252	0.252	
9	t	日本	0.504	0.252	0.244	
10		香港	0.504	0.244	0.252	
11						

图 C-24　3 个月后顾客偏好的变化表

	A	B	C	D	E	F
1	t+1			市场占有率		
2	日本	香港		t	t+3	
3	0.3	0.3		0.4		
4	0.3	0.1		0.3		
5	0.1	0.3		0.3		
6						
7	t+3					
8	日本	香港				
9	0.252	0.252				
10	0.252	0.244				
11	0.244	0.252				

图 C-25　三期后市场占有率预测

在单元格中H3写入“=TRANSPOSE（MMULT（TRANSPOSE（G3：G5），C9：E11））”，然后在单元格H3：H5中列出数组的其他元素，如图C-25所示。

3.2　预测市场销售状态

企业的产品由于受到各种因素的影响和制约，其销售状态经常变化，有时畅销有时滞销，在预测产品销售状态时，马尔科夫预测法是一种比较有效的方法。

【例C-7】某企业的某产品通常有畅销和滞销2种情况。经调查，当该产品在某月畅销时，下个月继续畅销的概率为0.7，而由畅销转为滞销的概率为0.3；当该产品在某月处于滞销状态时，下个月继续滞销的概率为0.6，而由滞销转为畅销的概率为0.4。已知该产品现在处于畅销状态，试对该产品今后的销售状态进行预测。

利用马尔科夫法预测该产品未来的销售状态如图C-26所示，具体预测步骤如下：

	A	B	C	D	E	F	G
1		基本销售状态				马尔科夫预测	
2		畅销	滞销		月份	概率	
3	畅销	0.7	0.3			畅销	滞销
4	滞销	0.6	0.4		0	1	0
5					1	0.7	0.3
6					2	0.67	0.33
7					3	0.667	0.333
8					4	0.6667	0.3333
9					5	0.6667	0.3333
10					6	0.6667	0.3333

图C-26　运用马尔科夫法预测某产品未来的销售状态

步骤1：首先在单元格B3：C4中输入两种状态转换的矩阵概率；

步骤2：在单元格F4中输入“1”，在单元格G4中输入“0”，即目前的销售状态，单元格F4：G4中的数据表示目前的销售状态矩阵。

步骤3：选取单元格F5：G5，输入数组公式“=MMULT(F4：G4，B3：C4)”，选中此单元格区域，采用填充复制的方法将其往下一直复制，直到数据变化甚微或不再变化为止。

可见，随着月份的增大，某产品处于畅销状态的概率趋于0.6667，而处于滞销状态的概率趋于0.3333。所以，可以认为1年后处于畅销状态的概率为0.6667，处于滞销状态的概率为0.3333。

3.3　期望利润预测

在进行企业利润预测时也常用马尔科夫法。比如某产品的销售有3种情况，畅销、正常和滞销。表C-3是调查所得的一步状态转移概率矩阵。

表C-3　　产品销售一步状态转移概率

	状态（*t*+1）			
	P_{ij}	畅销	正常	滞销
状态（*t*）	畅销	0.125	0.500	0.375
	正常	0.364	0.455	0.182
	滞销	0.400	0.600	—

在产品销售情况变化时，利润也会变化，表C-4是状态发生变化时利润的变化情况。

表 C-4　　　　　　　　　　　　　利 润 增 减 矩 阵　　　　　　　　　　　　　万元

P_{ij}	畅销	正常	滞销
畅销	10.000	6.000	−3.000
正常	12.000	4.000	−4.000
滞销	8.000	4.000	−3.000

为了得到 3 个月后的期望利润，需要先求出 3 个月后销售状态的转移概率。使用 MMULT 自定义函数，得到 3 个月以后的状态转移矩阵，见表 C-5。

表 C-5　　　　　　　　　　　　销售状态三步转移概率矩阵

状态（t）		状态（t+3）		
	P_{ij}	畅销	正常	滞销
	畅销	0.286	0.491	0.224
	正常	0.305	0.500	0.197
	滞销	0.309	0.505	0.187

3 个月后，利润变化的计算公式为：

如果本期为畅销，$R_1 = P_{11}R_{11} + P_{12}R_{12} + P_{13}R_{13}$；

如果本期为正常，$R_2 = P_{21}R_{21} + P_{22}R_{22} + P_{23}R_{23}$；

如果本期为畅销，$R_3 = P_{31}R_{31} + P_{32}R_{32} + P_{33}R_{33}$。

在单元格 G15 中输入"=MMULT（C15：E15，TRANSPOSE（C9：E9））"；

在单元格 G16 中输入"=MMULT（C16：E16，TRANSPOSE（C10：E10））"；

在单元格 G17 中输入"=MMULT（C17：E17，TRANSPOSE（C11：E11））"。

最后得到期望利润变化，如图 C-27 所示，即：

如果本期为畅销，利润变化为 5.134 万元；

如果本期为正常，利润变化为 4.872 万元；

如果本期为滞销，利润变化为 3.931 万元。

	A	B	C	D	E	F	G
4	t	正常	0.364	0.455	0.182		
5		滞销	0.4	0.6	0		
6							
7				t+3			
8		P_{ij}	畅销	正常	滞销		
9		畅销	0.286	0.491	0.224		
10	t	正常	0.305	0.5	0.197		
11		滞销	0.309	0.505	0.187		
12							
13					（万元）		利润预测
14		R_{ij}	畅销	正常	滞销		5.134
15		畅销	10	6	-3		4.872
16		正常	12	4	-4		3.931
17		滞销	8	4	-3		

图 C-27　利润预测

参 考 文 献

[1] 高鸿业. 西方经济学：宏观部分 [M]. 6 版. 北京：中国人民大学出版社，2014.

[2] 高鸿业. 西方经济学：微观部分 [M]. 6 版. 北京：中国人民大学出版社，2014.

[3] Mankiw N G，梁小民. 经济学原理 [M]. 北京：北京大学出版社，2012.

[4] 彭璧玉. 现代企业管理新论 [M]. 北京：经济科学出版社，2001.

[5] 包昌火，谢新洲. 竞争情报与企业竞争力 [M]. 北京：华夏出版社，2001.

[6] 管益忻. 论企业核心竞争力 [M]. 北京：中国经济出版社，2001.

[7] 朱善利. 微观经济学 [M]. 北京：北京大学出版社，2001.

[8] 陈章武. 管理经济学 [M]. 北京：清华大学出版社，1996.

[9] 杨慧，吴志军，等. 市场营销学 [M]. 北京：经济管理出版社，2001.

[10] 席酉民. 经济管理基础 [M]. 北京：高等教育出版社，2002.

[11] 徐鼎亚. 市场营销学 [M]. 上海：复旦大学出版社，2002.

[12] 吴健安. 市场营销学 [M]. 北京：高等教育出版社，2000.

[13] 李敏. MBA 管理经济学精华读本 [M]. 合肥：安徽人民出版社，2002.

[14] 周勤. 管理经济学 [M]. 北京：石油工业出版社，2003.

[15] 史东明. 核心能力论——构筑企业与产业的国际竞争力 [M]. 北京：北京大学出版社，2002.

[16] 徐二明. 企业战略管理 [M]. 北京：中国经济出版社，1998.

[17] 杨锡怀. 企业战略管理——理论与案例 [M]. 北京：高等教育出版社，2004.

[18] 解培才. 企业战略管理 [M]. 上海：上海人民出版社，2002.

[19] 蔡树棠. 企业战略管理 [M]. 北京：石油工业出版社，2001.

[20] 詹姆斯．R. 麦圭根，等. 管理经济学——应用、战略与策略 [M]. 北京：机械工业出版社，2003.

[21] R. S. 平狄克，等. 微观经济学 [M]. 北京：中国人民大学出版社，1997.

[22] 斯蒂格利茨. 经济学 [M]. 北京：经济科学出版社，2000.

[23] [美] 埃德温·曼斯菲尔德. 管理经济学 [M]. 北京：经济科学出版社，1999.

[24] [美] H. 克雷格·彼得森，W. 克里斯·刘易斯. 管理经济学 [M]. 北京：中国人民大学出版社，2003.

[25] 尹伯成. 西方经济学简明教程 [M]. 上海：上海人民出版社，2006.

[26] 魏埙. 现代西方经济学教程 [M]. 天津：南开大学出版社，2001.

[27] 宋承先，许强. 现代西方经济学：微观经济学 [M]. 上海：复旦大学出版社，2005.

[28] 容和平. 基于核心竞争力的企业战略管理 [M]. 山西：山西经济出版社，2007.

[29] 赵顺龙. 企业战略管理 [M]. 北京：经济管理出版社，2008.

[30] 芮明杰. 公司核心竞争力培育 [M]. 上海：格致出版社，2008.

[31] 科特勒（Kotler，P.），等. 市场营销原理 [M]. 何志毅译. 北京：机械工业出版社，2006.

[32] 西摩·萨德曼，爱德华·布莱尔，宋学宝译. 营销调查 [M]. 北京：华夏出版社，2004.

[33] [美] William G.Zikmund. 营销调查精要 [M]. 吕晓娣，史锐译. 北京：清华大学出版社，2004.

[34] 暴奉贤，陈宏立. 经济预测与决策方法 [M]. 广州：暨南大学出版社，2005.

[35] 侯文超. 经济预测——理论、方法及应用 [M]. 北京：商务印书馆，1993.

［36］董承章. 经济预测原理与方法［M］. 大连：东北财经大学出版社，1992.

［37］冯文权. 经济预测与决策技术［M］. 4 版. 武汉：武汉大学出版社，2008.

［38］张桂喜，马立平. 预测与决策概论［M］. 北京：首都经济贸易大学出版社，2009.

［39］李子奈，潘文卿. 计量经济学［M］. 2 版. 北京：高等教育出版社，2010.

［40］赵国庆. 计量经济学［M］. 4 版. 北京：中国人民大学出版社，2012.

［41］李灿. 市场调查与预测［M］. 北京：清华大学出版社，2012.

［42］胡玉立. 市场预测与管理决策［M］. 4 版. 北京：中国人民大学出版社，2009.

［43］易丹辉. 统计预测［M］. 北京：中国统计出版社，2001.

［44］钟契夫. 投入产出分析［M］. 北京：中国财政经济出版社，1993.

［45］夏明，张红霞. 投入产出分析：理论、方法与数据［M］. 北京：中国人民大学出版社，2013.

［46］王延飞. 信息分析与决策［M］. 2 版. 北京：北京大学出版社，2010.

［47］陈立文. 项目投资风险分析理论与方法［M］. 北京：机械工业出版社，2004.

［48］罗伯特・S. 平狄克，丹尼尔・L. 鲁宾贵尔德. 计量经济模型与经济预测［M］. 钱小军译. 北京：机械工业出版社，1999.

［49］大卫・亨德里，尼尔・埃里克松. 理解经济预测［M］. 雷薇等译. 北京：中信出版社，2003.

［50］罗洪群，王青华. 市场调查与预测［M］. 北京：清华大学出版社，2011.

［51］闫秀荣. 市场调查与预测［M］. 上海：上海财经大学出版社有限公司，2013.

［52］马连福，张慧敏. 现代市场调查与预测［M］. 北京：首都经济贸易大学出版社，2012.

［53］李定荣，李开孟. 建设项目可行性研究［M］. 天津：天津大学出版社，1994.

［54］李开孟. 我国投资项目可行性研究 60 年的回顾和展望［J］. 技术经济，2009.9：66-72.

［55］李开孟，徐成彬. 企业投资项目可行性研究与核准申请［M］. 北京：冶金工业出版社，2008.

［56］时立文. SPSS 19.0 统计分析从入门到精通［M］. 北京：清华大学出版社，2012.

［57］王俊明. 问卷与量表的编制及分析方法［EB/OL］. http://www.jy.hbnu.edu.cn/ ReadNews.asp? NewsID =722.2002.11-4.

［58］唐五湘，程桂枝. Excel 在预测中的应用［M］. 北京：电子工业出版社，2001.

［59］王炜. 交通规划［M］. 北京：人民交通出版社，2007.

［60］郑华. 房地产市场分析方法［M］. 北京：电子工业出版社，2003.

［61］（美）迪က尔德. 经济预测基础教程（原书第 4 版）［M］. 杜江等译. 北京：机械工业出版社，2012.

［62］李开孟. 投资体制改革与工程咨询（七）［J］. 中国工程咨询，2005，（9）：50-52.

［63］王莘菲，林颖旭. 浅论市场调研与品牌服装产品设计［J］. 轻纺工业与技术，2011，39（4）：76-78.

［64］苟巧玲. 浅议市场调查问卷效度评估的方法选择及应注意的问题［J］. 统计与咨询，2012（4）：22-23.

［65］孟晓华，汤建影. 广义加权平均组合预测在市场需求预测中的应用［J］. 陕西经贸学院学报，2001，14（1）：46-48.

［66］许为民，张钢，胡欢刚. 高技术产品市场预测方法研究：以移动电话为例［J］. 科研管理，1999，20（2）：28-34.

［67］孙有信. 一类物流企业网络运量预测组合算法与应用［J］. 商场现代化，2007，（01Z）：36-37.

［68］叶玉玲，师立民，何静，等. 华东地区集装箱海铁联运发展对策研究［J］. 上海铁道科技，2006（5）：8-10.

［69］刘伟. 来自西江航运干线的报告［J］. 珠江水运，2005（11）：8-12.

[70] 张伟. 当前电力规划工作的思考 [J]. 环球市场信息导报，2013（15）.

[71] 刘颂. 旅游地客源市场动态预测方法探讨 [J]. 曲阜师范大学学报：自然科学版，2003，29（4）：107-110.

[72] 庄卓，龙斌. 旅游与计算机侵润式教学模式与分层培养研究 [J]. 桂林旅游高等专科学校学报，2009，19（2）：308-312.

[73] 鲁开垠，汪大海. 核心竞争力——企业永续制胜之路 [M]. 北京：经济日报出版社，2001.

[74] 侯荣华. 西方经济学 [M]. 北京：中央广播电视大学出版社，中国计划出版社，2003.

[75] 崔新健. 企业构筑核心竞争力的基石——竞争情报 [J]. 中外管理导报，2002（12）.

[76] 杨亚萍. 对西方经济学中几个基本概念的理解与认识 [J]. 世界华商经济年鉴·高校教育研究，2008，（16）：188-189.

[77] 法鲁克，伊敏. 微分在经济活动中的应用——需求弹性分析 [J]. 新疆师范大学学报：自然科学版，2007，26（1）：31-35.

[78] 权锡鉴，王秀新. 市场结构与企业定价研究 [J]. 东方论坛：青岛大学学报，2002（6）：22-30.

[79] 陈惠源. 市场调查与统计 [M]. 北京：北京大学出版社，2013.

[80] 陆宏，吕正娟. 网络问卷调查的规划，设计与实施 [J]. 现代教育技术，2011，21（7）：34-37.

[81] 徐浪，向蓉美. 目前中国网络调查的局限性和适用范围 [J]. 统计与信息论坛，2006，21（1）：84-88.

[82] 黄兰. 谈高职生市场观察能力的培养 [J]. 广西教育，2011（27）：108-110.

[83] 张一力. 网络市场调查与传统市场调查 [J]. 嘉兴学院学报，2001，13（2）：29-32.

[84] 中国就业培训技术指导中心. 采购师 [M]. 北京：中国劳动社会保障出版社，2007.

[85] 张世洲. 现代公共政策学教程 [M]. 哈尔滨：哈尔滨工程大学出版社，2007.

[86] 刘颖春，刘立群. 技术经济学 [M]. 北京：化学工业出版社，2010.

[87] 徐阳，张毅. 市场调查与市场预测 [M]. 北京：高等教育出版社，2005.

[88] 孟晓华，汤建影. 广义加权平均组合预测在市场需求预测中的应用 [J]. 陕西经贸学院学报，2001，14（1）：46-48.

[89] 吴晓云. 市场营销管理 [M]. 北京：高等教育出版社，2009.

[90] 董雪. 调查问卷的设计方法与技巧 [J]. 出国与就业：就业教育，2009（9）：89-90.

[91] 肖一君. 销售预测及分析在企业物流管理中的作用研究 [J]. 武汉理工大学学报，2003.

[92] 亢霞. 中国玉米市场经济分析——内蒙古玉米市场案例分析 [J]. 农业技术经济，2003（5）：48-52.

[93] 赵长江. 长大干线铁路客运量预测方法研究 [J]. 交通运输系统工程与信息，2004，4（3）：92-96.

[94] 叶玉玲，师立民，何静，等. 华东地区集装箱海铁联运发展对策研究 [J]. 上海铁道科技，2006（5）：8-10.

[95] 郭伟强. 当前电力规划工作的思考 [J]. 农村电气化，2002，（1）：11-12.

[96] 卢奇，顾培亮，邱世明. 组合预测模型在我国能源消费系统中的建构及应用 [J]. 系统工程理论与实践，2003，23（3）：24-30.

[97] 刘颂. 旅游地客源市场动态预测方法探讨 [J]. 曲阜师范大学学报：自然科学版，2003，29（4）：107-110.

[98] 樊欢欢. Eviews统计分析与应用 [M]. 北京：机械工业出版社，2009.

[99] 高惠璇. 应用多元统计分析 [M]. 北京：北京大学出版社，2011.

[100] 王业祥. 苏中制造业竞争力提升研究 [D]. 扬州：扬州大学，2007.

[101] 朱明远. 旅行社业规模扩张策略及其实证研究 [D]. 南京：南京师范大学，2006.

[102] 唐莹莹. 基于核心竞争力的战略管理会计研究 [D]. 石家庄：河北经贸大学，2005.

[103] 王睿. 我国国有大型集装箱班轮公司核心竞争力研究 [D]. 大连：大连海事大学，2007.

[104] 陈占民. 智能家居网络经营模式的研究 [D]. 上海：上海交通大学，2009.

[105] 邓显勇. 领导者特征与团队类型的匹配研究 [D]. 厦门：厦门大学，2009.

[106] 邹凯. 社区服务公众满意度测评理论，方法及应用研究 [D]. 长沙：国防科学技术大学，2008.

[107] 俞昌虹. 移动用户定量预测方法的研究 [D]. 合肥：合肥工业大学，2007.

[108] 王轶华. 电力客户综合价值分析 [D]. 上海：上海交通大学，2007.

[109] 王禹. 淮北市水资源可持续开发利用，管理及其对策研究 [D]. 合肥：合肥工业大学，2006.

[110] 柳树国. 成都站客流高峰期运输组织研究 [D]. 成都：西南交通大学，2008.

[111] 刘苏. 基于客户真实市场需求的预测模型的研究与实现 [D]. 北京：北京工业大学，2009.

[112] 谢亮. 综合客运枢纽中铁路与城市轨道交通换乘问题研究 [D]. 成都：西南交通大学，2009.

[113] 方吉祥. 城市轨道交通客流预测及运输组织方案的研究 [D]. 北京：北京交通大学，2007.

[114] 李财. 沿海小城镇交通规划方法探索与应用——以《温州龙港镇城市综合交通规划》为例 [D]. 南京：南京林业大学，2009.

[115] 韩亚辉. 基于土地利用的天津市快速路交通量研究 [D]. 天津：湖北工业大学，2007.

[116] 王臻倬. 海城市中心区域交通规划研究—充分利用地下空间 [D]. 天津：天津大学，2011

[117] 廖华媛. 基于 GIS 宏观仿真模型的建立和应用 [D]. 上海：同济大学，2008.

[118] 唐飞飞. 都市圈交通需求预测方法研究 [D]. 上海：上海交通大学，2009.

[119] 王雅茹. 沪苏浙地区社会经济发展对杭嘉湖地区交通影响的研究 [D]. 杭州：浙江大学，2003.

[120] 关则兴. 柳州航运发展研究 [D]. 重庆：重庆交通大学，2010.

[121] 赵奇志. 西津枢纽货运量预测及二线船闸通航条件研究 [D]. 重庆：重庆交通大学，2013.

[122] 郑建锋. 衢州地区三年降损规划 [D]. 杭州：浙江大学，2009.

[123] 孙严. 贵州电力市场及未来动态分析 [D]. 贵阳：贵州大学，2005.

[124] 王萍. 基于人工神经网络的旅游需求预测理论与实证研究 [D]. 兰州：西北师范大学，2004.

[125] 白雪. 高校教学质量评估数据的分析挖掘系统 [D]. 太原：太原理工大学，2007.

[126] 高燕. 基于数据挖掘技术的海关执法评估系统的研究与开发 [D]. 武汉：武汉理工大学，2002.

[127] 孙培愿. 高铁建成运营对区域物流及区域经济发展的影响研究 [D]. 北京：北京交通大学，2012.

[128] 王英偶. 动物性食品安全与市场准入制度研究 [D]. 北京：中国农业大学，2003.

[129] 杨小森. 唐钢企业核心能力的构建与提升 [D]. 天津：天津大学，2005.

[130] 刘绍云. 高新技术产业化项目的评价研究 [D]. 重庆：重庆大学，2001.

[131] 朱必勇. 我国矿产资源安全及主要矿产品需求预测研究 [D]. 长沙：中南大学，2007.

[132] 汤云. 应用灰色理论预测病毒性肝炎发病情况研究 [D]. 重庆：第三军医大学，2009.

[133] 段艳荣. 高技术产品国际市场营销研究 [D]. 天津：天津大学，2001.

[134] 毛荣昌. 城市轨道交通客流预测方法研究 [D]. 南京：河海大学，2005.

[135] 王雅茹. 沪苏浙地区社会经济发展对杭嘉湖地区交通影响的研究 [D]. 杭州：浙江大学，2003.

[136] 王颖. 基于 Meta 分析与多属性模糊优选决策模型的多元信息成矿预测研究 [D]. 长沙：中南大学，2010.

[137] 宋艳. CRM 中基于 CABOSFV 改进算法的客户聚类研究 [D]. 哈尔滨：哈尔滨工程大学，2004.

[138] Bradburm N，Sudman S，Wansink B，赵锋. 问卷设计手册 [M]. 重庆大学出版社，2011.

[139] Naverh k. Malhotra. 市场营销研究 [M]. 涂平译. 北京：电子工业出版社，2009.

［140］Carl McDaniel，Jr. Roger Gates，范秀成译. 当代市场调查［M］. 北京：机械工业出版社，2000.

［141］S. C. Wheelwright and S. Makridakis：Forecasting Methods for Management，John Wiley &Sons，Inc，New York，1990.

［142］Bovas Abraham．Staistical Methods For Forecasting，2005.

［143］Robert Goodell Brown．Smoothing，forecasting and prediction of discrete time series，2004.